DIE MANNA MASCHINE

UNSEREN FRAUEN UND FAMILIEN
GEWIDMET

DIE MANNA MASCHINE

George Sassoon
und Rodney Dale

Illustrationen von Martin Riches

Moewig Verlag KG · Rastatt

Titel der Originalausgabe: „The Manna-Machine“
Übersetzung aus dem Englischen: Willy Jaeniche
Bearbeitung: Walter Bassing
Mit einem Vorwort von Erich von Däniken

Erstveröffentlichung: Great Britain by Sidgwick and Jackson Limited

Titelbild: Rekonstruktion der Manna-Maschine von Martin Riches
Umschlaggestaltung: August Lauda
Satz: Utesch, Hamburg
Druck und Bindung: Ueberreuter, Wien
Printed in Austria
ISBN 3-8118-0170-8

Inhalt

Vierter Teil
BEDIENUNG DER MASCHINE UND SEX

Fünfter Teil
SCHLUSSFOLGERUNGEN

ANHANG

Abbildungsverzeichnis

Erläuterungen zum Frontispiz

Siehe auch Abbildung	Teil	
8.2	***1***	‚Mund' (Luftzufuhr) transportiert den ‚Lebensatem' (Luft) durch ...
8.2	***2***	ein ringförmiges Rohr in ...
6.1, 8.2	***3***	‚das Hirn des Hochbetagten' (Taukondensation). Der Taukondensator ist abgedeckt mit dem ...
8.2	***4***	‚Äther', beziehungsweise dem ‚durchsichtigen äußeren Hirn des Hochbetagten'. Das Wasser aus dem Kondensator läuft in ...
8.1	***5***	‚das Große Meer' (Tank mit *Chlorella*-Kultur), wo die Manna-Produktion beginnt. Die Kultur-Lösung zirkuliert durch ...
14.2, 14.3	***6***	‚die Haare des Bartes des Hochbetagten' (Gasaustauschröhren) und wird vom ‚oberen Auge' (der – nicht sichtbaren – Lichtquelle mitten im Kultur-Tank) bestrahlt. Der Kultur-Tank ist versehen mit dem ...
	7	‚Rest' (Sicherheitsventil) und den ...
	8	‚Abflüssen des Gehirns' (Abflußstutzen). Mit dem Kultur-Tank verbunden sind ...
9.3	***9***	‚die drei unteren Augen' (Tanks gefüllt mit Nährsalzen) durch ...
9.3	***10***	‚die Kanäle der unteren Augen' (Verbindungsrohre). Licht und Energie für die Maschine stammen vom ...
9.4, 14.4	***11***	‚Gefäß, das Feuer enthält' (Kernreaktor) mit seinen ...

9.4, 14.4 ***12*** ‚Schlüsseln‘ (Dämpfungsstabschiebern).

Fernbedienung erfolgt mit dem ...

9.7 ***13*** ‚Arm des Kleinen Gesichts‘ (mechanischer Arm und mechanische Hand).

Die durch den Kondensator zugeführte Luft strömt durch ...

7.1, 14.4 ***14*** ‚die lange Nase‘ (Ventilationsrohr), wird am Reaktor (11) vorbeigeführt, um ihn zu kühlen, und steigt dann, erwärmt, auf durch ...

7.1, 14.4 ***15*** ‚die Nase des Kleinen Gesichts‘ (Auspuff), wobei ...

16 ‚die Rauchsäule bei Tag und die Feuersäule bei Nacht‘ erzeugt werden.

Eine (nicht sichtbare) Buchnerpumpe im Auspuff erzeugt den Unterdruck, der benötigt wird, um die *Chlorella* in den ...

9.5 ***17*** ‚Aushöhlungen des Hirns des Kleinen Gesichts‘ (Manna-Verarbeitungsapparatur) zu verarbeiten.

Die Buchnerpumpe ist an die ‚Aushöhlungen des Hirns‘ angeschlossen durch den ...

9.5 ***18*** ‚Bart des Kleinen Gesichts‘ (Mehrzweckunterdruckrohr).

Das verarbeitete Manna kommt zur Speicherung in ...

5.3 ***19*** ‚die Heere‘ (Manna-Speichergefäße) und wird abgezapft durch den ...

5.3 ***20*** ‚Penis‘ (Manna-Abfüllrohr) und ...

21 ‚die Penis-Abdeckung‘ (Vakuumschleuse).

Die Maschine steht auf ...

22 ‚Beinen wie sechs Säulen‘ (sechs Beine mit Ringen für Tragestangen). Diese ruhen auf dem ...

9.2 ***23*** ‚Thron‘ (Plattform aus Material der Umge-

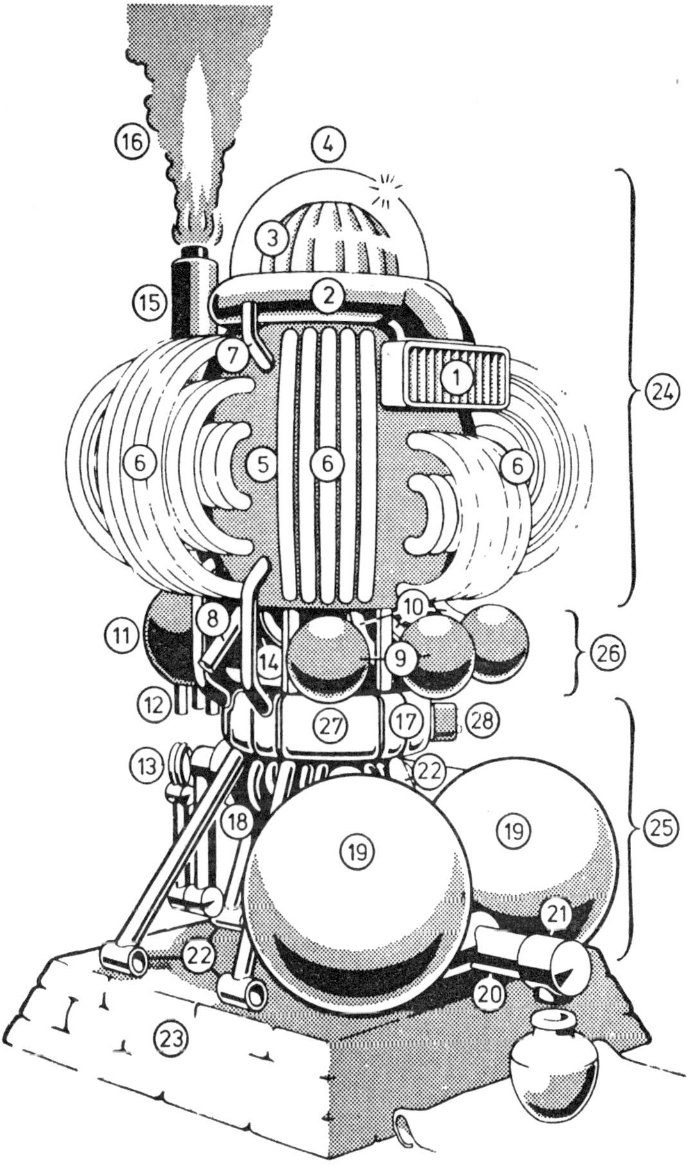
16
4
3
15
2
7
1
24
6
5
6
6
10
11
8
26
9
14
12
27
17
28
13
22
18
19
19
25
21
22
20
23

bung), der ‚abgerissen‘ wird, wenn die Maschine abtransportiert wird.

Die ganze, ‚der Hochbetagte‘ genannte Maschine läßt sich in …

10.1 **24** ‚den Alten‘ (Oberteil) und …

10.1 **25** ‚das Kleine Gesicht‘ (Unterteil) zerlegen.

Zwischen diesen beiden Teilen ist …

10.1 **26** ‚die Nacktheit‘ (Grenzflächenteil). Darunter befinden sich …

27 ‚die Kronen des Kleinen Gesichts‘ (Inspektionsabdeckplatten) und …

28 ‚das Ohr des Kleinen Gesichts‘ (Kommunikationseinheit).

Danksagung

Unser Dank gilt zuallererst IHVH, ohne dessen Ankunft wir nichts gehabt hätten, über das zu schreiben gewesen wäre. Unser Dank gilt auch Moses, Aaron, der vererblichen Priesterschaft Israels, den Erntemännern des Heiligen Feldes und all jenen, die das Wissen über die Jahrhunderte bewahrt haben, bis es von Moses de Leon niedergeschrieben wurde, eine Leistung, die wir auch dankend anerkennen. Kein geringer Teil unseres Dankes gilt auch Christian Knorr von Rosenroth und Samuel Liddell MacGregor Mathers, deren Übersetzungen unsere Aufmerksamkeit erstmals auf das zur Debatte stehende Material lenkten.

Auch in der Jetztzeit schulden wir vielen Menschen Dank für ihre Hilfe und Unterstützung. Besonders hervorheben möchten wir unsere Stenotypistin, Yvonne Archer; Josef Blumrich, Erich von Däniken und andere Mitglieder der Ancient Astronaut Society; Timothy und Henry Dale für ihre Hilfe bei der Vorbereitung; und Mike und Elna Hoare, sowie Ken und Jenny Masters für ihre Hilfsbereitschaft und ihr Interesse.

Wir danken auch Jonathan Cape für die Genehmigung, die Liste der Apachenworte aus Peter Farbs Buch *Word Play* abzudrucken, Hodder and Stoughton für die Genehmigung, aus Francis Schaeffers *Joshua and the Flow of Biblical History* zitieren zu dürfen und der Universitätsbibliothek von Cambridge für die Erlaubnis zum Nachdruck unserer Abbildungen 2.1 und 3.1

Schließlich gilt unser größter Dank auch unseren Frauen und Familien für ihre nie versagende Unterstützung und Duldsamkeit während der Zeit, als wir an diesem Buch arbeiteten.

Vorwort der Autoren

Wir begannen dieses Buch als wissenschaftliche Forschung. Wir haben beide unser Leben im Bereich technischer Forschung und Entwicklung zugebracht und sind es gewohnt, Hinweise auszuwerten und unseren Kollegen zu vermitteln.

Als wir sicher waren, daß wir eine verborgene (technische) Bedeutung in einigen alten Schriften entdeckt hatten, haben wir uns darüber natürlich mit Kollegen unterhalten und erwartet, daß sie genauso enthusiastisch reagieren wie wir. Aber wir redeten von jahrhundertealten, in einer fremden Sprache abgefaßten Schriften, nicht von einem modernen, englischen Handbuch. Wir redeten von Schriften religiösen oder mystischen Charakters, nicht von wissenschaftlichen.

Es war deshalb nicht gerade einfach, unsere Theorien anderen zu erklären. Das macht uns jenen gegenüber doppelt dankbar, die konstruktives Interesse an unserer Arbeit gezeigt haben und deren Verständnis und Fragen uns geholfen haben.

Wir haben das Manuskript für *Die Manna-Maschine* schon vor einiger Zeit abgeschlossen, aber das bedeutete nicht, daß unsere Forschungen abgeschlossen waren.

George Sassoons neue, mit Anmerkungen versehene Übersetzung des *Buchs des Mysteriums*, der *Kleinen Heiligen Versammlung* und der *Großen Heiligen Versammlung*, herausgegeben von Rodney Dale, ist jetzt unter dem Titel *The Kabbalah Decoded* (Die entschlüsselte Kabbala) bei Gerald Duckworth & Co Ltd. erhältlich.

Im Buch *Die Manna-Maschine* konnten wir nur einen kleinen, wenn auch wesentlichen Teil des gesamten, uns zur Verfügung stehenden Materials zitieren. Da *The Kabbalah*

Decoded das Ergebnis einer Arbeit ist, die erst nach Fertigstellung der *Manna-Maschine* ausgefeilt wurde, werden die Leser zwischen beiden Büchern einige Unterschiede in den Übersetzungen feststellen. Für die Zwecke der These, die wir hier ausgearbeitet haben, sind diese Unterschiede jedoch ohne Bedeutung.

GEORGE SASSOON
RODNEY DALE

Vorwort für die deutsche Ausgabe

Was war eigentlich diese ominöse ‚Bundeslade', welche die Israeliten vierzig Jahre lang durch die Wüste schleppten? Glaubt man den Theologen, so handelte es sich um eine Kiste von Akazienholz, 1,75 Meter lang und einen Meter hoch und breit, in- und auswendig mit Gold überzogen. Eine vergoldete Holzkiste? Weiter nichts? Weshalb gab denn der Herr höchstpersönlich dem Propheten Moses sehr präzise Anweisungen, wie diese Kiste gebaut werden müsse? Nachzulesen im 2. Buch Moses, Kapitel 25, Vers 10. Doch die Anweisungen allein taten es nicht. Moses muß sogar ein Modell der Lade vorgeführt worden sein: „Und siehe zu, daß du alles genau nach dem Vorbilde machst, das dir auf dem Berg gezeigt werden soll." (2 Mose 25,40)

Seltsam. War die Kiste leer? Die Theologen sind sich uneinig. Reiner Schmitt hält die Lade für ein „Behältnis für einen heiligen Stein". Dem widerspricht Martin Dibelius, der versichert, es handle sich um einen „wandelnden, leeren Gottesthron" oder bestenfalls um einen „fahrbaren Götterwagen, auf dem eine Gottheit steht oder sitzt". Jede Recherche überflüssig macht die Überzeugung, die der Theologe R. Vatke im letzten Jahrhundert in die Debatte warf: Die Bundeslade sei leer gewesen, weil Gott in ihr gewohnt habe. – Wo nichts drin ist, kann man auch nichts rausholen, sagte Sherlock Holmes, als er eine leere Whiskyflasche auf den Kopf stellte. Harry Torczyner, eine andere theologische Größe, behauptet, die Bundeslade habe Protokolle, mindestens aber zwei auf Moses zurückführende Gesetzestafeln enthalten.

Wer hat recht? Wahrscheinlich niemand. Die gesamte Theologie wird dem Rätsel ‚Bundeslade' vermutlich nie auf die Spur kommen, weil die Theologenschaft eben theologisch geschult ist. Wie ist das zu verstehen?

Unsere geschichtliche Vergangenheit setzt sich aus indirektem Wissen zusammen. Knochenfunde, Werkzeuge, Höhlenzeichnungen, Mythologien und alte religiöse Überlieferungen werden in eine Arbeitshypothese eingebaut. Der Archäologe kennt nur die Funde seiner Kollegen. Mythologien interessieren ihn nicht. Sie stehen außerhalb seines Fachgebietes. Der Theologe beachtet Knochenfunde nicht. Was haben sie mit dem lieben Gott zu tun? So entsteht in jeder Disziplin ein ansehbares, interessantes Mosaik – aber es entstand nach einem vorher konzipierten Denkmodell, in das sich die Teile – manchmal mit etwas zu deutlich sichtbarem Kitt gefügt – einpassen ließen. So und so muß es gewesen sein. Genau so. Und siehe da – wenn man nur will, dann war es genau so.

Im Falle der ‚Bundeslade' ist die Theologie überfordert. Man kann nicht verstehen, weshalb diese Kiste aus Akazienholz elektrische Schläge austeilte, wie dies im 2. Buch Samuel festgehalten ist. Man begreift nicht, warum die Lade des Herrn in der Lage war, die feindlichen Philister mit „Beulen zu schlagen" und sie gar zu töten. Man erkennt keinen Sinn darin, warum dieses göttliche Bundesgeschenk beim vierzigjährigen Wüstentreck der Israeliten stets *außerhalb* des Lagers in einem besonderen ‚heiligen' Zelt aufgestellt wurde. Man erkennt wenig Sinn in der Anweisung Gottes, nur eine ausgesuchte, besonders geschulte und mit spezieller Kleidung versehene Mannschaft dürfe die Bundeslade bedienen. Was gab es an einer Holzkiste schon viel zu bedienen?

Wahrlich, die Theologen sind hier überfordert. Wer will es ihnen verargen?

Die Bundeslade war lediglich der Behälter für etwas, das in ihr transportiert wurde. Den Beweis dafür findet man im äthiopischen National-Epos KEBRA NEGEST sowie in der jüdischen geheimen Überlieferung, der KABBALA. Die äthiopische Überlieferung berichtet (an Moses gewandt):

> „Mache einen Kasten aus unverweslichem Holz; du sollst ihn mit lauterem Gold überziehen ... das himmlische *Darin* ist von wunderbarer Farbe und Arbeit, ähnlich dem Jaspis, dem Glanzerz, dem Topas, dem Edelstein, dem Kristall und dem Licht, die Augen entzückend und berückend und den Sinn verwirrend, nach dem Gedanken des Herrn gemacht, und *nicht von der Hand eines menschlichen Künstlers, sondern er selbst hat es erschaffen.*"

Die KABBALA wiederum berichtet im Buch SOHAR (die KABBALA besteht aus verschiedenen Büchern) über einen eigenartigen ‚Hochbetagten', der innerhalb der Bundeslade transportiert worden sei. ‚Hochbetagter'? Was soll denn das? Saß in der Akazienholz-Kiste ein Urgroßpapa?

Die britischen Forscher George Sassoon und Rodney Dale stolperten über den ‚Hochbetagten'. Was normale Leser achselzuckend übergehen, machte die cleveren Briten stutzig. Sie begannen die eigenwilligen Passagen im Buch SOHAR wiederholt zu lesen und schließlich neu zu übersetzen. Es öffnete sich eine ungeheuerliche Welt.

Selbst an die Begegnung mit dem Phantastischen gewöhnt, ja, stets auf das Außergewöhnliche vorbereitet und darum kaum zu verblüffen, muß ich gestehen, daß dieses Buch DIE MANNA-MASCHINE mich ungewöhnlich berührt und fasziniert hat. Hier tut sich eine Dimension auf, die selbst für Skeptiker das Undenkbare denkbar werden lassen muß.

Erich von Däniken

Biblisches Manna

Die nachfolgenden Texte sind eine Zusammenstellung von Bibelstellen über das Manna (wobei eine moderne Übersetzung verwendet wurde, deren Unterschiede zu den im Buch verwendeten lutherischen Fassungen der Leser überprüfen kann, zum Beleg dafür, wie unterschiedlich die alten Schriften übersetzt werden können). Die Wundernahrung Manna taucht erstmals auf, als die Kinder Israels aus Ägypten geflohen sind. Sie haben das Rote Meer (*oder* das Schilfmeer) durchquert und befinden sich in der Wüste Sin (2 Mose 16),

> die zwischen Elim und Sinai liegt; es war am 15. Tage des 2. Monats seit ihrem Auszug aus Ägypten ...
> Der Herr sprach zu Moses: ‚Seht, ich will euch Brot vom Himmel regnen lassen! Das Volk soll dann hingehen und sich den Tagesbedarf einsammeln; ich will es darauf prüfen, ob es nach meinem Gesetze wandelt oder nicht. Wenn sie nun am sechsten Tage zubereiten, was sie heimbringen, so wird es das Doppelte von dem sein, was sie sonst tagtäglich sammeln.' ...
> Am Morgen aber war rings um das Lager ein Taubelag. Als aber der Taubelag aufstieg, da lag auf der Oberfläche der Wüste etwas Knisterndes fein wie Reif am Boden. Die Kinder Israels sahen es und sprachen: ‚Man hu? (Was ist das?)' Sie wußten nicht, was es war. Da sprach Moses zu ihnen: ‚Das ist das Brot, das der Herr euch zur Nahrung gibt.
> Folgendes nun gebietet der Herr: Jeder sammle davon, soviel er zur Nahrung braucht: einen Gomer auf den

einzelnen Kopf. Jeder von euch hole nach der Anzahl der Personen, die zu seiner Zeltgemeinschaft gehören!'

Die Israeliten taten also und sammelten, viel oder auch wenig. Sie maßen es mit dem Gomer. Da hatte der, welcher viel gesammelt hatte, keinen Überschuß, und wer wenig gesammelt hatte, keinen Mangel. Jeder hatte, soviel er zur Nahrung brauchte ...

Moses sagte darauf zu ihnen: ,Niemand lasse davon bis zum nächsten Morgen übrig!'

Einige hörten aber nicht auf Moses und ließen doch bis zum nächsten Morgen etwas übrig; das wurde dann faul, wurmig und stinkend. Moses aber war über sie böse.

Sie sammelten es Morgen für Morgen, jeder, soviel er zur Nahrung brauchte. Wenn aber die Sonne heiß schien, dann zerschmolz es.

Am sechsten Tage aber hatten sie die doppelte Nahrungsmenge gesammelt, nämlich zwei Gomer für den einzelnen. Da kamen alle Fürsten der Gemeinde und meldeten es Moses.

Er sagte zu ihnen: ,Was der Herr hiermit verordnet hat, ist dieses: Ein Ruhetag, heiliger Sabbat für den Herrn, ist morgen; was ihr backen wollt, das backt, und was ihr kochen wollt, das kocht! Aber alles, was übrig bleibt, legt hin und bewahrt es auf für morgen!'

Sie legten es bis zum Morgen zurück, wie Moses es befohlen hatte; es wurde nicht stinkend, und es zeigten sich auch keine Würmer darin.

Moses sprach: ,Eßt dies heute, denn Sabbat ist heute für den Herrn; nichts werdet ihr heute auf dem Felde finden.

Sechs Tage sollt ihr es sammeln, am siebten Tage ist Sabbat; an diesem gibt es keines.'

Aber am siebten Tage gingen doch einige vom Volk hinaus, um zu sammeln. Sie fanden aber nichts ...

So feierte das Volk denn am siebten Tage den Sabbat.

Die Israeliten gaben der Speise den Namen ‚Manna'. Es war weiß wie Koriandersamen und schmeckte wie Honigkuchen . . .
Moses sprach zu Aaron: ‚Nimm einen Behälter, fülle einen Gomer Manna hinein und stelle ihn vor den Herrn, um ihn für eure künftigen Geschlechter aufzubewahren!'
Wie der Herr Moses befohlen hatte, so stellte Aaron ihn (später) vor die Gesetzestafeln hin zum Aufbewahren.
Die Kinder Israels aßen das Manna 40 Jahre, bis sie wieder in bewohnbares Land kamen. Manna aßen sie so lange, bis sie die Grenze des Landes Kanaan erreichten . . .

Im folgenden Jahr waren die Kinder Israels dieser Speise jedoch etwas überdrüssig, und sie jammerten (4 Mose 11):

‚Wer wird uns Fleisch zu essen geben?
Wir denken an die Fische, die wir in Ägypten umsonst zu essen bekamen, an die Gurken, die Melonen, den Lauch, die Zwiebeln und den Knoblauch.
Jetzt aber verschmachten wir, nichts ist mehr da: nur das Manna bekommen wir noch zu sehen.'
Das Manna aber war wie Koriandersamen und sah aus wie Balsamharz.
Die Leute streiften umher, sammelten es und zermahlten es in der Handmühle oder zerstießen es im Mörser: sie kochten es im Topf und machten Fladen daraus. Sein Geschmack war wie Ölkuchen.
Fiel nachts der Tau auf das Lager, so fiel auch das Manna darauf herab.

Aber es blieb vierzig Jahre lang bei dieser Nahrung. Im 5. Buch Moses, 8. Kapitel finden wir Moses, wie er dem Volke Israel die Güte des Herrn in Erinnerung bringt, der es geführt hat (5 Mose 8):

> Denke daran, wie dich der Herr, dein Gott, den ganzen Weg vierzig Jahre lang in der Wüste geleitet hat! In Drangsal hat er dich geraten lassen, auf die Probe gestellt, um zu erfahren, wie du im Herzen denkst, ob du seine Befehle ausführen willst oder nicht.
> Not und Hunger hat er dir gesandt und dich wiederum mit Manna gespeist, das dir und deinen Vätern unbekannt war. Er wollte dir damit andeuten, daß der Mensch nicht allein vom Brot lebt, sondern daß er von allem lebt, was aus dem Munde des Herrn kommt.

Das war zugleich aufmunternde Rede und Schwanengesang. Moses starb, und der Herr ernannte Josua zu seinem Nachfolger. Josua führte das Volk über den Jordan nach Kanaan, ‚wo Milch und Honig floß'. Und dort versiegte auch das Manna (Josua 5):

> Die Israeliten lagerten in Gilgal. Am vierzehnten Tage des Monats feierten sie das Pascha in den Steppen von Jericho.
> Sie aßen am Tage nach dem Pascha ungesäuerte Brote vom Ertrag des Landes und Röstgetreide, genau an jenem Tag.
> Am folgenden Tag aber hörte das Manna auf, da sie sich vom Landesertrag ernährten. So bekamen also die Israeliten kein Manna mehr, sondern lebten nun von dem, was das Land Kanaan in jenem Jahre hervorbrachte.

Das Manna wird noch an zwei weiteren Stellen des Alten Testaments erwähnt, jeweils als Erinnerung an die Güte des Herrn. Bei Nehemia (9, 20) heißt es:

> Dein Manna versagtest du ihrem Munde nicht. Wasser gabst du ihnen für ihren Durst.

In Psalm 78, Vers 24 werden wir daran erinnert, der Herr

> ließ auf sie Manna zur Speise regnen und gab ihnen Himmelskorn.

Kann Manna nur eine Einbildung der Chronisten gewesen sein? Wir glauben das nicht. Aber wenn es nicht erfunden war, um was für eine Nahrung handelte es sich dann, und wo kam sie her? Dieses Buch macht sich auf die Suche nach den Antworten auf diese Frage und enthüllt dabei, was sich vor 3 500 Jahren überaus Erstaunliches auf der Erde ereignet hat.

Erster Teil
DIE QUELLEN

1

Einführung

Wir haben es uns lange und gut überlegt, ehe wir dieses Buch schrieben, denn es enthält Vermutungen, welche selbst die ausgebufftesten Mitglieder der enthemmten, progressiven Gesellschaft für geschmacklos oder schockierend halten. Mitglieder eben dieser Gesellschaft, die sich damit brüstete, daß sie durch nichts und niemand geschockt werden kann und nichts ihnen heilig ist. Es ist kein pornographisches Werk, obwohl Sex darin vorkommt – wenn auch auf eine ziemlich ungewöhnliche Art. Es drückt keinerlei extreme politische Ansichten aus, obwohl sein Inhalt sehr wohl Einfluß auf die Politik nehmen kann. Hier geht es um Religion.

Sex, Politik und Religion; ausgerechnet diese drei Themen, die mit größter Wahrscheinlichkeit die Gemüter erregen und die Fäuste fliegen lassen; die drei Dinge, die totzuschweigen schon Tradition ist. Von diesen drei ist die Religion, zumindest in irgendeiner organisierten Form, scheinbar diejenige, die in jüngster Zeit nur die ärmliche dritte Geige gespielt hat. In unserer Nachkriegsgesellschaft haben sowohl Materialismus als auch die Technologie ihren Einfluß auf die religiösen Organisationen ausgeübt, und dennoch wurde sich unsere Gesellschaft während des letzten Jahrzehnts zunehmend der Nachteile bewußt, die Materialismus und Technologie mit sich bringen. Dies schuf ein Bedürfnis für geistige Erfüllung, welche unsere religiösen Organisationen in früheren Zeiten lieferten, ohne daß irgendwer sie in Frage stellte. Die großen Religionen werden weder von Soziologen noch von Anthropologen auf die gleiche Art studiert und analysiert wie die sogenannten primitiven Religionen dieser Welt. Dies zu tun wäre undenkbar, weil diese Glaubensbekenntnisse sich auf gewisse Weise von den Kulten der weniger begünstigten Völker dieser Erde zu unterscheiden scheinen. Die Regierungen predigen gegen Rassendiskriminierung, und dennoch ist die von den Regierungen unterstützte Wissenschaft eine der schlimmsten Quellen der Diskriminierung. So wurden zum Beispiel Fonds dazu verwendet, um primitive melanesische Religionen zu studieren. Im Korallenmeer, einem Gebiet des Südpazifiks, gibt es auf der Höhe der australischen Ostküste zahlreiche kleine Inseln, die vor ungefähr zwei Jahrhunderten von Kapitän Cook besucht wurden. Die Ankunft der Weißen, gefolgt von Handelsschiffen, die sowohl nützliche als auch unnütze Güter zu den Insulanern brachten, scheint deren „Cargo-Kulte" hervorgebracht zu haben. „Cargo" ist ein Wort aus dem Pidgin-Englisch für die Güter, die den westlichen Materialismus darstellen, und die Anhänger der Cargo-Kulte erwarten ihren Erlöser, der, wenn er kommt, unbegrenzte Vorräte bringt, so daß sie weder arbeiten müssen noch irgendwelche unbefriedigten Bedürfnisse haben werden. Einige nennen diesen Erlöser John Frum, und wie es scheint, hat 1940 jemand, der entweder nur Glück hatte oder aber die weise Voraussicht, vorhergesagt, daß er in Bälde kommen würde. Die Vorhersage war zutreffend, denn es dauerte nicht lange, bis die amerikanische Armee, zu jener Zeit kriegführend im pazifischen Raum, auf den Inseln eintraf, um ihre Stützpunkte zu errichten, und damit unwissentlich die prophezeite Rolle von John Frum spielte. Als bei Kriegsende die Truppen wieder von den Inseln abzogen, fühlten sich die Insulaner begreiflicherweise im Stich gelassen und intensivierten ihre Rituale, um John Frum zur Rückkehr zu bewegen. So veranstalten sie zum Beispiel Pseudomilitärparaden, bei denen sie Bambusstöcke als

Gewehr verwenden, und errichten aus Stroh geflochtene Modelle von Flugzeugen, um die großen Monstren, die Cargo aus dem Himmel bringen, anzulocken. Ihre Heiligtümer sind Überbleibsel der Armee-Uniformstücke und weggeworfene Ersatzteile. Es existieren veröffentlichte Berichte über die Praktiken dieser Völker, und wir alle belächeln nachsichtig die amüsanten Mätzchen dieser unwissenden Wilden. Aber wie viele offizielle Organisationen würden eine Forschung unterstützen, die zum Vorschein brächte, daß unsere eigenen Vorfahren und wir selbst uns in keiner Weise von diesen speerschwingenden Wilden in Kriegsbemalung unterscheiden? Vermutlich sehr wenige. Die Veröffentlichung eines solchen Werkes würde die so schön etablierte Überlegenheit der Kultur von uns weißen Europäern in Frage stellen. Obwohl wir Lippenbekenntnisse über die Gleichheit der Rassen ablegen, sind wir im Innersten doch davon überzeugt, daß wir die Gleicheren sind. Modehalber übernehmen wir von anderen Völkern auf eine gewisse gönnerhafte Art bestimmte Formen in bezug auf Kleidung, Frisuren und Benehmen, aber die grundlegende Geisteshaltung ändert sich deshalb nicht.

Dieses Buch stellt eine enorme Herausforderung an diese Geisteshaltung dar und erschüttert die Grundfesten, auf denen unsere Kultur aufgebaut ist. Es zeigt, daß auch Weiße einmal mit einer verwirrenden Entfaltung von überlegener Macht und Technik konfrontiert wurden und auf genau die gleiche Art und Weise reagierten wie diese unwissenden Wilden, die in Ehrfurcht vor den großen Silbervögeln vom Himmel, die ihnen Geschenke von den Göttern brachten, niederknieten. An dieser Stelle möchten wir eine Erzählung aus der Bibel anführen:

> (Exodus 19, 16–20) Als nun der dritte Tag kam und es Morgen war, da erhob sich ein Donnern und Blitzen und eine dicke Wolke auf dem Berge und ein Ton einer sehr

starken Posaune; das ganze Volk aber, das im Lager war, erschrak. Und Moses führte das Volk aus dem Lager Gott entgegen, und es trat unten an den Berg. Der ganze Berg Sinai aber rauchte, darum daß der Herr herab auf den Berg fuhr mit Feuer; und sein Rauch ging auf wie ein Rauch vom Ofen, daß der ganze Berg bebte sehr. Und der Posaune Ton ward immer stärker. Moses redete, und Gott antwortete ihm laut. Als nun der Herr herniedergekommen war auf den Berg Sinai, oben auf seine Spitze, forderte er Moses oben auf die Spitze des Berges, und Moses stieg auf.

Sollte dies reine Legende sein, ohne jeden realen Hintergrund? Ist es die Beschreibung einer Massenhalluzination religiöser Art? Ist es vielleicht eine Beschreibung Gottes in seinem Feuerwagen? Oder ist es ein Bericht über ein Wesen aus dem Himmel, welches in seiner Raumfähre herabkommt, um sein auserwähltes Volk zu besuchen?

Ehe wir hier große Auszüge aus der Bibel abdrucken, schlagen wir dem Leser vor, sein Gedächtnis selbst ein wenig aufzufrischen, indem er sich das zweite Buch Moses, Exodus, noch einmal etwas näher ansieht. Es wäre ohnehin nützlich, die Bibel zur Hand zu haben, da wir uns des öfteren auf sie beziehen werden.

Heutzutage werden derartige Vorgänge, wie der hier beschriebene Besuch des Herrn, gemeinhin als ‚Wunder' bezeichnet; unerklärliche Vorgänge, die sich in früheren Zeiten abspielten, aber heute nicht mehr stattfinden. Zumindest nehmen wir das an. Aber haben die Wunder tatsächlich aufgehört?

Wenn wir einen Donnerschlag hören und aufblickend einen Kondensstreifen sehen, der von einer silbrigen Nadel über den Himmel gezogen wird, handelt es sich dabei nicht auch um ein Wunder? Nein – wir sagen einfach: ‚Wieder mal die Concorde.', und wenden uns achselzuckend wieder unserer Arbeit zu. Die Concorde erscheint uns nicht als Wunder, weil wir wissen, daß sie ein Produkt unserer eigenen Technologie ist. Obwohl nur sehr wenige Leute eine Ahnung von der genauen Funktionsweise der Concorde haben, akzeptieren wir sie alle als Bestandteil unserer Kultur. Wir wissen, daß wir bei genügend Interesse und Ausdauer bis ins kleinste Detail herausfinden könnten, wie die Concorde gebaut ist und funktioniert.

Aus diesem Grunde finden wir nichts Wundersames oder Mysteriöses an einem Gegenstand wie der Concorde. Aber was ist dann von den Wundern des Altertums zu halten, von denen die alten Schriften berichten? Waren die Völker des Altertums etwa unwissender oder abergläubischer als wir es sind? Erfanden sie vielleicht aus irgendeinem Grund die Geschichten über die Wunder? Oder berichten sie über Ereignisse, die damals tatsächlich geschahen?

Wir wissen anhand ihrer Errungenschaften, daß die Völker des Altertums keineswegs weniger intelligent als wir waren, auch wenn ihnen die Technologie fehlte. Als die Menschen billig als Arbeiter zu bekommen waren, bestand kein Bedürfnis für Maschinen. Die Denker setzten daher ihrem Intellekt andere Ziele. Die alten Griechen brachten die Philosophie und die Geometrie zur Hochblüte und sagten fast alles, was es über formale Logik zu sagen gibt. Die alten Römer zählten zu den besten Baumeistern der Welt; während Dürrezeiten trocknet das moderne Wasserleitungssystem Roms oft aus, aber die alten Aquädukte fließen dann immer noch weiter und versorgen die Brunnen der Stadt. Dann die alten Ägypter ... aber es wurde schon genug über die Bauwunder, die man Pyramiden nennt, geschrieben. Wir wissen so viel über die Völker des Altertums und ihre Errungenschaften, daß uns die Annahme schwerfällt, sie hätten über Wunder berichtet, ohne daß etwas von der beschriebenen Art tatsächlich vorgefallen sei. Was war dann aber die Ursache dieser Vorkommnisse?

Nehmen wir einmal an, sie waren übernatürlich, magisch, wenn man so will. Warum sollten sie dann plötzlich vor einigen tausend Jahren aufgehört haben? Man müßte doch annehmen, daß übernatürliche Vorgänge nicht räumlich oder zeitlich begrenzt sind. Deshalb ziehen wir auch den Schluß, daß es sich hier nicht um übernatürliche, sondern vielmehr um natürliche Vorgänge handelte, allerdings um eine Art natürlicher Vorgänge, die den Leuten des Altertums unerklärlich waren und deshalb von ihnen als Wunder bezeichnet wurden. In diesem Fall müssen wir uns aber fragen, welche Art von natürlichen Vorkommnissen die Grundlage der in den alten Schriften nachzulesenden Legenden gebildet haben könnte? Von diesen ‚Wundern' lassen sich nur sehr wenige nicht mit der Sprache unseres modernen technischen Wissens erklären oder zumindest mittels einer Zukunftsprojektion dieses Wissens erläutern. In der Tat klingen viele dieser Berichte nach technischen Abläufen, wovon wir in diesem Buch einen großen Teil untersuchen werden. Könnte es sein, daß es auf dieser Erde einmal eine technologische Zivilisation gegeben hat, die der unseren ähnlich oder sogar noch weiter entwickelt war?

Einige Autoren haben die These aufgestellt, daß eine derartige frühe technische Zivilisation für die Legenden verantwortlich sei und schließen auf das mythische Atlantis als deren Zentrum. Diese Erklärung kann jedoch aus zweierlei Gründen nicht befriedigen: Erstens gibt es keinerlei Beweise geologischer Art, daß jemals ein solcher verlorener Kontinent im Atlantik oder in irgendeinem anderen Weltmeer existiert hat. Sollte es Atlantis je gegeben haben, dann muß es sich um eine vergleichsweise kleine Insel im Mittelmeer gehandelt haben: etwa Thera oder Santorini. Zweitens müßte eine irdische Zivilisation mit den in den Legenden beschriebenen Möglichkeiten auch eine weltweite Ausdehnung gehabt und daher auch überall Spuren hinterlassen haben. Dies, weil technischer Fortschritt nicht urplötzlich und nur an einem bestimmten Ort einsetzt. Der Vorgang des Entdeckens und Erfindens vollzieht sich Schritt für Schritt, wobei jeder Schritt wieder die Grundlage für den nächsten Schritt bildet.

Und wie dies bei allen Grundlagen der Fall ist, sind sie viel ausgedehnter als der auf ihnen erfolgte Aufbau: je älter eine Entdeckung oder Erfindung, desto verbreiteter ist sie über die Erde. Man muß nur die Flugplätze und Schienenstränge dieser Erde betrachten, um zu sehen, daß eine technologische Hochkultur sich weder auf eine Insel noch auf einen Erdteil hätte beschränken können oder wollen. Die Technologie verlangt seltene und teure Materialien und Rohstoffe. Es gibt aber keinen Hinweis dafür, daß eine frühere Zivilisation den Erdball auf der Suche nach Rohstoffen durchstreift hat, wie das beim modernen Menschen der Fall ist.

Wie können wir dann aber überhaupt annehmen, daß die von den Alten überlieferten Wunder technischer Art waren? Die Antwort liefern uns die Berichte selbst. Die Spuren der die Wunder verursachenden Wesen finden sich nur zu gewissen Zeiten an gewissen Orten. Sie kamen, blieben eine Zeitlang und gingen wieder: zwischen den Besuchen lagen mehrere Jahrhunderte.

Der amerikanische Philosphieprofessor Schiavella hat hervorgehoben, daß alle Religionen eines gemeinsam haben – die frühesten Mythen über die Götter beschreiben diese ausnahmslos als physische Wesen. Die griechisch-römischen Götter, die auf dem Olymp umhertollten, waren im wahrsten Sinne Übermenschen. Sie konnten Dinge über sich ergehen lassen, die für einen bloßen Sterblichen undenkbar gewesen wären – erztypische Tom und Jerrys, die, nachdem sie gerade unter einem Felsen plattgedrückt waren, unverzüglich die Jagd wieder aufnehmen.

In Indien werden die Gottheiten oft in den unglaublichsten sexuellen Umarmungen dargestellt. Das Verhalten der alten Götter entspricht ganz dem menschlichen Verhalten, nur wird es überdimensional dargestellt. Den Überlieferungen entsprechend, behaupten sie, von den Sternen zu kommen, von einem Ort der allgemein ‚Himmel' genannt wird. Nun verwenden wir das Wort ‚Himmel' aber mit zwei verschiedenen Bedeutungen: einmal sagen wir ‚im Himmel', wenn wir es im religiösen Zusammenhang gebrauchen, ein andermal sagen wir ‚am Himmel', wenn wir zum Beispiel ein Flugzeug erblicken. Im Englischen wird diese Unterscheidung sogar noch deutlicher gemacht, indem gleich zwei gänzlich verschiedene Wörter existieren: ‚Heaven' für religiöse Verwendung und ‚Sky' als Ortsbezeichnung. Allerdings verliert auch der religiöse Himmel zunehmend seine frühere Bedeutung. Die Bedeutung nämlich, daß allgemein das für uns einstmals unerreichbare Weltall damit gleichgesetzt wurde. Damals konnte man aufgrund der Unerreichbarkeit allerhand hineininterpretieren, was uns heute wegen unseres größeren Wissens um die Astronomie und die Weltraumforschung nicht mehr haltbar erscheint. Dennoch haben wir immer noch eine spezielle Bedeutung von Himmel in jenem Teil unseres Gehirns, der die Aufschrift ‚Religion' trägt, gespeichert. Da heißt es immer noch: Gott ist im Himmel, die Concorde aber ist am Himmel. Aber vergessen wir doch einmal die Verschiedenartigkeit der beiden Bedeutungen und nehmen an, daß beide dasselbe meinen. Nehmen wir einmal an, es habe wirklich Besucher von da draußen gegeben. Hätten diese Besucher dann nicht im Besitz einer hochentwickelten Technologie sein müssen, um überhaupt hierher zu gelangen? Und hätte die da zur Schau gestellte Technologie auf der Erde dann nicht etwa den Eindruck der Wunder, über die wir nachlesen, hervorgebracht?

Genau dies ist aber die Annahme, die dieses Buch beweisen will: daß es einst ‚Götter' auf der Erde gegeben hat, aber daß diese ‚Götter' Besucher aus dem All waren. Mit ihrem Kommen und Gehen kamen und gingen auch jeweils die Wunder. Was von ihren Besuchen aber blieb, waren die

Legenden, aus denen sich wiederum unsere heutigen Glaubensbekenntnisse entwickelten. Dies beeinträchtigt in keiner Weise die Gültigkeit dieser Glaubensbekenntnisse, da in den meisten Fällen die alten Doktrinen umgestoßen wurden und die Vielzahl der Götter des Altertums dem einzigen Gott heutiger Prägung weichen mußten.

Im Alten Testament lesen wir über ‚Gott', ‚Gott den Herrn', und ‚den Herrn'. Im Hebräischen steht im allgemeinen ‚Elohim' oder IHVH. Elohim ist eine Form der Mehrzahl und bedeutet ‚die Mächtigen'. ‚IHVH' ist der Name des allmächtigen Herrn bei den Kindern Israels und wird ‚Jahwe' ausgesprochen.*

Aus unseren vorangegangenen Argumenten ergibt sich, daß Besucher aus dem Weltall die Erklärung für die Verwendung von verschiedenen Namen sein könnten. Die ‚Elohim' waren die Mächtigen, die kamen, um unseren Vorfahren zu helfen. Der spezielle Mächtige, der ein besonderes Interesse an den Israeliten hatte, war IHVH. Nach der Abreise dieser Besucher entwickelten sich die Glaubensbekenntnisse der Menschen und die Idee eines einzigen, abstrakten Gottes. Zur gleichen Zeit treten die Moral und die Philosophie in die religiösen Vorstellungen ein. Somit hat sich das Rad einmal voll gedreht: Einigen von uns mag es leichterfallen, an technisch hochentwickelte Zivilisationen in anderen Teilen des Universums zu glauben, als daran, daß die Wunder des Altertums übernatürlich waren.

Als Ingenieure und Wissenschaftler glauben wir, die Verfas-

*Nach der Zerstörung des ersten Tempels im Jahr 586 v. Chr. wurde es vermieden, den Namen IHVH auszusprechen. Die Gründe hierfür werden wir im folgenden noch erklären. Jedenfalls wurde damals der Name durch ‚Adonai' (der Herr) ersetzt. Als im frühen Mittelalter die Vokalpunkte in der hebräischen Bibel eingesetzt wurden (siehe Anhang), war die Aussprache des Namens immer noch verboten, weswegen die Vokalpunkte von ‚Adonai' auf IHVH angewandt wurden, was dann das Wort ‚JeHoVaH' ergab. IHVH wird oft auch als ‚Tetragrammaton' bezeichnet, was lediglich griechisch für ‚ein Wort mit vier Buchstaben' ist.

ser dieses Buches, an harte Tatsachen wie Zahlen, Formeln, Graphiken und Spezifikationen. Wenn etwas nicht funktioniert, müssen wir herausfinden, warum es das nicht tut und es zum Funktionieren bringen. Falls etwas funktioniert, versuchen wir, die Funktion zu verbessern, oder wir suchen nach einer billigeren und einfacheren Möglichkeit, die gleiche Funktion zu erzielen.

Unser Interesse an der Forschung erschöpft sich aber nicht mit technischen Problemen, wie wir sie gerade erwähnten, sondern wir sind gleichermaßen an der weitaus größeren Frage interessiert, warum und weshalb wir hier sind. Bei der Verfolgung dieser Frage stießen wir auf einige in ihrem Inhalt mystisch-religiöse Schriften und fanden darin Behauptungen, die merkwürdig fehl am Platze wirkten. Hier hatten wir etwas, worin wir uns vertiefen konnten: die Analyse dieser Schriften. Die Grundsätze, nach denen solch eine Aufgabe anzupacken ist, entsprechen in ihrer Art denjenigen, nach denen ein technischer Ingenieur vorzugehen hat, etwa, wenn man einem Fehler auf die Spur kommen oder einen fehlenden Schaltplan rekonstruieren will. Während unserer Arbeit wuchs unsere Begeisterung, denn was da auf unseren Reißbrettern Gestalt annahm, war nichts anderes als der ‚Hochbetagte'. Darüberhinaus erwies sich dieser Hochbetagte als Maschine, und zwar als eine Maschine, die heutzutage auf dieser Erde wohl kaum entworfen und gebaut werden könnte, ganz zu schweigen von vor 3 500 Jahren, wie es aus den Überlieferungen hervorgeht.

Nun glauben die meisten Leute, daß es sich bei dem Titel ‚der Hochbetagte' um eine andere Bezeichnung für Gott handelt, die dementsprechend in den englischen Hymnen ‚Immortal, invisible' und ‚O worship the King' verwendet wird. Es gibt ein Gemälde von William Blake, allgemein bekannt als ‚der Hochbetagte', aber es stellt den grausamen Schöpfer Urizen aus Blakes Mythologie dar. Außerdem stammt der Titel des Bildes nicht von Blake persönlich. In der Bibel wird der Hochbetagte lediglich an einer einzigen Stelle erwähnt, und zwar im Buche Daniel (7,9 ff):

> Ich schaute so lange zu, bis Throne aufgestellt wurden und ein Hochbetagter* Platz nahm. Sein Gewand war weiß wie Schnee, sein Haupthaar rein wie Wolle. Feuerflammen waren sein Thron, dessen Räder flackerndes Feuer ...
> Ich schaute in den Nachtgesichten, und siehe, mit den Wolken des Himmels kam einer, der aussah wie ein Menschensohn. Er gelangte bis zu dem Hochbetagten und wurde vor ihn geführt.

Der Sinn dieser Bibelstelle wird bei der Weiterentwicklung unserer Theorie verdeutlicht.

Außer der Bibel existieren jedoch noch andere heilige Schriften, die über den Hochbetagten berichten, und ihre Geschichte möchten wir erzählen. Zuvor wollen wir aber kurz eine Parallele ziehen.

Wenn wir heute ein uraltes, zerfleddertes Manuskript fänden, in dem uns über Fahrten in wundersamen Wagen berichtet wird, die die Leute befähigten, mehrere hundert Kilometer in einem einzigen Tag zurückzulegen, so wäre unsere erste Reaktion doch die, daß wir das Ganze als Hirngespinst des Verfassers abtäten, weil wir wüßten, daß es zu jener Zeit keine solchen Wagen gegeben haben konnte. Wenn dasselbe Manuskript aber fortfährt mit der Beschreibung, daß die Wagen vier Sitze hatten, zwei vorne und zwei hinten, vier Räder, vorn zwei Augen, die gleißendes Licht verbreiteten, hinten zwei Augen, die rot glühten, dann könnten wir den Verdacht hegen, aber nur den Verdacht, daß die Beschreibung

*Luther bezeichnete in seiner Bibelübersetzung die volle hebräische Titulierung ‚der Hochbetagte' lediglich als ‚der Alte' oder auch als ‚einer, der uralt war'.

eines Fahrzeuges einem modernen Auto ähnlich sein könnte. Geht das Manuskript aber noch weiter in seiner Beschreibung indem es sagt, daß der Wagen vom Geiste eines gewissen Öls, welches an bestimmten Plätzen aus der Erde tritt, angetrieben wurde, wobei dieser Geist zu bestimmten Räumen in einem Eisenblock geleitet wurde und dort durch einen Funken entzündet wurde, und daß die Verbrennung des Geistes ein Stück Eisen dazu veranlaßte, sich nach unten zu bewegen, und ferner, daß diese Bewegung für den Antrieb der Räder genutzt wurde, dann müssen wir uns sagen: Wer immer dies schrieb, muß gewußt haben, wie ein Automobil funktioniert, auch wenn er selbst keines besessen hat. Sollte das Manuskript aber noch weitere Einzelheiten liefern, etwa Beschreibungen von Teilen wie Kolbenringen, Vergasern, Zündspulen und dergleichen, dann müßten wir einsehen, daß der Verfasser des Manuskripts, auch wenn es noch so unwahrscheinlich scheinen mag, ein Automobil, lange bevor ein solches überhaupt erfunden war, besessen und gefahren haben muß.

In diesem Buch werden wir über eine derartige Beschreibung berichten. Soweit wir wissen, wurde sie erstmals um zirka 1290 niedergeschrieben. Die Fachleute sind sich jedoch einig, daß die entsprechenden Überlieferungen beträchtlich älter sind. Es ist nicht die Beschreibung eines Autos, sondern die einer uns etwas weniger vertrauten Maschine – einer Maschine zur Nahrungsproduktion. Sie produzierte Manna, die Nahrung, von der die Kinder Israels während der vierzig Jahre dauernden Wanderung in der Wüste lebten.

Das Alte Testament der Bibel ist das heilige Buch der Juden und gleichzeitig die Geschichte ihrer Entwicklung zur eigenständigen Nation. Die Juden entstanden als Nation aufgrund gewisser wundersamer Vorgänge, die sich vor ungefähr 3 500 Jahren in Ägypten abspielten. Eine Gruppe unterdrückter Gastarbeiter wurde vom ‚Herrn‘ aus der Sklaverei erlöst, in die Wüste geführt und dort vierzig Jahre lang unter strenger

Disziplin gehalten. Nach Ablauf der vierzig Jahre hatten sie sich zur Großmacht gewandelt und waren fähig, die Völker Palästinas zu besiegen und deren Land zu erobern. Die Leute, die sich heute Juden nennen, sind die Nachkommen jener ursprünglichen Gruppe. So steht es in der Bibel. Wir aber fragen uns: Ist die in der Bibel berichtete Geschichte Wahrheit oder Legende? Eines steht jedenfalls fest: Die Juden existieren auch heute noch und nehmen beträchtlichen Einfluß auf das Weltgeschehen. Dies sowohl im neuen Staate Israel wie auch in anderen Ländern, in denen sie sich aufhalten. Während ihrer ganzen Geschichte hatten sie immer einen Einfluß, dessen Stärke weit über das hinausging, was der zahlenmäßigen Stärke des jüdischen Volkes entsprochen hätte. Sie sind wahrlich ein bemerkenswertes Völkchen und glauben, daß ihre Bibel, die auch den ersten Teil der christlichen Bibel darstellt, die wahre Geschichte ihres Volkes wiedergibt. Geben wir ihnen also recht und akzeptieren wir das Alte Testament als historisches Dokument.

Laut dem 2. Buch Moses zogen sechshunderttausend Menschen in die Wüste. Einige Fachleute sind jedoch der Ansicht, daß es sich hierbei um eine unmöglich große Zahl handelt und es in Wahrheit lediglich sechshundert Familien waren. (Im Hebräischen wird für ‚tausend' und ‚Familie' dasselbe Wort verwendet.) Wenn man dabei bedenkt, daß sich bei der ganzen Schar nur zwei Hebammen befanden (Exodus 1, 15–22), kann man diese Zahl als einigermaßen zutreffend ansehen.

Als nächstes berichtet uns die Bibel, daß diese sechshundert Familien auf ihrer vierzigjährigen Wanderschaft mit Manna ernährt wurden. Das Manna wird beschrieben als körniges, zuckriges Material, welches während der Nacht vom Himmel fiel. Jeden Morgen wurde es vom Volke aufgesammelt, und es gab genau ein Gomer pro Familie. Ein Gomer ist ein hebräisches Hohlmaß und beträgt 3,644 Liter, stellt also eine beträchtliche Menge dar. Am Samstagmorgen gab es jedoch kein Manna, weshalb am Freitag die doppelte Ration ausgegeben wurde.

Dies alles kommt einem seltsam vor. Da haben wir zunächst eine einigermaßen annehmbare Beschreibung eines mysteriösen Wesens, des Herrn, der das Volk aus Ägypten gerettet und dann vierzig Jahre in der Wüste festgehalten hat; und als nächstes wird uns erzählt, daß es regelmäßig Niederschläge von Himmelsnahrung gegeben hat, die ihnen auf Schritt und Tritt während der ganzen Wanderschaft durch die Wüste folgten und dabei noch einen ganz exakten Wochenplan eingehalten haben. Viele Leute, die bereitwillig andere Geschichten aus der Religion akzeptieren, weigern sich, die Geschichte des Mannas zu glauben. Dennoch bestehen die Juden darauf, daß sie wahr ist. Aus diesem Grunde wurde schon sehr oft der Versuch gemacht, das Manna plausibel zu ‚erklären'. So wird oft behauptet, daß es eine Ausscheidung von Baumsaft aus den Körperdrüsen einer Art Blattläuse war, Insekten, die als Parasiten die Tamariskenbäume (Tamarix mannifera) bevölkern. Der Stoff wird in Form von Tropfen einer klaren Flüssigkeit ausgeschieden, welche dann nachts zu weißen Kügelchen erstarren und in der Sonnenhitze wieder schmelzen.

Die Kügelchen bestehen aus Glukose und Traubenzucker, außerdem enthalten sie sehr geringe Mengen Pektin – mit anderen Worten sind sie also in der Hauptsache Zucker. Zum Teil werden sie von Ameisen gefressen und auch in Ameisenbauten gelagert. Die Beduinen auf Sinai sammeln dieses Material sogar heute noch und verwenden es als Honigersatz. Sollte dies das Manna der Bibel gewesen sein? Die Fachleute bezweifeln es. Erstens sind die erhältlichen Mengen extrem gering – auf der ganzen Halbinsel Sinai ließe sich kaum genug davon auftreiben, um auch nur eine einzige Familie zu ernähren, geschweige denn sechshundert; zweitens hätte die Bibel sicher nicht die Tatsache verschwiegen, daß das Manna nur in der Nähe eines bestimmten Baumes auftrat; und drittens ist dieses Material fast reiner Zucker, wohingegen das biblische Manna als ‚Brot' und als Grundnahrungsmittel beschrieben wird.

Darüber hinaus gibt es noch gewisse praktische Einwände. Wie war es zum Beispiel möglich, in der kurzen zur Verfügung stehenden Zeit mehrere Liter kleiner Körner vom Boden aufzulesen? Der Überlieferung zufolge verschwand das Manna in der Sonnenhitze bereits wenige Stunden nach Sonnenaufgang. Außerdem wird uns berichtet, daß das Mannakorn die Größe von Koriandersamen hatte. Als Experiment streuten wir Koriandersamen auf lockeren Sandboden und versuchten ihn aufzusammeln. Die Menge, die wir nach einer Stunde beisammen hatten, hätte kaum für eine Mäusemahlzeit ausgereicht, geschweige denn für Menschen. Außer wenn das Manna in solchen Mengen gefallen wäre, daß es hätte geschaufelt werden können, wäre es unmöglich gewesen, eine vernünftige Menge zu sammeln; und selbst dann hätte dies auf sauberem, glatten Boden erfolgen müssen. Darüber hinaus wäre es trotzdem wohl kaum zu vermeiden gewesen, daß mit dem Manna auch Sand und Steine aufgesammelt wurden, die zu entfernen notwendig gewesen wäre, bevor man die Speise zu sich nahm. Dennoch erwähnt die Bibel keine Schwierigkeiten mit Sand unter dem Manna.

Als weiteren Einwand führen wir das in der Bibel erwähnte Hohlmaß von einem Gomer pro Familie an. Dies deutet auf eine gewisse Form der Rationierung hin. Aber wie konnten die Führer der Israeliten kontrollieren, daß jede Familie ihr gerechtes Maß erhielt, wenn die Leute das Manna selbst einsammelten? Die Kleinkinder und die Alten und Kranken wären niemals fähig gewesen, es schnell genug zu sammeln, und es fällt schwer zu glauben, daß diejenigen mit der größeren Fingerfertigkeit ihren Mehrertrag freiwillig den weniger Begünstigten unter ihnen zukommen ließen. Trotzdem erwähnt die Bibel keinerlei Zwistigkeiten betreffs der gerechten Verteilung. Wir könnten die Reihe unserer Einwände noch beliebig lange fortsetzen, aber es scheint festzustehen, daß, falls die Kinder Israels in der Wüste wirklich von Manna gelebt haben, es nicht vom Himmel auf die Erde gefallen sein kann. Aber die Bibel beharrt darauf, daß sie tatsächlich Manna gegessen haben, und bisher gibt es noch keine befriedigende Erklärung über den Ursprung des Mannas. Dieses Buch liefert eine solche. Eine Erklärung, die, auch wenn sie außerhalb unseres Erfahrungsbereichs liegt, dennoch durch Beweise bekräftigt wird und deshalb nicht so leicht vom Tisch gefegt werden kann.

Das Alte Testament ist nicht unsere einzige Informationsquelle für die jüdische Geschichte. Eine enorme Menge wurde zusammengetragen in Werken wie dem Talmud, der etwa 200 n. Chr. verfaßt wurde. Ergänzend zum geschriebenen Gesetz, der Bibel, gibt es das mündlich überlieferte ungeschriebene Gesetz. Ein Teil dieses Gesetzes wurde als derart geheim angesehen, daß es niemals niedergeschrieben werden durfte. Es wurde bewahrt, indem man es von Generation zu Generation auswendig lernte. Ungefähr 1290 n. Chr. verstieß jedoch jemand gegen diese Regel und legte einen Teil davon schriftlich nieder. Wir haben das Glück, daß das, was diese Person damals schrieb, bis auf den heutigen Tag erhalten blieb. Ihr Buch, der *Sohar,* liefert uns die Antworten auf all die Fragen, die wir uns in bezug auf das Manna stellten. Außerdem enthält es den Beweis dafür, daß der Herr ein Besucher aus dem All gewesen sein muß.

Wie können wir diese phantastische Behauptung rechtfertigen? Der *Sohar* ist ein Buch, welches schon seit langer Zeit existiert und von einer ganzen Reihe von Leuten gelesen wurde. Falls es tatsächlich den Beweis enthält, daß der Herr ein Besucher aus dem Weltall war, warum wurde er nicht früher entdeckt? Ganz einfach deshalb, weil es von den falschen Leuten gelesen wurde. Leuten, die Theologen und keine Techniker waren. Und von denen gab es wenig genug, die sich die Mühe machten, es zu lesen, da das Studium dieses Buches nicht von der religiösen Obrigkeit verlangt oder gefördert wurde. Es ist ein seltsames Buch. In einigen Teilen ist es sogar äußerst seltsam. Dort wird ein Wesen beschrieben, welches der Hochbetagte genannt wird, und etwas noch Unglaublicheres behauptet, daß nämlich dieser ‚Hochbetagte' die Kinder Israels während ihrer Wanderschaft durch die Wüste ernährte.

Der Hochbetagte wird mit einer sehr unklaren Sprache beschrieben, mit einer Sprache, die von den Theologen für tiefgründig mystische, symbolische Darstellung gehalten wird. Wir lasen die Beschreibung und sagten: Nein! Dies ist weder symbolisch noch mystisch. Es ist eine direkte mechanische Beschreibung eines materiellen Gegenstandes. Einigen der Teile wurden unwahrscheinliche Namen gegeben, wie wir noch sehen werden, aber die ganze Beschreibung ergibt einen perfekten Sinn. Es ist die Beschreibung einer Maschine, die genau das tat, was von ihr behauptet wird: Sie stellte ein Grundnahrungsmittel her.

Wenn dies der Fall ist, warum wird die Maschine dann nicht in der Bibel erwähnt? Und warum findet sich die Beschreibung nur im *Sohar,* einem Buch das nur wenige Leute kennen und das von noch weniger Leuten gelesen wird? Der Grund dafür ist unseres Erachtens, daß die bloße Existenz der Maschine ein streng gehütetes Geheimnis war und daher nur einigen wenigen Privilegierten zugänglich. Es mußten 2 500 Jahre vergehen, bis jemand wagte, diese Beschreibung schriftlich niederzulegen. Kein Wunder, daß nach diesem Zeitraum ihre wirkliche Bedeutung in Vergessenheit geraten war. Trotzdem wurde die Information auswendig gelernt und weitergegeben, denn sie bestand aus uralten, heiligen Geheimnissen, auch wenn es noch so sehr nach faulem Zauber aussah. Der Verfasser des *Sohar* besaß zufällig ‚das Geheimwissen' und schrieb es in seinem Buch zusammen mit gewöhnlicheren, überlieferten Lehren nieder. Heutzutage aber können wir erkennen, was dieser faule

Zauber wirklich ist: die Beschreibung einer Maschine zur Herstellung von Manna zusammen mit einigen Bedienungsanleitungen. Darüberhinaus erklärt unsere Interpretation viele seltsame Sitten der Juden, und es gibt Hinweise im Alten Testament, die dies bekräftigen.

Diese komplizierte Maschine konnte unmöglich vor 3 500 Jahren auf dieser Erde gebaut worden sein. Sie muß ihren Ursprung irgendwo anders gehabt haben. Es gibt nur eine einzige Person, die sie gebracht haben könnte, nämlich den Herrn von Israel. Immerhin war sie ein Produkt einer fortschrittlichen Technologie, einer Technologie, die schon weiter fortgeschritten war als unsere heutige. Der Herr war dann aber weder eine Einbildung aufgrund einer religiösen Massenhalluzination, noch war es Gott persönlich. Es war in dem Fall, wie bereits weiter oben vermutet, einfach ein Besucher aus dem All.

Wir können erklären, warum der Herr die Maschine zu den Israeliten brachte. Wir können auch erklären, wie die Maschine arbeitete. Wir wissen außerdem, was schlußendlich mit der Maschine passierte, nachdem sie aus dem Tempel in Jerusalem verschwunden und schon einige Jahrhunderte außer Betrieb war.

Die Religion wird heute sehr viel weniger ernstgenommen als in früheren Zeiten. In der Vergangenheit wurden Verstöße gegen religiöse Gebote oft schwer geahndet. Gemessen an den damaligen Gepflogenheiten, konnte man die jüdische Religion als liberal bezeichnen. Trotzdem war für sämtliche Personen, die unbefugterweise das Allerheiligste des Tempels betraten, die Todesstrafe gesetzlich vorgeschrieben. Der Tempel wurde von König Salomon in Jerusalem errichtet, um die Bundeslade zu beherbergen. Die Bundeslade war laut der Bibel eine reichverzierte Holztruhe, in der bestimmte Reliquien aufbewahrt wurden. Warum der ganze Aufwand für eine Holztruhe, mag sie auch noch so heilig gewesen sein? Andererseits teilt uns die Bibel wieder mit, daß die Truhe todbringend war. Diejenigen, die sich ihr näherten, mußten spezielle Vorsichtsmaßnahmen treffen (3 Mose 8, 1–13), obwohl auch diese nicht vermochten Aarons Söhne Nadab und Abihu zu schützen, denn diese beiden wurden durch sie getötet. Weitere Vorsichtsmaßnahmen waren wiederum notwendig für diejenigen, die die Körper der Toten abtransportieren mußten (3 Mose 10, 1–7). Es gibt noch andere Opfer, die zu Lasten der Lade gehen, wie wir im weiteren Verlauf noch sehen werden. Sollte dies wiederum eine weitere phantasievolle Legende sein? Oder aber könnte es der Wahrheit entsprechen? Wir werden den Wahrheitsbeweis erbringen, daß die Bundeslade mit dem Hochbetagten identisch war, nur daß sie nicht aus Holz war. Laut späteren Überlieferungen gab es einige wenige, die in das Allerheiligste eindrangen und überlebten. Wir haben jetzt die Gewißheit, daß, was sie flüchtig erblickten, eine glitzernde, unirdische Maschine war, die Jahrhunderte zuvor das Volk in der Wüste ernährte und seitdem sorgfältig als Erinnerungsstück an jene Zeit bewahrt wurde, zu der der Herr noch bei seinem Volk weilte.

Vielleicht können wir jetzt einsehen, warum in jenen Tagen die Religion so ernstgenommen wurde. Der Herr und die Engel waren ja Wirklichkeit, Wesen aus dem Weltraum, die je nach Laune ganze Städte mittels eines Knopfdruckes zerstören konnten. Heutzutage ist die Erinnerung an sie verblaßt und aus der Relgion ist eine bloße gesellschaftliche Gepflogenheit geworden. Nicht mehr die Götter, sondern die Menschen werden das 20. Jahrhundert für seine Sünden strafen und zerstören.

Was ist schlußendlich aus dem Hochbetagten geworden? Wir werden diese Frage später erforschen, aber wir glauben, daß er an einem längst vergessenen Ort verborgen wurde. Wir haben Hinweise, wo dieses Versteck sein könnte, aber wer wollte nach ihm suchen, und welchen Sinn hätte eine solche Suche? Würde die Entdeckung dieser Reliquie des Herrn nicht zu noch mehr Unruhe im ohnehin schon unruhigen Nahen Osten führen? Wahrscheinlich schon, aber es gibt auch greifbare Vorteile, die aus dieser Entdeckung erwachsen könnten. Wir haben in den Schriften schon wertvolle Hinweise gefunden, die modernen Nahrungsmitteltechnikern nützlich sein könnten.

Wenn diese Maschine tatsächlich vierzig Jahre lang in der Lage war, ein Grundnahrungsmittel für sechshundert Familien zu produzieren, dann denke man nur daran, welch großer Schritt zur Lösung der Ernährungsfrage dieser Welt getan werden könnte, vorausgesetzt, wir wären in der Lage, sie in größeren Stückzahlen herzustellen! Die Völker der Dritten Welt werden wohl kaum ausschließlich von Manna leben wollen, aber andererseits könnte Manna ihnen eine solide Grundnahrung sein, bis sie ein funktionierendes Agrarsystem entwickelt hätten. Außerdem könnte es immer über Mißernten und Dürrezeiten hinweghelfen. Für diese Völker könnte das Manna durchaus eine ähnlich wichtige Rolle spielen, wie für uns seinerzeit die Kartoffel, die bekanntlich den großen Hungersnöten ein Ende setzte. Die Nahrungsmittelverknappung stellt heute eines der größten Probleme dieser Welt dar, weshalb jede Möglichkeit genutzt werden sollte, sie zu überwinden. Vielleicht sollten wir die politischen Konsequenzen einmal vergessen und einfach eine Expedition auf die Suche nach dem Hochbetagten schicken.

Mit welchen anderen Ergebnissen könnten wir konfrontiert werden, wenn eine solche Suche erfolgreich wäre? Wir hätten endlich den unleugbaren, greifbaren Beweis für die Existenz der Besucher aus dem All. Die politischen Führer der Weltmächte müßten zugeben, daß es höhere Mächte gibt, gegen die ihre lächerlichen Atombomben und Interkontinentalraketen wirkungslos sind. Sollte es denn nicht möglich sein, daß wir unser sinnloses Gezänk aufgeben, unsere Meinungsverschiedenheiten beilegen und eine gemeinsame Front aufbauen? Der Herr und seine Engel könnten eines Tages zurückkehren. Wer weiß, was sie mit uns anstellen, falls ihnen nicht gefällt was sie vorfinden?

Die geheime Lehre Israels besagt, daß die Geschichte der Bibel wahr ist, aber gewisse Einzelheiten verschweigt. Wir haben deshalb angenommen, daß der Herr ein Besucher aus dem Weltraum war, der den Israeliten eine Maschine gab, um sie in der Wüste mit Nahrung zu versorgen. Die Existenz dieser Maschine war ein streng gehütetes Geheimnis, ausgenommen für jene, die den Auftrag hatten, die Maschine zu bewachen und zu bedienen. Die Verfasser der Bibel vermieden sorgfältig jede Erwähnung der Maschine und ihrer Funktion, als sie rund 500 v. Chr. die Schriften zusammenstellten. Trotzdem gelang es ihnen nicht ganz, sämtliche Hinweise zu vertuschen. Wir werden zeigen, wie wir zunächst nur auf einen kleinen Teil des Geheimnisses stießen, um dann in der Folge die ganze Wahrheit zu enthüllen. Aber zuvor wollen wir noch erklären, wie wir als gewöhnliche Techniker in diese Forschung verwikkelt wurden.

Das Ganze begann eines Tages im Jahr 1974, als wir nichtsahnend ein Buch in die Hand nahmen. Das Buch hatte den Titel *The Kabbalah Unveiled* (Die entschlüsselte Kabbala) und war von S. L. MacGregor Mathers geschrieben. Wie es schien, stand Kabbala für einen seltsamen Handlungsbereich, der zum Teil aus Magie und zum Teil aus Religion besteht. Der gesamte Bereich steht, nicht unbedingt zu Recht, im Ruf des Bösen, Teuflischen. Es stellte sich heraus, daß dieses Buch eine Übersetzung von einigen altertümlichen kabbalistischen Texten war, und zwar von drei Büchern des *Sohar:* des *Buchs des Mysteriums* (BM) der *Großen Heiligen Versammlung* (GHV), und der *Kleinen Heiligen Versammlung* (KHV). Insgesamt ergab dies 71 Kapitel, bestehend aus 2173 Versen. Die Texte betrafen fast ausschließlich die physischen Charakteristika des Hochbetagten, alle bis ins kleinste Detail beschrieben.

Als Beispiel möge hier ein Auszug aus der *Großen Heiligen Versammlung* dienen:

> (GHV 287) . . . Es findet sich kein Barthaar, das nicht seinen Ursprung im Gehirn des Kopfes hat. Aber in diesem (letzten Teil) wird dieser (erste Teil des Bartes) nicht als getrennt (von den anderen Barthaaren) angenommen . . . Die Länge dieses Teils der Haare, der vor den Ohren herabhängt, ist nicht gleich der Länge (des Bartes selbst); es ist weder ineinander verschlungen noch hängt es weit herab. Diese Haare aber dehnen sich aus und hängen herab so wie sie herabfließen. Und der Anfang der ersten Anordnung besteht aus einunddreißig gleichen Locken, die sich sogar bis zum Anfang des Mundes ausdehnen. Auch finden sich in jeder Locke dreihundertundneunzig Haare . . .

Könnte dies wirklich eine Beschreibung Gottes sein? Es gab da Kapitelüberschriften wie: *Betreffs der Feuchtigkeit, oder des Taus vom Gehirn des Hochbetagten,* sowie intime Einzelheiten wie: *Die Länge des Penis beträgt 248 Welten.* Weitere Kapitel beschreiben den Schädel, das Haar, die Stirn, die Augen, die Nase, die dreizehn Teile des Bartes und viele andere anatomische Einzelheiten. Wo besteht hierbei aber ein Zusammenhang mit Religion oder auch mit Magie? Es scheint, daß der Hochbetagte weder sprechen noch sich aus eigenem Antrieb bewegen konnte. Angeblich befand er sich auf einem „Thron“, wurde aber von Zeit zu Zeit auf einen anderen Thron transportiert, woraufhin der frühere Thron dann abgebrochen wurde. Darüberhinaus behaupten die Schriften, daß der Hochbetagte das Manna lieferte, welches die Israeliten in der

Wüste ernährte, und deuten an, daß dieses aus dem Penis kam. Diese Einzelheit ist so intim, daß der zu viktorianischer Zeit lebende Mathers gezwungen war, sie auf Lateinisch wiederzugeben. Übersetzt lautet sie folgendermaßen:

> (KHV 740) Danach weitete sich der Körper zu zwei Schenkeln aus
> *et intra haec continentur duo renes, duo testiculi masculini.*
> und zwischen ihnen befanden sich zwei Nieren, zwei Hoden.
> *Omne enim oleum, et dignitas, et vis masculi e toto*
> Alles Öl, und die Größe, und männliche Kraft des ganzen
> *corpore in istis congregatur; nam omnes exercitus, qui prodeunt*
> Körpers sammelt sich in ihnen; denn von ihnen gehen alle Kräfte
> *ab iis, omnes prodeunt et morantur in orificio membri genitalus*
> aus, die ausgehen, und alle verbleiben an der Mündung des Penis.
> ... *Membrum masculi est extremitas totius corporis, et vocatur*
> ... Das männliche Glied liegt am Ende des Körpers und heißt
> *Yesod, fundamentum, et hic est gradus ille qui mitigat*
> Yesod, die Grundlage, und er ist der Schritt, der das Weib
> *feminam.*
> entzückt.

Es gibt in den Weltreligionen einige seltsame Dinge zu entdecken, aber dies war doch das Seltsamste, was uns je vor Augen gekommen war. Hier hatten wir dieses Buch, angeblich eine Übersetzung uralter Schriften, die bestätigten, daß die Israeliten auf der Wanderschaft ihre tägliche Lieferung Manna erhielten, jedoch mit dem Unterschied, daß hier gesagt wurde, daß das Manna, anstatt auf wundersame Weise vom Himmel zu regnen, auf noch wundersamere Weise von einem Etwas namens der Hochbetagte produziert worden war. Zu diesem Zeitpunkt dämmerte uns die erschreckende und dennoch faszinierende Erkenntnis, daß wir möglicherweise auf die Beschreibung einer Maschine gestoßen waren! Wohl trugen viele der beschriebenen Teile Namen von Teilen des menschlichen Körpers, so wie die obengenannten, aber dann überlegten wir uns, was für Namen die Teile sonst hätten tragen können, wenn die Maschine wirklich ein Geschenk der Besucher aus dem Weltraum war. Sie hätten in diesem Fall die Namen doch erst erfinden müssen! Es kann im alten Hebräisch einfach kein Wort wie ‚Manna-Auslaßventil' gegeben haben; wenn das Manna aber andererseits durch den Köper herabfloß, bevor es ausgestoßen wurde, dann ist es logisch, daß der Abfluß sich irgendwo in den unteren Regionen befand und deshalb, unter Berücksichtigung seiner Lage und Funktion, die Wahl des Namens natürlich auf ‚Penis' fiel.

Als nächstes gingen unsere Gedanken in folgende Richtung: Könnte das Ganze ein ausgeklügelter Schwindel sein? Sicherlich würde niemand im Vollbesitz seiner geistigen Kräfte ein derartiges Buch schreiben. Unser nächster Schritt war daher, das Buch *The Kabbalah Unveiled* und dessen Verfasser, S. L. MacGregor Mathers zu überprüfen. Das Buch wurde zuerst 1887 veröffentlicht und befand sich seither im Druck. Wir hatten keinerlei Schwierigkeiten, es in ganz normalen Buchhandlungen aufzutreiben. Wenn aber ein Buch während nahezu eines ganzen Jahrhunderts öffentlich erhältlich gewesen war, mußte dafür eine ständige Nachfrage vorliegen. Wer aber kaufte dieses Buch, und warum identifizierte es vor uns niemand als die Beschreibung einer Manna-Maschine? Entsprang am Ende doch alles bloß unserer Phantasie? Die Lösung dieser Fragen wurde uns schnell klar. Der Personenkreis, der das Buch kaufte, bestand aus Mystikern, Astrologen, Hexen, Anhängern der Schwarzen Magie und dergleichen, die es bei ihren Ritualen zu benutzen pflegten. Solche Leute wiederum haben im allgemeinen kein technisches Verständnis, und sie wären daher auch nie auf die Idee gekommen, das Material dieses Buches auf dieselbe Weise wie wir zu analysieren. Dabei muß man auch bedenken, daß eine derartige Analyse wohl kaum den Zwecken dieser Leute dienlich sein könnte. Dagegen kann man von Technikern, die gewohnt sind, Maschinenbeschreibungen verschiedenster Art zu lesen und selbst zu verfassen, erwarten, daß sie eine solche auch noch auf hundert Meter Entfernung und im Dunkeln erkennen können. Damit war die Jagd eröffnet, und wir würden von nun an nicht ruhen, bis wir unsere Neugier befriedigt hätten und der ganzen Sache auf den Grund sehen könnten.

Wir stellten Nachforschungen über Samuel Liddell MacGregor Mathers, den Übersetzer des Buches, an und fanden heraus, daß er ein Exzentriker war, der gegen Ende des neunzehnten Jahrhunderts eine gewisse Blütezeit erlebte. Er gründete seinerzeit eine magische Gesellschaft mit Namen ‚The Hermetic Order of the Golden Dawn', (Hermetischer Orden von der goldenen Morgendämmerung), bei der viele berühmte Persönlichkeiten jener Zeit Mitglieder wurden. Die Beschäftigung mit der Magie war damals in besseren Kreisen eine Modeerscheinung, und die Gesellschaft des Golden Dawn hatte sehr schnell auch außerhalb Londons ihre Ableger über ganz England verteilt. Neue Mitglieder wurden als Novizen aufgenommen und konnten nach verschiedenen Ritualen und Aufnahmezeremonien in die höheren Ränge aufsteigen. Die Gesellschaft hatte viele Gemeinsamkeiten mit der Freimaurerschaft, den Rosenkreuzern und H.P. Blavatskys theosophischem Kult. Dies sind alle geheime oder zum Teil geheime

Gesellschaften, die ihren Mitgliedern die Möglichkeit geben, im Zugehörigkeitsgefühl zu einer elitären Gruppe zu schwelgen. Mathers war der Hauptverantwortliche für die Entwürfe der Rituale des Golden Dawn, denn er war ein fähiger Organisator mit einem gutentwickelten Sinn für alles Mysteriöse.

So produzierte er dann auch eine Reihe von Übersetzungen, früher okkulter Werke, darunter die ‚entschlüsselte Kabbala'. Dies diente zweifelsohne der Materialsammlung für seine magischen Rituale. Er legte sich den Namen MacGregor als seinen ‚wahren, angestammten Namen' zu und behauptete, daß seine Familie immer MacGregor geheißen habe, bis dieser schottische Clan im Jahr 1603 für vogelfrei erklärt wurde. Modernen Nachforschungen zufolge, hatte er allerdings nie Familienangehörige irgendwo weiter nördlich als in Bedford, England. Er behauptete auch, den französisch-schottischen Titel ‚Compte MacGregor de Glenstrae' von seinem Ur-Urgroßvater ererbt zu haben. Ohne Zweifel wußte er auch diesen Titel nutzbringend anzuwenden als er später in Paris lebte.

Später schloß sich ein junger Mann namens Aleister Crowley dem Golden Dawn an und stieg schnell bis in die höchsten Ränge auf. Er sollte später noch als Teufelsanbeter berüchtigt werden und sich des Titels ‚Das Große Biest' rühmen. Das London der zwanziger Jahre erschauerte mit Grauen ob der Enthüllung seiner Aktivitäten: Rituale, die schwarze Magie enthielten, Drogenmißbrauch, jede nur denkbare Form sexueller Perversion und, wie behauptet wird, sogar Menschenopfer. Zu Anfang bewunderte Crowley Mathers und nahm aus Ehrerbietung sogar den Namen MacGregor an. Später entwikkelte sich dann zwischen den beiden eine hitzige Rivalität, und es wird von Crowley gesagt, er habe Beelzebub mit 49 Hilfsdämonen beschworen, damit sie Mathers angriffen. Ob diese Truppe jemals ankam, ist allerdings nicht bekannt.

Mathers starb 1918 verarmt in Paris – manche behaupten an

einem Fluch, mit dem ihn Crowley belegte. Andere wiederum behaupten, daß er der heftigen Grippeepidemie jenes Jahres erlegen ist. Crowley überlebte auch noch den Zweiten Weltkrieg, um dann, völlig vom Rauschgift zerstört, in einem englischen Seebad seinen Geist aufzugeben.

Mathers war also der Verfasser des Buches, welches unser Interesse auf sich gelenkt hatte. Anhand des Bildes, das wir von ihm gezeichnet haben, könnte ihn wohl niemand als verläßliche Quelle bezeichnen. Dieses Buch war jedoch eine Übersetzung eines früheren Werkes von einem gewissen Christian Knorr von Rosenroth, der *Kabbala Denudata*, veröffentlicht in Frankfurt im Jahre 1677. Daher hieß die nächste Station auf unserer Suche die Universitätsbibliothek Cambridge.

Dort konnten wir ohne nennenswerte Schwierigkeiten eine Ausgabe der *Kabbala Denudata* finden. Also füllten wir unseren Bestellschein aus und warteten in der ehrfürchtigen und erwartungsvollen Stille der Abteilung für seltene Werke. *Kabbala Denudata* wurde uns schließlich in Form von zwei dicken, in schweres Leder gebundenen, Folianten ausgehändigt. Das Buch war hauptsächlich auf lateinisch geschrieben, aber wir verstanden beide genug von dieser Sprache, um erkennen zu können, daß darin das gesamte Material über den Hochbetagten enthalten war. Mathers Übersetzung mag vielleicht nicht vollkommen korrekt gewesen sein, aber niemand konnte ihm vorwerfen, die Geschichte erfunden zu haben. Es war alles schon in diesem viel älteren Buch vorhanden. Wie es schien, war die lateinische Version in der *Kabbala Denudata* aber ebenfalls eine Übersetzung aus einer wieder anderen Sprache, dem Aramäischen, so daß das, was wir bei Mathers nachgelesen hatten, schon zwei Übersetzungen durchlaufen hatte. Knorr von Rosenroth, der Verfasser der *Kabbala Denudata*, hatte das Aramäische von einem viel früheren Werk, dem *Sohar*, abgeschrieben, und zwar glücklicherweise parallel zu dem von ihm verfaßten lateinischen Text. Wir blätterten also die dicken, knisternden Seiten dieses dreihundert Jahre alten Buches um und schauten zuerst das Latein, das wir verstehen konnten, an und dann die viereckigen schwarzen Buchstaben des Aramäischen, das wir nicht verstanden.

Es gab nur einen Ausweg. Das Jagdfieber hatte uns gepackt, und wir konnten nicht ruhen, bis wir den Hochbetagten vor uns hatten. Es war kaum anzunehmen, daß uns jemand eine Beweisführung für die Existenz der Manna-Maschine auf der Grundlage eines Buches von Mathers abnehmen würde. Knorr von Rosenroth aber war auch ein Anhänger der Magie. Wie konnte man seiner Übersetzung trauen? Wir beschlossen daher, auf den aramäischen Urtext des *Sohar* zurückzugreifen.

Fassen wir kurz unsere Ausgangsposition zusammen. Wir hatten ein Buch gefunden, welches auf englisch eine Beschreibung eines Wesens enthielt, daß der Hochbetagte genannt wurde. Laut diesem Buch lieferte dieses Wesen das Manna, von dem die Israeliten in der Wüste lebten. Dies klang kaum glaubhaft, aber dennoch überzeugte uns die Art, in der das Buch geschrieben war, davon, daß wir vielleicht auf eine Spur gestoßen sein könnten. Deshalb begannen wir Nachforschungen anzustellen und fanden heraus, daß dieses 1887 veröffentlichte Buch eine Übersetzung eines anderen aus dem Jahre 1677 war. Das Buch von 1677 wiederum stellte sich als Übersetzung eines noch viel älteren, des *Sohar*, heraus. Der Sohar wurde erstmals 1559 gedruckt. Die Reise in die Vergangenheit ging schnell durch die Jahrhunderte. Als nächster Schritt stand uns die Überprüfung des *Sohar* bevor.

Die Universitätsbibliothek Cambridge besitzt zwei Übersetzungen des *Sohar*. Er erwies sich als sehr umfangreiches Werk, wie die Bibel in ‚Bücher' unterteilt. Drei dieser Bücher interessierten uns: *Das Buch des Mysteriums, Die Große Heilige Versammlung* und *Die Kleine Heilige Versammlung*.

Wir fanden die englische Übersetzung von Sperling und Simon, die zwar hochinteressant, aber leider insofern unvollständig war, als die drei Bücher über den Hochbetagten fehlten.

Die andere Ausgabe, eine französische Übersetzung, stammte von Jean de Pauly und war *vollständig*! Als wir die sechs grün gebundenen Bände durchblätterten, fanden wir bald Bezugnahmen auf den ‚Ancien des Temps', den Hochbetagten. Indem wir den französischen Text mit dem englischen von Mathers verglichen, stellten wir bald fest, daß es gravierende Unterschiede gab; bei einigen Textstellen hatten wir sogar Mühe, herauszufinden, was sich in der jeweiligen Sprache mit der anderen Übersetzung decken sollte.

An dieser Stelle müssen wir anfügen, daß einer von uns, den beiden Verfassern dieses Buches, lange als technischer Übersetzer für Französisch, Deutsch, Serbo-Kroatisch und Russisch ins Englische gearbeitet hat und außerdem noch Kenntnisse in anderen Sprachen besitzt. Lateinischkenntnisse hatten wir beide, da diese zu unserer Studienzeit an der Universität Cambridge zu den Zulassungsbedingungen zählten.

Bei technischen Übersetzungen ist es äußerst wichtig, daß die Übersetzung Wort für Wort vorgenommen wird, damit die gewünschte Information verstanden werden kann. Das Ergebnis einer solchen Übersetzung liest sich oft nicht gerade schön oder sehr leicht, aber das ist auch nicht so wichtig. Wenn jemand zum Beispiel einen russischen Bericht über Lichtbogenschweißung von Aluminium-Leichtmetallverbindungen übersetzt, kann es ihm als Übersetzer leicht passieren, daß er mit seiner Arbeit sprachlich nicht ganz zufrieden ist und er in Versuchung kommt, einige Veränderungen anzubringen. Sobald jedoch ein englischsprechender Fachmann auf dem Gebiet des Lichtbogenschweißens von Aluminium-Leichtmetallverbindungen seine Arbeit liest, wird er diese Veränderungen bemerken und korrigieren. Ein technischer Übersetzer sollte daher nicht viel mehr sein als ein wandelndes Wörterbuch, das seine Sprache in eine andere verwandelt und die Fachleute sich über die tatsächliche Bedeutung den Kopf zerbrechen läßt.

Beim Vergleich der englischen Version des *Sohar* mit der französischen wurde uns schnell klar, daß diese Regel bei religiösen oder mystischen Übersetzungen offenbar keine Anwendung findet. Der Übersetzer hat viel mehr Freiheit und nützt diesen Spielraum aus. In unserem Fall waren zum Beispiel ganze Textstellen weggelassen worden, während an anderen Stellen offenbar einfach drauflosgeschrieben wurde. Es stellte sich immer klarer heraus, daß nur ein neuerlicher Angriff auf das ursprüngliche Aramäisch die Antwort liefern konnte. Sollten wir mit unserer Annahme nämlich recht behalten, dann waren die Stellen, die den Hochbetagten beschrieben, nicht religiöser, sondern technischer Art. Sie beschrieben eine Maschine, keinen Gott. Daher wäre eine technische Übersetzung unter Anwendung der hierfür geltenden Regeln vonnöten.

Während uns diese Gedanken durch den Kopf gingen, gingen wir selbst durch die Gänge der Bibliothek, um mehr über den *Sohar* herauszufinden. Wir erfuhren so, daß die führende Autorität auf dem Gebiete der jüdischen Mystik Gershom Scholem von der Hebräischen Universität in Jerusalem ist. Aus seinem Buch *Die jüdische Mystik in ihren Hauptströmungen* ersahen wir, daß der *Sohar* als äußerst wichtiges Werk angesehen wird und aus niedergeschriebenen mündlichen Überlieferungen, die auf die Zeit des Auszugs aus Ägypten zurückgehen, besteht. Darüberhinaus wird dort angegeben, daß die Teile über den Hochbetagten die ersten waren, die schriftlich festgehalten wurden und daher als Kernstücke des gesamten Werks zu betrachten seien. Zu guter Letzt hatten wir endlich den Durchbruch geschafft. Wir hatten den Hochbetagten von einem exzentrischen englischen Magier mit schlechtem Ruf zu einem obskuren deutschen Kabbalistiker verfolgt. Von ihm aus führte uns die Spur zurück zu einem Buch, dem *Sohar.* Laut Scholem wurde dieser *Sohar* aber einmal als das wichtigste jüdische Religionsbuch neben der Bibel und dem Talmud angesehen. Je weiter wir zurückgingen, so schien es, desto höher wurde der Stellenwert des Hochbetagten. Welchen Stellenwert, fragten wir uns, mag er wohl zur Zeit des Auszugs aus Ägypten, ungefähr um 1300 vor Christus gehabt haben, vorausgesetzt, wir konnten ihn so weit zurückverfolgen?

2

Der Sohar und sein Ursprung

Der *Sohar* erschien zuerst um das Jahr 1290 herum, als er von einem spanischen Juden, Moses bar Shem Tov de Leon veröffentlicht wurde. Die Gelehrten sind sich nicht einig, ob Moses das gesamte Werk selbst verfaßte oder ob er zum Teil auf ältere Quellen zurückgriff. Diesbezüglich wird man wohl nie die ganze Wahrheit erfahren können; es ist aber wahrscheinlich, daß er den größten Teil selbst verfaßt hat. Was er niederschrieb, fußte jedoch auf uralten Überlieferungen, zu denen er Zugang hatte. Seiner eigenen Aussage zufolge, war er in den Besitz eines alten Manuskriptes gekommen, welches er angeblich in einer Höhle in Palästina gefunden hatte. Dieses Manuskript enthielt die Lehren eines bekannten Rabbiners, Simon bar Jochai, der ungefähr 200 Jahre nach Christus gelebt hat. Moses de Leon nimmt für sich in Anspruch, dieses Manuskript als erster herausgegeben und veröffentlicht zu haben. In jener Zeit, als man die Kunst des Druckens noch nicht kannte, war eine Veröffentlichung ein schwieriges Unterfangen. Man mußte sich Berufsschreiber mieten, die jede Ausgabe des Buches von Hand schrieben, während es ihnen vorgelesen wurde. Weniger begüterte Gelehrte, die es sich nicht leisten konnten, eine Ausgabe käuflich zu erwerben, konnten vorbeikommen und gegen eine geringere Gebühr selbst mitschreiben. Es muß damals äußerst schwierig gewesen sein, für ein Buch die entsprechende Werbung zu bekommen, und manchmal konnte es Jahre dauern, bis es bekannt genug war, um ein Bestseller zu werden. Trotz all dieser Schwierigkeiten war der *Sohar* ein sofortiger Erfolg, und die handgeschriebenen Ausgaben befanden sich bis zur Erfindung des Buchdrucks in großer Zahl im Umlauf. Viele haben sogar bis in die heutige Zeit überlebt. Im Druck erschien das Buch zum ersten Mal im Jahr 1559, und zwar gleichzeitig in Mantua und Cremona, Italien. Seit jener Zeit wurden bis heute alle paar Jahre Neuauflagen herausgegeben.

Durchreisende Gelehrte baten Moses de Leon gelegentlich um Einsichtnahme in das ursprüngliche Manuskript, wurden aber mit der Behauptung abgewiesen, daß es auf mysteriöse Weise verschwunden sei. Nach seinem Tod gab die Frau von Moses de Leon jedoch zu, daß ein solches Manuskript nie existiert hatte. Moses hatte die Geschichte mit dem Manuskript erfunden, um beim Publikum mehr Interesse an seinem Buch zu wecken. Er hatte sich gedacht, daß wohl niemand ein Buch von Moses de Leon kaufen würde; aber wenn der Name des bekannten Simon bar Jochai dahinterstünde, würden die Leute sich darum reißen. Dies war auch der Fall, und Moses, der vor dem Erscheinen des *Sohar* einen harten Existenzkampf führte, hinterließ eine gut versorgte Witwe.

Heute mag uns das als skrupellos erscheinen, aber im Mittelalter war dieses Vorgehen durchaus üblich und als Pseudepigraphie bekannt. Zu jener Zeit wurde ein großer Teil der überlieferten jüdischen Lehre niedergeschrieben und veröffentlicht. Der Name desjenigen, der die Veröffentlichung vornahm, war nicht weiter wichtig. Im Gegenteil, man hätte fast eine gewisse Unehrlichkeit darin erblickt, wenn jemand unter seinem eigenen Namen schrieb; schließlich hatte er seinen Text Wort für Wort von seinem Großvater überliefert bekommen. Dieser hatte ihn wiederum von seinem Großvater und so weiter. Wer könnte da noch den *wirklichen* Verfasser nennen? Im besten Fall konnte man es also einer historischen Persönlichkeit zuschreiben, sei es aus Ehrerbietung, sei es, um Aufmerksamkeit zu erregen.

Aus dem *Sohar* läßt sich entnehmen, daß Moses de Leon ein Mitglied der als ‚Erntemänner des Heiligen Feldes' bekannten Gesellschaft war. Derartige Gesellschaften gab es viele, und ihre Aufgabe bestand darin, das geheime überlieferte Wissen der Juden, das Gesprochene Gesetz, welches Moses angeblich vom Herrn auf dem Berge Sinai erhalten hatte, zu bewahren und zu überliefern. Während ihrer ganzen Geschichte wurden die Juden erbarmungslos verfolgt, wobei ihre Unterdrücker jede nur erdenkbare Anstrengung unternahmen, ihre Kultur zu vernichten. Vor Erfindung des Buchdrucks war die Zahl der Bücher begrenzt, und ein entschlossener Gegner konnte ohne große Schwierigkeit jedes einzelne Exemplar eines bestimmten Werkes ausfindig machen und zerstören. Das Wissen war deshalb in den Köpfen der Menschen viel besser und sicherer aufgehoben, als wenn es in Büchern niedergeschrieben worden wäre. Der Inhalt eines Buches ist leicht zu erfahren, man muß es nur lesen; der Inhalt eines Kopfes ist aber bekanntlich nur mit dem Einverständnis des Kopfes zu erfahren. Es ist daher wahrscheinlich, daß Moses de Leon viele Jahre lang ein wandelndes Lexikon war – bis ihn dann seine finanzielle Notlage zur Niederschrift und somit zur Preisgabe seines angehäuften und gespeicherten Wissens zwang. Wahrscheinlich ist auch, daß Moses selbst nicht einmal wußte, woher sein Wissen ursprünglich stammte.

Über diesen Punkt streiten sich auch die Gelehrten ausnahmsweise einmal nicht. Einige Texte des *Sohar*, einschließlich des Materials über den Hochbetagten, werden als aus fernster Vergangenheit stammend anerkannt. Wir hatten dieses Wesen nun schon vom 19. Jahrhundert zurückverfolgt über das 17. und das 13. Jahrhundert; zurück vor die Zeit des Buchdrucks bis zu jenem Punkt, an dem es ganz vom Papier verschwindet und nur noch in einer zahllosen Reihe menschlicher Gehirne existiert.

Wie lange kann eine nichtschriftliche Überlieferung bewahrt

werden? Wenn unsere Annahme zutrifft, verschwand der Hochbetagte ungefähr 600 vor Christus von der Bildfläche, und die Informationen über ihn mußten somit über ungefähr 1800 Jahre oder sagen wir 60 Generationen im Gedächtnis aufbewahrt und mündlich überliefert werden. Es gibt ein Spiel für Kinder, bei dem eine Botschaft von einem zum andern im Kreis herum geflüstert wird. Gewöhnlich ist die Botschaft nach zwanzig Wiederholungen bereits bis zur Unkenntlichkeit verstümmelt. Bei der Aufbewahrung dieser Überlieferungen handelte es sich aber nicht um ein kindliches Spiel, im Gegenteil, es war ein sehr ernstes Geschäft, das von Erwachsenen vorgenommen wurde, die glaubten, daß das uralte Wissen, welches sie bewahrten, die innigste und heiligste Lehre ihres Glaubens darstellte. So galt auch die These, daß sie durch korrektes Auswendiglernen der Überlieferungen in den Himmel kommen konnten. Man kann daher getrost davon ausgehen, daß jede Anstrengung unternommen wurde, die Texte richtig im Gedächtnis zu behalten und daß auch die Kinder dazu angehalten wurden, dies zu tun. Die Texte konnten unter solchen Umständen tatsächlich in erkennbarer Form sechzig Generationen überdauern, so daß der Inhalt des *Sohar* nicht sehr von den heiligen Geheimnissen der vorchristlichen Zeit abweicht.

> (KHV 59) Drei Köpfe sind ausgehöhlt; dieser innerhalb jenem, und dieser über dem anderen. Ein Kopf ist die Weisheit; er ist der verborgenste von jenem Teil, der bedeckt ist.

Was mag dies jenen Männern bedeutet haben, die es seit undenklichen Zeiten vom Vater auf den Sohn weitergegeben haben? Vielleicht nicht viel, aber es handelte sich um die Geheime Lehre, die zu bewahren ihre heilige Pflicht war. Wir sind ihnen für ihre hingebungsvollen Anstrengungen dankbar, denn sie taten dies nicht umsonst, weil wir heute die geheimen Überlieferungen verstehen können und erkennen, was sie in Wahrheit beschreiben.

Wir haben festgestellt, daß die im *Sohar* gegebenen Einzelheiten über den Hochbetagten aus der frühesten Zeit der jüdischen Geschichte stammen und für heilige, unter allen Umständen zu wahrende Geheimnisse gehalten wurden. In diesem Fall mußte es uns aber unsere Zeit wert sein, sie in ihrer Ursprache zu studieren. Dies ganz besonders, nachdem wir festgestellt hatten, daß die bestehenden Übersetzungen unzuverlässig sind. Es war an der Zeit, das Aramäisch in den Griff zu bekommen.

Aramäisch, auch als Chaldäisch bekannt, war die Sprache des altertümlichen Babylons und wurde von den Juden während ihrer Gefangenschaft in jener Stadt um 590 v. Chr. übernommen. Von da an begann Hebräisch als gesprochene Sprache verdrängt zu werden, um dann, etwa zur Zeit Jesu, der übrigens aramäisch sprach, auszusterben. In schriftlicher Form überlebte Hebräisch aber bis in die heutige Zeit, wo man eine moderne Version zum offiziellen Gebrauch im jetzigen Staate Israel entwickelte. Aramäisch ist dem Hebräischen ähnlich und wird auch mit denselben Buchstaben geschrieben. Es starb aber ebenfalls als gesprochene Sprache aus, und lediglich eine Reihe wichtiger, in dieser Sprache geschriebener Bücher überlebte. So ist zum Beispiel die Originalfassung des *Talmud* in Aramäisch und es gibt auch aramäische Übersetzungen der hebräischen Bibel. Als Moses de Leon die Niederschrift des *Sohar* vornahm, mußte er dies auf aramäisch tun. Da er für sich in Anspruch nahm, von einem altertümlichen Manuskript, welches er im Besitz hatte, abzuschreiben, mußte er auch die Sprache der früheren Zeit verwenden. Moses hatte offensichtlich Bücher in Aramäisch gelesen, war aber selbst kein sehr guter Schreiber dieser Sprache. Seltsamerweise erleichterte dieser Umstand unsere Arbeit sehr, als wir uns an die Übersetzung seines Buches ins Englische machten, denn seine mangelhaften Sprachkenntnisse zwangen ihn, sehr einfach und klar zu schreiben. Er hatte die uralten Überlieferungen auf Ladino gelernt, einer dem Spanischen ähnlichen Sprache, die von den Juden in Spanien und Portugal damals gesprochen wurde. Dies führte dazu, daß er die Texte übersetzen mußte und deshalb viele spanische Wörter und auch noch solche anderer Sprachen darin vorkommen. Unter uns nennen wir seine Sprache ‚soharisch'.

Es gibt auch eine Anzahl erfundener Wörter, deren Bedeutung man nur erraten kann. Trotzdem sind die Stellen, wo der Text nicht vollkommen klar ist, sehr selten. Aus der inneren Übereinstimmung der Texte konnten wir entnehmen, daß Moses nach bestem Können die von uns im vorangegangenen Kapitel erwähnten Regeln für technische Übersetzungen befolgte.

Aramäisch erwies sich als sehr einfache Sprache mit einer viel unkomplizierteren Grammatik als zum Beispiel Latein, Griechisch, Russisch oder auch Deutsch. Unsere Aufgabe wurde uns, wie gesagt, durch den geringen Wortschatz des Autors leichtgemacht; außerdem hatten wir das ausgezeichnete Wörterbuch von Jastrow, welches den früheren Übersetzern noch nicht zur Verfügung stand. Es dauerte nicht sehr lange, bis wir sowohl die Rechteckbuchstaben wie die Raschischrift, die eine Art hebräischer Kursivdruck und klein gedruckt viel besser lesbar ist, fließend lesen konnten. Je zahlreicher die Blätter mit der von uns vollendeten Übersetzung wurden, desto leichter ging die Arbeit voran. Was wir entdeckten, begann uns zu faszinieren, und wir konnten bis spät in die Nacht arbeiten, ohne zu merken wie die Zeit verstrich. Das Aramäische kam uns vor wie eine uralte, vertrocknete Insektenpuppe; was sich aber herausschälte, war ein glänzender, bis in jede Einzelheit deutlich erkennbarer Schmetterling. Wenn wir die allgemein gebräuchlichen Bedeutungen der Wörter anstelle der theologischen verwendeten, erhielten wir einen wunderbar genauen Bericht über jenes Wesen, den Hochbetagten, in allen Einzelheiten seines Aussehens. Während der Schmetterling seine Flügel auszubreiten begann, erkannten wir, daß wir eine verständliche technische Beschreibung vor uns hatten. Wir konnten nun auch begreifen, warum diese Stellen des *Sohar* von den Theologen immer als ‚äußerst schwierig' bezeichnet wurden. Sicher erschienen sie den Theologen schwierig, drehten sie sich doch nicht um Religion, sondern um Technik! Die Unverständlichkeit ergibt sich nur, wenn man versucht, eine theologische Bedeutung darüberzustülpen. Deshalb ergibt auch die Übersetzung von Mathers stellenweise keinen Sinn. So steht bei Mathers unter Vers 25 im ersten Kapitel des *Buchs des Mysteriums*:

> But there are excavations of excavations. (The excavation is the receptacle, like that which is hollowed out, or carved out, like a cave, or any other receptacle. Therefore all receptacles are inferior with respect to the superiors, among which the ‚shells' hold the last place which here are described, which are under the form of a vast serpent extending this way and that. (Concerning this serpent the author of the ‚Royal Valley' speaks thus in his ‚Treatise of the Shells'. The fragment of the receptacles, which have fallen into the world of Creation, or Formation, and of Action, therein exist from the Outer; and judgements are more consonant to these, which are called profane, and have their habitation in the middle space between the Holy and the Unclean. And from the head is formed that great dragon, which is in the sea, and is the sea serpent, which is, however, not so harmful as the earthly one. And this dargon hath been castrated since his crest (or *membrum genitale*) together

> with his mate, have been repressed, and thence have been formed four hundred desirable worlds. And this dragon hath in his head a nostril (after the manner of whales) in order that he may receive influence, and in himself he containeth all other dragons, concerning which it is said:
>
> ‚Thou hast broken the heads of the dragons upon the waters‘ (Ps LXXIV:13). And here the universal form of all the shells is understood, which encompasseth the seven inferior emanations of the queen after the manner of a serpent, as well from the right as from the left and from every side).

Dies ist Knorr von Rosenroths Übersetzung des Aramäischen ins Lateinische wie sie von Mathers ins Englische übertragen wurde. Damit aber nicht genug; Mathers fügt seine eigene Erklärung wie folgt hinzu:

> (The excavation or receptacle of a Sephira is that quality whereby it receives the supernal influence from that which immediately precedes it; hence each Sephira has a double quality of receiving and transmitting, which passes through the four worlds, in each of which the Sephiroth exist, though in gradually decreasing light. (See Table subjoined). The shells, *Qlipoth*, are the demons, in whom again is a form of the Sepiroth, distorted and averse. This great dragon which is here described is evidently identical with the leviathan of Job. He is the executor of judgement, the centripetal forces, the old serpent even seeking to penetrate into paradise; finally, in a more *exoteric* [sic] sense, he is Satan and the devil, the accusing one. In the Sepher Yetzirah, a most important qabalistical book, he is called *Theli*, ThLI, the dragon. Now by Gematria, ThLI = 400 plus 30 plus 10

= 440; and if we ‚repress his crest' – i.e., take away the first letter which is Th, *Tau*, minus 400, there will remain LI = 40 = M, *Mem*, the water. The ‚400 desirable worlds' are the numerical value of Th, and signify the power of the Tetragrammaton on the material plane (See note to section 21, foregoing). There is much alchemical symbolism contained in the ‚Siphra Dtzenioutha'. The ‚Seven Inferior Emanations' of the queen, are the seven lower Sephiroth – viz., Chesed, Geburah, Tiphereth, Netzach, Hod, Yesod and Malkuth; or Microprosopus and his bride, the king and queen. ‚Shells', *Qlipoth*, are the evil spirits.)

Wir bedauern, daß uns der Platz fehlt, nicht auch noch die ‚Table subjoined' und die ‚note to section 21 foregoing' wiedergeben zu können.

Nachdem wir dies mehrere Male durchgelesen hatten und immer noch nicht viel Sinn darin erblicken konnten, schauten wir uns das aramäische Original an. Hier die Transskription:

GLVPI DGLVPIN KChIZV DChVIA ARIK VMThPShTAN LKAN VLKAN*)

Dies heißt etwa:

Aushöhlungen von Aushöhlungen, wie die Form einer langen Schlange. Und sie dehnen sich in diese und in jene Richtung aus.

Warum fanden es diese Übersetzer nötig, mehrere hundert englische Worte für die Wiedergabe von acht aramäischen zu verwenden? Irgendwo konnte hier etwas nicht stimmen. Beim

*Für die Transkription von Aramäisch siehe Anhang 1. Ausgesprochen wird dieser Satz etwa: Gelophi di-gelophin, ki-chaizu di-chivia arik. Vemithpesht le ka'an ve-le-ka'an.

§. 25. *Sculptura* [autem] *sculpturarum* [sculptura est receptaculum, sicut quod exsculpitur, excavatur, ut cava receptacula alia. Receptacula ergò sunt inferiora omnia superiorum respectu; inter quæ ultimum locum habent Cortices, qui hic describuntur, quod sint] *sub specie serpentis longi extensi huc & illuc* [De hoc serpente sic loquitur Autor Vallis regiæ Tractatu de corticibus. Fragmenta Vasorum, quæ delapsa sunt in mundum Creationis, formationis & factionis, ibidem substiterunt ab extra: illisque proxima sunt judicia, quæ vocantur profanum, & inter sanctum & inter immundum medio loco consistunt. Et à capite consistit Draco magnus, qui est in mari, & est serpens marinus, qui non tam noxius est ut terrenus. Et hic Draco castratus est, quia pinna ejus (seu membrum genitale) cum uxore ejus mitigata sunt, & exinde facti sunt 400. mundi desiderabiles. Et hic in capite suo habet foramen (ad instar Cetaceorum) ut accipiat influentiam, & in se continet omnes Dracones reliquos; de quibus dicitur: Confregisti capita Draconum super aquis Psal. 74. v. 13. Et intelligitur Idea seu forma Universalis omnium corticum, quæ septem inferiores Basiliæ emanativæ circundat ad instar serpentis, tam à dextra quam à sinistra & ex omni latere.]

25. גלופי דגליפין בחזו חויא
אריך ומתפשט לכאן ולכאן.

§. 26. *Cauda* [ipsi est] *in Capite*: [id est caudam ore tenet, ut circulum formet, quia circundare dicitur sanctitatem.] *Caput post humeros transfert*: [id est, in tergum Uxoris Microprosopicæ, ubi locus judiciorum rigorosissimorum, caput suum convertit,] *& indignatur* [quoniam in ipso judiciorum & severitatum extronucas,

26. זנבא ברישא רישא אחורא
אכתפין אעבר תעים נטיר ותגיז
חד לאלף יומין זעירין אתגליא.

2.1 Knorr von Rosenroths *Kabbala Denudata* (1677): *Buch des Mysteriums* 1,25–26. Paralleler aramäischer und lateinischer Text. Die lateinische Übersetzung ist kursiv gesetzt, die ‚Erklärungen' sind in geradestehenden Antiquabuchstaben gehalten.

Aramäischen handelte es sich ohne jeden Zweifel um die Beschreibung eines physischen Gebildes, eines realen Gegenstandes von einer bestimmten Form, also um die technische Beschreibung einer Sache. Magier und Theologen mögen aber im allgemeinen greifbare Sachen nicht sehr, weshalb sie dann die eigentliche Bedeutung unter einem ganzen Berg mystischen Unsinns, der in überhaupt keiner Beziehung zum Original steht, zu verbergen suchen. So findet sich auch ein Beispiel falscher Übersetzung unter GHV 39. Der aramäische Text ist entstellt, hat aber, wenn überhaupt eine, dann diese Bedeutung:

> Die Gebieter des Weißen bedeckt er mit Röte; und es erscheint die Beleuchtung seines Gesichts.

Mathers übersetzt hier:

> Weiß ist seine Kleidung, und seine Erscheinung ist wie ein ungeheures und schreckliches Gesicht.

Es liegt auf der Hand, daß die Übersetzer, wenn sie den Sinn einer Textstelle nicht erkennen konnten, einfach etwas für sie Zweckdienliches erfanden. Der Hochbetagte hatte tatsächlich ein ‚ungeheures und schreckliches Gesicht', so daß Leute, die den Anblick nicht gewöhnt waren, in blinder Panik aus dem Allerheiligsten rannten. Dies ist aber noch lange keine Entschuldigung für eine derartig falsche Übersetzung.

Die Schriften, die den Hochbetagten beschreiben, finden sich, wie gesagt, in drei Teilen des *Sohar*, bekannt als die *Große Heilige Versammlung* (GHV), die *Kleine Heilige Versammlung* (KHV) und das *Buch des Mysteriums* (BM). Letzteres wird von Mathers das *Buch des verborgenen Geheimnisses* genannt, unsere Übersetzung des Titels ist aber genauer. Bei der GHV handelt es sich um eine Reihe von Vorlesungen, die vom Hauptdarsteller des *Sohar*, Rabbi Simon bar Jochai, vor einer Gruppe seiner Schüler, von denen einer alles aufschreibt, gehalten wurden. Als erstes beeindruckt er sie, indem er ihnen die Bedeutung dessen, was er ihnen erzählen wird, klarmacht. Dann eröffnet er ihnen einige Einzelheiten über den Hochbetagten. In der KHV liegt der Rabbi auf dem Sterbebett und ruft die noch lebenden Teilnehmer des ersten Kurses zu sich, um ihnen noch weitere Details, an die er sich noch erinnern konnte, mitzuteilen. BM ist ein kurzes Buch; welches den Großteil des Materials aus den Heiligen Versammlungen in Form von knappen Notizen enthält. Diese drei Bücher repräsentieren nur 3,3 % des gesamten *Sohar*, unterscheiden sich aber sehr vom verbleibenden Teil des Werkes.

Im restlichen Teil des *Sohar* hält sich Rabbi Simon an die übliche jüdische Form der theologischen Abhandlung, wobei jeder Bibelvers und seine mögliche Auslegung langatmig abgehandelt wird. Es wird viel über Moral, Gut und Böse und die üblichen theologischen Themen gesprochen. In jenen drei Büchern gibt es aber nichts dergleichen. Sie befassen sich lediglich mit physischen Tatbeständen, Einzelheiten der Anatomie des Hochbetagten. Wir haben beispielsweise den Bart des Hochbetagten erwähnt. Dort steht:

> (GHV 838) Überlieferung: diese Barthaare sind stark, anders als andere Haare; jene des Kopfes, denn sie sind einzeln aufgeteilt und werden gefunden und sind stark in ihren Bahnen.

Im ersten Kapitel haben wir gesagt, daß einige Leute den Titel ‚der Hochbetagte' auf Gott beziehen. Wäre er aber tatsächlich mit ihm identisch, wie könnten dann solche physische Einzelheiten bekannt werden? Dessenungeachtet glauben die Juden, daß Gott gar keine körperliche Erscheinungsform besitzt, sondern das gesamte Universum erfüllt. Es bestehen somit zwischen Gott und dem Hochbetagten klare Unterschiede. In der Tat geht auch aus den Schriften immer deutlich hervor, wer gemeint ist. Wo Gott gemeint ist, wird er mit dem gebräuchlichen jüdischen Titel: ‚Der Heilige – Er sei gesegnet' benannt.

Im *Sohar* steht der Text fortlaufend, mit gelegentlichen, in Großbuchstaben geschriebenen Überschriften. Sowohl Knorr von Rosenroth als auch Mathers haben ihn jedoch in Verse unterteilt, was für Bezugnahmen vorteilhafter ist. Für diejenigen, die unsere Übersetzung mit jener von Mathers zu vergleichen wünschen, geben wir deshalb die jeweiligen Versnummern an.

3

Die alten Schriften

Im vorigen Kapitel gaben wir Aufschluß über das Alter unseres Quellenmaterials und über die Bedeutung, die ihm einmal beigemessen wurde. Das war erforderlich, weil das Material so unglaublich und so verblüffend andersartig als die herkömmlichen religiösen Werke ist. Ohne diese Darlegung der Hintergründe und Ursprünge würde jedermann glauben, daß es sich hierbei um einen riesengroßen Witz handelt. Auch wir hatten unsere Bedenken, bevor wir Aramäisch lesen konnten, es gedruckt im Cremona-*Sohar* von 1559 vor Augen hatten und später die gleichen Worte in noch früheren Manunskripten entziffern konnten. Die Schriften über den Hochbetagten sind den heutigen Kirchenobrigkeiten so etwas wie ein Dorn im Auge. Die *Encyclopaedia Judaica,* eine Fundgrube für alles irgendwie Jüdische, widmet dem Hochbetagten einen kurzen Artikel, erwähnt aber die *Sohar*-Texte mit keinem Wort. Dem *Sohar* selbst werden 11 Seiten gewidmet, wobei auf keiner der Hochbetagte erwähnt wird. Wir sind sicher, daß diese Unterlassung bewußt vorgenommen wurde.

Nachdem wir uns von der Echtheit unseres Fundes überzeugt hatten und diesem uralten Rätsel auf den Grund gegangen waren, wurde uns der erschreckende tiefere Sinn unserer Entdeckung bewußt. Sollten wir das Ganze unberührt und die Welt in seliger Unwissenheit weiterschlummern lassen? Andererseits hatte uns unsere wissenschaftliche Ausbildung gelehrt, daß die Suche nach der Wahrheit vorrangig ist und daß eine Verheimlichung nichts Gutes bringt.

Während manche Juden dieses Buch für geschmacklos halten werden, wird es auch andere geben, denen es die freudige Gewißheit gibt, daß ihr uralter Glaube auf Tatsachen beruht und nicht irgendwie erdichtet wurde; daß der Herr existierte, auch wenn er mit Gott selbst nicht identisch war; und daß der Herr in Israels Stunde der Not mit seiner ganzen, in der Bibel geschilderten Macht wiederkommen wird.

Wir waren also einerseits versucht, unsere Bücher und Niederschriften wegzuschließen, dachten uns aber andererseits, warum sollten wir der Welt nicht die Gelegenheit geben, unsere Funde in Augenschein zu nehmen? Sollten sie beweisbar sein, können wir uns immerhin auf die Wiederkunft vorbereiten. Und ist das denn so schlimm? Der Herr gab den Juden die Gebote. Ein Jude namens Jesus gründete das Christentum. Diese Tatsachen werden nicht im geringsten dadurch erschüttert, daß wir eine Maschine beschreiben, die der Herr den Juden zusammen mit allen Geboten übergab.

Unserer Ansicht nach hilft ein Beweis für die Besuche Jahwes lediglich dem Glauben an die Richtigkeit der Bibel.

Der Hochbetagte ist, so wie er in den Schriften beschrieben ist, ein kompliziertes Gebilde. Manche Leute sind der Ansicht, daß es ein sehr aufwendig geschnitztes Götzenbild gewesen sein könnte, welches, nachdem es von einem nichtjüdischen Volk erbeutet worden war, wegen des Verbotes der Götzendienerei versteckt gehalten wurde; andere tun das Ganze als phantasievolles Hirngespinst ab. Wir werden beweisen, daß weder das eine noch das andere zutrifft. Das grundlegende Gebilde besteht aus drei ‚Köpfen‘ oder ‚Schädeln‘:

> (KHV 59) Drei Köpfe sind ausgehöhlt; dieser befindet sich in jenem, und dieser über dem anderen. Ein Kopf ist die Weisheit; er ist der verborgenste ... diese Weisheit ist verborgen; es ist die oberste aller anderen Weisheiten.

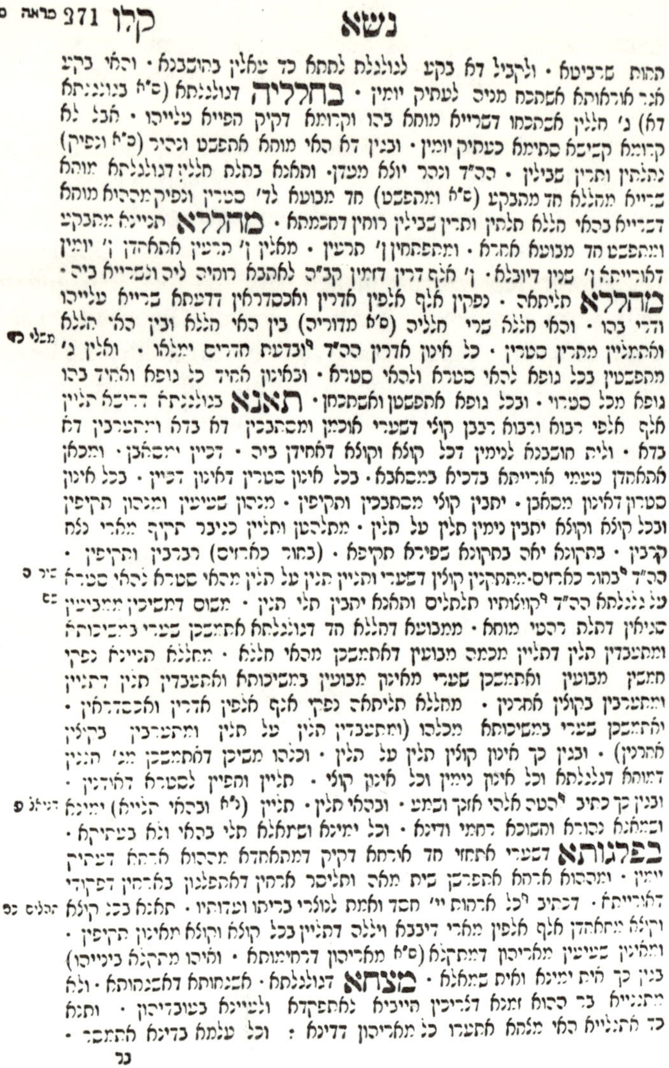
נשא קלו 271

3.1 Seite aus dem *Sohar* aus Lublin (1882): Text in Raschischrift, Versanfänge in Rechteckbuchstaben. Der Text (GHV 587–589) beschreibt die Höhlen des Schädels.

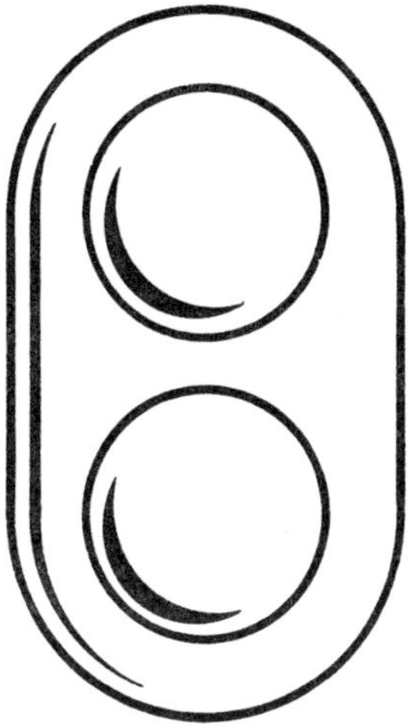

3.2 Die drei Schädel

> (KHV 175) Es gibt drei obere Köpfe; zwei Köpfe und einen der sie beinhaltet . . .

Wenn man sich diese beiden Zitate verbildlicht vorstellt, kann man annehmen, daß es so ausgesehen haben mag:

Die Köpfe sind hohl, zwei sind übereinander im Inneren eines dritten angeordnet. Der obere der beiden im Inneren wird ‚Weisheit' genannt. Aus ihm kommt eine Substanz mit der Farbe Weiß:

> (GHV 56) Und von diesem Schädel kommt das Weiße heraus und geht in Richtung des Schädels des Kleinen Gesichts . . . und von diesem geht es in die weiteren Schädel, die darunter liegen und zahllos sind.

Was immer dieses ‚Weiß' gewesen sein mag: es hatte im obersten Schädel seinen Ursprung, lief dann durch eine Anzahl weitere Schädel nach unten. An dieser Stelle müssen wir eine kurze Erklärung einfügen: der Hochbetagte bestand aus zwei Hauptteilen, dem Kleinen Gesicht und dem Alten (oder Großen Gesicht). Ihre Funktionen werden wir noch detailliert erörtern. Mathers gibt ihnen die aus dem Griechischen entlehnten Namen Mikroprosopus und Makroprosopus, offensichtlich, um sie etwas mystischer erscheinen zu lassen.

Welchem Zweck sollte dies dienen? Ganz am Ende der KHV, als Rabbi Simon schon auf dem Sterbebett liegt, verwendet er seine letzten Atemzüge darauf, eine Zusammenfassung seines geheimen Wissens zu geben:

> (KHV 759) Und alle (die Heiligkeiten) kommen vom oberen Kopf des Schädels ... aus der Richtung der oberen Gehirne ... dieser Segen fließt in sämtliche Gefäße des Körpers, bis er jene erreicht, die ‚Heere' genannt werden ... Und jener Fluß bleibt dort, nachdem er dort aufgesammelt wird und geht dann in jene heilige Gründung. Er ist ganz weiß und wird deshalb ‚Gnade' genannt. Und diese Gnade geht ins Allerheiligste ein, wie geschrieben steht: (Ps. 133,3) ‚Wie der Tau, der vom Himmel herabfällt auf die Berge Sions. Denn dort verheißt der Herr den Segen und Leben bis in Ewigkeit'.

Dieses Zitat bezieht sich offensichtlich auf denselben Vorgang. Wie es scheint, wurde die Substanz aus dem obersten ‚Kopf' auch ‚Segen' oder ‚Gnade' genannt. Sie fließt durch den gesamten Körper nach unten, bis sie schließlich die untersten, als ‚Heere' bekannte Gefäße erreicht, von denen aus sie über die ‚Gründung' ihren Weg ins Allerheiligste nimmt. Wir werden bald sehen, worum es sich bei den ‚Heeren' und der ‚Gründung' handelte. Man könnte in dem Ganzen eine religöse Vision erblicken. Uns kommt es aber eher wie die Beschreibung eines Produktionsablaufs vor. Eine Substanz nimmt ihren

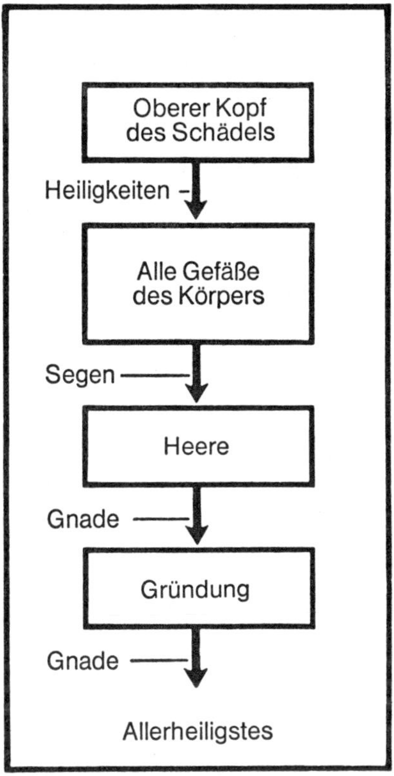

3.3 Flußdiagramm nach KHV 759

Ursprung am höchsten Punkt von irgendeinem Gebilde, durchläuft dann verschiedene Gefäße und wird abgelassen. Was immer dies gewesen sein mag, es ist jedenfalls eine Schilderung, die einem für ein Religionsbuch fehl am Platze vorkommt.

Blättert man weiter im *Sohar*, so findet man noch eine Beschreibung dieses Vorganges:

(KHV 436) Der Tau des weißen Kopfes tropft in den Schädel des Kleinen Gesichts und wird dort aufbewahrt.

Die oben zitierte Stelle, GHV 56, gibt an, daß das ‚Weiße' vom oberen ‚Schädel' in den ‚Schädel des Kleinen Gesichts' floß. Daraus ergibt sich, daß ‚Tau' wiederum eine andere Bezeichnung für dieses ‚Weiße' darstellt. Diese Textstelle geht weiter mit:

(KHV 437) Und dieser Tau erscheint in zwei Farben; von ihm wird das Feld der heiligen Äpfel getränkt. Und von diesem Tau mahlen sie das Manna der Gerechten für die kommende Welt. Durch es werden die Toten zum Leben erweckt. Und das Manna scheint von diesem Tau nur zu einer bestimmten Zeit erzeugt worden zu sein; zu der Zeit, als das jüdische Volk in der Wüste wanderte. Und (damals) ernährte der Hochbetagte sie von dieser Stelle aus. Danach aber wurde es nicht mehr gefunden. Und es wird gesagt: (2 Mose 16,4) ‚Seht, ich will euch Brot vom Himmel regnen lassen.' Und auch: (1 Mose 27,28) ‚Gott gebe dir vom Tau des Himmels . . .'

Daraus geht hervor, daß das ‚Weiße', ‚Segen' oder ‚Gnade' auch ‚Tau' genannt wird und daß daraus das Manna, welches die Kinder Israels in der Wüste ernährte, gemahlen wurde. Der Text des *Sohar* enthält Bibelzitate, die an der Bedeutung des Ausdruckes keinen Zweifel lassen, da ‚Brot vom Himmel' und ‚Tau des Himmels' in der Bibel verwendete Bezeichnungen für das Manna sind.

Der Bibel zufolge, wurde diese mysteriöse Speise mit Tau in Verbindung gebracht, aber bis heute wurde angenommen, daß es sich um gewöhnlichen Tau, der morgens auf den Feldern liegt, handelt. Man braucht aber nur wie wir den *Sohar* sorgfältig zu lesen, um zu erkennen, daß es sich hier nicht um einen gewöhnlichen, sondern um einen besonderen Tau handelt, welcher im oberen Schädel des Hochbetagten kondensierte:

> (GHV 44) Und von diesem Schädel kondensiert der Tau, an der Außenseite (des Schädels), und füllt den Kopf jeden Tag auf. Von diesem (Tau) steht geschrieben: (Hoheslied 5,2) ‚Denn mein Haupt ist mit Tau gefüllt.' . . . Also nicht ‚voll', sondern deutlich ‚ist gefüllt'.

Mit anderen Worten: der Kopf war nicht ständig voll, sondern wurde jeden Tag gefüllt. Demzufolge wurde er auch jeden Tag geleert. Der Text fährt mit der Wiederholung des von uns schon früher Entschlüsselten fort:

> (GHV 48) Und von jenem Tau werden die oberen Heiligen getragen. Und es ist das Manna, welches für die Gerechten der kommenden Welt gemahlen wird. Und dieser Tau ergießt sich auf das ‚Feld der heiligen Äpfel'.

Da der Herr und seine Engel die Manna-Maschine zur Verfügung gestellt hatten, waren die Leute des Altertums durchaus zu Recht der Ansicht, daß es sich beim Manna um die Speise der Engel im Himmel handelte. Man glaubte jedoch, daß die Engel das himmlische Mehl auf ziemlich die gleiche Art und Weise mahlten wie auch irdischer Weizen zum Backen bereitet wird. Diese Schriften besagen jedoch, daß das Manna aus Tau, der auf das ‚Feld der heiligen Äpfel' fiel, entstand.

Die Menschen, die diese uralten Geheimnisse hüteten, nannten sich ‚Erntemänner des Heiligen Feldes'. Diese Namensgebung mag seltsam anmuten, aber wenn Manna Nahrung war und auf das ‚Feld der Heiligen Äpfel' tropfte, muß es auch jemand eingesammelt haben. Erntemänner sind zum ernten da; die Erntemänner des Heiligen Feldes müssen deshalb diejenigen gewesen sein, die das Manna vom ‚Heiligen Feld' ernteten.

Laut Bibel war aber das Manna ein ‚Brot vom Himmel', das jeden Morgen zusammen mit dem Tau zu Boden fiel und dann vom Volk aufgesammelt wurde.

Andererseits haben wir hier ein zweites Buch, den *Sohar*, der von sich behauptet, die Geheime Lehre Israels, die nur einigen auserwählten Wenigen zugänglich war, zu enthüllen. Der *Sohar* erzählt eine ganz andere Geschichte – nämlich, daß das Manna von einem Tau erzeugt wurde, der wiederum im oberen Schädel eines Wesens, welches der Hochbetagte genannt wird, kondensierte, dann durch den Körper nach unten floß, um schließlich ins Allerheiligste oder auf das Feld der heiligen Äpfel abgelassen zu werden. Das Manna wurde auch ‚Segen' oder ‚Gnade' genannt. Vielleicht hat der *Sohar* recht, und die Bibel verschweigt uns einen Teil der Geschichte. Vielleicht gab es ein Wesen, welches der Hochbetagte genannt wurde und ein Ding mit einer ganzen Anzahl von Köpfen war. Vielleicht fiel das Manna in der Tat nicht vom Himmel, sondern kam von diesem Wesen. Wie können wir dies aber überprüfen? Eine Möglichkeit besteht darin, nachzuschauen, was die Bibel über ‚Gnade' aussagt.

Das Wort ‚Gnade' wird in der Bibel sehr häufig verwendet. Zwei hebräische Wörter, ChSD (Chesed) und RChM (Rechem), sind dafür im Gebrauch. Christen wie Juden verbringen viel Zeit damit, um ‚Gnade' zu beten. Wissen sie aber auch, worum sie damit eigentlich beten? Moderne Gläubige verstehen unter Gnade, daß Gott ihnen ihre Sünden vergibt. Hatte das Wort aber auch im Altertum diese Bedeutung? Wenn man im hebräischen Wörterbuch unter ChSD nachsieht, findet man, daß das Wort richtig ‚Freigebigkeit' im Sinne einer kostenlosen Gabe bedeutet. Manchmal kann es auch für ‚Weiß' stehen. Das Wort RChM bedeutet ‚Liebe', ‚Mitleid' oder ‚Mitgefühl'.

Keines dieser Wörter beinhaltet aber ‚Vergebung', wofür das übliche hebräische Wort NShA (nasha) ist. Leute, die um ‚Gnade' beten, mögen wohl denken, sie beten um Vergebung, dem Wörterbuch zufolge wollen sie aber entweder etwas umsonst (ChSD) oder daß Gott sich ihrer erbarmt (RChM).

Wenn Manna während vierzig Jahren die Hauptnahrung der Kinder Israels darstellte, muß die Versorgung mit Manna für sie von größter Wichtigkeit gewesen sein. Ohne das morgendliche Manna hätte ihnen der Hunger ins Haus gestanden; deshalb haben sie möglicherweise diese Vorgänge mit Beten unterstützt. Welches Wort verwendeten sie dabei für Manna?

Wenn man der Bibel Glauben schenkt, so kommt das Wort ‚Manna' von man hu, was bedeutet: ‚Was ist das?' Angeblich sagten dies die Kinder Israels, als sie es zum ersten Mal vorfanden. Moderne Gelehrte neigen zu der Ansicht, daß es von manan hu kommen könnte. Dies bedeutet ‚es ist eine Portion' und soll seinen Ursprung in der Tatsache haben, daß das Manna portionsweise ausgeteilt wurde. Wären diese Wörter aber im Gebet verwendbar? Es schiene wohl kaum angebracht, zu beten:

> ‚Gib uns, o Herr, unser was ist das?'

oder:

> ‚Gib uns, o Herr, unser es ist eine Portion.'

Man mußte also andere Wörter verwenden. Dabei scheint das im *Sohar* verwendete Wort ChSD, Freigebigkeit, ausgezeichnet zu passen, die Kinder Israels mußten für ihr Manna schließlich nichts bezahlen. Wäre dies der Fall gewesen, hätte die Bibel es bestimmt vermerkt. Ein annehmbares Gebet hieße dann:

‚Gib uns, o Herr, von deiner Freigebigkeit.‘

Ebenso konnten sie ihn durchaus um RChM, Mitgefühl, bitten und damit an sein Mitleid ob ihrer Hungersnot appellieren. Sogar heute noch sind die jüdischen Gottesdienste von Gebeten um ChSD und RChM erfüllt, und christliche Gottesdienste beinhalten gleichfalls die Worte:

‚Herr, erbarme dich unser.‘

Jesus von Nazareth war Jude, und viele religiöse Rituale der Christen beruhen auf jüdischen Gepflogenheiten. Die Kommunion läßt sich zum Beispiel auf das Abendmahl Jesu mit seinen Jüngern (Mt 26, 26 ff) zurückführen. Manche behaupten, daß Jesus bei diesem Anlaß die Verteilung des Mannas nachvollzog. Wenn bei der Kommunion die Gebete an den ‚Herrn Zebaoth‘, den ‚Herrn der himmlischen Heere‘, in denen er um ‚Gnade‘ gebeten wird, vorbei sind, stellt sich die Gemeinde vor dem Altar auf, wo die Priester ihren heiligen Handlungen nachgehen. Jedes Mitglied der Gemeinde erhält dann im Verlauf der Handlung seine Zuteilung an ‚Himmelsbrot‘, von dem ihnen gesagt wird, daß es der Körper ihres Gottes sei. Das Vaterunser beruht ebenfalls auf einem jüdischen Gebet und beinhaltet die Bitte um ‚unser tägliches Brot‘. Warum wohl ‚täglich‘? Es ist gut möglich, daß dieses Gebet ursprünglich die Bitte um Manna beinhaltete. Immerhin wurde das Manna täglich, und zwar frühmorgens ausgeteilt. Es ist wohl nicht anzunehmen, daß die Christen und Juden so ausgesprochen sündig sind, daß sie so oft um ‚Gnade‘ bitten müssen. Die Bitte wird aber verständlich, wenn sie ohne ihre Tagesration ‚Gnade‘ Hunger leiden müßten.

Ein merkwürdiger Satz, der an verschiedenen Stellen der Bibel auftaucht, heißt ‚Gnade erweisen‘. Der hebräische Ausdruck ist aber OShH ChSD, was in Wahrheit ‚Gnade machen (*oder* herstellen)‘ bedeutet. Im 2. Buch Moses 20,6 steht wörtlich: ‚Ich erweise aber meine Gnade bis ins tausendste Geschlecht‘. Dies untermauert unsere Annahme, daß ‚Gnade‘ ein Produkt und nicht einfach die Vergebung Gottes bezeichnete.

Wenden wir uns wieder dem *Sohar* zu, so finden wir ein bemerkenswertes Gespräch über Gnade, welches von Rabbi Jisa, einem der Schüler des Rabbi Simon geführt wird:

> (GHV 398) Es gibt innere und äußere Gnade. Die innere Gnade ist, wie sie jenes vom Hochbetagten nennen, und ist in jenem Teil des Bartes verborgen, der ‚die Ecke des Bartes‘ genannt wird. Und wegen dieser inneren Gnade des Hochbetagten sollte kein Mann seinen Bart verunstalten ... Warum? Um die Pfade der Gnade des Hochbetagten nicht zu zerstören. ... Die Überlieferung im *Buch des Mysteriums* besagt, daß die Gnade vermehrt oder aufgebaut werden muß und nicht ausgehen oder der Welt vorenthalten werden sollte. ... Und dies ist ... die Gnade des Hochbetagten.
>
> Und über die dauerhafte Gnade; die Gnade, die dauerhaft genannt wird, ist jene andere; die Gnade des Kleinen Gesichtes, von der geschrieben steht: (Ps 89:3) ‚Für ewig steht die Gnade fest. Doch die Gnade des Hochbetagten ist die wahre Gnade, und diese ... ist nicht für das Leben des Körpers, sondern nur für das Leben der Seele.‘

Rabbi Jisa spricht hier von Gnade wie von einer Ware, einer greifbaren Substanz. Es gibt zwei Arten von Gnade, die innere und die äußere oder dauerhafte Gnade. Die innere Gnade befindet sich in einem bestimmten Teil des Bartes des Hochbetagten, die dauerhafte Gnade kommt vom Kleinen Gesicht. Die innere Gnade dient der Seele (den Funktionsteilen des Hochbetagten?), die dauerhafte Gnade dient dem Körper als Nahrung. Ein erneuter Hinweis, daß es sich um eine Speise handelt.

Darüber hinaus sagt nicht nur Rabbi Jisa, sondern auch Psalm 89, ‚für ewig steht die Gnade fest'. Wenn Gnade die Vergebung Gottes wäre, könnte man sie dann etwa auf Lager halten? Dies wäre doch gewissermaßen wie ein von der himmlischen Bank gewährter Kredit, der einem gestattet, reinen Gewissens beliebig viele Sünden zu begehen, weil man die Vergebung schon im voraus in der Tasche hat! So etwas wäre aber absurd. Wenn es sich bei Gnade dagegen um ein Nahrungsmittel handelt, wird ihre Lagerung sinnvoll (und damit auch der diesbezügliche Text in obigem Zitat).

In der Bibel werden die Wörter ‚Gnade', ‚Barmherzigkeit' und ‚Erbarmen' vielerorts, speziell in den Psalmen, auf eine Weise verwendet, die darauf hindeutet, daß ein Nahrungsmittel und damit eine Lebensnotwendigkeit gemeint ist. Zum Beispiel:

> (Ps 79,8) Erbarme dich unser bald, denn wir sind sehr elend.

> (Ps 119,77) Laß mir deine Barmherzigkeit widerfahren, daß ich lebe.

und:

> (Ps 40,11 ff) Ich verhehle deine Güte und Treue nicht vor der großen Gemeinde. Du aber, Herr, wollest deine Barmherzigkeit nicht von mir wenden; laß deine Güte und Treue allewege mich behüten.

Die Bibel sagt außerdem, daß das Manna frühmorgens empfangen wurde. Gleichzeitig behauptet sie aber, daß ‚Gnade' zur gleichen Tageszeit empfangen werden konnte:

(Ps 90,14) Fülle (ShBO) uns frühe [*wörtlich:* am Morgen] mit deiner Gnade.

Das hebräische Wort ShBO wird ganz speziell zur Bezeichnung des Hungerstillens vermittels Nahrung verwendet.

So finden wir auch:
(Hos 6,4) Denn eure Liebe (wörtlich: Güte) ist wie eine Wolke am Morgen und wie der Tau, der frühmorgens vergeht.

Hier wird die Güte mit Tau in Verbindung gebracht, außerdem mit der Wolke am Morgen, der Rauchwolke, die, wie wir noch sehen werden, vom Hochbetagten ausgestoßen wurde. Diese Assoziation von Gnade mit dem Morgen und mit Nahrung findet in den Klageliedern ihre Bestätigung:

(Klgl 3,22) Die Güte des Herrn ist's, daß wir nicht gar aus sind, seine Barmherzigkeit hat noch kein Ende, sondern sie ist alle Morgen neu, und deine Treue ist groß.

Zieht man diese Bibelstellen alle in Betracht, dann scheint es mehr als nur wahrscheinlich, daß mit ‚Barmherzigkeit' oder ‚Güte' – in hebräisch RChM oder ChSD – ursprünglich Manna gemeint war. Später geriet dies in Vergessenheit, und die Leute bezogen es auf die Vergebung Gottes, wobei sie aber die alten Gebetsformen beibehielten, die damals in der Wüste verwendet wurden, als das Manna der einzige Schutz ihrer Vorfahren vor dem Hungertod war.

Der Bibel zufolge, blieb das Manna aus, als das Volk die Wüste verließ und ins Gelobte Land einzog:

(Jos 5,9) Und der Herr sprach zu Josua: Heute habe ich die Schande Ägyptens von euch abgewälzt. Und diese

> Stätte wurde Gilgal genannt bis auf diesen Tag. Und als die Kinder Israel in Gilgal das Lager aufgeschlagen hatten, hielten sie Passah am vierzehnten Tage des Monats am Abend im Jordantal von Jericho und aßen vom Getreide des Landes am Tag nach dem Passah, nämlich ungesäuertes Brot und geröstete Körner. An eben diesem Tage hörte das Manna auf, weil sie jetzt vom Getreide des Landes aßen, so daß Israel vom nächsten Tag an kein Manna mehr hatte. Sie aßen schon von der Ernte des Landes Kanaan in diesem Jahr.

Kein Wunder, daß viele Bibelverse darauf hinweisen, daß es einmal ‚Gnade' in Hülle und Fülle gab, aber später dann nicht mehr:

> (Ps 89,50) Herr, wo ist deine Gnade von einst?

> (Ps 25,6) Gedenke, Herr, an deine Barmherzigkeit und an deine Güte, die von Ewigkeit her gewesen sind.

und:

> (Ps 77,8) Wird denn der Herr ... keine Gnade mehr erweisen?

Jeder Vers des Psalms 136 endet mit den Worten: ‚denn seine Güte währet [*oder* währte] ewiglich.' (Hebräisch kennt keinen Unterschied zwischen Gegenwarts- und Vergangenheitsform, sondern nur zwischen begonnenen und vollendeten Taten.)

Der *Sohar* zeigt, daß ‚Gnade' eine andere Bezeichnung für Manna ist, und wir konnten diesen Text bis ins Jahr 1290 zurückverfolgen. Wir wissen aber auch, daß seine Ursprünge viel weiter zurückgehen. Wie weit ist unbestimmt, weil es dazu keine schriftlichen Dokumente gibt. Andererseits ist die Bibel bekanntlich viel älter: der hebräische Text in seiner heutigen Form wurde ungefähr 500 v. Chr. verfaßt. Sie liefert aber auch genügend Hinweise dafür, daß Manna und ‚Gnade' einmal ein und dasselbe waren. Später wurde diese Tatsache von den meisten Leuten vergessen. Lediglich die Erntemänner des Heiligen Feldes bewahrten und überlieferten sie. Gleichzeitig bewahrten sie die Geheimnisse über den Hochbetagten, da sie wußten, daß das Manna nicht vom Himmel gefallen, sondern aus dem Penis dieses schrecklichen Wesens gekommen war.

Nehmen wir einmal an, der Hochbetagte war eine Maschine. Wie konnte er dann aber einen Penis, außerdem Schädel, Bärte, Nasen und zahlreiche andere Organe, die sich wie Teile des menschlichen Körpers anhören, besessen haben? Wir nahmen an, daß die Israeliten keine Namen für maschinelle Teile kannten und deshalb welche erfanden. Vielleicht betrachteten sie ihre Maschine und benannten die verschiedenen Teile nach den Körperteilen, mit denen sie eine entfernte Ähnlichkeit aufwiesen. Dies ist sehr wahrscheinlich; zumal wir ein Beispiel eines heutigen Volkes zur Hand haben, welches bis vor kurzem noch von der Technik völlig unberührt war und genau auf die gleiche Weise vorging. Die Indianer vom Stamm der Apachen sind ein intelligentes Volk, hatten aber bis zur Ankunft des weißen Mannes noch nie eine Maschine gesehen. Sie lernten bald wie man ein Auto fährt und wurden geschickte Mechaniker, hatten aber in ihrer Sprache keine Wörter, um die verschiedenen Teile zu benennen. Sie mußten daher Namen erfinden. Glücklicherweise haben wir eine Liste mit einigen dieser Namen:

Apachenwörter für Teile des menschlichen Körpers und des Automobils

Äußere Anatomie	Begriffe aus der menschlichen Anatomie	übertragen aufs Auto
daw	Kinn und Kiefer	vordere Stoßstange
wos	Schulter	vorderer Kotflügel
gun	Hand und Arm	Vorderrad
kai	Oberschenkel und Gesäß	hinterer Kotflügel
ze	Mund	Einfüllstutzen (Tank)
ke	Fuß	Hinterrad
chun	Rücken	Chassis
inda	Auge	Scheinwerfer
Gesicht		
chee	Nase	Motorhaube
ta	Stirn	Dach
Innenteile		
tsaws	Ader	elektrische Leitung
zik	Leber	Batterie
pit	Magen	Benzintank
chih	Darm	Kühlerschlauch
jih	Herz	Verteiler
jisoleh	Lunge	Kühler

Diese Liste stammt – mit freundlicher Genehmigung – aus Peter Farbs hochinteressantem Buch *Word Play* (Wortspiel). Es beweist, daß die Apachen-Indianer vor dem gleichen Problem wie die alten Israeliten standen. Zwar hatten sie eine Maschine und gelernt, sie zu bedienen, aber keine Namen für ihre einzelnen Teile. Sie mußten Namen erfinden, wobei beide Gruppen die Namen von Körperteilen verwendeten. Wir wissen, daß die Apachen dies taten und finden dann, daß die Geheime Lehre Israels etwas beschreibt, was sich nach einer Maschine anhört und dabei ebenfalls die Namen von Körperteilen verwendet. Bei der Weiterführung unserer Analyse entdecken wir, daß der Hochbetagte, so wie er beschrieben wird, einer Maschine sehr nahekommt, wie wir sie bauen würden, wenn wir mittels eines fortlaufenden Prozesses ein ausgewogenes Grundnahrungsmittel herstellen wollten.

Kann dies Zufall sein? Wenn der Hochbetagte keine Manna-Maschine gewesen ist, was war er dann?

Untersuchen wir einmal die im *Sohar* verwendeten Begriffe – die ‚Schädel'. Das im Original verwendete Wort ist GVLGLThA, Golgatha. Jesus wurde auf Golgatha ans Kreuz geschlagen, also auf der Schädelstätte. Wir fragten uns, was diese Schädel für eine Bedeutung hatten. Daß sie hohl gewesen sein müssen, wußten wir bereits, denn in der Beschreibung hieß es, daß sich der eine im anderen befand, und daß sie Behälter für das ‚Weiße' oder den ‚Tau' waren. Das Wort wurde vom hebräischen GLGL (gilgal), abgeleitet, welches wiederum für ‚drehen' oder ‚rollen' steht. Wir fanden auch andere, damit im Zusammenhang stehende Wörter wie GLGLA (galgala), gleich Rad, Globus, oder Sphäre, und auch GLGLThA (galgaltha: ohne das V), ein Ball oder runder Stein. Demzufolge konnte das Wort für jeden sphärischen Gegenstand gebraucht werden. Ein menschlicher Schädel ist nun zufällig sphärisch und außerdem hohl. Daher ist es nur logisch, wenn diese ‚Schädel' lediglich für Hohlgefäße zur Aufnahme irgendeines Stoffes standen. Höchstwahrscheinlich war dieser Stoff flüssig, da die Texte aussagen, daß er von einem zum anderen Schädel zu fließen pflegte.

Als nächstes befaßten wir uns mit dem Titel ‚der Hochbetagte'. War dies nur eine andere Bezeichnung für Gott oder doch etwas anderes? Gewiß ergibt dieser Titel wörtlich übersetzt nicht viel Sinn. Auf Aramäisch aber heißt er OThIQ IVMIN (attik jomin), und auf hebräisch OThIQ IMIM (attik jomim). Das erste Wort stammt von OThQ (attak), entfernt oder fortgeschafft werden. Es wird mit dieser Bedeutung auch verschiedentlich in der Bibel verwendet. Die Form OThIQ bedeutet dann ‚transportierend' oder ‚das Transportierte'. Warum sollte es dann aber mit ‚betagt' oder auch ‚alt' übersetzt werden? Das Wort kann in der Tat diese Bedeutung annehmen, wenn man ‚transportieren' oder ‚fortschaffen' auf die Zeit oder die Jahre bezieht. Dies ist aber keinesfalls die allgemein übliche Verwendung. Das übliche Wort für ‚alt' ist auf hebräisch ZQN (saken), was auch für ‚Bart' steht. Ein weiteres Wort ist IShSh (jaschesch), und im Aramäischen der Begriff SBA (sawa). Für uns war hierbei die Tatsache erstaunlich, daß die Übersetzer ohne ersichtlichen Grund hier eine ungewöhnliche Nebenbedeutung des Wortes verwendeten, während die übliche Bedeutung doch viel genauer gewesen wäre. Zugegeben, der ‚Hochbetagte' hatte einen großen Bart, auf den wir noch näher eingehen werden. Kann er aber, wenn man korrekt bleiben will, so ohne weiteres mit hohem Alter assoziiert werden?

Bei der Betrachtung der Texte des *Sohar* fiel uns auf, daß an keiner Stelle erwähnt wird, daß der Hochbetagte je einer Fortbewegung aus eigener Kraft fähig war. Es wird aber folgendes gesagt:

> (GHV 168) Wer immer sich auf dem Thron befindet, hat die Kontrolle über ihn, bis er von jenem Thron *fortgeschafft* und auf einen anderen Thron gesetzt wird. Der erste Thron wird dann abgerissen, damit niemand außer dem Hochbetagten die Macht innehaben möge, auf ihm zu sitzen.

Wenn nun niemand außer dem Hochbetagten auf dem ‚Thron' sitzen sollte, dann muß auch der Hochbetagte derjenige gewesen sein, der vom Thron fortgeschafft wurde. Mit anderen Worten: er wurde transportiert. Daraus wird dann klar, daß der

‚Hochbetagte' auch mit ‚der Transportierbare' übersetzt werden könnte. Was aber war der jeweilige ‚Thron'? Sicher handelte es sich dabei nicht um eine edelsteinbesetzte Sitzgelegenheit, wenn er jedesmal abgerissen und zerstört wurde! Möglicherweise war dieser ‚Thron' nur eine Plattform aus Erde oder Holz.

Das zweite Wort des Titels lautet IVMIN oder IMIM, und soll ‚(an) Tagen' bedeuten (alt an Tagen = hochbetagt). Das Wort IVM, Jom ausgesprochen, heißt wohl ‚Tag', und seit 1973 ist Jom Kippur uns allen ein Begriff. Aber es gibt auch ein anderes hebräisches Wort IM, Jam ausgesprochen. Dieses Wort bedeutet ‚See'. Interessant dabei ist, daß die Mehrzahl der beiden Wörter genau gleich lautet, IMIM. Als Jomim ausgesprochen, sind die ‚Tage' gemeint, als Jamim ausgesprochen, die ‚Seen'. Wenn man dies berücksichtigt, kann dieser Titel genausogut ‚der Hochbetagte' wie ‚Transportierbarer der Seen' heißen. Wenn wir uns nun dem Letztgenannten zuwenden, müssen wir uns fragen, was wohl mit den ‚Seen' gemeint sein könnte?

In der Bibel finden sich mehrere ‚Seen'. Das Wort ‚See' kann dabei im Hebräischen genau wie im Deutschen sowohl für Binnenseen wie auch für Ozeane verwendet werden. In der Bibel haben wir zum Beispiel den ‚See Genesareth', und die ‚Große See', auf hebräisch IM RB (jam raw), womit man das Mittelmeer und somit die größte, den Israeliten damals bekannte Wasserfläche meinte. IM RB war auch der Name des ‚gegossenen Meeres' aus Bronze, welches vor Salomons Tempel stand (2 Chr 4,2 ff). Es handelte sich dabei um einen großen Behälter, der mit Wasser gefüllt war und bei verschiedenen Ritualen der Reinigung verwendet wurde. Man kann daher rückfolgern, daß mit ‚See' im Hebräischen auch ein großer Behälter zur Aufnahme von Flüssigkeit, modern gesagt ein Tank, gemeint sein kann.

Da der *Sohar* nun ohnehin erwähnt, daß der Hochbetagte

aus verschiedenen ‚Schädeln', oder Behältern für Flüssiges, bestand, meinen wir, daß der Titel eher ‚Der Transportierbare der Tanks' (oder: mit den Tanks) als ‚der Hochbetagte' lauten müßte. Diese Fehlübersetzung muß aber schon sehr alt sein, denn die Mehrzahlformen sind nur auf hebräisch, nicht aber auf aramäisch gleich. Da wir unsere Erklärung aus zwei verschiedenen Quellen – sowohl den ‚Schädeln' wie auch den ‚Seen' ableiteten und in beiden Fällen auf die gleiche Antwort kamen, ergibt sich allmählich ein Sinn in den altertümlichen Schriften. Trotzdem werden wir gewohnheitshalber auch weiterhin den Titel ‚der Hochbetagte' verwenden. Wobei jedoch stets zu bedenken ist, daß es richtigerweise heißen müßte: ‚Der Transportierbare der Tanks' (oder: mit den Tanks).

Der *Sohar* ist ein außerhalb des jüdischen Kulturkreises wenig bekanntes Buch. Sehr gut bekannt ist aber die hebräische Bibel und deren Übersetzungen. Werfen wir daher einmal einen kurzen Blick auf jene Stellen der Bibel, an denen der Hochbetagte erwähnt wird. Da haben wir zunächst einmal das Buch Daniel, in dem Luther den Titel mit ‚einer, der uralt war' übersetzte:

> (Dan 7,9 ff) Ich sah, wie Throne aufgestellt wurden, und einer, der uralt war, setzte sich. Sein Kleid war weiß wie Schnee und das Haar auf seinem Haupt rein wie Wolle. Feuerflammen waren sein Thron und dessen Räder loderndes Feuer. Und von ihm ging aus ein langer feuriger Strahl ... und siehe, es kam einer mit den Wolken des Himmels wie eines Menschen Sohn und gelangte zu dem, der uralt war, und wurde vor ihn gebracht. [Wortlaut in einer modernen Bibelübersetzung, siehe Kap. 1.]

Im Vergleich zu den anderen Büchern der Bibel ist das Buch Daniel ziemlich spät geschrieben worden, obwohl die darin enthaltene Geschichte auf ein höheres Alter hindeutet. Es wurde auf aramäisch anstatt auf hebräisch geschrieben, also nach der babylonischen Gefangenschaft. Jener, der im Buch Daniels uralt oder hochbetagt war, hört sich immerhin sehr wie jenes Wesen aus dem *Sohar* an. Das Errichten und Abreißen der Throne wurde bereits erwähnt; wir sind aber noch eine Erklärung für die weiße Kleidung, das Haar wie Wolle und das Feuer schuldig. Außerdem wird man sich fragen, wer mit ,des Menschen Sohn' gemeint sein könnte. Sicher nicht Jesus, denn von dem wußte damals noch kein Mensch etwas. Erstaunlich sind auch die ,Räder'. Das im aramäischen Text des Buchs Daniel verwendete Wort ist GLGLVHI (galgalohi) – seine Räder. Im *Sohar* sind ,seine Schädel' aber GVLGLVHI (golgalohi). Sie werden manchmal ohne das erste V geschrieben, wodurch sie die gleiche Schreibweise wie die ,Räder' Daniels erhalten. Deshalb sind bei Daniel höchstwahrscheinlich gar keine Räder, sondern eben Schädel gemeint. Wenn er dann seine ,Vision' beschreibt, gibt er damit den Eingeweihten einen Hinweis, daß er das geheime Wissen besaß.

Im Altertum war es üblich und weit verbreitet, daß man ,Visionen' erfand, wenn man Wissen weitergeben wollte, ohne dies wirklich zugeben zu wollen. Stellen wir uns einmal vor, daß 1944 ein in zerissene Lumpen gehüllter Prophet in den Straßen New Yorks unter wildem Augenrollen seine Visionen geschildert hätte. Er könnte etwa gesagt haben:

> Wahrlich ich sage euch. Mir erschien eine Kugel aus einem sehr schweren Metall, der ein Stück fehlte. Und wahrlich, jenes fehlende Stück wurde vom Rest der Kugel getrennt aufbewahrt. Es wurde getrennt aufbewahrt, bis die Zeit reif würde, beide zu vereinigen. Und die Zeit wurde reif und das fehlende Stück wurde mit dem Rest vereint. Und es gab viel Feuer und Rauch und eine blendende Helligkeit. Und die Welt ging unter.'

Er hätte auf diese Art monatelang herumlaufen können und sein Wissen verkünden. Aber jeder, der ihn gehört hätte, hätte ihn schlichtweg für verrückt erklärt. Dies so lange, bis ihn jemand, der damals über diese Dinge Bescheid wußte, gehört hätte. Unser ‚harmloser Irrer' hätte sich dann sehr schnell in der erlesenen Gesellschaft von FBI, Geheimdienst und militärischem Abschirmdienst befunden und wäre auf schnellstem Wege zur Mitarbeit am Projekt Manhattan beordert worden, denn der Inhalt seiner ‚Vision' bedeutete damals nichts anderes, als daß er offensichtlich wußte, wie man eine Atombombe herstellen konnte.

Bei Daniel ging es im Prinzip um genau das gleiche, denn nach der Verkündung seiner ‚Vision' dauerte es nicht lange, bis er eine verantwortungsvolle Stellung einnahm. Ebenso behauptete der Verfasser des Buchs Daniel, der nicht etwa Daniel selbst, sondern ein unbekannter späterer Schriftsteller war, seinen Lesern gegenüber, daß er einer der Wissenden, ein Mitglied der Erntemänner des Heiligen Feldes, war.

Wir haben bisher einige altertümliche Schriften beschrieben und berichtet, wie wir diese bis zu ihren Ursprüngen zurückverfolgt haben. Ebenso haben wir auf die damit im Zusammenhang stehenden Bibelstellen verwiesen. Das einzige, was die Glaubwürdigkeit unseres Materials in Frage stellen könnte, wäre die Tasache, daß der *Sohar* erst nach der Bibel zusammengestellt wurde. Dies ist aber äußerst unwahrscheinlich; die Aufgabe, sämtliche Einzelheiten einzugliedern, wäre höchst schwierig und außerdem völlig sinnlos gewesen. Warum sollte sich jemand die Mühe geben, derartiges Material zu erfinden, wo es doch in so vielen Punkten im krassen Widerspruch zu den herkömmlichen Lehren steht? Hätte es jenes merkwürdige Wesen, mit der Bezeichnung der ‚Hochbetagte' nicht wirklich gegeben, so wäre heute bestimmt auch kein schriftliches Material darüber bekannt. Allerdings gelang es auch den besten Theologen während der vergangenen Jahrhunderte nicht, eine Erklärung dafür zu finden, denn für sie ergibt das Ganze nicht den geringsten Sinn. In der 1882 in Lublin, Polen, gedruckten Ausgabe des *Sohar* wird der Hochbetagte auf 57 engbedruckten Seiten in aramäischer Sprache beschrieben. In einer modernen Sprache ausgedrückt, wird dieser Text stets wesentlich länger. Trotzdem wurde dieses umfangreiche Material, abgesehen von einigen Exzentrikern wie Mathers, völlig ignoriert. Der Hochbetagte bestand aus einer Anordnung von Tanks und lieferte Manna. Wer mochte diesen Unsinn wohl für bare Münze nehmen? Heute können wir uns aber gut vorstellen, daß dies tatsächlich möglich ist. *Wie*, das wollen wir im nächsten Kapitel in unserer Eigenschaft als Wissenschaftler und Techniker erläutern.

Zweiter Teil

DIE BIOCHEMIE

4

Grundbegriffe der Manna-Herstellung

Wir haben uns bisher lediglich mit einem sehr kleinen Teil des im *Sohar* enthaltenen Materials befaßt, welches sich auf den Hochbetagten bezieht. Wir konnten daraus ersehen, daß das Manna des Herrn nicht vom Himmel fiel, sondern vom Hochbetagten kam. Dieser Hochbetagte war ein mysteriöses, schrecklich anzuschauendes Wesen, das im Allerheiligsten residierte. Außerdem durfte ihm kein Unbefugter nahekommen oder es betrachten. Lediglich die speziell hierzu befugten Priester konnten sich bei strengster Geheimhaltungspflicht mit ihm abgeben. Vergehen gegen die Geheimhaltung wurden mit dem sofortigen Tod bestraft. Dennoch ernährte der Hochbetagte die Kinder Israels während ihrer vierzigjährigen Wanderschaft in der Wüste mit seinen unaufhörlichen Mannagaben.

Als dies im dreizehnten Jahrhundert zum ersten Mal schriftlich niedergelegt wurde, mag die Existenz des Hochbetagten lediglich als ein weiteres Wunder aufgefaßt worden sein. Nahrung, die von einem solchen Wesen stammte, wäre damals genauso wundersam gewesen wie Nahrung, die vom Himmel fiel. Im zwanzigsten Jahrhundert ist man in diesem Punkt jedoch anderer Meinung. Nahrung, die vom Himmel fällt, das soll gelegentlich vorgekommen sein. Ein regelmäßiger, vierzig Jahre währender Nahrungsregen wird jedoch nur in der Bibel erwähnt. Nahrung von einem Wesen wie dem Hochbetagten, solch ein ‚Wunder' ist beim heutigen Stand der Technik in den Bereich des Verständlichen gerückt. Mit Wundern, Zauberei oder Mystik hat das für uns nichts zu tun. Ebensowenig mit religiösen oder okkulten Vorgängen. Der Hochbetagte war weder eine bärtige Gottesfigur auf einem Thron im Himmel noch ein reichverziertes Götzenbild, das man von einem der Stämme in Kanaan erbeutet hatte, wie vielfach angenommen wird. Er war unseres Erachtens ganz einfach eine Maschine. Eine Maschine, die Nahrung produzierte. Der *Sohar* berichtet uns, daß die von ihm produzierte Nahrung das Manna war.

Logischerweise fallen damit auch die von uns im ersten Kapitel erwähnten Schwierigkeiten bei der Einbringung und Verteilung des Mannas weg, da die Priester, die die Maschine warteten, auch die Kontrolle über die Ausgabe und Verteilung der Nahrung hatten. Die Leute konnten mit ihren Gomergefäßen Schlange stehen, während die Priester schnell und sauber jedem seine Zuteilung aushändigten. Vielleicht wird deshalb bei der Kommunion oder dem Abendmahl der Christen die ‚Hostie' vom Altar her ausgegeben, der dann das Allerheiligste symbolisiert. Erfolgte dieses dem Manna entspringende Ritual aufgrund der in der Bibel wiedergegebenen Geschichte, so müßte die Gemeinde die Hostien außerhalb der Kirche vom Boden aufsammeln und sie dann dem Priester bringen, damit er sie verteilt. Dem ist aber nicht so, die Priester nehmen das Kommunionsbrot vom Altar, als ob es wie durch ein Wunder dahin geraten wäre.

Auf den einfachen Volksgenossen aus dem Stamme Israel mag es einst wie ein Wunder gewirkt haben. Wenn wir aber versuchten, uns in dessen Lage zu versetzen, uns vorstellten, wie wir mit unseren Gomergefäßen in der Hand vor dem Allerheiligsten stünden, dann sagen wir uns, daß wir das Ganze vernünftigerweise nicht als Wunder, sondern als technische Errungenschaft sähen. Immerhin war der Hochbetagte eine Maschine, die nach Gesetzmäßigkeiten und Grundsätzen arbeitete, die zu verstehen für uns heute kein Problem mehr ist. Bevor wir von einer Maschine reden können, die Nahrung herstellen soll, müssen wir uns vergegenwärtigen, wie Nahrung üblicherweise – also in der Landwirtschaft – erzeugt wird. Da gibt es zum einen die Möglichkeit, Pflanzen anzubauen und diese selbst zu essen, zum anderen können wir aber auch mit den Pflanzen Tiere ernähren und dann die Tiere essen. Wenn wir einen Hektar Land nehmen und darauf Rinder großziehen, können wir darauf in einem Jahr ungefähr zwei bis drei schlachtreife Stück Vieh gewinnen. Damit erhielten wir ungefähr ein- bis eineinhalb Tonnen Fleisch. Andererseits können wir auf demselben Landstück auch Weizen anbauen und ungefähr fünf Tonnen Weizen gewinnen. Damit können wir Brot backen, was uns aber nicht ganz so gut schmeckt wie ein schönes Rindsfilet, auch wenn wir vielleicht die vierfache Nahrungsmenge erhalten. Bauen wir Wurzel- oder Knollengewächse wie Kartoffeln oder Rüben an, erhalten wir gewichtsmäßig eine noch größere Ausbeute pro Hektar, aber jene Pflanzen schmecken im allgemeinen noch weniger aufregend als Brot. Je geringer unsere kulinarischen Ansprüche sind, desto größer ist unsere quantitative Nahrungsausbeute pro Hektar. Wenn wir diese Gedankenkette nun fortsetzen, so erreichen wir den Punkt, an dem wir beschließen, unseren Hektar Land unter Wasser zu setzen und in dem so entstehenden Teich Algen zu produzieren. In unserem kleinen Tümpel könnten wir davon über zwei Tonnen pro Jahr produzieren. Für unsere Landwirte wäre dies aber nicht sehr einträglich, denn niemand wollte die Algen essen. Obwohl Algen einen sehr hohen Nährwert haben, ähnlich hoch wie der von Filetsteak, fände sich niemand, der diesen grünlichen, unappetitlichen Schlamm, der nach Erde und nassem Fließpapier schmeckt, essen würde.

Trotzdem mögen wir uns beim Betrachten unseres Tümpels fragen, wo diese Algenmasse herkommt. Der Teich wird immer gleich aussehen, solange er Wasser enthält, auch wenn wir ihm zwischenzeitlich noch so viele Algen entnommen haben mögen. Der Grund dafür liegt in der Tatsache, daß das Gewicht der Algen der Luft und nicht dem Boden entstammt. Wie wir wissen, besteht jede Nahrung aus Kohlehydraten, Proteinen (Eiweiß) und Fetten. Diese Stoffe setzen sich alle aus vier chemischen Elementen zusammen: Kohlenstoff, Wasserstoff, Sauerstoff und Stickstoff. Alle vier sind in der Luft enthalten. Der Kohlenstoff ist im Kohlendioxid enthalten, das ungefähr 0,03 % unserer Atemluft ausmacht, Wasserstoff ist ein Element des Wassers, und selbst wenn es einmal nicht regnet, ist immer genug Feuchtigkeit in der Luft. Sauerstoff und Stickstoff sind schließlich diejenigen Gase, die den Hauptbestandteil unserer Atmosphäre ausmachen.

Pflanzen können diese Stoffe aus der Atmosphäre aufnehmen und für das Wachstum ihrer Körper verwenden. Dabei benötigen sie andere Elemente nur in verschwindend geringen Mengen. In unserem Algentümpel können wir diese anderen Elemente zufügen, indem wir einfach von Zeit zu Zeit einige Schaufeln voll Dünger hineinwerfen. Alle anderen, für sie lebensnotwendigen Stoffe beziehen sie aus der Luft. Dies geschieht sowohl über die im Wasser gelöste Luft wie auch über die Luft an der Wasseroberfläche. Aber da gibt es noch etwas, ohne das die Algen überhaupt nicht wachsen würden – das Licht. Ohne Licht kann keine einzige Grünpflanze leben, auch wenn sämtliche anderen Voraussetzungen erfüllt sein mögen.

Entziehen wir Gras oder anderen Grünpflanzen das Licht, indem wir zum Beispiel eine schwarze Plastikplane darüberlegen, wird es weiß und welk und geht schließlich ein, auch wenn genügend Luft, Wasser und Boden vorhanden ist. Pflanzen sind grün, weil sie Chlorophyll besitzen, eine chemische Substanz, die es ihnen ermöglicht, einfache Stoffe aus der Atmosphäre in komplizierte pflanzliche Stoffe umzuwandeln.

$$\underset{\text{Wasser}}{6H_2O} + \underset{\text{Kohlendioxid}}{6CO_2} + \text{Lichtenergie} \xrightarrow{\text{Chlorophyll}} \underset{\text{Kohlehydrate}}{C_6H_{12}O_6} + \underset{\text{Sauerstoff}}{6O_2}$$

Diese chemische Gleichung stellt den Hauptvorgang in Pflanzen dar. Sie nehmen Wasser und Kohlendioxid auf und verwandeln es dann in Sauerstoff und Kohlehydrate. Der Sauerstoff wird an die Atmosphäre abgegeben, und die Kohlehydrate bilden den pflanzlichen Körper in Form von Stärke, Zucker und Zellulose. Die für den gesamten Vorgang, die Photosynthese, benötigte Energie wird in Form von Licht, normalerweise Sonnenlicht, aufgenommen.

Nehmen wir nun einmal an, ein Tier geht her und frißt die Pflanze. Die chemische Gleichung, die sich daraus ergibt, geht dann gerade entgegengesetzt. Das Tier verdaut die Kohlehydrate, aus denen die Pflanze in der Hauptsache besteht, und atmet den in der Luft enthaltenen Sauerstoff ein. Die Kohlehydrate werden in den Muskeln des Tieres verbrannt, und die daraus entspringende Energie wird zur Fortbewegung und zum Wärmen benutzt. Der Atem, der vom Tier ausgestoßen wird, besteht wiederum aus Wasserdunst und Kohlendioxid. Daraus ergibt sich eine gegenseitige Abhängigkeit zwischen der Pflanzen- und der Tierwelt. Nur die Pflanzen können die Sonnenenergie ausnutzen und damit einfache chemische Substanzen wie Wasser, Kohlendioxid und mineralische Salze in komplexe organische Substanzen wie Kohlehydrate, Proteine (Eiweiß) und Fette verwandeln. Gäbe es keine Tiere, so würden die Pflanzen nach und nach alles in der Luft enthaltene Kohlendioxid aufbrauchen, was letztlich zum Tod der Pflanzen führen würde.

Andererseits benötigen die Tiere die Pflanzen als Nahrung und als Sauerstofflieferanten. Gäbe es keine Pflanzen, so würden die Tiere und auch die Menschen ziemlich schnell den Erstickungstod sterben, sofern nicht zuvor schon der Hungertod einträte. Das Ganze ist somit ein großer Kreislauf, bei dem die Pflanzen die Sonnenenergie ausnutzen, die Tierwelt am Leben erhalten und selbst wieder deren Kohlendioxid verwenden. Dabei zirkuliert in der Atmosphäre ständig Kohlenstoff

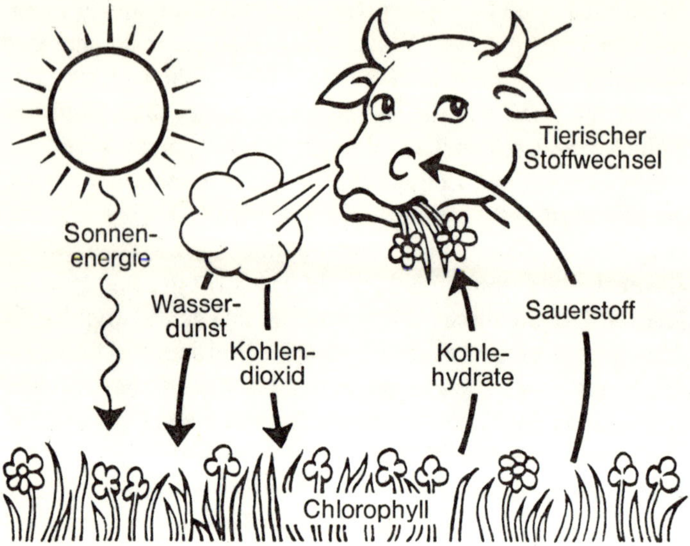

4.1 Der Kohlenstoff-Zyklus

zwischen Pflanzen und Tieren. Dies ist als der Kohlenstoff-Zyklus bekannt und in Abbildung 4.1. dargestellt.

Mit Hilfe der Sonne entziehen die Pflanzen dem CO_2 pro Jahr etwa 100 000 000 000 (10^{11}) Tonnen Kohlenstoff zur Bildung von Kohlehydraten. Drückt man diese astronomische Zahl etwas anschaulicher aus, so ergibt dies ungefähr 0,6 Gramm Kohlenstoff pro Quadratmeter Erdoberfläche.

Manche unserer Leser werden sich nun vielleicht fragen, was dies alles mit dem Hochbetagten zu tun hat. Nun, wenn er tatsächlich eine Manna-Maschine war, dann mußte er 600 Familien ernähren. Und doch besagen die Schriften, daß die Maschine verhältnismäßig klein war, nämlich nicht länger, breiter und höher als 5 Meter. Auf dem Hektar Land in unserem Beispiel können wir unter Anwendung der normalen Landwirtschaft vielleicht 2 Familien ernähren. Der Hochbetagte muß daher hochintensiv produziert haben, wenn er so große Mengen Nahrung auf so kleinem Raum hervorbringen konnte.

Die Geschichte zeigt uns, daß die Menschheit ständig Methoden zur Intensivierung der Landwirtschaft entwickelt hat. Unsere Vorfahren aus der Steinzeit waren noch Jäger und Sammler, die ihren Beutetieren auf deren Wanderschaften folgten und eßbare Pflanzen sammelten, wo sie solche gerade finden konnten. Später lernten sie dann, sich zahme Haustiere zu halten und gezielt eßbare Pflanzen anzubauen. Dadurch wurde ihnen ermöglicht, seßhaft zu werden und ihren Lebensunterhalt mit einer kleineren Fläche Land zu bestreiten. Heute, im zwanzigsten Jahrhundert, sehen wir, daß die Methoden der intensiven Bewirtschaftung sogar so weit gehen können, daß sie für viele schon die Grenze des Erträglichen überschritten haben. Man denke hierbei nur an die Zucht ergiebigerer Kornarten, die aber wesentlich mehr Kunstdünger brauchen, an die Hähnchen- und Legebatterien bei der Hühnerzucht und -haltung oder auch an die sogenannten Fleischfabriken. Auch Austern- und Fischzuchten zählen bereits zu den vielen Massenproduktionsstätten für Nahrungsmittel. Die Frage ist, wie weit sich dies treiben läßt, bevor wir alle am Hungertuch nagen. Jede Form tierischen Lebens ernährt sich, sei es direkt oder indirekt, von Pflanzen. Dies wird in Abbildung 4.2. deutlich.

Dieses Diagramm zeigt, wie wichtig Algen sind. Der Begriff Algen wird im allgemeinen für tausende verschiedener Pflanzen verwendet – vom Seetang bis zu dem grünlichen Schleim in Aquarien ebenso wie für unsere vorerwähnten Tümpelpflanzen. Bei der Betrachtung der Nahrungspyramide fragt man sich, ob es nicht möglich wäre, einige der Zwischenstationen

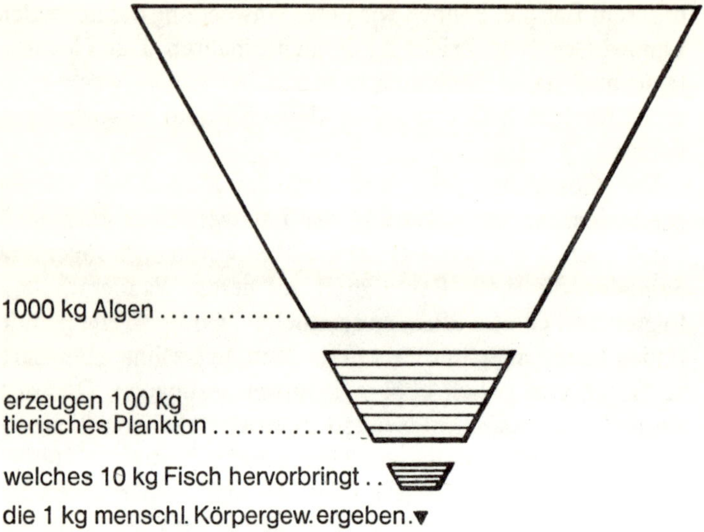

4.2 Eine Nahrungspyramide

auszuschalten, so daß höhere tierische Lebensformen und auch der Mensch direkt mit Algen ernährt werden könnten. Dies würde zweifelsohne die Leistungsfähigkeit des Systems erheblich steigern.

Die Antwort darauf ist, es *ist* möglich und wird in der Tat schon seit längerer Zeit in der Praxis durchgeführt. Rinder können von Seetang leben, wobei bestimmte Rassen, die eine gewisse Härte aufweisen, diesen direkt am Strand ‚abweiden'. Außerdem gibt es viele Fabriken, in denen Seetang zu Rinderfutter verarbeitet wird. Was die Menschen angeht, so verspeisen sie zum Beispiel in Irland das auch irländisches Moos genannte Carragheen. Dies ist eine Art von Seetang, aus dem man Suppe und eine Art Flammeri oder Mandelsüßspeise zubereiten kann.

In China und Japan wird ebenfalls Seetang gesammelt und

Suppe daraus zubereitet; außerdem findet er dort als Gewürz Verwendung oder wird einfach gebraten und gegessen. Der Anbau erfolgt in im Meer versenkten Bambusbehältern. Es wurde schon viel Forschungsarbeit auf den intensiven Anbau von Algen aufgewendet, aber als Nahrungsmittel für Menschen haben sie einen großen Nachteil – sie sind einfach nicht attraktiv genug. Eine der wesentlichen Freuden unseres Daseins besteht im Genuß eines guten Essens. Wir wollen unseren täglichen Kalorienbedarf einfach so vielfältig und auch optisch attraktiv wie nur irgend möglich auf dem Tisch.

Ebenso wie Pflanzen im Ertrag pro Hektar weitaus höher liegen als Tiere, sind Kleinpflanzen weitaus ertragreicher als Großpflanzen. Selbst wenn wir das Holz essen könnten, erhielten wir beim Anbau von Eichen auf unserem Versuchshektar bei weitem nicht die Menge an pflanzlichem Stoff, die wir beim Anbau von Algen erzielen würden. Deswegen wurde der Großteil der Forschung auch auf Dauerkulturen von Algen aufgewendet, wobei der Anbau gezielt in einer speziell für diesen Zweck geschaffenen Umgebung erfolgt und von Zeit zu Zeit immer nur ein Teil geerntet wird. Der hierbei am meisten verwendete Algentyp ist die *Chlorella*, eine winzige, einzellige Pflanze. Manche Experten melden ermutigende Erfolge mit anderen Algenkulturen. Es gibt viele verschiedene Arten der *Chlorella*, je nach Zuchtrichtung in Form und Größe verschieden. Man findet sie in klarem wie in fauligem Wasser, im Boden und sogar in den Körpern anderer Lebewesen. Ihre Lebensweise ändert sich mit ihrem Lebensraum und den damit verbundenen Wachstumsbedingungen.

Die *Chlorella* gehört zu den allereinfachsten Pflanzen. Sie kann sich nicht bewegen und pflanzt sich nicht über Samen, der ausgesät wird, fort. Jede Zelle wächst und ihr Inhalt teilt sich dann in 4, 8 oder 16 sogenannte *Autosporen* auf. Wenn die Zelle reif ist, bricht die Zellwand auf und die *Autosporen* kommen heraus. Diese beginnen dann ihrerseits zu wachsen,

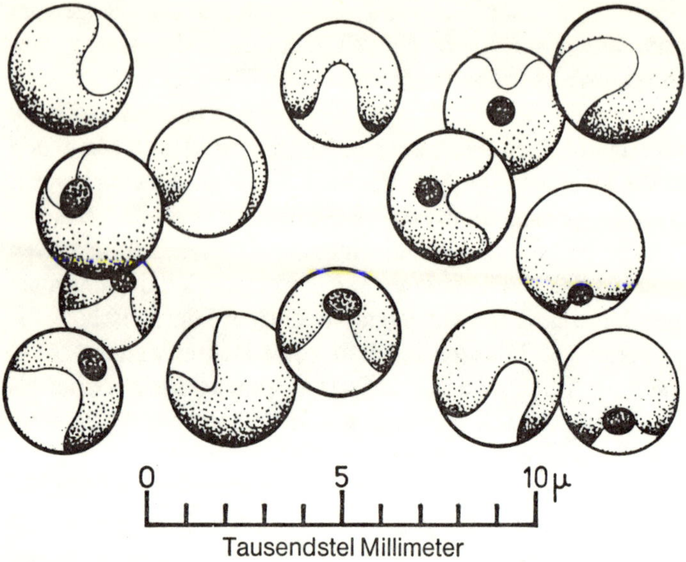

4.3 *Chlorella*-Zellen

sich aufzuteilen und so weiter. Eine einzelne Zelle wird in Abbildung 4.3. gezeigt und der gesamte Lebenszyklus in Abbildung 4.4. Eben weil die *Chlorella* ein so einfacher Organismus ist, ist sie viel leichter anzubauen als herkömmliche Pflanzen, die man nach jeder Ernte neu anbauen muß. Haben wir dagegen einen Tank voller *Chlorella*, brauchen wir lediglich einen Teil zu entnehmen, Wasser und Dünger nachzufüllen und schon geht der ganze Produktionsvorgang weiter bis in alle Ewigkeit, vorausgesetzt, es stehen immer CO_2 und Licht in ausreichendem Maß zur Verfügung. *Chlorella* können im Gegensatz zu Gemüse ständig weiterwachsen.

Wenn wir nun die Aufgabe angingen, eine Maschine zur Erzeugung von Nahrung herzustellen – nennen wir sie ruhig einmal Manna-Maschine – was wäre da zu tun? Sämtliche uns

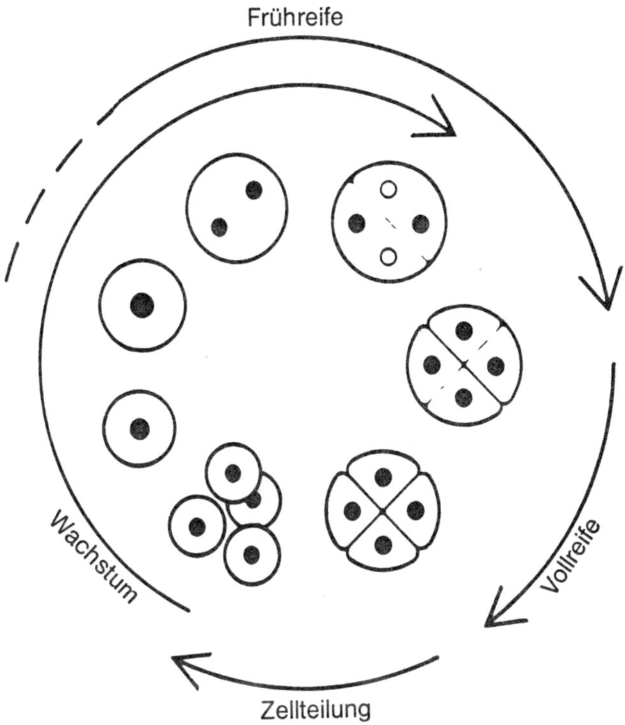

4.4 Lebenszyklus der *Chlorella*

bekannten Nahrungsmittel sind entweder pflanzlichen oder tierischen Ursprungs. Tiere sind, wie wir gezeigt haben, keine übermäßig ertragreichen Umsetzer. Folglich müßte unsere Maschine auf pflanzlicher Basis arbeiten. Die ertragreichsten Pflanzen, die dafür in Frage kämen, wären dann kleine Wasserpflanzen wie die *Chlorella*, da sie nicht nur die besten Umwandler von Lichtenergie in Energie in Form von Nahrung darstellen, sondern auch aufgrund ihres ununterbrochenen Wachstums als Dauer- im Gegensatz zur Schubkultur gehalten werden können. Als außerordentlich wichtige Gegebenheit kommt hinzu, daß *Chlorella*, auch wenn sie noch so wenig appetitanregend wirken mögen, sämtliche Voraussetzungen eines Grundnahrungsmittels erfüllen, da sie Eiweiß, Kohlehydrate, Fett und einige Vitamine enthalten.

Unsere Manna-Maschine bestünde daher aus einer Anordnung von Tanks, die eine Nährlösung enthielten, in der die *Chlorella* gedeihen würde, und aus denen sie von Zeit zu Zeit geerntet werden könnte.

Dem *Sohar* zufolge, war der Hochbetagte tatsächlich eine Manna-Maschine und bestand aus einer Anzahl ‚Schädel' oder Tanks. Wir fanden heraus, daß die Bezeichnung ebensogut ‚der Transportierbare der Tanks' (oder: mit den Tanks) bedeuten kann. Ist das noch Zufall? Hat jemand die ganze Beschreibung des Hochbetagten in einem Anfall geistiger Verwirrung erfunden und dabei zufällig so etwas wie eine Manna-Maschine beschrieben? Oder hat die Maschine wirklich existiert?

Stellen wir aber diese Überlegungen einstweilen beiseite und befassen wir uns noch ein wenig mit der *Chlorella.* Ihr Geschmack ist, wie gesagt, nicht sonderlich aufregend. Wenn der Hochbetagte sie produzierte, mußte er mehr tun, als sie nur wachsen zu lassen. Er mußte sie irgendwie verarbeiten, damit sie genießbar wurden, denn der Bibel zufolge schmeckte das Manna wie Honigkuchen, was schließlich ganz und gar nicht unangenehm klingt. Aus unlängst durchgeführten Experimenten ist uns bekannt, daß *Chlorella* mittels verschiedener Anbaumethoden dazu gebracht werden kann, fast jede gewünschte Kombination von Eiweiß, Kohlehydraten und Fetten zu liefern. Nicht ganz so einfach dürfte es sein, sie auch noch nach Rindsfilet schmecken zu lassen. Jede noch so schmackhafte Speise wird fade, wenn es keine Abwechslung gibt. Man kann es deshalb den Kindern Israels nicht verdenken, daß sie wehklagten:

(4 Mose 11,4) Wer wird uns Fleisch zu essen geben? Wir denken an die Fische, die wir in Ägypten umsonst aßen, und an die Kürbisse, die Melonen, die Zwiebeln und den Knoblauch. Nun aber ist unsere Seele matt, denn unsere Augen sehen nichts als das Manna ... Und das Volk lief hin und her und sammelte und zerrieb es mit Mühlen oder zerstieß es in Mörsern und kochte es in Töpfen und machte sich Kuchen daraus. Und es hatte einen Geschmack wie Ölkuchen.

Diese Bibelstelle ist deshalb so interessant, weil sie beweist, daß es sich bei Manna um richtiges Essen handelte und nicht bloß um eine erfundene Legende. Diese Stelle ist zu echt und zu begreiflich, um eine Erfindung zu sein, denn wie hoch der Nährwert irgendeiner Nahrung auch sein mag, so wird man ihrer doch sehr schnell überdrüssig, wenn man zwischendurch keine Abwechslung auf dem Speisezettel hat.

Wie gesagt, benötigen Algen – wie sämtliche anderen Pflanzen – folgende Wachstumsvoraussetzungen: Bestimmte, in Wasser gelöste Mineralien (die Nährlösung), Kohlendioxid, Licht und Wärme. Um die *Chlorella* eßbar zu machen, ist es ferner erforderlich, sie zu ernten und zu verarbeiten. Unser Diagramm in Abbildung 4.5 zeigt, wie dies bewerkstelligt werden könnte.

Wenn wir diese Gegebenheiten berücksichtigen, bekommen wir schon eine recht genaue Vorstellung davon, was wir zur Einrichtung einer *Chlorella*-Kultur oder Manna-Maschine benötigen.

Die Nährlösung

Hierbei handelt es sich um die Flüssigkeit, in der die Pflanzen gedeihen sollen. Sie besteht aus Wasser, in dem die entsprechenden Mengen der von den Pflanzen benötigten Mineralsal-

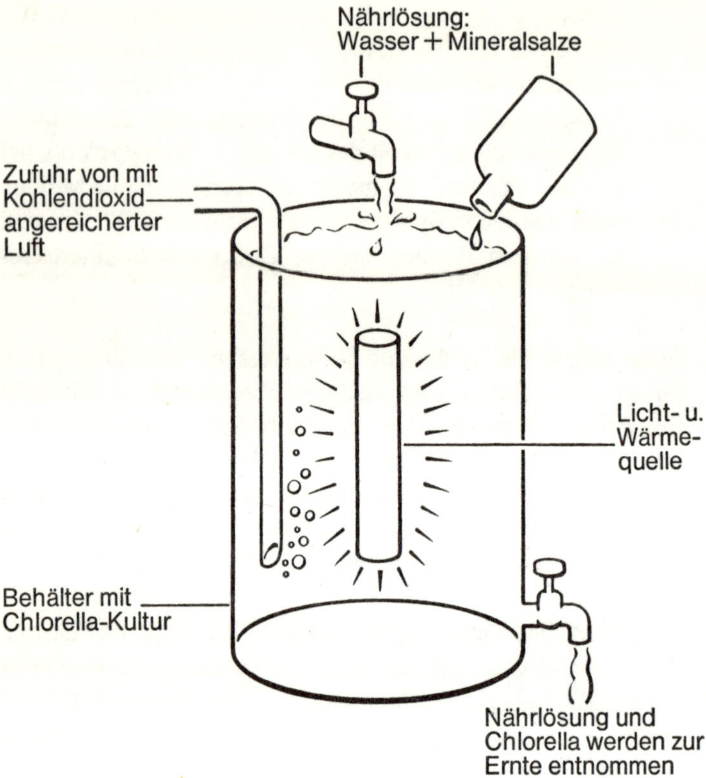

4.5 Schematisches Diagramm eines Apparates zur Kultivierung und Ernte von *Chlorella*

ze gelöst sind. Die Hauptaufgabe der Pflanzen ist es, Kohlehydrate zu erzeugen, wobei der erforderliche Wasserstoff dem Wasser entzogen werden kann. Das bedeutet, daß die Maschine mit Wasser versorgt werden muß. Die hauptsächlich benötigten Mineralien sind Stickstoff (in der Regel in Form von Ammoniumverbindungen) und Phosphor. Die verwendeten *Chlorella* könnten durchaus in der Lage sein, den Stickstoff aus der Luft zu beziehen. Dies hieße, daß man auf die Ammoniumverbindungen ganz oder teilweise verzichten könnte. Weiterhin werden geringe Mengen von Magnesium, Schwefel und Eisen, sowie Spuren von Aluminium, Arsen, Bor, Kobalt, Kupfer, Jod, Lithium, Mangan, Molybdän, Nickel, Silizium und Zink benötigt.

All diese Elemente werden in Form von in Wasser gelösten Salzen zugegeben. Wichtig ist dabei, daß die entsprechenden Konzentrationsverhältnisse aufrechterhalten werden. Entnimmt man einen Teil der *Chlorella*, so könnte man die Kulturlösung einfach neu auffüllen. Das wäre aber Verschwendung. Vorteilhafter wäre es, die mit den *Chlorella* entnommene Flüssigkeit dem Tank wieder zuzuführen und nur reines Wasser zum Auffüllen zu verwenden. Die Konzentration der Salze müßte selbstverständlich ständig überwacht und, wenn nötig, korrigiert werden. Auf diese Weise erhielten wir die wirtschaftlichste Nutzung der Salze.

Kohlendioxid (CO_2)

Algen, wie etwa Seetang, wachsen überreichlich unter Ausnutzung von in Wasser gelöstem, atmosphärischem Kohlendioxid. Bei einigen experimentellen Systemen ist es nötig, CO_2 durch die Flüssigkeit zu leiten, um diese mit dem Gas zu sättigen und zu verhindern, daß sich die *Chlorella*-Zellen am Boden ablagern. Hierfür verwendet man vorzugsweise mit CO_2 angereicherte Luft anstelle von reinem CO_2, denn eine zu hohe CO_2-Konzentration wirkt wachstumsbremsend. Wenn eine Möglichkeit gefunden werden könnte, die Zellen im Schwebezustand zu halten und CO_2 auf andere Weise zuzuführen, könnte diese Komplikation eventuell beseitigt werden.

Licht

Die im System benötigte Energie wird aus Licht gewonnen, weshalb eine hinreichende Ausleuchtung der Anlage überaus wichtig ist. Um das geforderte Wachstumstempo der *Chlorella*-

Kultur zu erzielen, muß künstliches Licht verwendet werden, da selbst direktes Sonnenlicht hierfür nicht intensiv genug ist. Bei Laborexperimenten hat sich gezeigt, daß die Lichtmenge die Größe der Zellen vor der Teilung beeinflußt.

Chlorophyll sieht grün aus, weil dies jenen Teil des Spektrums der von ihm reflektiert wird, darstellt. Die roten und blauen Wellenlängen des weißen Lichts hingegen, werden von ihm absorbiert und genutzt. Läßt man die *Chlorella* unter künstlichen Bedingungen wachsen, wäre die Verwendung weißen Lichtes bloß Energieverschwendung. Unter idealen Bedingungen sollten ihnen daher nur jene Lichtwellenlängen zugeführt werden, welche sie auch ausnutzen können.

Unter weißem Licht sehen die *Chlorella* wie grüne Suppe aus. Das Licht kann sie nicht sehr weit durchdringen. Der Behälter für die *Chlorella*-Kultur sollte deshalb so beschaffen sein, daß eine möglichst große Fläche dem Licht ausgesetzt ist. Dies wird gewöhnlich erreicht, indem man ihn wie einen Dampfkessel gestaltet, wobei viele Röhren durch sein Inneres führen. Jede dieser Röhren enthält eine fluoreszierende Lampe, wodurch das Licht viel besser ausgenützt wird als bei Verwendung einer einzigen, starken Lampe im Mittelpunkt des Tanks.

Die Angaben über experimentelle Kulturen zeigen, daß bis zu 20% der zugeführten Lichtenergie tatsächlich genützt werden. Wir sind der Ansicht, daß dieser Nutzungsgrad erheblich gesteigert werden könnte.

Wärme

Chlorella sind äußerst temperaturempfindlich. Ist es zu kalt, verlangsamt sich das Wachstum. Ist es zu heiß, können die Pflanzen eingehen. Es wurden bestimmte Arten gezüchtet, deren maximale Wachstumsrate bei Temperaturen zwischen 20 und 40 Grad Celsius oder darüber erreicht wird. Die Lichtquelle, mittels derer die Anlage ausgeleuchtet wird, gibt eine gewisse Wärmemenge ab, weswegen es vorteilhaft wäre, eine Art von *Chlorella* zu verwenden, deren optimale Wachstumstemperatur bei der Arbeitstemperatur der Anlage liegt.

Die Ernte oder Entnahme

Es handelt sich hierbei um die Entnahme der *Chlorella* zur Zubereitung und zum Verzehr. Hierauf kommen wir an späterer Stelle noch im einzelnen zurück. Jedenfalls muß dabei bedacht werden, daß, wenn das Material zu rasch entnommen wird, der in der Lösung enthaltene Anteil an *Chlorella*-Zellen zu niedrig wird, um die Lichtzufuhr optimal auszunutzen. Wird es dagegen nicht rechtzeitig entnommen, verdichtet sich die Kultur zu sehr, und die Pflanzen ersticken. Die Entnahme kann aber so gestaltet werden, daß die Pflanzenkonzentration in der Flüssigkeit immer um ein Optimum schwankt.

Im Jahre 1903 veröffentlichte ein russischer Lehrer, Konstantin Tscholkowski, einen Artikel über Reisen ins Weltall, der seiner Zeit so weit voraus war, daß ihm niemand rechte Beachtung schenken wollte. Außer, daß er hervorhob, daß Raketen mit Flüssigtreibstoff die einzige Möglichkeit zur Realisierung von Reisen ins All darstellten, hat Tscholkowski vorgeschlagen, daß Raumfahrer grüne Pflanzen zur Regenerierung der Atmosphäre in ihrem Raumschiff mitführen sollten. Ein echtes Interesse an der Aufzucht von *Chlorella* entstand aber erst, als man sich der Möglichkeiten zur Schaffung von Nahrung entsann. Als dies einmal soweit war, erkannten die Wissenschaftler recht bald, daß dabei noch ein weiterer Verwendungszweck in Frage kam – die Regenerierung von Sauerstoff. Genauso wie die Pflanzenwelt unserer Erde unsere Luft zum Atmen geeignet erhält, indem sie ihr den Stickstoff entzieht und den Sauerstoff zuführt, wird dies von einer *Chlorella*-Kultur bewirkt, selbst dann, wenn die *Chlorella* nicht gegessen werden.

Die Regeneration von Sauerstoff hat aber schon seit Jahren

höchste Wichtigkeit in einem ganz bestimmten Fahrzeug – dem Atom-Unterseeboot. Atom-U-Boote benötigen keine Luft für ihre Art von Antrieb und können daher monatelang auf Tauchfahrt gehen. Die Mannschaft aber braucht sehr wohl ihre Atemluft. Jeder Mensch benötigt ungefähr 500 Liter Sauerstoff pro Tag. Normalerweise nehmen wir diese Menge durch unsere Lungen auf, ohne überhaupt einen Gedanken daran zu verschwenden. In einem Atom-U-Boot wird dies bei der Größe der Mannschaft aber zum Problem, denn es summiert sich zu einer riesigen Gasmenge, die allein schon auf einer nur wenige Wochen dauernden Reise verbraucht wird. Eine solche Menge kann auch in Druckzylindern nicht leicht mitgeführt werden. Außerdem ergibt sich das Problem mit der Beseitigung des von den Männern ausgeatmeten CO_2. Um dies aus der Luft zu entfernen, werden entweder schwere, energieschluckende Apparate oder aber teure, unförmige chemische Absorptionsanlagen benötigt. Selbst wenn man das CO_2 irgendwie abscheiden könnte, müßte es irgendwie an Bord mitgeführt werden, da im Wasser aufsteigende Gasblasen die Position des U-Bootes verrieten. Außerdem wäre zu fragen, was passieren könnte, wenn dieses Gas öfter unter der polaren Eisdecke abgeblasen würde. Die Lösung dieser Probleme liegt in einer *Chlorella*-Kultur, welche sowohl das CO_2 entfernt als auch neuen Sauerstoff beschafft. Alles, was sie benötigt, ist Energie, welche an Bord eines atomgetriebenen Fahrzeugs massenhaft zur Verfügung steht, sowie eine geringe Menge von Dünger. Falls nötig, können die *Chlorella* in versiegelten Behältern versenkt werden. Man könnte sie auch verbrennen und somit das Wasser zurückgewinnen. Das U-Boot wird dadurch zur Miniaturwelt mit eigenem ökologischen Kreislauf, fast unabhängig von der Außenwelt. Kann die *Chlorella* dann noch eßbar gemacht und die Mannschaft überredet werden, sie zu essen, wird der Kreis vollkommen geschlossen.

Ein Raumschiff ist nun, ähnlich wie ein U-Boot, eine

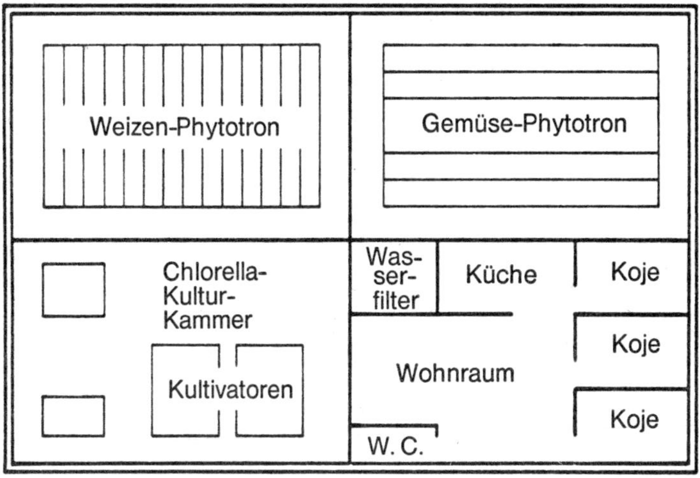

4.6 Das *Bios-3*-Experiment

Umgebung, die auf einen solchen geschlossenen Kreislauf angewiesen ist. Der Unterschied zum U-Boot liegt darin, daß das Raumschiff von der Leere des Alls umgeben ist und nicht von Wasser. Sowohl U-Boot- als auch Raumforschung haben sich deshalb schon seit längerer Zeit der Frage der Kultivierung von *Chlorella* zugewendet. Die Ergebnisse eines solchen Experiments wurden vor kurzem in der Sowjetunion veröffentlicht.

Das Bios-3-Experiment

In seinem Buch *Prototyp einer Weltraumbehausung* beschreibt Sergeij Wlasow das Bios-3-Experiment. Bei diesem Experiment lebten drei Männer ein halbes Jahr lang in einer Umgebung mit geschlossenem Kreislauf.

Das Haus bestand aus vier Zimmern, den Aufenthaltsräumen, einer Kammer für eine *Chlorella*-Kultur, bestehend aus zwei Kultivatoren und zwei Phytotronen, Flüssigkeitskultivatoren, in denen die Pflanzen ohne Mutterboden wachsen und die Wurzeln lediglich in eine Nährlösung getaucht sind. Einer dieser Kultivatoren produzierte Weizen, der andere neun verschiedene Sorten Gemüse. Die Tagesproduktion bestand aus 200 Gramm Weizen und 388 Gramm Gemüse pro Kopf.

Dabei bezogen die Männer ihr Wasser aus dem Kondenswasser, das sich an den Kultivatoren bildete. Die Ausscheidungen der Männer wurden wiederum als Dünger für die *Chlorella* verwendet, während andere Abfallprodukte wie Waschwasser in den Weizen- und Gemüsekulturen weiterverwertet wurden.

Die verwendete *Chlorella*-Art bestand zu 50% aus Eiweiß, 20% aus Fett, 10% aus Kohlehydraten, 10% aus Mineralsalzen und aus Vitaminen der Gruppen A, B und C. Sie wäre durchaus eßbar gewesen, wurde aber nicht gegessen, weil die Teilnehmer des Experiments offensichtlich die Mittel, mit denen das Ganze zum Kreislauf gestaltet wurde, nicht sehr appetitlich fanden. Der Zweck der Anlage bestand lediglich in der Beschaffung von Atemluft für die Männer. Die Anlage produzierte tatsächlich 2000 Liter Sauerstoff am Tag, was ungefähr das Zwanzigfache ihres eigenen Volumens darstellte, und für die Männer mehr als ausreichend war. Wir wissen, daß bereits vorhandene Arten der *Chlorella* pro Stunde Sauerstoffmengen bis zum Dreißigfachen ihres eigenen Volumens produzieren können. Daraus schließen wir, daß die Kultivatoren der Weltraumbehausung unter Umständen nur die geringe Menge von 2,78 Litern *Chlorella* in 100 Litern Wasser enthielten.

Es wurde uns nicht berichtet, was mit den *Chlorella* geschah, die dort wuchsen. Da sie nicht verspeist wurden, müssen sie entnommen und beiseite geschafft worden sein. Interessant an diesem System ist jedoch die Konzentration von 2,78 Volumenprozent der *Chlorella,* da dies ungefähr zwanzigmal höher liegt als der Zellvolumenanteil von 0,15% in anderen, bekannten Experimenten.

Die Dichte getrockneter *Chlorella* beträgt 0,25 Gramm pro Milliliter. Die Bios-3-Kultivatoren müssen deshalb 700 Gramm dieser Pflanzen enthalten haben. Gehen wir von einer Verdoppelung der Zellen während acht Stunden aus, das heißt, von einer Verdoppelung der Pflanzenmenge in dieser Zeit, so ergibt sich ein Zuwachs von 4,9 Kilo pro 100 Liter Kultur und pro Tag. Oder anders ausgedrückt, 49 Gramm pro Liter und Tag.

Als wir den Hochbetagten zuerst untersuchten und zu dem erstaunlichen Schluß gelangten, daß er eine Manna-Maschine gewesen sein könnte, hatten wir keine Vorstellung davon, wie eine solche in der Praxis funktionieren könnte. Wir dachten nicht im entferntesten daran, daß man tatsächlich derartige Mengen der *Chlorella* hervorbringen könnte und wenn, dann zumindest nicht auf so kleinem Raum. Dessenungeachtet verfolgten wir unsere Nachforschungen weiter und erkannten zu unserer Überraschung, daß es doch möglich war. Die *Chlorella* müßten möglicherweise geringfügig besser als die uns bekannten Arten sein und ihre Leistungsfähigkeit um eine Kleinigkeit höher liegen, aber einschlägige wissenschaftliche Werke konnten uns über die enormen bereits erzielten Erfolge und über die weiteren erzielbaren Möglichkeiten bei der Zucht der *Chlorella* aufklären. Die Möglichkeiten sind fast unbegrenzt wenn man Zuchtselektion und Variationen der Wachstumsbedingungen voll ausschöpfen wollte. Der ganze Vorgang könnte daher durchaus in einer Maschine stattfinden, die klein genug wäre, um im Allerheiligsten des Tempels Platz zu finden, und außerdem leicht genug, um von einer kleinen Gruppe von Männern transportiert zu werden, wenn man vorher die Tanks entleerte.

Sowohl unsere theologischen als auch unsere technologischen Überlegungen führten zur gleichen Schlußfolgerung. Der Hochbetagte war eine Manna-Maschine, die einer Technologie entstammte, die unserer heutigen noch um etwas voraus war. Noch sind wir nicht ganz soweit, daß wir selbst so einen Hochbetagten bauen könnten, wohl aber weit genug, um sagen zu können, daß uns dies in nicht allzu ferner Zukunft gelingen wird.

Im nächsten Kapitel werden wir einige Probleme der eigentlichen Manna-Herstellung beleuchten, indem wir die Größen und Mengen, von denen wir ausgehen, auf die Bedürfnisse der Israeliten abstellen werden. Im dritten Teil werden wir die Texte des *Sohar* heranziehen, um sie mit unseren eigenen Konstruktionsmerkmalen der Maschine zu vergleichen. Die dabei zutage tretende Ähnlichkeit können wir kaum noch als Zufall akzeptieren.

5

Die Produktion von Manna in der Praxis

Wie würden wir an die praktische Durchführung der Manna-Herstellung auf der Basis von *Chlorella*-Kulturen für die Israeliten in der Wüste herangehen, wenn wir einmal annehmen, daß wir die Maschine bauen sollten?

Als erstes muß man einmal die Anzahl der Leute, die man damit ernähren will, bestimmen. Wie schon erwähnt, gilt die in der Bibel gegebene Zahl von sechshunderttausend bei vielen als stark übertrieben. Die tatsächliche Anzahl wird bei sechshundert Familien gelegen haben. Auf der Basis des Nahrungsbedarfs einer Gruppe dieser Größe können wir einige grobe Berechnungen anstellen.

Wir gehen dabei davon aus, daß jede Familie im Durchschnitt aus zwei Erwachsenen und drei Kindern bestand. Wie jeder, der linienbewußt ißt, weiß, wird der Nahrungsbedarf in Kalorien gemessen. (Da die Umstellung auf Joule noch sehr jung ist, wird man uns sicher verzeihen, daß wir die noch vertrauteren Kalorien verwenden.) Zur Zeit des Altertums, speziell in einem heißen Klima, kamen die Leute mit weniger Nahrung aus, als heute etwa die modernen Europäer. Gehen wir also – großzügig geschätzt – von einem Bedarf von 2000 Kalorien am Tag für jeden Mann, 1600 Kalorien für jede Frau und durchschnittlich 900 Kalorien pro Kind aus. Auf unsere durchschnittliche Familie bezogen, ergibt dies einen Bedarf von 6300 Kalorien pro Familie und Tag. Auf den gesamten

Stamm bezogen, ergibt sich als Gesamtbedarf der Israeliten 3,78 Millionen Kalorien am Tag.

Die Bibel sagt aus, daß es am Sabbat kein Manna gab, weswegen am Vorabend des Sabbat die doppelte Ration ausgegeben werden mußte. Wie wir noch näher erläutern werden, arbeitete die Maschine am Sabbat nicht. Aus diesem Grund produzierte sie an jedem Tag, an dem sie in Betrieb war, ein Sechstel des Tagesbedarfs als Überschuß. Der akkumulierte Überschuß von sechs Tagen ergab dann die volle siebte Tagesration. Die an einem Arbeitstag von der Maschine tatsächlich produzierte Kalorienmenge betrug daher 4,41 Millionen.

Der Nährwert der uns bekannten Arten der *Chlorella* beträgt 5,5 Kalorien pro Gramm. Wenn unsere Maschine eine ähnliche Art verwendet hat, mußte sie eine Tagesproduktion von

$$\frac{4{,}41 \times 10^6}{5{,}5 \times 10^3} = \text{ca. 800 Kilogramm hervorbringen.}$$

Beim Experiment mit der Weltraumbehausung Bios-3 wurde eine Produktion von 49 Gramm pro Liter Kulturlösung und pro Tag erzielt. Dabei wird von einer Verdoppelung der *Chlorella* nach acht Stunden ausgegangen. Die Menge Material, die jeden Tag zur Verfügung steht, ist offensichtlich sowohl von der Zeit, die die Zellen zur Verdoppelung benötigen, abhängig wie auch von der Häufigkeit der Entnahmen.
Für *Bios-3* können wir hierbei folgende Tabelle erstellen:

Zeit (Stunden)	0	8	16	24
Zellmasse (kg)	0,7	1,4	2,8	5,6

Daraus folgt, daß wir nach 24 Stunden 4,9 Kilo des Materials entnehmen könnten und dann immer noch 0,7 Kilo für die Wiederholung des Kreislaufs während der nächsten 24 Stunden zur Verfügung stünden. Dabei müssen wir allerdings bedenken, daß die Zellkonzentration am Ende eines Tages achtmal so hoch ist wie zu Beginn und daß diese hohe Konzentration den Wachstumsprozeß verlangsamen und somit die Leistungsfähigkeit des Systems mindern kann.

Um dies zu vermeiden, könnten wir die Entnahmen in kürzeren Abständen vornehmen. Da die Materialmenge sich alle acht Stunden verdoppelt, könnten wir nach Ablauf dieser Zeit jeweils die Hälfte entnehmen. Allerdings müssen wir dann, sofern wir gleichfalls 4,9 Kilo in 24 Stunden erzielen wollen, von einer größeren Ausgangsmenge ausgehen:

Zeit (Stunden)	0	8	16	24
Zellmasse (kg)	1,63	1,63	1,63	1,63
Entnahme		1,63 +	1,63 +	1,63 = 4,9 insgesamt.

Je öfter wir also entnehmen, desto größer muß unser Kulturtank sein. Die einzige Möglichkeit, die Größe des Kulturtanks bei gleich häufigen Entnahmen zu verringern, bestünde daher in einer Verkürzung der von den Zellen zur Verdoppelung benötigten Zeit. Dies ist durch die Auswahl einer entsprechenden Zuchtrichtung der *Chlorella* und durch die Schaffung der richtigen Wachstumsbedingungen möglich. Unter diesen Voraussetzungen könnten wir eine Manna-Maschine bauen, die 800 Kilogramm Material in einem Kulturtank mit einem Inhalt von weniger als 5000 Litern produziert. Ein solcher Kulturtank könnte eine Kugel mit einem Durchmesser von 2,12 Metern sein. Eine solche Größe wäre durchaus denkbar und entspricht darüber hinaus noch der Größe der Maschine, wie wir noch aus den Schriften ableiten werden.

Nachdem wir nun wissen, daß eine Produktion von 800 Kilogramm *Chlorella* durchaus mit einer Maschine von vernünftiger Größenordnung bewerkstelligt werden kann, müssen wir uns der Frage zuwenden, wie man das Material für den menschlichen Verzehr zubereiten kann. Die *Chlorella* bestehen in der Hauptsache aus Zellulose, jenem harten Material, aus dem Pflanzen im allgemeinen bestehen. Ein Großteil des Nährwertes der Pflanzen ist aber in diesem harten Material enthalten und pflanzenfressende Tiere wie Kühe oder Kaninchen sind in der Lage, es zu verdauen. Menschliche Mägen können dies aber nicht, weswegen die Zellulose aus dem von uns konsumierten Gemüse unverändert durch die Verdauungskanäle wandert. Dennoch spielt sie bei unserer Ernährung eine wichtige Rolle als Ballaststoff, der unseren Stuhl regelt. Menschen, die an Verstopfung leiden, werden vom Arzt oft dazu angehalten, Kleie und andere pflanzliche Nahrung mit hohem Zellulosegehalt zu essen. Reine Fleischfresser, wie etwa Hunde, können Gras überhaupt nicht verdauen. Trotzdem veranlaßt sie ihr Instinkt manchmal dazu, es zu fressen, um sich von Würmern oder anderen Schwierigkeiten im Verdauungstrakt zu kurieren.

Wenn wir daher *Chlorella* züchten und ohne jede Weiterverarbeitung den Leuten zum Essen geben würden, ginge die Zellulose unverändert durch ihre Körper, und ihr Nährwert ginge verloren. Um diesen Nährwert zu nutzen, müßte die Zellulose in eine Form gebracht werden, in der sie für menschliche Mägen verdaulich wäre. Immerhin ist Zellulose ein Kohlehydrat, welches genauso nahrhaft wie Zucker oder Glukose (Traubenzucker) sein kann. Rinder käuen wieder, wobei sie das Gras, welches sie schon vorher zu sich genommen hatten, wieder ins Maul befördern und es dort unter Zufuhr eines Fermentes, mittels dessen die Zellulose zerlegt wird, abermals durchkauen. Die Frage ist nur, ob dieser Vorgang in einer Maschine nachvollzogen werden kann.

Fermente sind spezielle chemische Verbindungen die von Lebewesen produziert werden, um im Körper bestimmte chemische Reaktionen hervorzurufen. Im Verlauf dieser che-

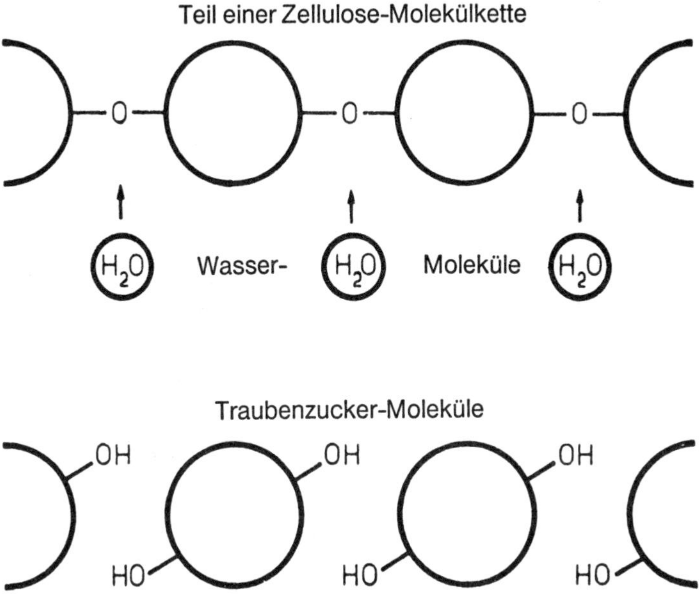

5.1 Ein Zellulosemolekül (oben) und ein Traubenzuckermolekül (unten)

mischen Reaktionen verändern sich die Fermente selbst aber nicht, wie wir noch im einzelnen erklären werden. Ein bestimmtes Ferment ist dabei immer für eine bestimmte Reaktion zuständig. So zerlegt Zellulase, ein Ferment mit mehreren Komponenten, Zellulose in Zucker, vorausgesetzt, es sind Wasser und eine mechanische Aktion (wie kauen) vorhanden, um sie mit dem pflanzlichen Stoff in Kontakt zu bringen. Das Zellulosemolekül besteht aus vielen tausenden, aneinandergereihten Traubenzuckermolekülen. Dies ergibt ein sehr großes und widerstandsfähiges Molekül. Wenn es uns aber gelingt, Wassermoleküle zuzuführen, können wir es in seine einzelnen Traubenzuckermoleküle zerlegen. Dieser Vorgang läßt sich aber nicht einfach durch die Zufuhr von Wasser

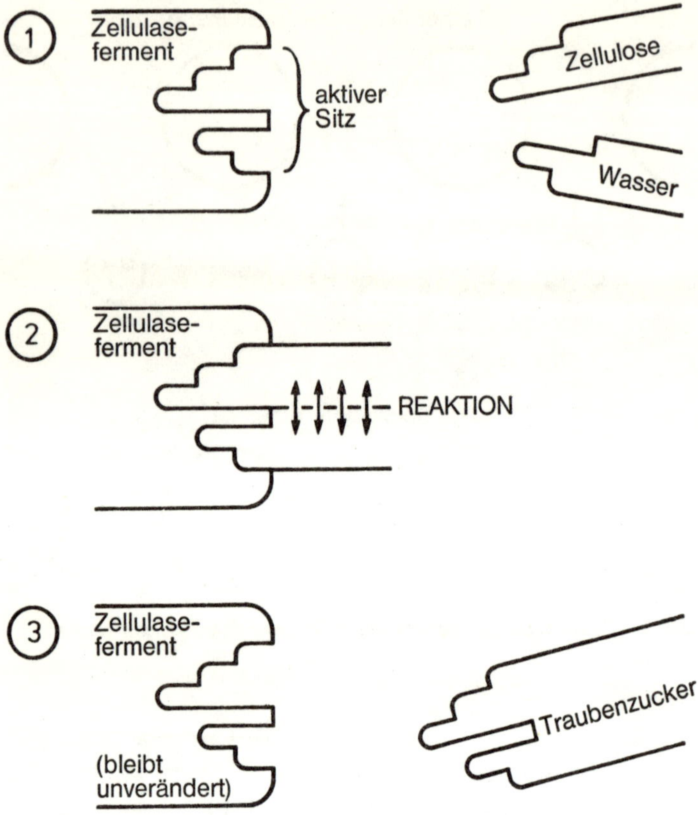

5.2 Die Schloß-Schlüssel-Hypothese der Fermentfunktion

erreichen. Wenn wir Gras in Wasser legen, erhalten wir noch lange keine Traubenzuckerlösung. Um das Wasser zuzuführen, müßten wir schon zu härteren Mitteln greifen. Erst dann zerlegen wir wirklich die Zellulose in Traubenzucker. Eine Möglichkeit bestünde darin, es in Säuren zu kochen. Dabei wird aber leider viel mehr als bloß die Zellwände zerstört. Die

Natur verwendet, wie wir gesehen haben, das Ferment Zellulase für die Umwandlung.

Ehe wir also zum Kochen in Säure übergehen, sollten wir versuchen, es der Natur gleichzutun und ebenfalls Zellulase verwenden. Zellulase hat außerdem den Vorteil, daß sie bei dem Vorgang erhalten bleibt. Ihre Funktion wird mittels der ‚Schloß-Schlüssel-Hypothese' in Abbildung 5.2 veranschaulicht.

Das Fermentmolekül hat einen aktiven Sitz, in dem das Wasser und die Zellulose eingepaßt werden. Die Paßgenauigkeit ist sehr exakt, was der Grund dafür ist, daß Fermente immer für ganz bestimmte Reaktionen zuständig sind. Sobald beide Aussparungen auf dem aktiven Sitz durch Zufallsbegegnungen ausgefüllt sind, findet die Reaktion statt. Nach der Reaktion verläßt das Endprodukt den Sitz. Auf diese Weise kann eine relativ kleine Fermentmenge sehr große Mengen an reagierendem Material bewältigen. In der Tat kann ein einziges Fermentmolekül während einer Minute bis zu mehrere Millionen Reaktionen veranlassen.

Wenn es gelänge, die Zellulase nun synthetisch herzustellen, könnten wir nach der Entnahme aus dem Kulturbehälter den *Chlorella* eine geringe Menge davon beifügen, die dann die Zellulose in den Zellwänden der Pflanzen zerlegen würde. Allerdings würde das Ferment dabei mit dem weiterverarbeiteten Material mitgenommen und ginge uns somit verloren. Aus diesem Grunde müßten wir einen Weg finden, um die Moleküle an ihrer nicht-aktiven Seite zu befestigen, damit wir sie immer wieder verwenden könnten. Gelänge eine solche Verankerung dieser Moleküle an der Maschine, könnten sie fast unbegrenzt lange genutzt werden. Eine Möglichkeit wäre, das Ferment auf einem sehr feinen Sieb zu lagern, dessen Maschen gerade den Durchmesser der *Chlorella*-Pflanzen hätte. Die mechanische Aktion des Kauens ist bei der

Zerlegung von Gras notwendig. Da die *Chlorella* aber nur einzellig ist, könnte bei ihr darauf verzichtet werden. Während die Zellen das Sieb passieren, würden die Fermente ihre Wände in Traubenzucker umwandeln, so daß keine unverdaulichen Rückstände übrigblieben. Der Inhalt der Zellen bliebe dabei unversehrt.

Bisher stützten wir unsere Argumente mit Theorien der Ernährungswissenschaft und erhoben gleichzeitig die Forderung, daß auch die letzte in den *Chlorella* enthaltene Kalorie gewonnen werden müßte. Wenn der Großteil der Kultur lediglich Ballaststoff für die Israeliten abgeworfen hätte, wäre das ganze Unterfangen ziemlich sinnlos gewesen. In Wahrheit muß aber eine Weiterverarbeitung, wie wir sie beschrieben, im Hochbetagten stattgefunden haben, denn laut dem Aggada, dem Kommentar der Rabbiner über das Alte Testament, gibt es eine Überlieferung, die aussagt, daß ‚das Brot der Engel von ihnen im Himmel gemahlen wurde und daß die Menschen, die es aßen, so stark wie Engel wurden und keine Ausscheidungen nötig hatten, da *es vollkommen vom Körper absorbiert wurde*'. (Die Hervorhebung durch Schrägschrift stammt von uns.) Kann dabei noch jemand glauben, daß die Geschichte des Mannas erfunden ist? Wenn ja, so möge dieser jemand doch bitte erklären, wie man eine derartige Einzelheit erfinden kann! Psalm 78,24 sagt:

> Der Herr . . . ließ Manna auf sie regnen zur Speise und gab ihnen Himmelsbrot. Brot der Engel aßen sie alle . . .

Der als ‚Speise der Engel' übersetzte hebräische Ausdruck lautet im Original LHM ABIRIM (lehem abirim), was wörtlich übersetzt ‚Brot der Starken' oder ‚Brot der Fliegenden' heißen müßte. Der Gedanke, daß das ‚Engelsbrot' vollkommen vom Körper absorbiert wurde, ist sehr interessant, weil eine solche Nahrung auf kürzeren Reisen äußerst vorteilhaft wäre.

Für längere Reisen mit einer Anlage für einen geschlossenen Kreislauf wie einer Manna-Maschine an Bord stellte die Produktion körperlicher Ausscheidungen keinen Nachteil dar.

Unsere eigenen Forschungsergebnisse sowie die Berichte aus dem Altertum stimmen also darin überein, daß die Zellulose der Zellwände in Traubenzucker zerlegt wurde. Geht man auf die Berichte der Bibel zurück, so findet man in Luthers Übersetzung unter 2 Mose 16,31:

> Und das Haus Israel nannte es Manna. Und es war wie weißer Koriandersamen und hatte einen Geschmack wie Semmel mit Honig.

‚Semmel mit Honig' – dies liefert eine weitere Bestätigung dafür, daß die Zellwände in Zucker umgewandelt wurden. Woher kam aber die weiße Farbe? War das grüne Chlorophyll vielleicht aus den *Chlorella* entfernt worden, oder handelte es sich lediglich um eine falsche Angabe? Da Chlorophyll für uns nicht schädlich ist, erscheint eine Entfernung absolut überflüssig. Bei der Betrachtung des hebräischen Texts fanden wir, daß von der Grammatik her die Stelle eher lautet: ‚wie der Samen weißen Korianders'. Vielleicht handelt es sich dabei um eine besondere Art von Koriander, dessen Samen von grüner oder irgendeiner anderen Farbe gewesen sein können. Unsere Ansicht hierüber wird von Raschi, einem Kommentator der Bibel aus dem elften Jahrhundert, unterstützt, denn er hebt hervor, daß der Vergleich mit Koriandersamen aufgrund der runden Form erfolgte, keineswegs aufgrund der Farbe, *die nicht weiß ist.* (Die Hervorhebung durch Schrägschrift stammt von uns.)

Auf die Farbe des Mannas gibt es in der Bibel einen weiteren Hinweis unter 4 Mose 11,7:

> . . . und anzusehen wie Bedolachharz.

Kein Mensch weiß, was mit Bedolach oder auch Bedellion gemeint ist, obwohl die Kommentare voller Vermutungen stecken. Dem *Sohar* zufolge war es ‚wie ein Kristall, der alle Farben beinhaltet'. Diese Angabe ist aber auch nicht sehr aufschlußreich. Wir müssen uns deshalb leider damit abfinden, daß die Farbe des Mannas nicht mit Sicherheit bekannt ist, auch wenn uns ansonsten sehr viele Einzelheiten darüber berichtet wurden.

Wenn die Manna-Maschine eine Art der *Chlorella* benutzte, die den uns bekannten irdischen Arten entsprach, wurde eine Weiterverarbeitung auch aus anderen Gründen als dem, die Zellwände umzuwandeln, notwendig. Es wurden Versuche durchgeführt, bei denen Menschen pro Tag 150 Gramm getrocknete, aber ansonsten nicht verarbeitete *Chlorella* zu sich nahmen. Dies führte bei den Versuchspersonen zu Schwellungen im Gesicht und an den Händen, außerdem zu blutenden Wundstellen und anderen Hautkrankheiten. Daraufhin tränkte man die *Chlorella* in Alkohol, der später wieder herausgefiltert wurde, und trocknete sie abermals. Die Versuchspersonen, welche die so behandelten *Chlorella* verspeisten, konnten über keine nachteiligen Auswirkungen klagen, während Ratten, die mit genau dem gleichen gefüttert worden waren, schwere Nierenschäden davontrugen. Irdische *Chlorella* müssen deshalb irgendwelche Giftstoffe, die in Alkohol löslich sind, enthalten. Diese müssen entfernt werden, damit es ohne schädliche Wirkungen gegessen werden kann. Die Manna-Maschine kann aber genausogut eine Art der *Chlorella* benutzt haben, die speziell für diesen Zweck gezüchtet und deshalb ungiftig war. Denkbar wäre auch, daß die Maschine andere Verarbeitungsmethoden nutzte. In jedem Falle aber wäre das Endprodukt eine zuckrige Suppe gewesen, die alles enthalten hätte, was von den Pflanzen nach der Fermentbehandlung übrigblieb. Vom Manna wird behauptet, daß es aus kleinen, zuckrigen Körnern bestand. Um das eine aus dem anderen zu gewinnen, muß man lediglich Tropfen dieser ‚Suppe' trocknen, möglicherweise unter Verwendung eines Vakuums und etwas Wärme. Das leichte Rösten der Körner beim Trocknungsprozeß konnte durchaus zu dem in der Bibel beschriebenen ‚Waffel-, Semmel- oder Honigkuchengeschmack' geführt haben.

Die Teile der Maschine, in denen die *Chlorella* konzentriert, verarbeitet und getrocknet wurden, waren für die Israeliten unzugänglich, so daß die Texte über sie keine näheren Aufschlüsse liefern. Es gibt aber einige Hinweise auf eine gewisse Verarbeitung, und unsere Analyse beweist, daß diese bei einer bestimmten Zuchtrichtung der Pflanzen lediglich in Form einer Fermentbehandlung, gefolgt vom Trocknungsvorgang, stattgefunden haben könnte. Unsere heutige Technologie kann vielleicht noch keine Maschine hervorbringen, die in der Lage wäre, 800 Kilogramm *Chlorella* am Tag auf so kleinem Raum zu bewältigen und in eßbare Nahrung zu verwandeln, aber wir wissen bereits genug, um sagen zu können, daß dies durchaus erreichbar sein könnte. Wir nehmen an, daß die Manna-Maschine von einer technisierten Kultur stammte, die der unsrigen um einiges voraus war. Weit genug voraus, um es für uns unmöglich zu machen, alles zu kopieren, was ihr gelang. Aber doch nicht so weit voraus, daß wir nicht verstehen könnten, wie ihre Errungenschaften funktionierten.

In einer sterilen Umgebung könnte so eine Maschine unbegrenzt lange Nahrung produzieren, wenn die wesentlichen Grundstoffe zur Verfügung stünden. Leider ist unsere Atmosphäre aber nicht steril, weswegen früher oder später unerwünschte Bakterien oder unerwünschter Bewuchs in die Kultur eindringen und die *Chlorella* verderben würde. In diesem Falle müßte die Maschine abgestellt, entleert, sorgfältig gereinigt und sterilisiert werden. Dies ist auch der Grund dafür, daß es am Sabbat kein Manna gab. Die Maschine wurde an diesem Tag abgestellt und gereinigt. Der *Sohar* berichtet über die

Einzelheiten dieses Vorgangs. Der Sabbat war der Tag, an dem die Maschine gereinigt wurde, der heilige Tag. Interessant ist, daß das Wort ‚heilig', qadosch, auch ‚sauber' bedeutet. An sämtlichen übrigen Tagen der Woche war die Maschine 24 Stunden am Tag in Betrieb, denn tagsüber war über der Stiftshütte (auch ‚Offenbarungszelt' genannt) die Rauchwolke sichtbar und nachts die Feuersäule. Das Manna wurde fortlaufend produziert, wurde aber nur während einer kurzen Zeitspanne am Morgen ausgeteilt.

Die Schriften berichten uns, daß es in den ‚Heeren' (oder Hoden) bis zur Verteilung gelagert wurde. Während 24 Stunden mußte daher eine volle Tagesration und zusätzlich ein Sechstel einer Tagesration produziert werden. Dieses Sechstel wurde jeweils zurückbehalten, damit am Sabbat, wenn die Maschine nicht in Betrieb war, ebenfalls eine Tagesration zur Verfügung stand. Am Vortag des Sabbat gab es daher immer eine doppelte Ration.

In den alten Schriften wird erwähnt, daß der Hochbetagte *zwei* Heere (oder ‚Hoden'), sprich Manna-Lagertanks, besessen hat. Warum wohl zwei? Ein einzelner Tank mit der doppelten Aufnahmefähigkeit wäre doch viel platzgünstiger gewesen. Der zweite Tank muß daher einem Zweck gedient haben. Dieser Zweck bestand in der Vereinfachung der Rationierung. Ein Tank konnte jeden Tag geleert werden, während der andere sich langsam auffüllte, um dann am Freitag, wo die doppelte Ration gebraucht wurde, ebenfalls geleert zu werden.

Die Größe dieser Tanks muß beträchtlich gewesen sein. Es ist daher nicht verwunderlich, daß sie in den Schriften so oft erwähnt werden. Ursprünglich wurde die Maschine ‚Herr Zebaoth' (wörtlich: Herr der Heere) genannt. Später wurde dieser Name auf Gott selbst bezogen. Eine Tagesproduktion von 600 Gomer (ein Gomer war die Ration für eine Familie) wären ungefähr 2220 Liter. Jeder Lagertank muß also eine

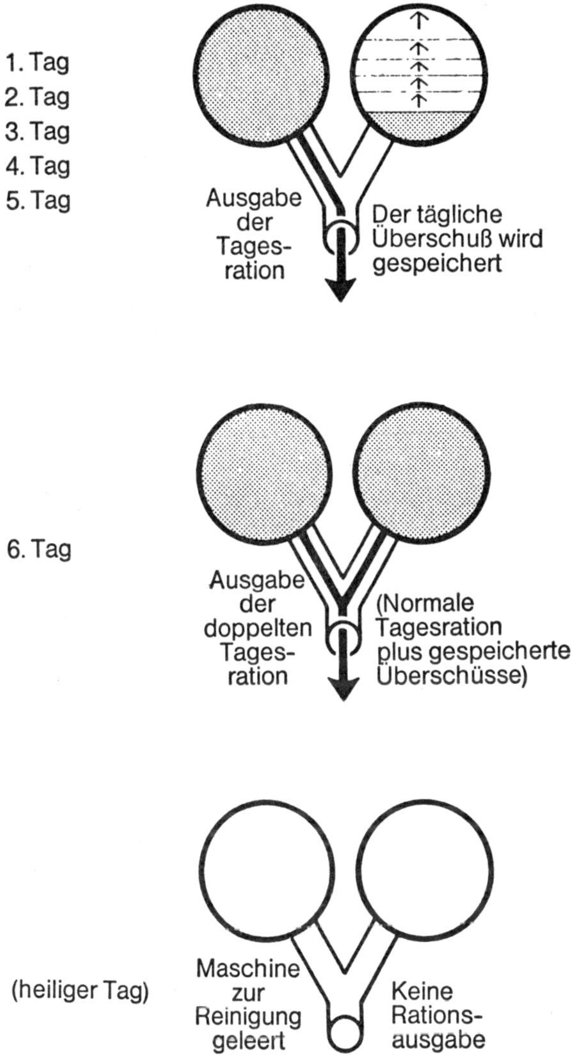

5.3 Manna-Speicherung und -Verteilung

Kugel mit einem Durchmesser von 1,62 Metern oder ein Würfel mit einer Kantenlänge von 1,3 Metern gewesen sein. Auch wenn man dies mit dem möglichen Fassungsvermögen des *Chlorella*-Kulturbehälters von 5000 Litern vergleicht, müssen diese Tanks ein hervorstechendes Merkmal der Maschine gewesen sein.

Später werden wir die technischen Einzelheiten der Maschine noch etwas eingehender erklären, denn bisher haben wir lediglich aufgezeigt, daß eine solche Maschine funktionieren könnte und denkbar wäre. Es ist aber jetzt an der Zeit, einen Blick auf die Texte des *Sohar* zu werfen und die Verbindung zwischen ihnen und der Manna-Maschinc aufzuzeigen.

Dritter Teil
DIE ANALYSE

Einführung

In diesem Teil unseres Buches werden wir einige Schriften aus dem Altertum enträtseln, die jahrhundertelang die klügsten Gehirne der Menschheit ins Grübeln versetzten. Was wir entdeckten, haben wir aus dem Aramäischen übersetzt. Aramäisch ist eine Sprache, von der ein gewöhnlicher Zeitgenosse höchstwahrscheinlich noch nie etwas gehört hat. Auch unsere Übersetzung ins Englische und ins Deutsche wird ohne eine gewisse geistige Mitarbeit von seiten des Lesers nicht sehr leicht zu verstehen sein, auch wenn wir uns größte Mühe gegeben haben, die Dinge möglichst allgemeinverständlich auszudrücken. Was unsere Leser nicht wissen und auch nicht wissen können, ist, daß in diesem Teil des Buches die Arbeit von mehreren Jahren steckt, und daß wir hierfür viele, zum Teil äußerst obskure Bücher lesen und übersetzen mußten. Daneben mußten wir uns eingehend mit der jüdischen Frühgeschichte befassen. Unsere Leser mögen uns deshalb verzeihen, wenn sich dieser Teil zu Anfang etwas schwierig liest. Denjenigen, denen dies etwas zu langweilig erscheint, empfehlen wir deshalb, gleich mit Teil vier fortzufahren, der eher von allgemeinem Interesse ist, und dann später auf diesen Teil zurückzukommen.

In Teil drei zitieren wir Textstellen, die den Hochbetagten beschreiben, und beweisen, daß diese nur die Beschreibung einer Maschine sein können. Darüber hinaus zeigen wir auf, daß diese Maschine die Voraussetzungen zur Manna-Herstellung erfüllt, wie wir sie in den Kapiteln 4 und 5 aufzeigen. So gibt es eine Kondensationsanlage, die das Wasser liefert, eine Lichtquelle, die den Pflanzen die Wachstumsenergie gibt, und schließlich einen Auspuff, der die überschüssige Hitze abbläst. Neben der Beschreibung dieser genannten Teile liefern die Texte auch noch den Bericht über den Ablauf der wöchentlichen Reinigung, das Auseinandernehmen und Zusammensetzen, welches in der Stiftshütte vorgenommen wurde. Weiterhin erwähnen sie Merkmale, deren exakte Bestimmung uns noch nicht gelungen ist. Um dieses Buch nicht allzu umfangreich werden zu lassen, beschränken wir uns auf das absolute Minimum der im *Sohar* gegebenen Einzelheiten, jenes Minimum, welches wir für unsere Beweisführung als unerläßlich ansehen. Unser Quellenmaterial besteht nicht etwa aus einigen unzusammenhängenden Mythen und Legenden, sondern aus einem umfangreichen, kompakten Wissenskomplex, der an sich schon ein ganzes Buch füllt. Es liegt daher auf der Hand, daß wir, wollten wir das Ganze ausführlich behandeln, ein viel umfangreicheres Werk präsentieren müßten. Für denjenigen, der ein weitergehendes Interesse hat, unsere Beweisführung zu überprüfen, haben wir eine komplette Übersetzung unter dem Titel *The Kabbalah Decoded* (Die entschlüsselte Kabbala) herausgegeben.

Im ersten Kapitel des dritten Teils befassen wir uns mit Schlüsselworten zur Beschreibung der Maschine, um zu zeigen, daß sich diese angeblich religiösen Begriffe auf tatsächliche, greifbare Strukturen beziehen.

6

Die Schlüsselworte des Sohar

Bei der Betrachtung der Texte über den Hochbetagten wirkt die seltsame Sprache, in der diese verfaßt sind, beunruhigend. Nicht einmal so sehr das Aramäische, als vielmehr die dabei verwendeten Wörter. Wir haben bereits den Penis und die Schädel erwähnt, wobei der oberste Schädel ,Weisheit' genannt wird. Die Schriften sind voll derartiger Worte, die zudem auf eine so verwirrende Weise gebraucht werden, daß die meisten Leute die Texte als Unsinn abtun. Während der Jahrhunderte, die seit der Niederschrift des *Sohar* vergangen sind, haben sich sowohl Theologen als auch Anhänger der Magie über diese Bücher die Köpfe zerbrochen und vergeblich nach versteckten mystischen Bedeutungen gesucht. Wenn man aber die Texte einmal als direkte technische Beschreibungen akzeptiert hat, werden sie erstaunlich plausibel.

Die darin verwendeten seltsamen Wörter sind schlichtweg technische Ausdrücke, was durch die Texte selbst bestätigt wird, da sie zu vielen dieser Wörter auch eine Definition geben. Wenn wir lesen: ,Ein Schädel ist die Weisheit', wissen wir, daß ,Weisheit' lediglich die Bezeichnung für einen der Schädel ist. Wenn sich also in den weiteren Schriften dieses Wort stets auf diesen Schädel bezieht, dann ergibt die Sache einen Sinn. Dazu müssen wir uns von der Vorstellung befreien, daß es sich bei Weisheit immer um eine abstrakte intellektuelle Fähigkeit handelt; hier ist es ganz einfach nur der Name eines der Schädel, wobei das Wort Schädel seinerseits verwendet wird, um einen Behälter oder Tank zu bezeichnen. Wenn heutzutage ein Computerfachmann von Memory oder Speicher spricht, meint er schließlich auch ein elektronisches Element und nicht etwa das menschliche Erinnerungsvermögen oder einen Dachboden.

Aus diesem Grunde ist unsere Übersetzungsarbeit eine zweifache. Wir mußten zunächst das Aramäische ins Englische übersetzen und dann die daraus resultierende Fachsprache interpretieren. Denn diese Texte sind technischer Art und keineswegs leichter zu lesen als irgendein derartiger Text aus unserer Zeit. Dabei muß man die technischen Fachausdrücke lernen, ehe man ihre Bedeutung erfassen kann. Leider haben in diesem Falle viele der technischen Ausdrücke auch religiöse oder mystische Bedeutungen, wodurch man leicht aus dem Konzept kommen kann. Wir müssen den Leser daher bitten, sich an unsere Auslegung der Fachsprache zu halten, bis er sie selbst verstehen kann. Derjenige, der dies tut, wird erkennen, daß er die Beschreibung einer Maschine liest – und zwar einer Maschine, die nicht auf unserem Planeten gebaut worden ist.

Weisheit und Einsicht

Weisheit und Einsicht sind zwei der gebräuchlichsten Schlüsselwörter des *Sohar*. Sie tauchen auch in der Bibel häufig auf. Die Erntemänner mögen sie vielleicht als Erkennungszeichen verwendet haben – ähnlich wie sich die Freimaurer heutzutage an gewissen Wörtern erkennen, die sie in ein Gespräch einflechten. Vielleicht konnte ein Erntemann früher in einer Kneipe Jerusalems so ganz beiläufig das Wort Weisheit fallenlassen, worauf dann ein anderer Gast eventuell mit einer Bemerkung über ‚Einsicht' reagierte und sich so als Mitglied der Gesellschaft zu erkennen gab. ‚Weisheit' ist auf hebräisch ChKMH (chokma) und dasselbe Wort wird im Aramäisch des *Sohar* verwendet. Wenn aber der obere Schädel gemeint ist, wird allgemein die hervorhebende Form ChKMThA (chokma-ta) – *Die* Weisheit – verwendet. Der obere Schädel ist auch unter der Bezeichnung ,das obere Hirn' bekannt:

> (GHV 58) In der Höhlung des Schädels befindet sich die Ätherhaut der oberen Weisheit, die vor allem verborgen ist. (Die Haut) bildet eine Trennwand, und sie ist nicht zugänglich und kann auch nicht geöffnet werden. Und diese Haut ist dazu da, das Hirn zu überdecken, welches die verborgene Weisheit ist. Und weil diese Weisheit von dieser Haut bedeckt ist, die nicht geöffnet werden kann, wird sie die verborgene Weisheit genannt ... und diese Haut besitzt eine Öffnung zum Kleinen Gesicht hin, durch welche sich das Gehirn ausdehnt und auf 32 Wegen herauskommt.

Den Mystikern zufolge, handelt es sich bei der ,verborgenen Weisheit' um ein esoterisches Wissen, welches die Menschen niemals erwerben können. Warum wird es aber auf diese Art beschrieben, wenn dem wirklich so wäre? Liest man es dagegen als einfache technische Beschreibung, dann ist die ,verborgene Weisheit' nichts weiter als ein ,Schädel' oder ein Tank, in den nicht hineinzukommen ist, weil er von einer ,Ätherhaut', die sich nicht öffnen läßt, überzogen ist. Das in diesem Zusammenhang mit ,Äther' übersetzte Wort ist AVIRA, was in seiner wörtlichen Übersetzung für ,leeren Raum' steht. Wir behielten aber ,Äther', das von Mathers verwendete Wort hier bei. Bei der Ätherhaut könnte es sich um einen Überzug aus transparentem Material gehandelt haben:

> (GHV 64) Dessenungeachtet hat die Haut unten eine Öffnung, denn so wird es gelehrt. Die Buchstaben Th, I und V sind auf dem Hochbetagten eingraviert, aber nicht auf dem Fenster (*oder* der Blase), welches in ihm hängt und fleckenlos ist.

Eine weitere Eigenschaft des Hochbetagten ist also die, daß er mit verschiedenen Beschriftungen versehen ist, ähnlich wie auch die Mehrzahl unserer modernen Maschinen. Das Wort ThIV bedeutet Zeichen oder Mal, aber auch den Buchstaben Th des hebräischen Alphabets. Mit Fenster oder Blase (KVVThA) kann die Ätherhaut gemeint sein. Mathers hatte in seiner Übersetzung diese Stelle weggelassen – offensichtlich widerstrebte ihm die Vorstellung von Göttern mit Fenstern. Das Wort KVVThA wird manchmal auch verwendet für Bibelstelle oder Bibelzitat, aber in diesem Fall ergibt ‚Fenster' eindeutig mehr Sinn. Das Wort ‚hängen', ThLI (teli), wird im *Sohar* einfach im Sinne von ‚sich befinden' verwendet.
Die ‚Weisheit' hat noch viele andere Namen:

> (KHV 58) Die obere Weisheit befindet sich im Innern des Kopfes; sie ist verborgen und wird das obere Hirn genannt, das verborgene Hirn und das Hirn, welches ruht und still ist. Und es gibt keines Menschen Sohn, der es kennt.
> (KHV 252) Und dies sind die geheimen Dinge, von denen geschrieben steht: ‚Und es ging aus von Eden ein Strom ...' Was ist dieses Eden? Die obere Weisheit. Und dies ... dient zur Bewässerung des Gartens.
> (GHV 222) Weisheit ist der Vater, Einsicht ist die Mutter.

Was aber war die Funktion der ‚Weisheit'?

> (GHV 44) Und von diesem Schädel kondensiert der Tau auf der äußeren Fläche (des Schädels) und füllt den Kopf jeden Tag.

Den Mystikern zufolge ‚symbolisiert' der Tau Wissen oder Weisheit, von der man sich vorstellte, daß sie durch die Kanäle des Gehirns zu allen Körperteilen herunterrann. Was sagen die Schriften aber über diesen ‚Tau'?

> (KHV 188) Diese Weisheit wird geöffnet, und es geht ein Strom von ihr aus, der herabrinnt und den Garten bewässert. Und er tritt ein in den Schädel des Kleinen Gesichtes . . . und von dort wird er weitergeleitet und fließt durch den ganzen Körper und bewässert all diese Pflanzen.

Die Weisheit ist auch als das I bekannt, denn die Teile dieser Maschine waren genau wie bei heutigen Maschinen mit Buchstaben gekennzeichnet:

> (KHV 253) Was ist dieses Eden? Die obere Weisheit. Und dieses I dient der Bewässerung des Gartens, welcher das V ist.

Wie es scheint, war der Tau also doch kein Wissen, welches der Welt Erleuchtung bringen sollte, sondern eine Flüssigkeit, mit der ein ‚Garten' bewässert wurde und von der sich die Pflanzen dieses Gartens ernährten.

In unserem rohen Entwurf einer Manna-Maschine zeigten wir auf, daß eine der Grundvoraussetzungen für die Herstellung von Nahrung das Vorhandensein von Wasser ist. Für eine Produktion von 800 Kilogramm Kohlehydrat pro Tag werden etwa 1333 Liter Wasser benötigt; mehr als 1,25 Tonnen, also eine beachtliche Menge Wasser. Wir haben an anderer Stelle schon darauf hingewiesen, daß die Atmosphäre genug Wasser enthält, selbst wenn man dabei von der Wüste Sinai ausgeht, wo es zu jener Zeit auch bestimmt keine verlegten Wasserleitungsrohre gab. Unsere Manna-Maschine mußte offensichtlich unabhängig sein und daher in der Lage, ihren Wasserbedarf aus der Atmosphäre zu decken. Mittels der Kondensation von Tau

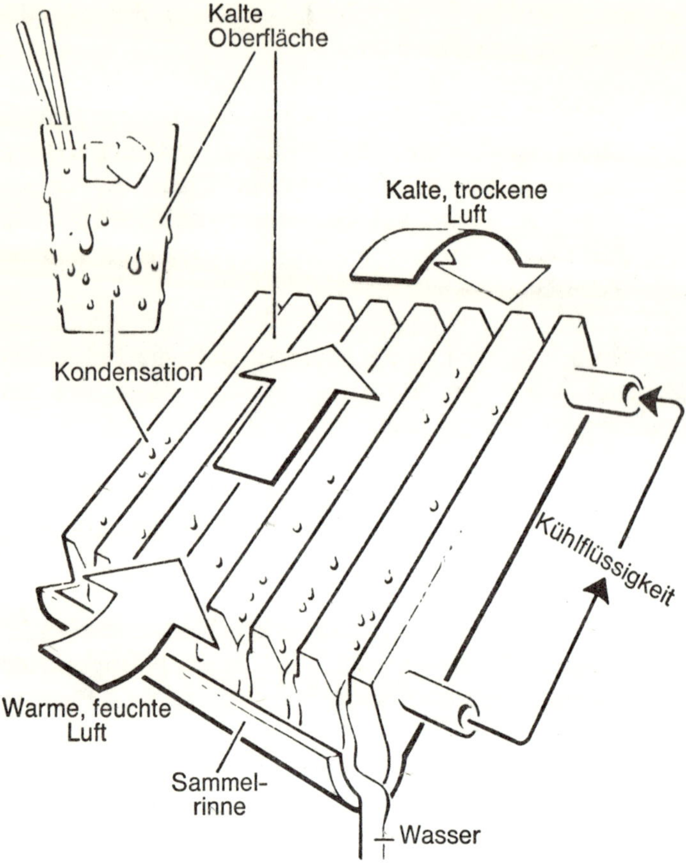

6.1 Schematische Darstellung der Tau-Kondensation

konnte dies sehr einfach realisiert werden, wobei lediglich ein Luftstrom über eine gekühlte Oberfläche geleitet werden mußte. Das Wasser konnte dabei in Form von Tautropfen kondensieren und unten in einem Sammelbecken aufgefangen werden. Bei unserer Auslegung wählten wir daher die einfachste aller möglichen Erklärungen – der ‚Tau' in den Texten war ganz einfach das aus der Atmosphäre gewonnene Wasser.

Dabei wird auch klar, warum der Taukondensator mit ‚Gehirn' oder ‚Weisheit' bezeichnet wurde. Wie das menschliche Gehirn war er an der obersten Stelle der Maschine und besaß wohl auch halbrunde Führungsrillen an seiner Oberfläche, die dem Wasser beim Herabrinnen als Kanäle gedient haben mochten und andererseits auch die Gesamtoberfläche für die Kondensation vergrößerten.

Wenn also der obere der beiden inneren Schädel ein Tau-Kondensator oder eine Tau-Destille war, was war dann der untere? In den Schriften wurde er BINH (bina) genannt, was gewöhnlich als ‚Einsicht' übersetzt wird. Tatsächlich bedeutet das Wort bina einfach ‚Zwischenstück', während tebuna das übliche Wort für ‚Einsicht' oder ‚Verständnis' ist. Später, als man die Funktion des Hochbetagten vergessen hatte, muß das Wort bina einen Bedeutungswandel durchgemacht haben. Denn im Lauf der Jahrhunderte kamen die Erntemänner des Heiligen Felds zu der Ansicht, diese Überlieferungen bezögen sich auf Vorgänge im Inneren des Hirns Gottes und nicht auf das Funktionieren einer Maschine. ‚Hirn' und ‚Zwischenstück' waren, wie wir noch sehen werden, einfach Bezeichnungen zweier realer Teile. Aber im Lauf der Zeit wurden sie umgewandelt in die abstrakten Begriffe ‚Weisheit' und ‚Einsicht'.

Hier stoßen wir auf die erste von vielen sexuellen Parallelen, die im *Sohar* gezogen werden. Der folgende Text beschreibt die körperliche Beziehung zwischen diesen beiden Teilen:

> (KHV 221) Offensichtlich ist die Weisheit verlängert, und die Einsicht geht von ihr aus. Sie wird männlich und weiblich vorgefunden. Weisheit ist der Vater, Einsicht die Mutter.

An früherer Stelle haben wir diese beiden Teile als zwei Sphären oder Kugeln dargestellt (siehe Abb. 6.2).

6.2 Die drei Schädel

Aus diesem Textteil geht klar hervor, daß die Weisheit in die Einsicht eindringt (Abb. 6.3).

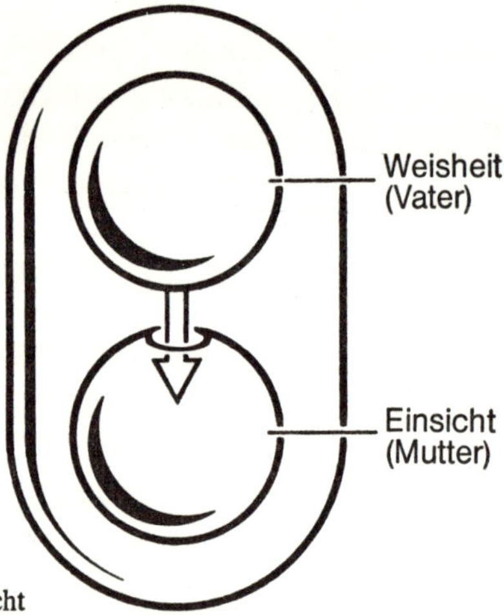

6.3 Weisheit und Einsicht

Die Einsicht enthält auch die ‚Hauptlampe':

> (KHV 432) Und (der Äther) wird dort gesammelt für die glitzernden Dinge, die von der Hauptlampe ausgehen, die in den Eingeweiden der Mutter verborgen ist.

Die Hauptlampe ist ein weiterer Ausdruck für den Funken oder das glitzernde Auge und wird an anderer Stelle noch eingehender erläutert. Die Mutter befindet sich ebenfalls innerhalb des ‚Äthers', der deshalb wohl auch mit dem äußeren Schädel, der die beiden anderen beherbergt, identisch ist:

> (KHV 651) ... die Mutter ist herausgezogen und im reinen Äther beherbergt. Dieses Weiß hält die Mutter ... und der Funke geht hinein und geht hinaus, und dieses ist jenem verbunden, und dann entsteht ein einziger Teil. Und wenn es nötig ist, geht es hinauf, jenes oberhalb des anderen, und die Einheit wird dann geschaffen, um das andere vorne zu verdecken.

‚Das Weiße', auf welches hier Bezug genommen wird, ist offensichtlich der reine Äther. Dies ist eindeutig die Beschreibung eines mechanischen Zusammenbaus, wobei die Mutter in den Äther gebracht wird und der Funke in die Mutter gesetzt wird, bevor er ‚hinausgehen' oder leuchten kann.

Das Wort ‚Mann' DKVRA (dekhura) wird im allgemeinen als Bezeichnung des männlichen Geschlechtsorgans benutzt, bezieht sich aber in diesem Zusammenhang eindeutig auf ‚Vater' oder ‚Weisheit':

> (KHV 709) Der Mann erstreckt sich in das Wissen, und die Hallen und Versammlungen füllen sich. Es beginnt und erstreckt sich von der Decke des Schädels in die Gesamtheit des Körpers, von seiner Brust und seinen Armen und vom Ganzen. An einem anderen Teil ist der Funke der Hauptlampe angebracht und leuchtet auf.

6.4 Die Hauptlampe

> Und ein Schädel kommt heraus, der von allen Seiten umschlossen ist. Und die Lichtquelle ergießt sich von den zwei darin (im Schädel) ausgehöhlten Hirnen. Und sie (die Lichtquelle) ist in Richtung auf den männlichen Teil angebracht . . .

Wie noch gezeigt werden wird, leitet die obere Weisheit oder das obere Hirn, also der Taukondensator, den Tau über die 32 Wege der Weisheit zum Hirn des Kleinen Gesichtes, das die ‚Hallen und Versammlungen' des Wissens beherbergt. Daher ist es nur vernünftig, anzunehmen, daß der Mann hier noch einen weiteren Ausdruck für das obere Gehirn oder den Vater darstellt, der in die Einsicht oder die Mutter, die die Hauptlampe umgibt, eindringt. Wenn die Lichtquelle oder Hauptlampe in ‚Richtung des männlichen Teils' angebracht ist, dann muß sie sich am Ende des Auslegers des oberen Hirns in die Einsicht, auch als ‚großes Meer' bekannt, befunden haben (siehe Abb. 6.4).

Bis jetzt haben wir aus Informationsbruchstücken, die verstreut in den *Heiligen Versammlungen* aufzufinden waren, eine Struktur des Hochbetagten hergeleitet; diese Aufgabe wurde durch die Anzahl der verschiedenen Namen, mit denen die einzelnen Teile belegt wurden, etwas erschwert, aber trotzdem sind die Beschreibungen in sich übereinstimmend. Wir müssen nochmals die Frage stellen: Sind diese Texte an sich religiös oder beschreiben sie ein lange vergessenes Gebilde unter Verwendung von scheinbar religiösen Sprachelementen? Wer könnte schließlich diese Überlieferungen erfunden haben, wenn es niemals einen wirklichen, greifbaren Hochbetagten gegeben hat?

Wir sind der Ansicht, daß es irgendwann einmal wirklich einen Hochbetagten gegeben hat, eine Manna-Maschine, die die Kinder Israels in der Wüste ernährte. Die Priester, welche die Maschine bedienten, ersannen die Namen für die verschiedenen Teile und stellten eine mündlich zu überliefernde ‚Betriebsanleitung' zusammen, wobei sie ihre selbsterdachten Namen verwendeten. Die ‚Betriebsanleitung' wurde in der Folgezeit dann zum Geheimnis, zur heiligen Überlieferung, die von Generation zu Generation weitergegeben wurde. Irgendwann versagte dann die Maschine ihren Dienst, und ihr ursprünglicher Verwendungszweck geriet in Vergessenheit. Sie diente nur noch als Ritualobjekt. Noch später verschwand sie ganz, aber die Überlieferungen bestanden fort und die Betriebsanleitung wurde weiterhin vom Vater an den Sohn weitergegeben. Die Bedeutung der ursprünglich technischen Ausdrücke ging verloren, und das Material wurde für die nachfolgenden Generationen immer unverständlicher, was sie aber nicht daran hinderte, trotzdem ihr Bestes zu seiner Erhaltung zu geben. Schlußendlich hatte sich ein ganzer Komplex von Philosophien um dieses Material gewoben, und den ursprünglich technischen Wörtern wurden neue, philosophische Bedeutungen beigemessen. Aus dieser Philosophie wurde dann jene seltsame Sammlung von mystischen Glaubensbekenntnissen, die uns heute als Kabbala bekannt sind.

Was scheint aber nun unglaubwürdiger: daß es eine Manna-Maschine im alten Israel gab oder daß diese Überlieferungen erfunden sind? Geben wir uns Spekulationen hin oder haben wir die Wahrheit entdeckt?

Die als die *Heiligen Versammlungen* bekannten Bücher enthalten den größten Teil des Materials über den Hochbetagten, und zwar in Form einer Reihe von Vorlesungen über dieses Wesen, wovon sich viele im *Buch des Mysteriums* wiederholen. Von diesem *Buch des Mysteriums* vermuten wir, daß es sich dabei um die verstümmelten Überreste der von uns vermuteten Betriebsanleitung handeln könnte:

> (BM 1,41) Der Vater befindet sich oben, die Mutter in der Mitte, und sie sind auf diese und jene Weise bedeckt. Unglück dem Manne, der ihre zugänglichen Teile zu öffnen versucht.

> (BM 2,47) Ein Schädel ist vorbereitet. Er dehnt sich an den Seiten aus. Tau füllt den oberen der zwei ähnlichen (Schädel).

Der Taukondensator war als ‚*Die* Weisheit' oder ‚Die Weisheit der Weisheiten' bekannt. Der von ihm ausgehende Tau trug aber denselben Namen, nur ohne Artikel und ohne jede Hervorhebung:

> (GHV 858) Und deshalb fließt Weisheit heraus – aber dies ist nicht die Weisheit der Weisheiten, welche ruhig und still ist.

An dieser Stelle trifft der Text die Unterscheidung zwischen fließendem Tau und dem Gehirn, dem dieser entströmt, welches unbeweglich bleibt, obwohl dafür der gleiche Ausdruck verwendet wird. Oft wird auch, wenn der Tau gemeint ist, die Mehrzahlform ,Weisheiten' verwendet:

> (GHV 244) Was ist gemeint, wenn geschrieben steht: (Spr 1,20) Die Weisheit klagt draußen? Und dann ,sie läßt sich hören auf den Gassen'. Warum stimmen Anfang und Ende (dieses Textes) nicht überein (in der Anzahl)?*

Dabei muß erwähnt werden, daß Weisheit im Hebräischen wie im Deutschen weiblich ist, weshalb sich ,sie' im zweiten Teil des Zitats auf Weisheit bezieht. Der Text fährt fort mit der Erklärung des Unterschiedes bei dem zitierten Spruch:

> (GHV 245) ,Die Weisheiten klagen draußen' wird nur gesagt, wenn sie vom verborgenen Hirn bezogen werden und ein Hirn in Arbeit gebracht wird, weil im unteren Hirn Weisheit nicht erschienen ist. Und wenn sie von diesem (Hirn) zu jenem fließt, steht geschrieben: ,sie läßt sich hören' – in der Einzahl. Und weil sie von Gehirn zu Gehirn fließt in jenen Haarsträhnen, welche die beiden Gehirne verbinden, dann muß ein Hirn in die Haarsträhnen hinein arbeiten, . . . so . . . daß sie (alle) von dem Hirn bewässert werden.

Die Verwendung des Wortes ,bewässern', ShQI, welches in den Texten häufig auftaucht, weist eindeutig darauf hin, daß es sich bei der in den Haarsträhnen fließenden Weisheit um eine Flüssigkeit gehandelt haben muß.

Wie soll man aber diese Erklärung verstehen? ,Die Weisheit klagt draußen' muß ein Schlagwort gewesen sein, welches verwendet wurde, wenn sich die Weisheiten im oberen Hirn

* wörtlich: Die Weisheiten klagen draußen

gebildet hatten, aber noch nicht zum unteren hinabgeflossen waren. Der Satz könnte auch bedeuten: Die Weisheiten sagen: ‚Wir wollen hinaus!' Die andere Hälfte des Zitats könnte wie folgt interpretiert werden: ‚Sie (das obere Hirn) läßt ihre Stimme (den Tau) in die Gassen (oder Wege der Weisheit)'. Der Grund dafür, daß das eine in der Mehrzahl und das andere in der Einzahl steht, ist der, daß der Plural ‚Weisheiten' auf den Tau bezogen ist, und der Singular ‚Weisheit' zur Bezeichnung des oberen Hirns oder des Taukondensators dient.

Wahrscheinlich ist, daß die Priester während der Anlaufphase der Maschine das obere Hirn aufmerksam und besorgt im Auge behielten. Wenn sich der Tau dann bildete, sagten sie wohl zueinander: ‚Die Weisheiten klagen draußen.' Später, sobald der Tau dann bis zum unteren Hirn vordrang, sagten sie: ‚Sie läßt sich hören auf den Gassen.' An dieser Stelle müssen wir kurz bemerken, daß die Weisheiten in Luthers Bibelübersetzung in der Einzahl stehen, obwohl sie im hebräischen Originaltext in der Mehrzahl geschrieben sind. Viele der Schlag- und Schlüsselworte in den Überlieferungen vom Hochbetagten konnten sich in die alltägliche Umgangssprache der Israeliten einschleichen und sind daher auch im Buch der Sprüche Salomons zu finden. Wenn wir heutzutage von jemandem behaupten: ‚Er ist ein Quell der Weisheit', beziehen wir uns dabei möglicherweise auf die Quellen des oberen Hirns des Hochbetagten, denen der Himmelstau entsprang.

Eines der größten Rätsel der Bibel ist das Hohelied Salomons. Den Theologen ist es darüber hinaus noch irgendwie peinlich, weil es viele Stellen enthält, die sich frank und frei auf das Sexualleben beziehen. Manche sind sogar der Ansicht, daß es nicht in ein religiöses Werk wie die Bibel gehören sollte. Dessenungeachtet wird das Hohelied nach wie vor in unseren Bibeln abgedruckt, denn es stammt nachweislich aus der frühesten Geschichte und ist möglicherweise sogar von König Salomon selbst geschrieben. Trotzdem sind einige Teile des

Liedes fast unverständlich – sei es, daß es sich dabei um ein Liebesgedicht handelt oder vielleicht . . .? Der *Sohar* gibt uns hier einen Hinweis:

> (GHV 44) Und von diesem Schädel kondensiert der Tau auf der Außenseite (des Schädels) und füllt jeden Tag seinen Kopf. Davon steht geschrieben: (Hoheslied 5,2) ‚Mein Haupt ist voll Tau.' Und von jenem Tau, der sich von seinem Haupt ergießt, jenem (Tau), der für jeden da ist, werden die Toten für die zukünftige Welt zum Leben erweckt.

Wir haben früher bereits festgestellt, daß die Fähigkeit, Tote wieder zum Leben zu erwecken, auch dem Manna zugeschrieben wurde. Der Text fährt fort, indem er unterstreicht, daß das Zitat das Wort NMLA, d. h. ‚es wird gefüllt', und nicht das Wort MLAThI, d. h. ‚es ist voll', verwendet. Dies gibt uns einen eindeutigen Hinweis darauf, daß das Hohelied Salomons eine Beschreibung des Hochbetagten sein könnte. Sollte dies der Fall sein, so ist es nicht verwunderlich, daß die Theologen bei der Deutung des Liedes in Schwierigkeiten geraten.

Wir haben festgestellt, daß das obere Hirn ein Taukondensator oder eine Taudestille war, welcher aus einer gekühlten Fläche bestand, über die ein Luftstrom geführt wurde. Hinein ging warme und feuchte Luft, heraus kam kalte und trockene Luft. Mit diesem Prinzip konnte es auch als Klimaanlage funktionieren. Wir müssen uns nun mit der Funktion des unteren der beiden inneren Schädel befassen, mit der ‚Einsicht' oder dem ‚Großen Meer'.

Wie bereits bemerkt, floß der Tau von der Weisheit her über den Schädel des Kleinen Gesichtes herunter um die ‚Pflanzen zu bewässern'. Nach dem folgenden Zitat zu urteilen, kehrt er aber in Wahrheit zu den ‚Tiefen des Meeres' zurück:

6.5 Die technische Interpretation

> (KHV 193) Dieser Fluß, der vom Gehirn her führt, ist unbedeckt. Diese beiden Leitungen werden in dem einen Kopf der Tiefe des Meeres gesammelt.

Dies deutet darauf hin, daß der Fluß zum ‚Großen Meer' zurückführte, was uns auch später noch bestätigt wird. Daher liegt auf der Hand, daß das ‚Große Meer' der Kulturtank, in dem die Pflanzen gezüchtet wurden, gewesen sein muß. Dies wird auch durch die Tatsache bestätigt, daß es auch die Hauptlampe umgibt, also die Lichtquelle, die die für das Pflanzenwachstum nötige Energie liefert.

Das obere Hirn ist auch unter der Bezeichnung ‚das obere Eden' bekannt, was eine seltsame Textstelle im 1. Buch Moses verständlicher macht:

> (KHV 104) Und die obere verborgene Weisheit enthält noch eine weitere. Und diese wird das obere, verborgene Eden genannt und ist das Hirn des Heiligen Alten.

(KHV 251) In der Schule von Rav Jejeva des Älteren wird folgendes gelehrt: Warum sind V und D in I enthalten und nicht die Pflanzen des Gartens? Weil dieses sogenannte V ein weiterer Garten ist, welcher D ist, und von diesem D bewässert wird. Dies ergibt vier. Und diese vier sind die geheimen Dinge, von denen geschrieben steht: (1 Mose 2,10) Und es ging aus von Eden ein Strom, den Garten zu bewässern ... Was ist dieses Eden? Die obere Weisheit. Und dieses I ist für die Bewässerung des Gartens, der V ist. ‚Und von dort aus wird er geteilt und ergießt sich in vier Köpfe' ...

Dieser Passage des Textes ist etwas schwer zu folgen, weil sie voller Codewörter steckt, aber ein seltsamer Umstand wird darin erklärt: warum der Strom von Eden *ausging*, um den Garten zu bewässern. Wie kann das möglich sein, wenn Eden selbst der Garten war? Was uns der *Sohar* hier mitteilt, bedeutet, daß mit dem Garten, der an dieser Stelle des 1. Buches Moses erwähnt wird, nicht der mythische, von Adam und Eva bewohnte Garten Eden gemeint ist, sondern jener, der im Hochbetagten enthalten war. Der Strom ging aus von Eden (dem oberen Hirn), den Garten (das Große Meer) zu bewässern. In der Schöpfungsgeschichte waren der Garten und Eden ein und dasselbe; beim Hochbetagten waren sie getrennt. Folgendes war geschehen: Als das 1. Buch Moses in seiner jetzigen Form niedergeschrieben wurde, konnte sich ein Element der Überlieferungen über die Manna-Maschine in die Geschichte von Adam und Eva einschmuggeln.

Bis hierher konnten wir uns einen Weg durch einen kleinen Teil dichten Wurzelwerks des *Sohar* bahnen und einige Tatsachen, die den Hochbetagten betreffen, zusammentragen. Verschiedene Überlieferungen, aus unterschiedlichen Teilen der Bücher herausgegriffen, bestätigen den gleichen Sachverhalt – es handelt sich um eine Maschine mit einem Taukondensator oben, und unten mit einem Tank, der Pflanzen enthält. Wir können nun das bisher in Erfahrung Gebrachte in einem Diagramm (Abb. 6.6) zusammenfassen:

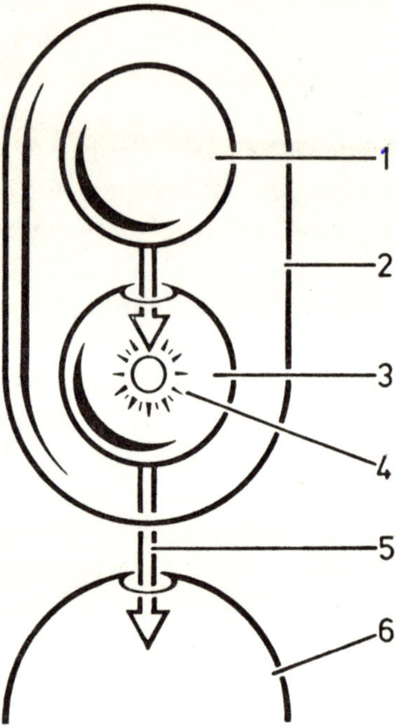

6.6 Zusammenfassung

1 Die Weisheit, das obere Hirn, das obere Eden, die Weisheit der Weisheiten, das Hirn, das beruhigt und ruhig ist, der Vater, das verborgene Hirn oder Eden.
2 Die Ätherhaut, der klare Äther, das Fenster (oder die Blase).
3 Die Einsicht (oder das Zwischending), das Große Meer, der Garten, die Mutter.
4 Die Hauptlampe, der Funke.
5 Die zweiunddreißig Wege der Weisheit.
6 Das Hirn des Kleinen Gesichts, das untere Hirn, das untere Eden, das andere Eden.

7

Die Stirnen und Nasen

Nach der Beschreibung der Schädel des Hochbetagten fährt der *Sohar* fort mit der Beschreibung der Stirn dieses Wesens:

> (GHV 89a) Die Stirn des Schädels wird Empfänger (RTzVN) genannt. Sie ist der Wunsch der Wünsche ... die Stirn ist geöffnet, um das Untere aufzunehmen. Sie ist die Öffnung des gesamten Kopfes und des Schädels.

Wie es scheint, ist die Stirn von Haaren frei, obwohl sie unter den Barthaaren zurückversetzt liegt:

> (GHV 103) Überlieferung: an dieser Stelle gibt es keine Haare, denn sie ist geöffnet und unbedeckt.

> (KHV 111) Und dieser Empfänger erstreckt sich nach unten in den Bart hinein, bis zu dem Platz, wo er innerhalb des Bartes sitzt ...

Wie soll man diese Beschreibung verstehen? Die Stirn muß eine Art Zugangsluke gewesen sein.

> (KHV 89) ... die Stirn ... ist zur Lampe hin offen.

Wie wir wissen, befindet sich die Lampe im Innern des unteren der beiden inneren Schädel, der sogenannten ‚Einsicht' oder dem ‚Großen Meer'. Es ist daher wahrscheinlich, daß sich die

Stirn zu diesem Schädel hin öffnet und nicht zum oberen, der ‚Weisheit' hin. Dies wird durch die Tatsache erhärtet, daß die ‚Weisheit' als unzugänglich und verborgen beschrieben ist. Würde sich eine ‚Stirn' dort hinein öffnen, wäre sie sicher nicht so beschrieben.

Wie es scheint, war die Öffnung der Stirn eine allwöchentliche Handlung:

> (GHV 91) Und wenn (die Stirn) geöffnet ist, werden die Gebete der Kinder Israels gehört. Wann wird sie geöffnet? Rabbi Simon unterbrach seinen Vortrag.
> Er fragte nochmals: ‚Wann?'
> Er sagte zu Rabbi Eleazar, seinem Sohn: ‚Wann wird sie geöffnet?'
> Rabbi Eleazar antwortete: ‚Zur Zeit des Nachmittagsgebetes am Sabbat.'
> Rabbi Simon fragte: ‚Warum?'
> Er antwortete: ‚Weil zu der Zeit an Wochentagen das Gericht unten hängt, im Kleinen Gesicht, während am Sabbat zu der Zeit die ‚Empfänger' genannte Stirn geöffnet wird, und es werden der Zorn unterdrückt, die Begierde erfüllt und die Gebete gehört.'

Wie ist Rabbi Eleazars Erklärung zu verstehen? ‚Zorn' ist, wie wir noch sehen werden, eines der Codewörter des *Sohar* für den Rauch aus der Nase des Hochbetagten, mit anderen Worten aus dem Auspuff. Wenn daher der ‚Zorn' unterdrückt wird, gibt es keinen Auspuffqualm, und die Maschine ist außer Betrieb. In ähnlicher Weise werden wir noch sehen, daß ‚Gericht' einen Ausdruck darstellt, der für die Gefahren für Leib und Leben, die die Maschine mit sich brachte, stand – so zum Beispiel für Verbrennungen und elektrische Schläge.

Wenn das ‚Gericht' an Wochentagen vorhanden und am Sabbat nicht vorhanden war, bedeutet dies, daß der Hochbetagte die ganze Woche, mit Ausnahme des Sabbat, in Betrieb war.

Wie sollen wir diese Beschreibungen nun verstehen? Um was immer es dabei gegangen sein mag – sie sind auf keinen Fall religiöser Art. Sie vermitteln aber zweifellos den Eindruck einer Art Maschine, die einmal pro Woche in zwei Teile zerlegt wurde. Die ‚Stirn' wurde nur am Sabbat geöffnet, an dem Tag, an dem es kein ‚Gericht' und keinen ‚Zorn' gab. Eleazars Erklärung mag als kompletter Unsinn anmuten, wenn man sie vor einem religiösen Hintergrund sehen will. Als technische Erläuterung ergibt sie jedoch einen Sinn: während die Maschine in Betrieb war, sollte die ‚Stirn' nicht geöffnet werden.

Wenn man sich vergegenwärtigt, daß ‚Begierde' ebenfalls für Stirn stehen kann, dann sieht es so aus, als ob der Alte und das Kleine Gesicht an ihren jeweiligen Stirnen miteinander verbunden waren:

> (GHV 89b) Die Stirn des Schädels ist die Begierde der Begierden. Die Begierde des Kleinen Gesichts soll jene Begierde beinhalten.

> (GHV 595) Zu der Zeit, da ... das Gesicht des Hochbetagten in das Gesicht des Kleinen Gesichts scheint, und seine (des Hochbetagten) Stirn auf jene andere Stirn leuchtet, wird diese Zeit die Zeit des Empfanges genannt.

Wie wir gesehen haben, war dies die Zeit des Nachmittagsgebetes am Sabbat. In der GHV 95 zitiert Eleazar eine Bezugnahme aus den Psalmen:

> (Ps 69,14) Ich aber bete, Herr, zu dir zur angenehmen Zeit (*wörtlich:* zur Zeit des Empfangs).

Wir müssen uns fragen, was hier in dieser geheimen Zeremonie vorgeht. Was für einen Gegenstand nehmen die Priester so sorgfältig auseinander, um ihn dann genauso sorgfältig wieder zusammenzusetzen? War dies vielleicht ein kompliziertes Götzenbild oder eher eine Manna-Maschine?

Es hätte bestimmt wenig Sinn, einen religiösen Kultgegenstand auseinanderzunehmen und wieder zusammenzubauen, andererseits aber würde eine Maschine der regelmäßigen Wartung bedürfen. Früher oder später wird jede biologische Kultur von Bakterien infiziert und der Behälter, in dem sie sich befindet, muß gereinigt werden, bevor eine frische Kultur angelegt werden kann. Dies scheint hier der Fall gewesen zu sein, wie auch aus der Beschreibung der Stirn des Kleinen Gesichts hervorgeht:

> (GHV 588) Die Stirn ... bedeutet die Inspektion der Inspektionen. Und sie wird nicht geöffnet außer zur der Zeit, zu der es für Sünder (*oder:* Schuldner) nötig wird, untersucht zu werden, damit ihre Taten beurteilt werden, und zu jener Zeit, zu der die Gebete Israels vor dem Hochbetagten aufgehen und es Gnade für seine Söhne erbittet. Dann wird die Stirn, welche die Begierde der Begierden ist, geöffnet, und sie leuchtet (*oder:* fließt) in jene des Kleinen Gesichtes, und das Gericht ruht.

> (KHV 496) Die Stirn ... ist die Stirn zur Ausmerzung von Sündern je nach ihren Taten. Und wenn diese Stirn geöffnet ist, beunruhigen die Herren des Gerichts jene, die sich ihrer Taten schämen.

Die Herren des Gerichts sind jene Priester, die für die Entfernung der ‚Sünder', das heißt von unerwünschten Gewächsen oder Ablagerungen verantwortlich waren. Nachdem sie ihre Aufgabe erfüllt hatten, konnte die Maschine am

Sabbatnachmittag wieder zusammengebaut werden. Es ist daher auch nicht erstaunlich, daß während dieser kritischen Zeitspanne um ‚Gnade' gebeten wurde.

Vielleicht deutet die Bezugnahme auf ‚die Sünder beunruhigen' auf ein Abbürsten oder Abschaben hin. Es ist leicht einzusehen, daß, wenn das Manna einmal unter der Woche schlecht wurde, weil die Maschine am Sabbat zuvor nicht gründlich genug gereinigt wurde, dies Sünden des Volkes Israel zugeschrieben wurde. Tatsächlich kann auch der Ausdruck ‚Gericht' eine Umschreibung für das Schlechtwerden des Manna gewesen sein:

> (GHV 682) Überlieferung: Wenn im Hochbetagten die Begierde der Begierden geöffnet wurde (*d. h.* die Stirn), durften jene Lampen nicht leuchten, die Gerichte waren erregt, und das Gericht wurde gemacht. Was verursachte dieses Gericht? Die Begierde der Begierden, (wenn) sie nicht geöffnet ist. Und deshalb verwandeln die Sünder die Gnade in Gericht.

‚Sünder' verwandeln ‚Gnade' – also Manna – in etwas anderes. Schmutz und unerwünschte Gewächse in einer Nahrungsmittelproduktion verwandeln gute Nahrung in schlechte Nahrung. Das Versäumnis, die ‚Begierde der Begierden' zu öffnen und das System zu reinigen, verursachte die Produktion von schlechtem Manna. Eine bestimmte Menge Manna war aber doch nicht so schlecht, als daß man es wegwerfen hätte müssen, denn einer der Überlieferungen zufolge wurde es an das ‚fremde Volk' ausgegeben, also an nichtjüdische Volksgenossen und Mischlinge, die das Volk Israel auf seiner Wanderung durch die Wüste begleiteten.

In den Beschreibungen der Stirnen gibt es einige uralte Überlieferungen, die auf den ersten Blick nur vollkommenen

Unsinn ergeben, aber als Beschreibung einer Maschine gelesen, erstaunlich gut zusammenpassen. Die beiden Teile – der Alte und das Kleine Gesicht – wurden an ihrer jeweiligen Stirnseite zusammengekoppelt, aber einmal pro Woche, am Sabbat, zwecks Ausmerzung von ‚Sündern' getrennt. Wenn dies nicht sorgfältig durchgeführt wurde, gab es keine ‚Gnade' oder Manna. Wenn man den oberflächlich religiösen Wörtern technische Bedeutungen zumißt, wird eine eindeutig technische Auslegung möglich.

Wenn die ‚Zeit des Empfangs' der Sabbatnachmittag war, dann war die nächste Ausgabe von Manna am Sonntagmorgen fällig, da anzunehmen ist, daß die Endmontage zur gleichen Zeit durchgeführt wurde. Da es sich hierbei um eine komplizierte Handlung drehte, wurde wohl auch um diese Zeit am inbrünstigsten um ‚Gnade' gebetet, da die Montage bis zum Einbruch der Dämmerung beendet sein mußte, weil eine derartige Arbeit nach Einbruch der Dunkelheit ohne künstliches Licht nicht mehr durchge-führt werden konnte. Der jüdische Sabbat dauert von Freitagabend bis Samstagabend, und sein Zeitablauf kann wie folgt rekonstruiert werden:

Freitagmorgen:	Ausgabe der doppelten Mannaration, Abstellen der Maschine zwecks Auskühlens, Entleerung der Tanks.
Samstagmorgen:	Bei Tagesanbruch Beginn der Demontage und der Reinigung.
Nachmittags:	Zusammenbau unter Gebeten.
Nachts:	Einschalten der Maschine, deren Gesicht aufleuchtet, um die richtige Funktion anzuzeigen, allgemeines Freudenfest.
Sonntagmorgen:	Ausgabe einer einfachen Mannaration.

Die Nasen.

Der Alte besitzt eine Nase, desgleichen der abnehmbare Teil, das Kleine Gesicht. Die Nase des Alten hat nur ein einziges Nasenloch und bläst den ‚Atem' aus, während diejenige des Kleinen Gesichts Feuer und Rauch ausstößt. Über die Nase des Alten wird berichtet:

> (GHV 175) Diese Nase; das sich darin befindliche Nasenloch bläst den Atem des Lebens in das Kleine Gesicht, und es wird der ‚Spritzer' oder der ‚Sprenger' (SLIChH) genannt. Und sie bringt den Atem hinab, (wo) er gesüßt wird, der Atem aus jenen Rohren. Ein weiterer Atem geht zum Kleinen Gesicht, so daß er durch ihn im Garten Eden erregt werden kann.

Der Garten Eden ist hier ein weiterer Ausdruck für das untere Eden oder das Hirn des Kleinen Gesichts. Diese Beschreibung wird in der KHV wiederholt:

> (KHV 136) Die Nase. In dieser Nase, in der sich darin befindlichen Röhre des Nasenloches, wird der Atem des Lebens zum Kleinen Gesicht geblasen. Und in dieser Nase, in der Nasenlochröhre, hängt das H, das lebendige H, welches sich vom unteren unterscheidet. Und dieser Atem geht aus vom verborgenen Hirn und wird der Atem des Lebens genannt.

Das Wort, welches wir mit ‚Atem' übersetzten, ist RVCh (ruach); es kann auch ‚Wind' oder ‚Geist' bedeuten. Die Theologen ziehen es verständlicherweise vor, es mit ‚Geist' zu übersetzen. Da wir Techniker sind, nehmen wir uns die Freiheit, es mit ‚Luftstrom' zu bezeichnen.

Wie schon beschrieben, ist das obere Hirn oder das verborgene Hirn ein Taukondensator. Von außen wird – möglicherweise über Filter – Luft angesaugt und dann über eine kühle Oberfläche des Hirns geleitet. Dabei kondensiert

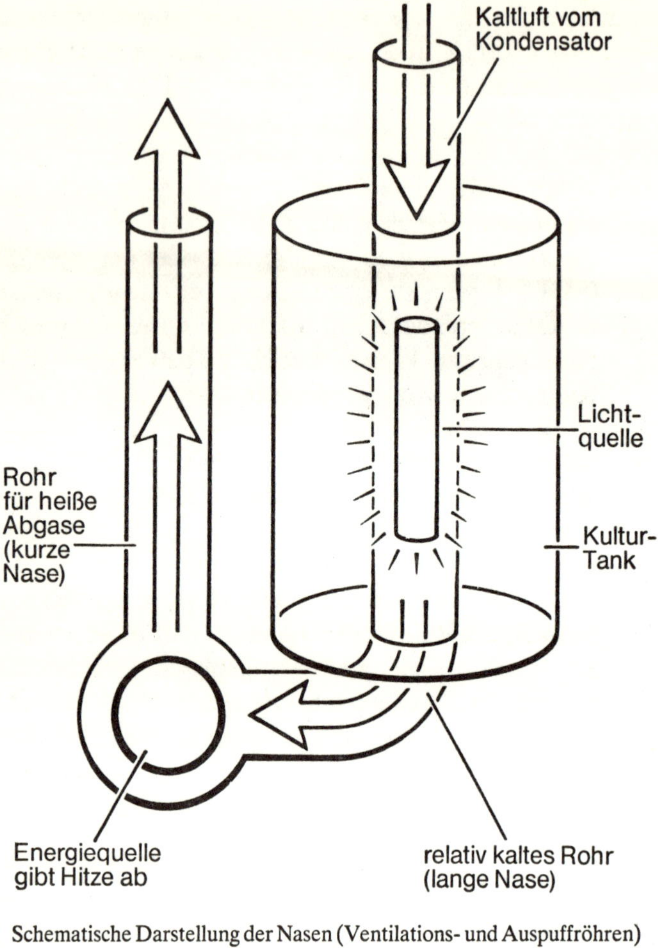

7.1 Schematische Darstellung der Nasen (Ventilations- und Auspuffröhren)

Wasser und läuft über die Rillen des Hirns ab. Diese Beschreibung der Nase des Alten deutet darauf hin, daß die nach diesem Prozeß nunmehr kühle und trockene Luft als ‚Atem des Lebens' bezeichnet und über die Nase dem Kleinen Gesicht zugeführt wird, wo sie irgendeinem nicht näher bezeichneten Verwendungszweck dient. Man könnte vermuten, daß sie dazu dient, die heißen Teile im Inneren der Maschine zu kühlen, und dann wiederum als heißes Abgas durch die andere Nase, die des Kleinen Gesichts, ausgestoßen wurde. Dieser Prozeß ist in Abbildung 7.1 dargestellt.

Das Gas ist auch als H bekannt; die Israeliten bezeichneten, ähnlich wie moderne Techniker, viele Teile ihrer Maschine mit Buchstaben, die in ihrem System natürlich auch Zahlen darstellen können.

Während die Nase des Alten noch vergleichsweise harmlos war, indem lediglich eine einzige Rohrleitung den ‚Atem des Lebens' ausblies, war die Nase des Kleinen Gesichts eher furchterregend:

> (GHV 661) Die Nase ... da gibt es drei zuckende Flammen in ihren Röhren. Von dieser Nase gehen drei Farben aus: Rauch, Feuer und Glut. Denn es steht geschrieben: (2 Sam 22,9) Rauch stieg auf von (*wörtlich:* in) seiner Nase. Der Rauch bläst und kommt heraus. Er ist schwarz, und sie nennen ihn ‚Zorn', ‚Hitze' und ‚Zerstörung'.

Die Nase war nach oben gerichtet:

> (GHV 686) Diese Nase ist kurz. Und wenn der Rauch aufsteigt, um herauszukommen, kommt er schnell heraus, und das Gericht wird gemacht ...

Die Nase ist eindeutig ein Auspuff, der aus Sicherheitsgründen nach oben gerichtet ist. Dies ist der Grund dafür, daß sich auf der Stiftshütte kein Dach befand, wie es im 2. Buch Moses beim Auszug aus Ägypten beschrieben wird.

Von den beiden Nasen wird behauptet, daß sie unterschiedlicher Länge waren:

> (KHV 572) Die Nase des Heiligen Alten ist lang und ausgedehnt. Und er wird der Langnasige genannt (ARK APIM). Aber diese (andere) Nase ist kurz, und wenn der Rauch kommt, kommt er schnell, und das Gericht arbeitet.

Mit anderen Worten kommt der Rauch sehr bald nach dem Einschalten der Maschine heraus und danach kommt ein ‚Gericht' über jeden, der sich zu nahe heranwagt.

Der Längenunterschied zwischen den beiden Nasen mag auch die Ursache für die Bezeichnungen der beiden Teile gewesen sein, denn das Wort für Gesicht ist mit dem Wort für Nase identisch. Die Bezeichnung ‚Das Kleine Gesicht' könnte auch ‚der Kurznasige' heißen, und wie aus der oben angeführten Textstelle hervorgeht, war der Alte auch als ‚der Langnasige' bekannt.

Die Mehrzahlform des Wortes, APIM (aphim), bedeutet Nase oder Gesicht, aber in der Einzahl AP (aph) bedeutet es Zorn. Vielleicht bedeutet deshalb der Ausdruck ‚der Langnasige' auch ‚langsam zu erzürnen', da der ‚Zorn' in Form von Rauch, der aus der Nase der erzürnten Person austrat, gesehen wurde. Je länger die Nase, desto länger dauerte es, bis der Rauch austreten konnte und desto langsamer war die Person in Zorn zu versetzen. Infolgedessen wurde der Alte mit seiner langen Nase, die lediglich den harmlosen ‚Atem des Lebens' enthielt, als sehr ausgeglichenes Wesen angesehen, während das Kleine Gesicht, welches wütend Flammen und Rauch zu spucken pflegte, eher als leicht reizbar und aggressiv angesehen wurde.

Selbstverständlich wurden dem Hochbetagten auch Opfer gebracht. Vielleicht dachten die Priester, daß er angesichts von

Flammen und Rauch und beim Wohlgeruch gebratener Opfertiere seinerseits auch Flammen, Rauch und einen angenehmen Duft von sich geben und das Volk Israel mit Manna versorgen würde.

Die Mystiker identifizierten die beiden grundlegenden Prinzipien des Hochbetagten – ‚Gnade' und ‚Gericht'. Gnade war, wie wir gesehen haben, die Bezeichnung für das Manna, jenes himmlische Nahrungsmittel, welches im Überfluß vorhanden war, sofern sämtliche Handlungen von den ‚gerechten Männern', die die ‚Wege' kannten, d. h. die sich bei der Montage auskannten, korrekt durchgeführt wurden. Das Gericht kam andererseits über jene Unglücklichen, denen bei der Bedienung der Maschine Fehler unterliefen. Immerhin handelte es sich dabei um ein Gerät mit einer extrem starken Energiequelle. Wenn also irgend jemand, der die Wege nicht kannte, versuchte, an der Maschine zu arbeiten, und es ihm gelang, dabei schweren Verbrennungen durch das Feuer aus der Nase oder durch heiße, offenliegende Teile der Maschine selbst zu entgehen, würde er früher oder später einem tödlichen elektrischen Schlag erliegen, radioaktiv verseucht werden oder erblinden, weil er ins ‚Antlitz des Herrn' blickte. Immerhin war die Lichtintensität der Hauptlampe auf kurze Entfernung unseren Berechnungen zufolge, einige hundert mal stärker als die Sonne, wenn man direkt in sie hineinschaut. Lediglich die Priester, die in der Bedienung der Maschine ausgebildet waren, konnten sicher mit dem Hochbetagten umgehen, wobei auch hier Unfälle nicht völlig auszuschließen waren:

> (KHV 704) ... eines Tages, als ich die Umhüllung des Königs in der Höhle von Maronia ersetzte und ich eine feurige Laterne sein Gesicht erleuchten sah ... von jenem Tage an fürchtete ich mich und war trotz meines Wissens über ihn vorsichtig und mied ihn mein Lebtag.

Dies wird als Beschreibung einer ‚Vision' des Rabbi Simon in der Höhle geliefert. Es ist jedoch möglich, daß sie auf einer viel früheren Überlieferung basiert. Wir werden noch sehen, daß es sich bei der ‚Umhüllung des Königs' um die Abdeckplatten des Kleinen Gesichts handelt.

8

Die ehrwürdigen Bärte

Die Barthaare des Alten und des Kleinen Gesichts gehören zu deren hervorstechendsten Eigenschaften, und beide *Heiligen Versammlungen* widmen ihnen sehr viel Raum. Für die Mystiker deuten diese Barthaare darauf hin, daß es sich bei dem Alten und dem Kleinen Gesicht um ehrwürdige Persönlichkeiten handelte, wobei der starke Bartwuchs als Zeichen hohen Alters und angesammelter Weisheit gewertet wurde. Diese Fehlinterpretation mag auch ursprünglich dazu geführt haben, daß der Titel OThIQ (attik) mit ‚der Alte' übersetzt wurde, obwohl er unseren Ermittlungen zufolge genausogut ‚Der Transportierbare' heißen kann, was in diesem Falle wohl auch zutreffender gewesen sein mag. Es gibt jedoch viele, die Barthaare betreffende Überlieferungen, was darauf hindeutet, daß es sich eben nicht bloß um die Gesichtsbehaarung drehte, sondern um das Rohrleitungs- und Verdrahtungssystem einer komplizierten Maschine.

Vom Bart des Alten wird berichtet, er sei ‚weiß wie Schnee' und in 13 Teile unterteilt. Von jenem des Kleinen Gesichts wird gesagt, er sei schwarz und in 9 Teile unterteilt. Somit war die Gesamtzahl der Bartteile 22, was wiederum als ‚heilige Zahl' angesehen wird, weil sie mit der Anzahl der Buchstaben im hebräischen Alphabet übereinstimmt. Einige Teile des Bartes scheinen doppelt vorhanden zu sein, wohingegen andere eigentlich gar keine Teile des Bartes, sondern eher allgemeine Beschreibungen des Bartes sind. Daraus kann man den Schluß ziehen, daß die Anzahl der Teile des Bartes

‚hingebogen‘ wurde, damit am Ende die ‚heilige‘ 22 stehen konnte.

Daß es sich bei den Barthaaren nicht um Barthaare im gewöhnlichen Sinne handelt, wird schon von Anfang an deutlich; einige Teile wachsen an einem Teil des Gesichts heraus und an einem anderen wieder hinein; andere führen direkt in das Körperinnere; manchmal bestehen die Teile aus mehreren Haaren und manchmal nur aus einem einzigen. Der Bart des Alten ist auch als der ‚Einfluß (MZLA)‘ bekannt, und in seinen Haaren fließt das ‚Öl der großen Güte‘.

Wir haben herausfinden können, daß es sich bei dem unteren der beiden Schädel des Alten, der ‚Einsicht‘ oder dem ‚Großen Meer‘, um einen Tank handelte, der eine Wasserpflanzenkultur enthielt. Im Zentrum dieses Tanks befand sich eine Lampe, die ein intensives Licht verbreitete, und eine ‚Stirn‘ ließ sich daran öffnen, um für die wöchentliche Reinigung Zugang zu gewähren. Die Stirn selbst war unbehaart, jedoch umgeben von den Barthaaren. Daraus folgt, daß einige dieser Haare dem ‚Großen Meer‘, d. h. dem Kulturtank, entspringen mußten.

Damit die Pflanzen wachsen konnten, mußte die Kultur der Atmosphäre zugänglich sein, denn ohne diese Voraussetzung hätte sie keinen Stickstoff aufnehmen und Sauerstoff abgeben können. Außerdem mußte sie auch auf irgendeine Art gekühlt werden, da sich in ihrer Mitte eine intensive Lichtquelle befand, die notwendigerweise auch Wärme abstrahlte. Sowohl der Zugang zur Atmosphäre als auch die Kühlung konnte erreicht werden, indem man die Pflanzen durch ein Röhrensystem um den Tank herum zirkulieren ließ. Eine derartige Zirkulation konnte sich leicht durch die entstehende Thermik bewirken lassen. Dabei erhitzt sich die Flüssigkeit nahe der zentralen Lichtquelle und steigt auf in die oberen Bereiche der Kühlschlangen, wie in Abbildung 8.1 dargestellt.

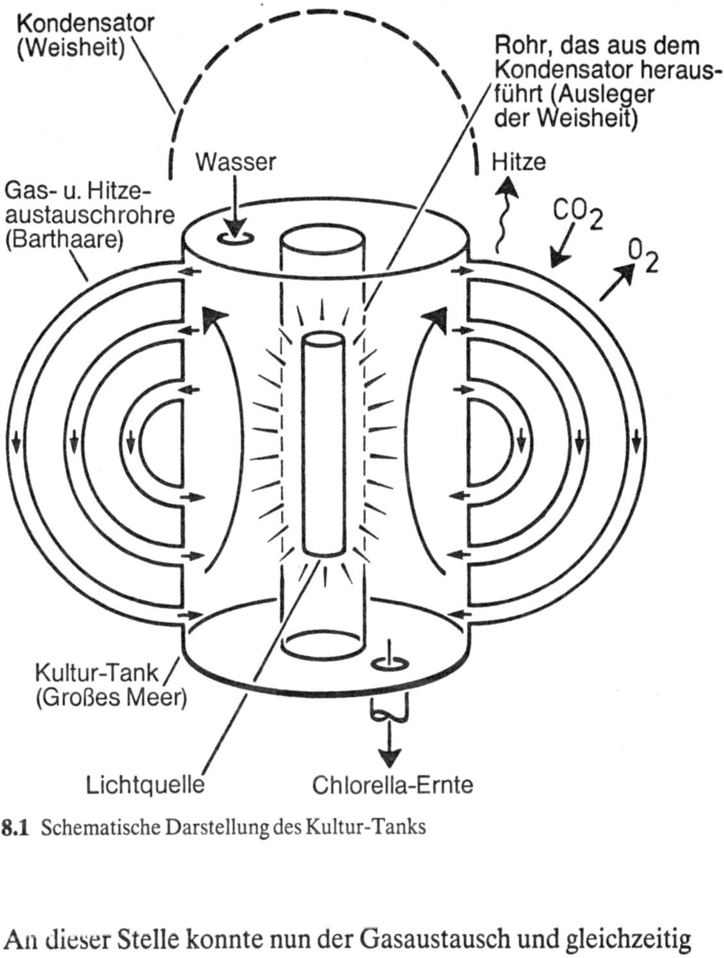

8.1 Schematische Darstellung des Kultur-Tanks

An dieser Stelle konnte nun der Gasaustausch und gleichzeitig der Abkühlvorgang stattfinden, wobei die Flüssigkeit langsam wieder an Dichte zunehmen und absinken mußte, um über die äußeren Schleifen in den Tank zurückzufließen. Die Rohre der Kühlschleifen mußten dabei aus einem Material gewesen sein, welches zwar für Gasmoleküle durchlässig, aber für Flüssigkeits- oder Feststoffmoleküle undurchlässig war. Solche Materialien gibt es sogar in der Natur – man denke an eine Eierschale oder auch zum Beispiel an das Lungengewebe.

In Abbildung 8.1 zeigen wir eine dreifache Anordnung der Röhren. Diese Anordnung nützt die Zirkulation der Luft um sie herum sehr gut aus. In den Texten wird von den längeren und den kürzeren ‚Tagen' berichtet, wobei ‚Tage' eine der Bezeichnungen für die Barthaare war. Wir schließen daraus, daß unsere Abbildung den Gegebenheiten entspricht. Auf die technischen Aspekte dieser Konstruktion gehen wir in einem der nachfolgenden Kapitel noch näher ein.

> (GHV 229) In diesen 13 Teilen (des Bartes) ergießen sie sich und gehen aus, die 14 Brunnen des Öls der großen Güte. Und sie ergießen sich (*oder:* fließen) mit diesem Öl und werden gelabt (*oder:* geölt) mit diesem Öl, welches in den 13 Teilen ist.

Gewiß ist ‚Öl' gar keine so schlechte Umschreibung für die Pflanzenkultur, jenen grünlichen Schleim aus Wasser und mikroskopisch kleinen Pflanzen.

Jedem Teil des Bartes kommt ein kodierter Satz zu – wahrscheinlich, um den Erntemännern das Auswendiglernen aller Einzelheiten zu erleichtern. Die letzten drei Verse des Buches Micha (Micha 7,18 – 20) bestehen aus den 13 mnemonischen Sätzen über die 13 Bartteile des Alten. Es ist gut möglich, daß diese drei Verse ursprünglich gar nicht zu dem Buch gehörten. Über den Bart des Kleinen Gesichts gibt es zwar auch kodierte Sätze, aber die Rabbiner sind sich nicht einig, welche der bestehenden Versionen die korrekte ist.

Der Bart des Alten hat eine Anzahl verschiedener Namen, darunter auch ‚obere Gnade', ‚Einfluß' und ‚Würde'. Das Wort ‚Würde' (IQIRA) bedeutet in Wahrheit: ‚jenes, welches am wichtigsten ist.' Denn der Bart wurde als wichtigster Teil betrachtet.

Im Gegensatz zu menschlichen Bärten umgibt jener des Alten den gesamten Kopf – und zwar ringsum:

> (KHV 310) Alle Dinge sind eins; der Vater und die Mutter (Weisheit und Einsicht); sie enthalten sich und sind miteinander verbunden. Und der Vater bindet sich mehr (fester). Und das Ganze ist vereint im Heiligen Alten. Und es hängt in dem heiligen Einfluß die Würde aller Würden.

> (KHV 172) Und die obere Gnade ist verlängert und geformt, und das Ganze wird von diesem verborgenen Hirn gefüllt . . . es gibt drei obere Köpfe – zwei Köpfe und einen, in dem sie enthalten sind. Sie hängen in dem Einfluß und sind in ihm enthalten.

Die Barthaare, die den Kopf umgeben, die kreisförmigen Schleifen, werden als der dreizehnte Teil des Bartes identifiziert, welcher alle anderen 12 umgibt:

> (GHV 483) Und weil dieser (dreizehnte) Teil alle (anderen) beinhaltet, . . . sieht man von ihnen nichts. Und von ihnen rinnt das Öl der großen Güte in dreizehn Richtungen zu allen jenen unteren Teilen, die jenes Öl führen . . . Und die Teile, die sich im Bart befinden, sind geformt und führen in viele Richtungen nach unten. Und es ist nicht sichtbar, wo sie durchführen und wo sie herauskommen. Sie sind vor allen verborgen, vor allen versteckt. Es gibt niemanden, der jene Stelle im Alten kennt, wo sie enden. Alle von ihnen sind eingeschlossen . . .

Diese Textstelle verdeutlicht die Schwierigkeiten, die die Israeliten hatten, als sie in ihrem Bemühen, den Weg der

Leitungen zu entdecken, durch das Gewirr der Rohre spähten. Das Codewort für diesen Teil des Bartes ist ‚erste Tage'. Wir waren früher schon zu dem Schluß gekommen, daß die ‚Tage' im Titel ‚Hochbetagter' in Wahrheit mit ‚Tanks' übersetzt werden sollten. Hier haben wir nun die Bestätigung: die Texte berichten uns, daß die Teile des Bartes Flüssigkeit enthalten und unter dem Begriff ‚Tage' bekannt sind.

Trotz der im letzten Zitat erwähnten Schwierigkeiten konnten die Israeliten einige Informationen über die anderen 12 Teile des Bartes gewinnen. Zum Beispiel über den ersten Teil:

> (GHV 215) ... beinhaltet ... jenen Teil seiner Kopfhaare, der angeordnet ist, um über seine Ohren nach unten zu führen, und welcher vor den Ohren in einem einzigen Strang nach unten ... bis zum oberen Teil seines Mundes ... führt.

Es ist bemerkenswert, wie technisch die Fortsetzung der Beschreibung klingt:

> (GHV 292) Und der Anfang des ersten Teils sind 31 ausgewogene Locken, die bis zum oberen Ende des Mundes führen. Und in jeder Locke finden sich 390 Stränge ... und in jeder Locke sind 31 Welten verteilt, welche fähig zu kontrollieren und sichtbar sind ... Die erste Welt ... kontrolliert eintausend Tausend und eine Myriade Myriaden Herren der Schilde. Die zweite Welt kontrolliert ... 750 000 Pfade von Herren der Angst ... die dritte Welt ... kontrolliert ... 96 000 Herren der Klage.

Auf was immer sich diese Passage auch beziehen mag – es ist bestimmt nicht Religion. Es handelt sich um die Beschreibung eines komplizierten Gebildes, wobei verschiedene Ausdrücke

Verwendung finden, deren Bedeutung unbekannt ist. Das Wort ‚Welt' zum Beispiel, OLMA (olama), hat eine große Zahl möglicher Bedeutungen, darunter ‚Ewigkeit' und ‚Geheimnis'. Aus dem Zusammenhang können wir an dieser Stelle entnehmen, daß es einen ‚Teil' bedeutet, möglicherweise ‚(geheimer) Teil', denn seine Funktion ist, abgesehen davon, daß er die ‚Herren' kontrolliert, unbekannt.

Im *Sohar* werden viele ‚Herren' erwähnt, wobei an manchen Stellen kein Zweifel besteht, daß der Verfasser einen Satz unter der Verwendung von ‚Herr (MAR)' bildete, wenn er das korrekte Wort nicht wußte. So wird in der *Kleinen Heiligen Versammlung* 779 der Ausdruck ‚Herren der Schilde' offensichtlich im Hinblick auf bewaffnete Männer gebraucht, und in der *Großen Heiligen Versammlung* 1165 bezieht sich Rabbi Simon auf Rabbi Elihu als ‚Herrn der Haare', als dieser nach einer langen Reise in zersaustem Zustand eintrifft.

Der erste Teil des Bartes ist auch insofern interessant, als er von den überzeugten orthodoxen Juden selbst heute noch nachgebildet wird, denn sie tragen eine Haarlocke, die vor den Ohren bis zum Mund herabhängt. Wie die offizielle Haltung der Kirche gegenüber dem Hochbetagten auch sein mag, viele jüdische Sitten und Gebräuche leiten sich offensichtlich von ihm ab.

Über den zweiten Teil des Bartes liefert uns der Text keine Einzelheiten außer:

> (GHV 216) . . . (geht) auf ausgewogene Weise vom oberen Ende des Mundes bis zum anderen oberen Ende des Mundes.

Beim dritten Teil ist interessant, daß der Codeausdruck für ihn ‚Überführung der Überschreitung' lautet. Bedauerlicherweise haben wir momentan noch nicht genug Material für eine plausible Erklärung dieses Ausdruckes. Er lautet:

> (GHV 217) ... von der Mitte von unter der Nase, von unterhalb der zwei Rohre. Ein Weg führt nach draußen und auf diesem Weg ist das Haar unterbrochen, aber es füllt (das Gesicht) von dieser Seite und von jener Seite.

Im Zusammenhang mit diesem Teil gibt es eine bemerkenswerte Überlieferung:

> (GHV 376) Überlieferung: Zu der Zeit, zu der dieser (dritte) Teil des Bartes vom Hochbetagten geöffnet wird, sind alle Herren der Klage, der Angst und die Herren des Gerichts verborgen und abgeschaltet, und es gibt keinen (von ihnen), der beginnt, frei zu werden und Verwesung zu verursachen. Denn dieser Weg wird für Reparaturen geöffnet. Und ... es ist der Weg, der das Feuer schürt und erleuchtet ist, und er ist zum Abschalten.

Die Teile des Bartes werden im allgemeinen von oben nach unten beschrieben. Es ist daher interessant, wenn man herausfindet, daß Rabbi Chija behauptet (GHV 365), daß das Schlüsselwort für den dritten Teil des Bartes nicht OVBR OL PShO, Überführung der Überschreitung, lauten sollte, sondern OVMD OL ShPO, über dem Überlauf stehend. Dieser Teil des Bartes befindet sich tatsächlich oberhalb des vierten Teils, welcher sich wiederum unterhalb des Mundes befindet und mit dem Schlüsselwort ‚Der Rest seines Erbes' (ShARITh NChLThV)' versehen ist, der in der Kurzform als ‚Rest' bekannt ist. Dieses Wort für ‚Rest' kann aber auch Überlauf bedeuten und NChLThV könnte auch von NChL, Fluß oder Wasserlauf, abgeleitet sein. Es ist daher sehr wahrscheinlich, daß die Wörter früher einmal beschreibende Ausdrücke für die Teile waren, auf die sie sich jeweils beziehen, wobei sich uns mehr und mehr die Rückfolgerung aufdrängt, daß wir hier nichts über Religion, sondern etwas über Klempnerei lesen.

Wenn wir uns nun dem fünften Teil des Bartes zuwenden, ist über ihn nichts weiter bekannt, als daß er ,unterhalb des Mundes herauskommt', und daß der kodierte Satz ,Er hat seinen Zorn nicht für ewig behalten' lautet. Der sechste Teil ist:

> (GHV 220) ein Haar, nach oben gehend geformt, um von der Unterseite des Mundes zu dessen Oberseite zu gehen und um den Platz des guten Duftes zu überdecken bis hin zum oberen Ende des Mundes. Und das Haar geht hinunter zum Anfang des Anfangs des Weges unter dem Mund.

Dies scheint ein einzelnes Rohr mit einer ziemlich komplizierten Leitungsführung gewesen zu sein, das schließlich zu seinem Ausgangspunkt zurückführt. Die ,Plätze des guten Duftes' könnten Entlüftungen gewesen sein, welche die bei der Herstellung des Manna entstehenden Dämpfe ins Freie leiteten. An einer anderen Stelle steht, daß sie sich in den Wangen des Hochbetagten befanden. In GHV 399 wird dieser Teil des Bartes möglicherweise als die ,Ecke' des Bartes identifiziert, welche die Priester nicht abschneiden sollten, da dies den Fluß der ,Gnade' hemmen würde. Sein Codename lautet tatsächlich auch ,weil er sich der Gnade erfreut'.

Der siebte Teil des Bartes stellt eigentlich keinen Teil als solchen, sondern eher eine Beobachtung dar:

> (GHV 221) Das Haar hört auf, und zwei Äpfel werden an dem Platz des guten Duftes sichtbar. Sie sind schön und herrlich anzusehen, weil durch sie die Welt lebt. So steht geschrieben (Spr 16,15) ,In dem Licht des Gesichts des Königs ist das Leben.'

Diese Bezugnahme auf Äpfel scheint fehl am Platze zu sein – bis man feststellt, daß im Hebräischen das Wort für Apfel

–ThPVCh (tepuch) – auch ‚Gebläse' heißen kann. In Wahrheit sagt dieser Teil des Textes dann aus: Dort sind keine Rohre, und zwei Gebläse sind sichtbar, die am Platze des guten Duftes arbeiten und die Dämpfe der Manna-Herstellung von sich geben. Wenn sie erscheinen, ist es ein gutes Zeichen, denn dann wird es bald Manna geben. Möglicherweise sind dies die ‚Äpfel' des ‚Feldes der heiligen Äpfel', jenes Feldes, von dem die Erntemänner die Manna-Ernte einbringen.

Der kodierte Satz für diesen Teil lautet: (Micha 7,19) ‚Er kommt wieder, er wird sich unser erbarmen (IShVB IRChMNV)', was darauf hindeutet, daß die Gebläse auch als Zeichen für das richtige Funktionieren der Maschine gewertet wurden. Sobald der dort wartende Priester den ihnen entströmenden, appetitanregenden Duft roch, sagte er: ‚IShVB, IRChMNV' (joschuw, jerachamnu) und meinte damit: ‚Er kommt wieder (arbeitet wieder), er wird sich unser erbarmen (wird uns wieder Manna spenden)'. In den Texten wird immer wieder betont, daß die Äpfel und das Gesicht erleuchtet sein mußten, wenn es einen reichlichen Vorrat an Leben, Güte, Gnade, Segen oder, mit anderen Worten, Manna geben sollte. Der Segensspruch ‚Der Herr lasse sein Angesicht leuchten über Dir' möge hier als Beispiel dienen.

Der achte Teil des Bartes ist als der ‚Einlauf' bekannt, wobei diese Bezeichnung aber auch für den ganzen Bart verwendet wird; er ist:

> (GHV 222) Ein Faden Haar um das Kinn herum, zum Nabel hin ausbalanciert hängend.

Sein Codebegriff ‚Er wird unsere Missetaten dämpfen' ist wenig aufschlußreich, und man kann nicht viel mehr daraus entnehmen, als daß dieser Teil den ‚Einlauf' – das Einlaßrohr – für einen anderen Teil bildete.

Der neunte Teil besteht aus:

> (GHV 223) Den Haaren des Bartes, die ineinander verflochten und mit den in Balance hängenden untermischt sind und nicht eines über dem anderen herauskommen.

(Die Haare, die nicht eines über dem anderen herauskommen, bilden den elften Teil des Bartes.) Rabbi Abba gibt uns eine präzise technische Beschreibung, worin er deutlich macht, daß es sich bei diesem Teil um einen Abflußhahn handelt:

> (GHV 439) Rabbi Abba erhob sich und sagte: ‚Dies sind die Haare, die mit jenen, die hängen, vermischt sind. Sie werden die ‚Tiefen des Meeres' (MTzVLVTh IM) genannt, denn der Teil geht aus von den Resten (MVThR) des Hirns, und von diesem Platze aus werfen die Herren der Nachforschungen alle Sünden der Menschen heraus, und sie werden ausgeschüttet.'

Das Wort MTzVLVTh (metzulot) kann ‚Tiefen' heißen, aber auch ‚Schutt', ‚Abfall' oder ‚Müll'. Hier sollte die zweite Bedeutung bevorzugt werden, da Rabbi Abba das Wort MVThR (mothar) ebenfalls in diesem Sinne verwendet. Wie früher bereits erwähnt wurde, hat man es auf die Sünden der Menschen geschoben, wenn das Manna einmal schlecht geworden war, und nannte in der Folge dann auch die unerwünschten Ablagerungen und Rückstände in der Maschine ‚Sünden'. Die Ablagerungen und Rückstände mußten entfernt werden, wobei der neunte Teil von den Herren der Nachforschungen, den für diese Aufgabe verantwortlichen Priestern, für diesen Zweck benutzt wurde.

Die Beschreibungen des zehnten, elften und zwölften Teils des Bartes können unser Wissen über den Bart des Hochbetagten nur wenig bereichern, aber die Unterhaltung über den zwölften Teil enthält die Information, daß der ‚Atem', der über die Nase des Alten zum Kleinen Gesicht geleitet wird, durch den Mund angesaugt wurde. Dadurch können wir nun den Mund eindeutig als Ansaugstutzen identifizieren. Wenn wir uns außerdem noch die Tatsache ins Gedächtnis zurückrufen, daß der ‚Atem' angeblich auch das obere Hirn passiert haben soll, können wir uns jetzt ein Bild des Luftkreislaufes in der Maschine machen: Abbildung 8.2. Eine kreisförmige Leitung, die an den Mund angeschlossen ist und rings um das Hirn führt, leitet die Luft über die Außenseite des Hirns nach oben, wo sie dann durch ein zentrales Loch an der obersten Stelle an das Kleine Gesicht weitergeleitet wird. Diese Konstruktion hat den höchsten Wirkungsgrad, da die Fließrichtung der Luft entgegengesetzt zur Fließrichtung des Wassers in den Rillen des Hirns läuft.

Das Diagramm zeigt im ‚Mund' oder dem Luftansaugteil Filtereinsätze, da solche nötig wären, um das Eindringen von Schmutz zu verhindern. Außerdem wird in der GHV 457 angegeben, daß der Mund ‚verborgen' sei. Näheres über den Mund folgt in Kapitel 9.

Der als ‚erste Tage' bekannte dreizehnte Teil des Bartes wurde bereits abgehandelt. Es ist dies der von allen am meisten in Erscheinung tretende Teil, die stattliche Reihe der Kühl- und Belüftungsschlangen, welche das ‚Große Meer' umgaben und in welchen die Trägerflüssigkeit der Kultur zirkulierte. Die anderen zwölf Teile waren andere Röhren oder Rohrgruppen, die offensichtlich im Zusammenhang mit dem Körper der Maschine gesehen wurden und bei der wöchentlichen Reinigung abmontiert und wieder angeschlossen werden mußten. Die dreizehn kodierten Bezeichnungen waren möglicherweise eingeführt worden, um sicherzustellen, daß diese Handlungen fehlerlos durchgeführt wurden. In den Texten wird durchweg betont, daß alle Teile des Bartes nötig waren, wenn die Versorgung mit Manna aufrechterhalten werden sollte:

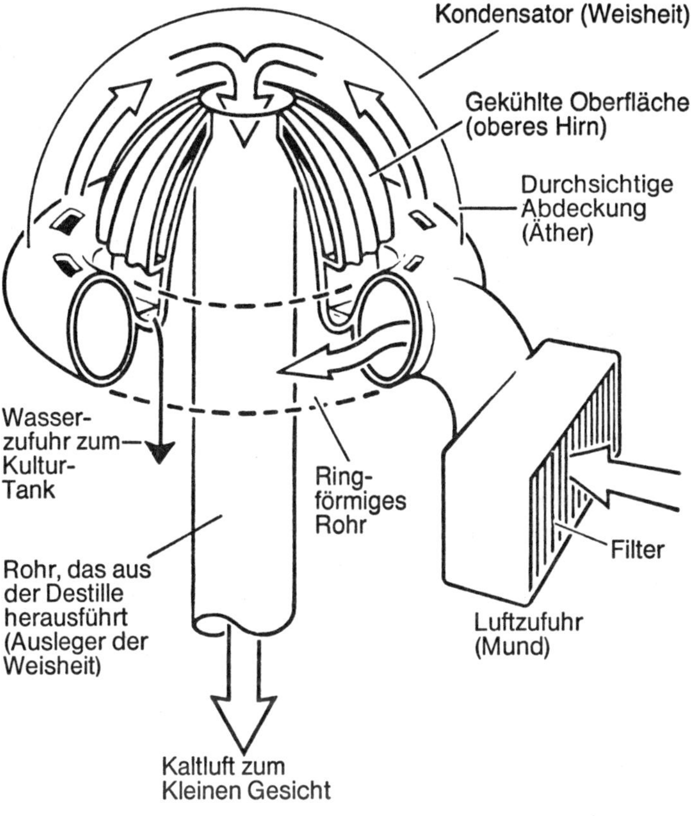

8.2 Anordnung des Tau-Kondensators (vergleiche Abb. 6.1)

> (KHV 666) Und wenn die Welt Gnade braucht, wird der heilige Einlauf und alle die Teile, die sich im Bart befinden, geöffnet ... von ihnen allen wird Gnade bezogen.

In der GHV 731 ff gibt es eine Besprechung dieses Zitats:

(Hab 3,2) Herr, mache dein Werk lebendig (noch einmal) mitten in den Jahren.

Wenn man den Rabbinern des *Sohar* Glauben schenken möchte, dann sind die ‚Jahre' hier identisch mit den Bartteilen oder ‚Tagen', in deren Mitte der Körper des Hochbetagten liegt. ‚Das Werk in der Mitte der Jahre' bezieht sich dann auf die Funktionen des Körpers, und der Prophet Habakuk richtet die Bitte an den Alten, seine Arbeit wieder aufzunehmen und ‚Gnade' für das Volk zu produzieren.

Der Bart des Kleinen Gesichts.
Während der Alte einen dreizehnteiligen Bart besaß, besteht der des Kleinen Gesichts lediglich aus 9 Teilen, etwa so, als ob es sich hier um die rangniedrigere Persönlichkeit handelte. Aber gerade in Bezug auf diese Gestalt bestehen noch einige Zweifel, zumal die Existenz eines Bartes an sich hier nicht als einwandfrei erwiesen angesehen werden kann. So, wie sie beschrieben werden, sind diese 9 Teile praktisch identisch mit neun der dreizehn Teile vom Barte des Alten, weshalb nicht auszuschließen ist, daß es sich hier um Textstellen handeln könnte, die in späterer Zeit hinzugedichtet wurden, um die Gesamtzahl der Bartteile auf die heilige Zahl 22 zu bringen und dem Kleinen Gesicht auch einen seinem Range angemessenen Bart zukommen zu lassen.

Ob der Bart nun wirklich existiert hat oder ob es sich um eine spätere Hinzufügung handelt, sei dahingestellt. Immerhin liefern die Beschreibungen seiner Teile noch einige zusätzliche technische Einzelheiten, die erwähnenswert sind. So wird beispielsweise vom ersten Teil dieses Bartes, der dem ersten Teil vom Barte des Alten entspricht, berichtet, daß er eine Verbindung mit der Hauptlampe hatte:

(GHV 764) Das Haar ist von oben geformt, und jener Funke kommt aus der Hauptlampe. Und es kommt heraus aus dem Behälter des reinen Äthers. Und es schlägt in jenes, welches sich unterhalb des Haares vom Kopf (oder: Oberhaares) befindet von unterhalb der Locken über den Ohren. Und es kommt vor den Öffnungen der Ohren herunter . . .

Ebenso wird vom neunten Bartteil des Kleinen Gesichtes gesagt (GHV 773), daß er Haare besaß, die MARI NTzCh QRBIN (ma'ari netzach kerevin) waren. Laut Mathers könnte dieser Satz bedeuten: ‚Die Herren des Sieges in Kriegen.' Andererseits könnte es genausogut heißen: ‚Die Kontrolleure der Säfte der inneren Teile.' Theologisch betrachtet, wäre es Unsinn, unterstellen zu wollen, daß ein Gott derartige ‚Herren' als Bestandteile seines Bartes haben könnte. Eine Manna-Maschine würde jedoch bestimmt etwas benötigen, was die Flüssigkeiten in ihrem Inneren kontrolliert.

Für die Codeausdrücke der neun Bartteile des Kleinen Gesichtes existieren zwei Versionen, die den Psalmen 118,5–9 und dem 4. Buch Moses 14,18 entnommen sind. Dabei ist jene aus dem 4. Buch Moses besonders interessant, weil sie fast identisch ist mit der Passage bei Micha, wo die Codebegriffe für den anderen Bart gesammelt sind. Sie beginnt mit ‚IHVH ARK APIM VRB ChSD' (adonai arik aphim ve-rav chesed), was der Bibelleser kennt als: ‚Der Herr ist geduldig (*wörtlich:* langnäsig) und von großer Barmherzigkeit.' Dem *Sohar* zufolge ist ARK APIM, langnäsig, aber einer der Titel der Manna-Maschine und in der GHV 872 behauptet er, daß ‚Große Barmherzigkeit' (*oder:* Große Gnade) ein Titel war, mit dem manchmal der Bart und manchmal das von ihm produzierte Manna belegt wurde.

Weder die Passage aus Micha noch jene aus dem 4. Buch Moses ergibt in der hebräischen Originalsprache viel Sinn.

Sollte es sich dabei aber tatsächlich nur um einfache Sammlungen kodierter Begriffe handeln, also Checklisten für Maschinenteile, dann bräuchten wir nicht länger daran herumzurätseln.

Die Kopfhaare.
Wir haben gesehen, daß die Bartteile des Hochbetagten aus äußeren Röhren bestanden, in denen verschiedene, an der Herstellung des Manna beteiligte Flüssigkeiten zirkulierten. Ihnen waren Codebegriffe zugeordnet, damit man sie sich leichter in der richtigen Reihenfolge merken konnte. Außer den Barthaaren gab es aber auch noch Kopfhaare, die im Gegensatz zu den ‚starken' oder steifen Barthaaren weich und in Locken angelegt waren:

> (GHV 820) Überlieferung: Alle diese Stränge im Bart sind stark, viel stärker als irgendein Strang der Locken vom Kopfhaar. Und die Haare vom Kopf sind lang, und sie biegen sich und sind nicht lang.

Weiterhin scheint es, als ob diese sogenannten Kopfhaare tatsächlich bis in das Kopfinnere hineinreichten:

> (GHV 570) Überlieferung: Im Schädel des Kopfes hängen tausend Tausende, Myriaden und Myriaden, große Mengen von Locken und schwarzen Haaren und sind mit diesem und jenem verflochten und mit diesem und jenem vermischt. Und die Stränge jeder Locke sind nicht zu zählen, auch nicht die von der Locke, die mit ihr verbunden ist. Es gibt saubere und schmutzige.

Könnte man eine bessere Beschreibung von einer verwirrenden Unmenge elektrischer Verdrahtung erwarten, wenn man davon ausgeht, daß die Kabel in Kabelbäumen zusammengefaßt sind, wodurch die Verfolgung einzelner Kabelwege praktisch unmöglich wird? Diese Drähte werden sogar im Hohelied erwähnt, wie der *Sohar* feststellt:

> (GHV 834) Wie gesagt wird: (Hoheslied 5,11) ‚Seine Locken sind kraus (ThLThLIM)' [*oder* ‚Locken von Locken (ThLI ThLIM)'].

Dies ist eine klare Bezugnahme auf die Tatsache, daß sie in Locken oder Bündel zusammengefaßt gewesen sein mußten.

Die Texte versuchen auch zu differenzieren zwischen den weißen Haaren des Alten und den schwarzen Haaren des Kleinen Gesichts; dabei scheint es sich jedoch um eine künstlich herbeigeführte Unterscheidung zu handeln, da beide Haararten offensichtlich sowohl bei dem einen als auch bei dem anderen vorkamen. Das Haar des Alten war angeblich ‚wie reine Wolle' und wird auch im Hohelied Salomons so geschildert. Das Wort für Wolle ist aber OMR, dasselbe wie für Gomer, weshalb hier auch eine Verwechslung vorliegen kann, die auf die sauberen Gomer-Maßkrüge, in denen das Manna gesammelt wurde, zurückzuführen wäre. OMR kann daneben auch noch ‚binden' bedeuten und somit auch auf zusammengebundene Kabelbündel im Innern der Maschine bezogen sein.

Die geeignetste Art, eine Maschine zu steuern, wäre mittels elektrischer Impulse, da Drähte viel leichter zurechtgeschnitten und -gebogen werden können als zum Beispiel die massiven Rohre einer hydraulischen Steuerung. Wir sollten deshalb nicht allzusehr überrascht sein, wenn wir entdecken, daß sich unsere biblische Maschine ebenfalls elektrischer Steuerelemente bediente. Im *Sohar* findet sich eine Beschreibung einer Verkabelung, die deutlich genug ist, um als solche erkennbar zu sein.

Im Buch Daniel 7,9 gibt es ebenfalls eine offenkundige Bezugnahme, die wir im Kapitel 3 bereits kurz erwähnt hatten:

> (Dan 7,9) Solches sah ich, bis daß Stühle gesetzt werden; und der Alte setzte sich. Das Kleid war schneeweiß, und das Haar auf seinem Haupt wie reine Wolle ...

Die Rabbiner fanden hierfür mit ihrem gewohnten Einfallsreichtum eine Erklärung: Dem Talmud zufolge (Chag. 83):

> Ein Vers sagt: Seine Kleidung war weiß wie Schnee und das Haar auf seinem Haupte wie reine Wolle (Dan 7,9) und anderswo steht geschrieben: Seine Locken sind kraus, schwarz wie ein Rabe (Hoheslied 5,11) – Es gibt keinen Widerspruch: Ein Vers (Dan 7,9) bezieht sich auf Gott, während er zu Gericht sitzt und der andere auf Gott, während er sich im Krieg befindet.

9

Weitere Einzelheiten zur Konstruktion

Die glitzernden Augen des Hochbetagten.
Die Rabbiner aus dem *Sohar* wurden ohne größere Schwierigkeiten mit den Schädeln und den Haaren des Hochbetagten fertig, aber als sie sich mit seinen Augen befaßten, stießen sie auf Probleme. Immerhin versuchten sie, die uralten Überlieferungen als Beschreibungen eines göttlichen Wesens zu deuten. Jetzt wissen wir, daß es sich um eine Maschine handelt, aber die Rabbiner von damals wußten dies nicht und hätten es wohl kaum erfahren können, selbst wenn sie begriffen hätten, was mit dem Wort ‚Maschine' gemeint ist. Den Überlieferungen zufolge besaß der Hochbetagte nur ein einziges Auge, welches sich genau in der Mitte seines Kopfes befand und strahlend hell leuchtete, während das Kleine Gesicht drei verschiedenfarbige Augen hatte, die nicht aus eigener Kraft leuchteten. Es fiel den Rabbinern sicher nicht leicht, diese Beschreibungen mit einem göttlichen Wesen von noch einigermaßen menschlichem Aussehen in Einklang zu bringen. Aus diesem Grunde berichten die Texte auch über eine ganze Reihe außergewöhnlicher Streitgespräche.

Das obere Auge zum Beispiel besaß keine Augenbraue und kein Augenlid. Wie soll man dies erklären? Nun gut, sie wußten, daß dieses Auge für die Verteilung der ‚Gnade' eine wesentliche Rolle spielte, deshalb heißt es:

> (GHV 115) . . . alles, was Gnade bringt, hat keine Bedeckung über dem Auge und auch keine Augenbraue

> und kein Augenlid. Denn wieviel weniger bedarf das weiße Haupt eines Schutzes ... wieviel mehr trifft dies (das Fehlen des Schutzes) auf den Hochbetagten zu ... der über alle wacht, von dem alle ernährt werden und der nicht schläft.

Eine weitere störende Tatsache war, daß der Hochbetagte nur ein einziges Auge besaß:

> (GHV 121) Obwohl es zwei Augen gibt, sind diese zu einem geblendet (oder: in einem getarnt) ... (134) Überlieferung: dieses Auge ist nicht verborgen, und diese beiden sind zu einem geblendet. Alles von ihm ist rechts: es gibt kein links.

Kabbalisten des Mittelalters und späterer Zeiten haben oft viel Zeit damit verbracht, über die Frage des einen Auges nachzugrübeln. Nach längeren Überlegungen kamen sie schließlich zu dem Schluß, daß der Hochbetagte ein Gesicht besaß, das nur im Profil gesehen wurde, so daß nur ein Auge sichtbar war. Nun mußten sie aber wieder zu der Behauptung Stellung nehmen, daß zwei Augen in einem ‚getarnt' sind. Also fügten sie hinzu, daß die Profilansicht so genau war, daß die beiden Augen genau die gleiche Stelle einnahmen. Dies wäre allerdings nur möglich, wenn der Kopf – oder zumindest der Nasenrücken – durchsichtig gewesen wäre. Eine absurde Annahme, die aber der Wahrheit vielleicht näher kam, als sie es je für möglich halten konnten.

Wenn der Hochbetagte im Profil gesehen wurde, dann wurde das Kleine Gesicht mit dem vollen Gesicht gesehen – aber die Kabbalisten mieden alle Fragen bezüglich seiner drei Augen.

Jetzt aber wissen wir, daß wir eine Maschine vor uns haben, und daß die Anzahl der Augen von technischen Überlegungen bestimmt wurde, nicht von menschlicher Physiognomie. Daher haben wir solche verzerrten Erklärungen nicht nötig, um das Vorhandensein der Überlieferungen zu rechtfertigen.

Der Text fährt fort mit einer Liste von Namen für das obere Auge und mit weiteren Bestätigungen dafür, daß es die Quelle des ‚Segens' oder des Manna war:

> (GHV 137) Und deshalb wird es genannt: das offene Auge, das obere Auge, das heilige Auge, das beobachtende Auge, das Auge, welches weder schläft noch schlummert, oder das Auge, welches der Schutz aller ist. Und darüber steht geschrieben: (Spr 22,9) ‚Das gute Auge wird gesegnet (TVB OIN HVA IBVRK).' Lies nicht: ‚wird gesegnet (IBVRK)', sondern ‚soll Segen geben (IBRK).' Denn es wird das freigebige Auge genannt, und von ihm kommt Segen für alle.

Hier wird vorgeschlagen, daß wir einen der hebräischen Buchstaben aus dem Bibeltext fortlassen sollen und das Wort in dem Sinne lesen, daß das Auge die Quelle des Segens war. Der ganze Vers wird dann zu:

Das gute Auge gibt Segen, denn es gibt von seinem Brot den Armen. Wiederum die Verbindung des Auges mit Segen, Brot oder Manna.

Das obere Auge ist die Lichtquelle der Maschine; jene intensive Lichtquelle, die wir bereits als die Hauptlampe erkannt haben. Sie erleuchtet drei ‚Weißheiten':

> (KHV 116) Dieses Hirn ist hohl, und das Auge erleuchtet drei Weißheiten oberhalb des Auges.

Was soll man unter diesen drei Weißheiten, diesem dreifachen Weiß verstehen? Wenn das Licht dazu geeignet sein sollte, der Chlorella-Kultur die für ihr Wachstum nötige Energie zu spenden, dann mußte es auf irgendeine Weise gestreut werden, damit es den Tank richtig ausleuchten konnte. Vielleicht waren diese drei Weißheiten Streulinsen, die das Licht kreisförmig nach außen durch das ‚Große Meer' verteilten:

> (GHV 123) Das erste Weiß scheint und geht nach oben und unten ... Überlieferung: dieses Weiß scheint und flackert und erhellt die drei Lampen ...
> Und diese scheinen in Freude und Vollkommenheit. Das zweite Weiß scheint nach oben und nach unten und flackert und geht zu drei weiteren Lampen ... und auch sie scheinen in Freude und Vollkommenheit. Das dritte Weiß leuchtet auf und leuchtet nach oben und unten und geht aus vom verborgenen Teil des Hirns ...
> Und ein Weg führt hinaus zum unteren Hirn. Und alle unteren Lampen werden zum Leuchten gebracht.

Die ‚Weißheiten' scheinen ein Diffusionssystem gewesen zu sein, wie es in Abbildung 9.1 gezeigt wird. Die Lampen, auf die diese Textstelle Bezug nimmt, waren geringere Lampen – nicht die Hauptlampe oder das obere Auge selbst. Der Ausdruck ‚Hauptlampe' ist unsere eigene Übersetzung des Soharbegriffs ‚BVTzINA DQRDINVThA', der unserer Ansicht nach von dem lateinischen Wort cardo, cardinis, Angelpunkt oder ‚jenes, von dem alle Dinge abhängen', abgeleitet ist. Das obere Auge ist auch als das Auge der Vorsehung bekannt und wird unter diesem Namen oft in freimaurerischen Ritualen erwähnt. Die modernen Freimaurer wenden ähnlich wie die Erntemänner des Altertums viel Zeit dafür auf, die Einzelheiten über den Hochbetagten auswendig zu lernen. Viele Prominente, die 1776 bei der Gründung der Vereinigten Staaten von Amerika mitgewirkt haben, waren Freimaurer und durch sie konnte sich das Auge der Vorsehung einen Platz auf der Rückseite der 1-Dollarnote erobern. Dort kann man es aus einem Dreieck über der abgeschnittenen Pyramide herausleuchten sehen.

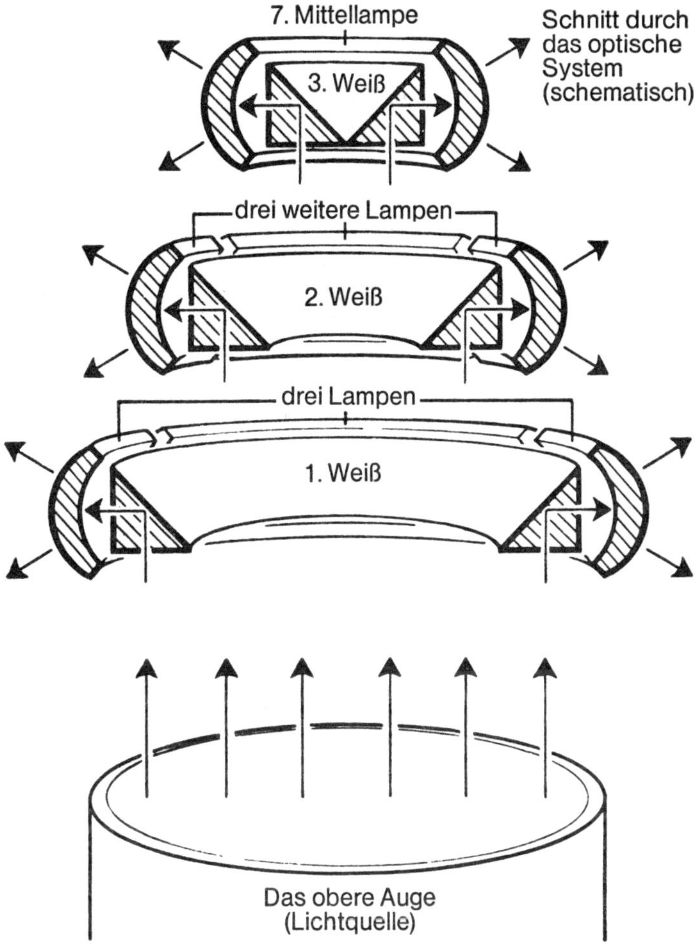

9.1 Lichtdiffusionssystem (schematische Interpretation von GHV 123)

9.2 Das Auge der Vorsehung

Die unteren Augen.

Wenn das obere, einzige Auge des Alten die Lichtquelle der Manna-Maschine war, was waren dann die unteren Augen? Wie aus den Texten hervorgeht, müssen sie irgendwie ungewöhnlich gewesen sein:

> (GHV 607) Die Augen des Kopfes (vom Kleinen Gesicht) unterscheiden sich von anderen Augen.

Danach folgt eine Passage, an der sämtliche früheren Übersetzer scheiterten. Hier nun unsere Version:

> (GHV 607) ... die klebrige Substanz, die sich in dem Behälter (GBThA) oberhalb der Augenlider (RISI)

> befindet, streicht (KChL) über die Augen, so daß alle in Schwärze gestrichen sind.

Wie können wir uns das erklären? ShRQVThA kommt von ShRQ, streichen, was wiederum das Wort ShIRQA, viskose Substanz, ergeben kann. Jastrow führt GBThA unter Behälter, kleines Rohr oder Kanal, während GBThA auch malen oder streichen heißt; manche werden auch die arabische Kosmetikfarbe ‚Kohl', die vom gleichen Stamm abgeleitet ist, kennen.

Zwei verschiedene Wörter mit der Bedeutung ‚streichen, malen' kommen in dieser Passage vor – eine oft anzutreffende schriftstellerische Technik, wenn der Sinn des Gesagten besonders klar sein soll. Ein Behälter, der für die Aufbewahrung flüssiger Farbe geeignet ist, sowie ein Hinweis auf die Farbe Schwarz werden gleichfalls erwähnt.

> Diese Augen leuchten nicht aus eigener Kraft:
> (GHV 139) Überlieferung: es gibt kein Licht in dem unteren Auge; es ist rot oder schwarz, außer, wenn es in dem weißen Licht des oberen Auges gesehen wird ... und es ist nicht bekannt, wann dieses obere, heilige Auge leuchten wird.

Aber wie viele untere Augen gab es eigentlich?

> (GHV 149) In seinem unteren Auge gibt es ein linkes Auge und ein rechtes Auge, und diese zwei haben zwei Farben ... Aber (in dem oberen Auge) gibt es kein linkes Auge und beide gehen auf demselben Weg nach oben und das ganze (Auge) ist rechts ... aber es ist nicht wie dies unten, wo die Augen Rot, Schwarz und Weiß, drei Farben beinhalten. Sie sind nicht immer offen ...

> (GHV 619) Wenn seine Augen offen sind, wird von ihnen gesagt, daß sie schön sind wie die von Tauben, in Rot, Schwarz und Gelb.

Der Text fährt fort mit der Beschreibung der drei ‚Farben' der Augen, woraus wir schließen müssen, daß es tatsächlich *drei* Augen in diesen verschiedenen Farben waren, wobei die offensichtliche Verwirrung, die an manchen Stellen des Textes zutage tritt, durch die Rabbiner, die sich irgendwie um diese ihnen unangenehme Tatsache herummogeln wollten, verursacht wurde.

Es gab also drei verschiedenfarbige Augen, die nicht leuchteten, sondern die Flüssigkeiten enthielten. Was könnte ihre Aufgabe gewesen sein?

> (GHV 659) Überlieferung: in diesen Augen, in zweien ihrer Farben, im Rot und im Schwarz, wohnen zwei Tränen. Und wenn der Heiligste der Heiligen zu Israel gnädig zu sein wünscht, läßt er die zwei Tropfen fallen, damit sie im Großen Meer versüßt werden.

Bevor irgendwelche ‚Gnade' oder Manna hergestellt wurde, mußten die ‚Tränen' zum ‚Großen Meer' oder dem Kulturtank hinabfallen. Außerdem heißt das Wort ‚versüßen' – BSM – auch noch ‚gären'. Es liegt auf der Hand, daß jene ‚Tränentropfen' die *Chlorella* zur Besamung des Tanks enthielten, zusammen mit einer konzentrierten Düngelösung, die ein rasches Wachstum der Pflanzen gewährleistete. Sobald dies sich einmal im bereits mit Wasser gefüllten Großen Meer befand, konnte der Produktionsprozeß für das Manna anlaufen. Die Israeliten werden dabei wohl ständig an den Gärvorgang von Bier oder Wein erinnert worden sein, denn in der Kultur mußten sich unablässig Sauerstoffbläschen gebildet haben, die im Tank aufsteigen und durch Sicherheitsventile entwichen.

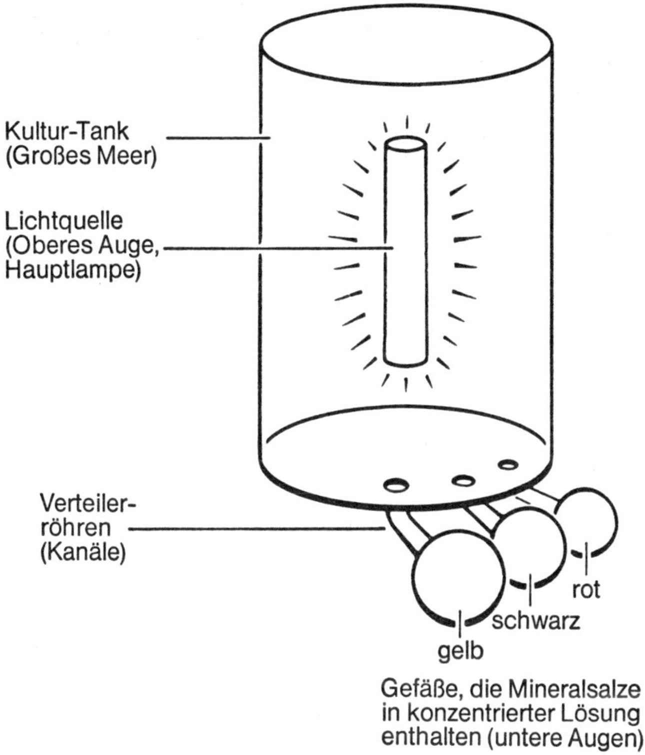

9.3 Die unteren Augen

Das Wort für ‚Auge', OIN, bedeutet auch ‚Brunnen' oder ‚Quelle' und kann eigentlich auf jeden runden, glänzenden Gegenstand angewendet werden. Es gibt daher kaum einen Zweifel, daß diese unteren Augen kleine Tanks waren, die das für die Herstellung von Manna nötige Rohmaterial enthielten. (Abbildung 9.3)

Der Feuerkessel.
In unserer bisherigen Analyse der Texte haben wir noch nichts gefunden, was als Energiequelle der Maschine in Frage gekommen wäre.

Rabbi Simon hatte aber angeblich eine ‚Vision', nachdem er die Diskussion um den Alten beendet hatte:

> (GHV 494) Rabbi Simon sagte zu seinen Begleitern: ‚Der Vorhang, den ihr über uns seht, ist also gespalten. Ich sehe, daß alle Teile in seinem Innern nach unten gehen und in diesen Ort hineinleuchten. Und da gibt es eine Abdeckung über der Lampe des Heiligen – gesegnet sei Er! – die in vier Richtungen und in vier Träger unterteilt ist. Ein Träger reicht vom Boden bis oben hin und dort gibt es einen Feuerbehälter in seiner Hand. Und in diesem Feuerbehälter gibt es vier Schlüssel [*oder:* Öffner], an allen Seiten geschärft [*oder:* gezahnt]. Und sie verbinden sich mit der Abdeckung und reichen zu ihr von oben bis zum Boden hinunter. Und auf die gleiche Weise gilt dies (auch) für den zweiten, dritten und vierten Träger. Und zwischen den Trägern sind achtzehn Trägerfüße verbunden, und sie leuchten in die Lampe, die in dieser Abdeckung ausgehöhlt ist, hinein. Und so (ist es) in vier Richtungen.

Der Heilige – gesegnet sei Er! – ist die gebräuchliche jüdische Anrede für Gott, und die Texte verwechseln ihn nur äußerst selten mit dem Hochbetagten. Hier scheint nun solch ein Ausnahmefall vorzuliegen. Der ‚Feuerbehälter' ist MGRVPIA, abgeleitet von GRP, Kohle und Asche herausschaufeln.

Obwohl Rabbi Simon eine angeblich religiöse Vision hatte, war der Gegenstand seiner Vision alles andere als religiös. Er beschreibt (wie immer) ein mechanisches Gebilde, welches in diesem Falle mit Feuer und gezahnten oder scharfen ‚Schlüsseln', die mit einer Abdeckung verbunden sind, im Zusammenhang steht und somit fast auf eine Art Fernbedienungsanlage schließen läßt.

Für die Herstellung von Manna oder irgendeines anderen Nahrungsmittels kann keinesfalls auf Energie verzichtet werden. Der Hochbetagte verbreitete ein gleißendes Licht, welches ebenfalls irgendeine Kraftquelle gehabt haben muß. In den Texten steht nichts davon, daß die Anlage irgendeinen konventionellen Kraftstoff benötigte – also muß sich die Energiequelle im Innern der Maschine befunden haben. Noch vor fünfzig Jahren wäre die Idee, eine derartige Energie – mindestens eine halbe Million Watt – innerhalb einer Maschine, die von einigen wenigen Männern getragen werden konnte, zu erzeugen, undenkbar gewesen. Aber heutzutage sind wir alle über die Kernenergie informiert.

Rabbi Simons Vision klingt sehr nach einer Schilderung eines Atomreaktors: die ‚Schlüssel', die in den Feuerbehälter hineinreichten, waren die Antriebe für die Dämpferstäbe. Hier haben wir nun die Energiequelle der Manna-Maschine! Später werden wir noch weitere Beweise dafür liefern, daß der Hochbetagte einen Kernreaktor enthalten hat (Abbildung 9.4).

Das Kleine Gesicht.

Wie wir festgestellt hatten, bestand die Maschine aus zwei Hauptteilen: dem Alten und dem Kleinen Gesicht. Wir benutzen den Titel ‚der Hochbetagte' als Bezeichnung für die gesamte Maschine.

Die Teile des Kleinen Gesichts werden in den Texten gesondert behandelt, wobei mit am bemerkenswertesten das Hirn sein dürfte.

Das Gehirn oder die ‚Weisheit' des Alten war, wie wir uns noch erinnern, der Taukondensator, welcher das Wasser für die

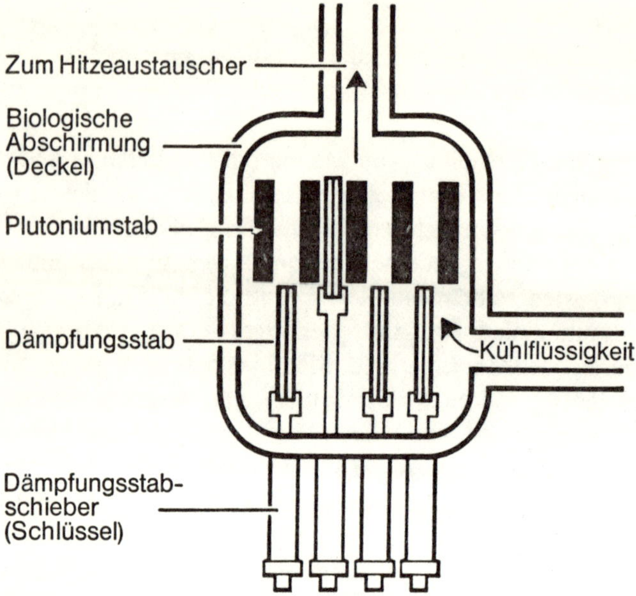

9.4 Schematische Zeichnung des Reaktors (irdische Technologie)

Maschine lieferte. Dieser Bestandteil war versiegelt und unzugänglich, weshalb auch keine näheren Einzelheiten darüber berichtet werden.

Das untere Hirn, jenes des Kleinen Gesichtes, war zugänglich, wodurch auch eine detaillierte Beschreibung möglich war:

> (GHV 559) In der Höhle dieses Schädels finden sich Höhlungen, in denen das Gehirn ruht. Und die durchbrochene Haut überdeckt sie. Denn die Haut ist nicht hart oder undurchdringlich wie beim Hochbetagten.

Mit der ‚durchbrochenen Haut' ist offensichtlich eine abnehmbare Abdeckplatte gemeint. Der Inhalt der drei Höhlungen wird dann äußerst sorgfältig beschrieben:

> (GHV 563) Von der ersten Höhlung wird ein Brunnen gespalten (um hineinzugehen) in vier Richtungen, und er geht von jenem Hirn aus. Und in dieser Höhlung verbleiben 32 Wege für den Atem der Weisheit. Von der zweiten Höhlung ist ein weiterer Brunnen gespalten und unterteilt und (von ihm) öffnen sich die 50 Tore . . . von der dritten Höhlung gehen die tausend mal tausend Versammlungen und Hallen des Wissens aus. Es (das Wissen) ruht auf ihnen und verteilt sich in sie. Und diese (dritte) Höhlung – die Höhlung, die zwischen jener (ersten) Höhlung und jener (zweiten) Höhlung verbleibt. Und alle jene Versammlungen werden von zwei Seiten gefüllt. Und diese drei (Höhlungen) erstrecken sich in den ganzen Körper, nach dieser Seite und nach jener Seite und mit ihnen ist der ganze Körper verbunden.

Es wird auch über die Teile in jeder Höhlung berichtet:

> (GHV 577) Von der Quelle der ersten Höhlung des Schädels aus werden die Haare in Leitungen geführt. Und die Locken, die von den vielen Quellen herabhängen und aus dieser Höhlung gespeist werden, beginnen zu arbeiten.
> Von der dritten Höhlung gehen tausendmal tausend Versammlungen und Hallen aus, und von allen werden die Haare in Leitungen geführt, und die Locken beginnen zu arbeiten . . .

Mit den Haaren aus den Höhlungen stehen zwei jener geheimnisvollen ‚Herren' in Verbindung:

> (KHV 488) Von dem ersten Hirn werden die Herren des Gleichgewichts in die schwachen Locken herausgezogen . . . Vom zweiten Hirn werden die Herren der Angst

> und der Klage herausgezogen, und sie hängen in die starken Locken hinein ... Vom dritten Hirn werden die Herren der Grundsätze herausgezogen, und sie hängen in die Locken jener (Haare), die sich im Dazwischenliegenden (Zustand, *d. h.* weder stark noch schwach) befinden.

Wie sind derart erstaunliche Beobachtungen nun auszulegen oder zu deuten? Den Theologen bleibt kein anderer Ausweg, als sie als Auswüchse der Phantasie beiseitezuschieben. Wir, die wir sie als Beschreibung von Teilen der Maschine akzeptieren können, müssen uns fragen, um welche Teile es sich dabei wohl gehandelt haben mag. In den Texten gibt es kaum Hinweise darauf, was sich in all diesen Höhlungen abspielte, aber im allgemeinen folgt die Reihenfolge, in der die Maschinenteile beschrieben werden dem Herstellungsablauf bei der Manna-Produktion. Als erstes hatten wir das obere Hirn, den Taukondensator, der das für die Produktion benötigte Wasser lieferte. Als nächster kam die Wasserpflanzenkultur – sozusagen das Rohmaterial für das Manna. Wir können also annehmen, daß danach die Verarbeitung dieser Pflanzen folgt, wobei die wohlschmeckenden Körner des ‚Himmelsbrotes' entstanden. Das nächste Diagramm zeigt, wie dies möglicherweise vonstatten ging und auf welche Weise der unappetitliche Wasserpflanzenschleim durch die drei Höhlungen geleitet werden konnte, damit schließlich Manna daraus wurde – siehe Abbildung 9.5. In der ersten Höhlung wurde ein Großteil des Wassers mittels halbdurchlässiger Leitungen und einer schwachen Vakuumbehandlung abgeschieden. Das Wasser wurde dann wieder dem Kulturtank zugeführt. In der zweiten Höhlung passierte der Schleim eine Fermentmatrix, wo die Pflanzenzellen aufgelöst und ihre Stärke- und Zelluloseanteile zu Zucker hydriert wurden. Ein mittelstarkes Vakuum wurde (über die dazwischenliegenden Locken) eingesetzt, um den

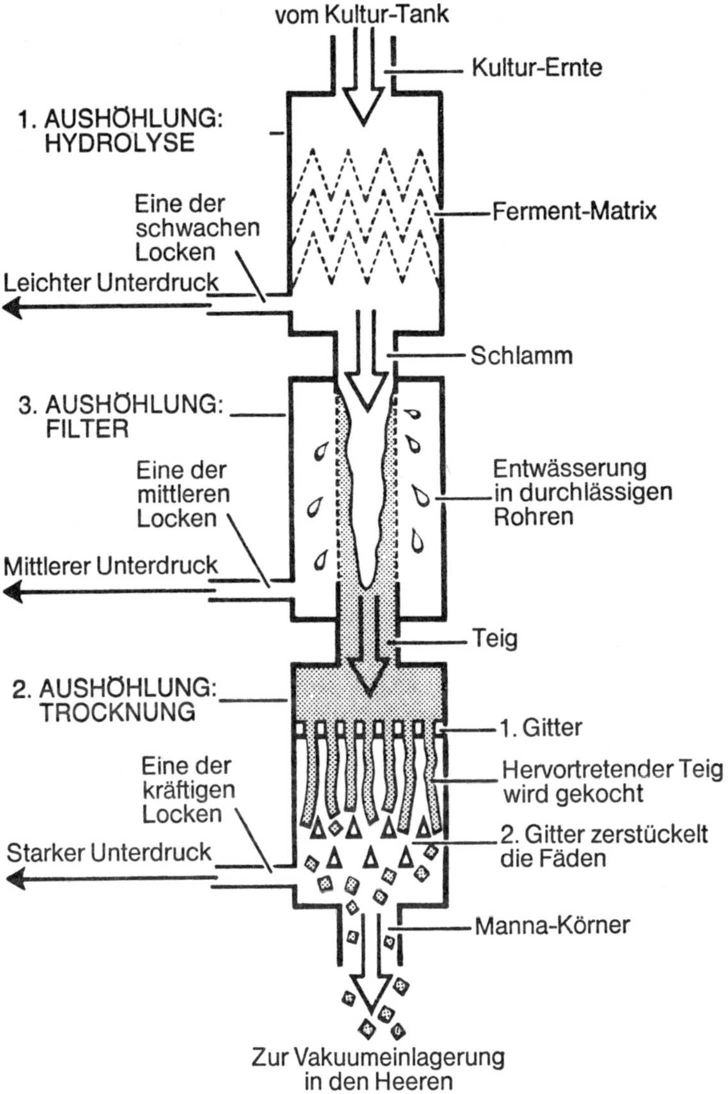

9.5 System der Manna-Verarbeitung (technische Interpretation von GHV 559, 563, 577 und KHV 488)

Schleim durch das äußerst feinmaschige Gewebe, die ,tausend mal tausend Hallen und Versammlungen des Wissens' zu ziehen.

Wenn das Wasser vom Taukondensator ,Weisheit' hieß und der Inhalt des Kulturtanks ,Einsicht' genannt wurde, so können wir mit einiger Berechtigung vermuten, daß der zur Hälfte verarbeitete Schleim ,Wissen' genannt wurde.

Nachdem er die dritte Höhlung passiert hatte, mußte sich der Schleim bereits in einen zuckrigen Teig verwandelt haben, der dann zur zweiten Höhlung weitergeleitet wurde. Dort wurde er durch eine Art Sieb in ein Vakuum gezogen, wo er in Form von spaghettiähnlichen Strängen trocknete. Beim Passieren dieses heißen und luftleeren Raumes wurden diese Stränge leicht gebacken um dann, sobald sie hart geworden waren, ein weiteres Sieb zu passieren, welches sie in einzelne Körner (etwa so groß wie Koriandersamen) zerlegte. Diese Körner fielen sodann zu den Lagertanks hinunter, die eventuell gleichfalls unter Vakuum standen, um zu verhindern, daß das Endprodukt Feuchtigkeit aufnehmen konnte. Das Vakuum konnte durch die Kondensation von heißem Dampf aus den Höhlungen erzeugt werden, oder, was noch wahrscheinlicher wäre, durch eine in der Nase angebrachte Einspritz-(=Buchner-)pumpe. Bestimmt wurde hierfür aber keine mechanische Pumpe verwendet.

In einer Einspritzpumpe bewirkt ein Gas- oder Flüssigkeitsstrom durch eine Düse, dic in die Flußrichtung weist, ein Ansaugen von Gas oder Flüssigkeit durch die Düse; dieser Vorgang ist in Abbildung 9.6 graphisch dargestellt. Aufgrund des sehr verschiedenartigen Rauches, der der Nase zu entweichen pflegte, müssen wir annehmen, daß sich die Manna-Maschine dieses Systems bediente. Sobald nur Wasserdampf vorhanden war, würde sich über der Nase eine weiße Wolke bilden. Wenn aber gerade Manna produziert wurde, gelangten unweigerlich auch Partikel von organischen Stoffen in den

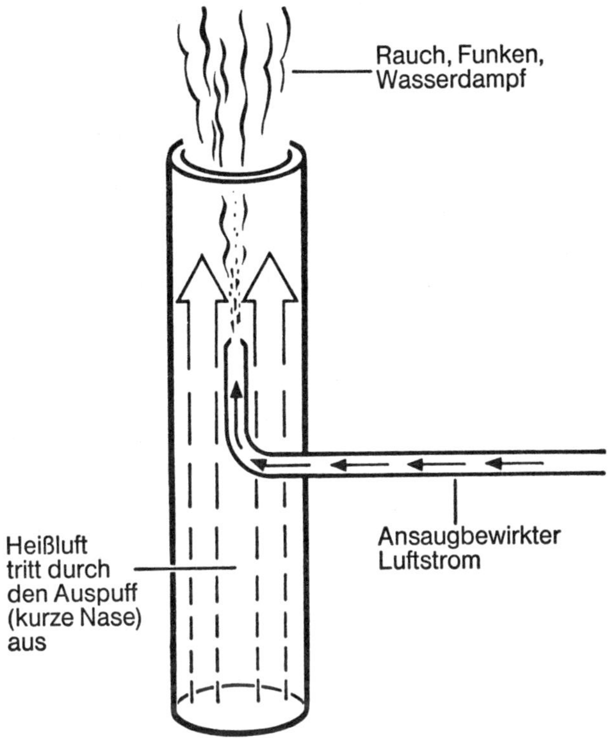

9.6 Die kurze Nase als Einspritzpumpe

heißen Luftstrom, wo sie verkohlten und der Wolke über der Nase ein schwärzliches Aussehen verliehen. Je nachdem konntc die Wolke dann auch noch glühende Kohlestückchen oder Funken enthalten. Dies wird uns auch an einer Stelle in der Bibel berichtet:

> (Ps 18,12) Sein Gezelt um ihn her war finster und schwarze, dicke Wolken, darin er verborgen war. Vom Glanz vor ihm trennten sich die Wolken mit Hagel und Blitzen.

Die Kronen des Hochbetagten.
Jedermann, der bereits andere Übersetzungen des *Sohar* gelesen hat, konnte feststellen, daß dort sehr viele ‚Kronen' im Zusammenhang mit dem Hochbetagten erwähnt werden. Dieses Wort wurde jedoch sehr oft willkürlich und vollkommen zusammenhanglos benutzt, so nimmt zum Beispiel die *Große Heilige Versammlung* 1066 auf die unteren Kronen in den Zehen der Füße Bezug. Hier muß man unterstellen, daß eine falsche Übersetzung vorliegt, was tatsächlich auch der Fall ist. Die Kabbalisten übersetzen in ihrer Besessenheit von mystischen und liturgischen Begriffen das Wort KThR unbeirrbar mit ‚Krone', auch wenn es in seiner anderen Bedeutung, nämlich ‚umgeben' gebraucht wurde. Selbstverständlich heißt es auch ‚Krone' im Sinne von ‚jenem, welches den Kopf umgibt', aber ‚umgeben' ist seine viel allgemeinere Bedeutung. Wenn wir uns beim Übersetzen dies vor Augen halten, kommen wir zu dem Schluß, daß die ‚Kronen' nichts weiter als abnehmbare Abdeckungen gewesen sein mußten. Diese Abdeckungen wurden entfernt, wenn man sich zu den inneren Teilen Zugang verschaffen mußte. Bei der Beschreibung des Weißen des Auges zitierten wir beispielsweise:

> (GHV 133) ... die drei Umhüllungen, die übrigbleiben, wenn eine Öffnung erforderlich wird.

Diese Umhüllungen oder Kronen wurden also an ihrem Platze belassen, während die anderen entfernt wurden:

> (GHV 1073) Alle diese Umhüllungen sind nicht in dem Körper enthalten, alle werden entfernt und sind schmutzig. Und sie beschmutzen jeden, der sich ihren Körpern nähert, um Worte von ihnen zu lernen ... Und sie fliegen weg und sind nicht mit dem Behälter des Körpers verbunden. Und deshalb befinden sie sich außerhalb von

allem anderen und sind oben und unten lose. Innen sind sie schmutzig.

Damit ist gesagt, daß der Schmutz von innen, vom Körper des Hochbetagten kam. Die Kronen erfüllten offensichtlich die Aufgabe von Schutzhüllen, die, wenn sie entfernt wurden, auf der Innenseite durch die verschiedenen Vorgänge, die sich bei der Manna-Herstellung abspielten, stark verschmutzt waren. Am Ende ihrer aktiven Betriebszeit mußte die Maschine eine ganz schöne Schweinerei um sich verbreitet haben, was auch nur zu verständlich ist; wenn man sich dabei die fast vierzigjährige, ununterbrochene Aktivität und die Wartung unter ungünstigen Bedingungen vorstellt, kann man sich leicht ausmalen, wie viele Rohrverbindungen undicht geworden waren, durch die dann unter einigem Druck Rauch, Dampf und Pflanzenschleim entweichen konnten. Für die Novizen, die in der Annahme, daß sie die Worte lernen sollten, in den Priesterstand eintraten, muß es eine recht unangenehme Überraschung gewesen sein, als sie feststellten, daß ihre zeremoniellen Roben nach dem Umgang mit diesen verschmutzten Teilen ganz klebrig und verdreckt waren.

In sämtlichen Texten finden sich Bezugnahmen auf diese Kronen oder Umhüllungen. Wenn wir daran denken, daß es sich einfach um Abdeckplatten handelte, werden sie alle erstaunlich sinnvoll.

Der Mund des Kleinen Gesichts.

Obwohl in der Beschreibung über den Bart des Alten immer wieder ein Mund erwähnt wird, gibt es keinen Teil des Textes, worin dieser beschrieben ist. Wir schließen aus diesem Umstand, daß es sich dabei um einen relativ unwichtigen Bestandteil gehandelt haben muß. Über den Mund des Kleinen Gesichtes wird hingegen einiges berichtet, wobei dieser Mund mit dem des Alten identisch zu sein scheint. Wir glauben daher unterstellen zu können, daß es eigentlich nur einen Mund gab – den schon erwähnten Lufteinlaß – und daß die Beschreibung in späterer Zeit dupliziert wurde, damit beide Teile des Hochbetagten einen Mund besaßen.

Wenn es sich bei dem Mund um einen Lufteinlaß handelte, so wäre es ganz normal, wenn er auch ein leichtes Geräusch verursachte. Dieses leichte Brummen wurde später als das Wort Gottes an sein Volk ausgelegt:

> (GHV 679) Die Lippen murmeln Macht, sie murmeln Weisheit.

Dieses Zitat läßt vor unserem geistigen Auge das Bild entstehen, wie die Priester verzückt vor dem Luftfilter stehen und auf das schwache Zischen der durch die Filtereinsätze gesaugten Luft lauschen. In späteren Epochen wurden die dort vernommenen Geräusche als Prophezeiungen ausgelegt.

Richard und Roslyn Warren beschreiben in einem Artikel im *Scientific American* (Dezember 1970) ein Experiment, wobei Versuchspersonen das englische Wort ‚tress', welches man auf Tonband aufgenommen hatte, immer wieder vorgespielt wurde. Dabei war ein Mann bereits nach einem Test von nur drei Minuten überzeugt, nicht die Worte tress, stress und dress – was zu erwarten gewesen wäre –, sondern außerdem auch Joyce, floris, florist und purse gehört zu haben. Es braucht uns daher nicht zu wundern, wenn die Priester am Luftfilter des Hochbetagten Worte der Weisheit zu vernehmen glaubten.

Der Mund scheint rechteckig gewesen zu sein, denn in der Beschreibung des Bartes gingen die Haare ‚von der Oberseite des Mundes bis zur anderen Oberseite des Mundes'. ‚Oberseite' könnte hier auch Extremität oder Ecke bedeuten, und wenn die Haare nach *oben* führten von einer Ecke zur anderen, dann muß der Mund an jeder Seite *zwei* Ecken besessen haben und kann nicht wie ein menschlicher Mund mit nur einer Ecke pro

Seite ausgesehen haben. Um den Mund herum waren vier hebräische Buchstaben eingraviert – wie wir bereits erwähnten, war der Hochbetagte genau wie moderne Maschinen mit Beschriftungen versehen. Leider können die Einzelheiten, wie sie die Texte über diese Beschriftungen liefern, unserem Wissen über die Maschine nichts hinzufügen.

Die Besprechung des Mundes endet mit einigen Bemerkungen über das Manna und die Vorsicht, die angebracht war, wenn man sich näher mit dessen Ursprung befaßte:

> (KHV 706) Gesegnet sei sein Teil, der vorsichtig ist beim Betrachten der Süße des Königs, auf daß er im rechten Maße davon kosten dürfe, denn es steht geschrieben (Ps 34,8): ‚Schmecket und sehet, wie freundlich [*wörtlich:* gut] der Herr ist', und (Spr 9,5) ‚Kommt, zehret von meinem Brot . . .'

König ist ein weiterer Titel für das Kleine Gesicht, und an dieser Stelle bezieht sich sowohl ‚Süße' als auch ‚Brot' auf Manna.

Das Ohr des Kleinen Gesichts.

Der Bericht über dieses Organ beginnt (KHV 582) mit der Behauptung, daß es zwei Ohren gab, aber daß diese ‚aufgehen' in einem; das Wort ‚aufgehen' (SLQ) kann auch auftreten oder erscheinen heißen. Wie wir am Beispiel der Augen feststellen konnten, stellt dies mehr oder weniger eine Rechtfertigung dar für den Umstand, daß die Überlieferungen über eine ungewöhnliche Anzahl der fraglichen Organe berichten. Wir können daher ruhig davon ausgehen, daß es in Wahrheit nur ein einziges Ohr gab. Diese Annahme wird auch dadurch erhärtet, daß die Bibel für gewöhnlich das Ohr des Herrn in der Einzahl erwähnt.

Innen ist das Ohr durch gekrümmte Einschnitte geformt, so

daß die ‚Stimme (QLA) verfolgt werden kann, wenn sie zum Hirn emporsteigt'. Im Ohr befinden sich die ‚Herren der Fittiche', deren Aufgabe es ist, die ‚Stimme (QLA)' in die ‚Sprache (MLH)' umzuwandeln. Scheinbar unterschieden sich Stimme und Sprache beträchtlich voneinander, auch wenn das eine in das andere umwandelbar gewesen sein soll:

> (KHV 592) Und jene Sprache, die hinausgeht, durchbricht den Äther [*oder:* Raum] und ergießt sich und steigt auf und fliegt in das Universum [*oder:* die Welt]. Und die ‚Stimme' wird daraus gemacht. Und die Herren der Fittiche empfangen diese Stimme und tragen sie zum König, und sie geht in seine Ohren.

Dieser Bericht über die ‚Stimme' und die ‚Sprache' klingt nach einer Darstellung der Funktion des Funkverkehrs. Die normale Sprache kann vom menschlichen Ohr vernommen werden, aber sie ist nicht sehr weitreichend. Aber mit Hilfe der ‚Herren der Fittiche' kann die Sprache zur ‚Stimme' verwandelt werden. Die ‚Stimme' – ein Funksignal – kann vom nackten Ohr nicht wahrgenommen werden, dafür aber große Entfernungen überwinden. Um sie wahrnehmen zu können, bedarf es weiterer ‚Herren der Fittiche', also eines Empfängers, der sie wieder zur Sprache moduliert. Der Text geht weiter mit folgendem Zitat:

> (5 Mose 5,25) [*wörtlich*] Da aber der Herr die Stimme eurer Worte hörte.

Warum nicht einfach, . . . eure Worte hörte? Der Grund ist der, daß bevor der Herr Sprache oder Worte vernehmen kann, diese zuerst zur ‚Stimme' verwandelt werden müssen. Die Herren der Fittiche treten zusammen mit ‚Sprache' und ‚Stimme' auch in diesem Zitat in Erscheinung:

> (Pred 10,20) Denn die Vögel des Himmels führen die Stimme fort, und die [*wörtlich*] Herren der Fittiche sollen die Sprache erzählen.

Eine weitere Anspielung auf Funkverkehr findet sich in dem Gespräch über das schwarze Auge des Kleinen Gesichts:

> (GHV 632) Die zweite Farbe ist Schwarz; wie der Stein, der einmal in tausend Jahren von der Tiefe in das Große Meer eingeht. Wenn dieser Stein herauskommt, gibt es auf dem Meer Unruhe und Gewalt. Und es ist die ‚Stimme' des Meeres, und ihre Umdrehungen [GLGLVHI] lassen es fließen. Und der Riesenfisch namens Leviathan muß ihnen zuhören.

Wenn mit dem ‚Großen Meer' hier der Weltraum gemeint ist, ergibt dies eine gute Beschreibung von Senden und Empfangen im Sinne einer Funkverbindung. Die vom Stein verursachten Vibrationen breiten sich aus und befördern die ‚Stimme', bis sie von Leviathan empfangen wird. Warum sollten sie aber das für die Entstehung der Funkwellen verantwortliche Gerät mit ‚Stein' bezeichnen? Die Antwort ist simpel: die Israeliten fragten in ihrem Staunen über die wundersame Art, auf die die Stimme des Herrn zu ihnen gelangen konnte, einen der Engel, wie dies möglich sei. Dieser erklärt es ihnen so gut es eben geht und wirft zur Erläuterung einen Stein in einen Tümpel, damit sie sehen können wie sich kreisförmige Wellen bilden und ausbreiten. Der Leviathan nimmt die Wellen wahr wie auch ein Fisch in der äußersten Ecke des Tümpels die vom Stein verursachten Wellen wahrnehmen würde. Selbst heute noch findet sich dieses Beispiel mit dem Tümpel in den meisten Büchern über die Grundbegriffe der Radiotechnik, weil diese einfache Analogie in der Regel auch von Leuten verstanden wird, die in Bezug auf Technik vollkommen unbedarft sind.

Wer oder was aber war Leviathan? Unsere Vermutung lautet dahingehend, daß damit das Raumschiff des Herrn gemeint war, welches von seiner Erdumlaufbahn aus den Exodus während seiner vierzigjährigen Dauer überwachte. In einem der nachfolgenden Kapitel werden wir noch weitere Beweise dafür liefern, daß der Herr mit dem Volke Israel in Funkkontakt stand. Scholem, einer führenden Autorität über den *Sohar* zufolge, sollte der erste Vers von Psalm 130 wie folgt gelesen werden:

> ‚Aus der Tiefe rufe ich, Herr, zu dir, . . . laß deine Ohren merken auf die Stimme meines Flehens!'

Es wird uns gelehrt, daß Gebete nicht gemurmelt, sondern laut und deutlich ausgesprochen werden sollten – so als ob man in ein Mikrophon spräche:

> (KHV 595) Und deshalb muß jeder Wunsch und jedes Gebet, welches ein Mensch erfüllt sehen möchte, vor den Heiligen – gesegnet sei Er! – kommen und mit Worten von seinen Lippen gesprochen werden. Denn wenn sie nicht herauskommen (aus dem Mund), sind seine Gebete nicht gebetet und seine Wünsche nicht gewünscht. Und sobald die Worte herauskommen (aus dem Mund), brechen sie durch zum Äther, steigen auf und fliegen und werden in die Stimme umgewandelt. Und sie werden von jenen empfangen, die sie zu empfangen haben (*d. h.* den Herren der Fittiche).

Frühe jüdische Glaubensbekenntnisse gehen auch tatsächlich davon aus, daß es sich bei Gott um eine vielbeschäftigte Persönlichkeit handeln müsse, weswegen auch die Gebete deutlich und in der richtigen Form artikuliert sein müssen, wenn sie zu Ihm gelangen sollen. An anderer Stelle im *Sohar* gibt es eine Bezugnahme auf eine Art himmlisches Postamt, wo Engel sich mit der großen Zahl der eingegangenen Gebete beschäftigen und sie je nach Verdienst und Wichtigkeit klassifizieren und weiterleiten.

Was war nun das Ohr? Vielleicht eine Mikrowellenantenne, die in den Hochbetagten eingebaut war? Möglich ist aber auch, daß in den Überlieferungen eine gewisse Verwirrung herrscht, und daß es sich dabei um irgendeinen Teil eines Filtriersystems handelte. Der GHV 723 zufolge war es an eines der 50 Tore der zweiten Höhlung des Gehirns angeschlossen, und gemäß der KHV 598 floß der ‚Fluß der Scheidung' in das Ohr hinein. Gegenwärtig sind wir noch nicht im Besitz hinreichender Beweise, die einen endgültigen Schluß ermöglichen würden.

Die Hände und Füße.
Während der Alte aus einem enormen Kopf besteht und unterhalb des Halses abrupt endet, besitzt das Kleine Gesicht einige Teile des Unterkörpers.

Es hat einen einzelnen Arm, bei dem wieder die gewohnte Rechtfertigung, eigentlich seien es zwei, ins Feld geführt wird, obwohl sowohl in der Bibel als auch in den alten Überlieferungen an keiner Stelle von einem zweiten Arm die Rede ist. Dieser Arm ist in drei Gelenke (QShRIN) unterteilt; hierbei ist zunächst unklar, was damit gemeint sein könnte:

> (GHV 1010) Und dieser rechte Arm streckt die Gelenke aus, wenn er sitzt. Aber der Arm spreizt seine Hand nicht in den drei erwähnten Gelenken.

Die ersten ‚Gelenke', die hier erwähnt werden, scheinen eindeutig konventionelle Gelenke wie Ellbogen und Handgelenk zu sein. Wenn diese gestreckt werden, dann streckt sich auch der ganze Arm. Eine Hand dagegen kann nicht in drei Gelenken gespreizt werden.

Später stellt sich uns noch eine mathematische Herausforderung:

> (GHV 1019) Überlieferung: in der linken Hand sind 450, eine Myriade Herren der Schilde vereint. Sie sind mit jedem und allen Fingern verbunden. Und in jedem einzelnen Finger gibt es 10 000 Herren der Schilde. Geht und zählt nach, wie viele es in der ganzen Hand gibt!

Das ist schwieriger als es den Anschein hat, denn nicht nur, daß die Angaben über die Anzahl der Herren der Schilde pro Finger recht vage sind – es wird nirgendwo in den gesamten Texten angegeben, wieviele Finger die Hand hatte. Man sollte meinen, daß in einer Beschreibung einer Hand ein derart grundlegendes Merkmal wie die Anzahl der Finger mit an erster Stelle der Beschreibung erwähnt würde. Wenn in der GHV 1019 gelesen wird: ‚450 Myriaden Herren in der linken Hand und 10 000 (eine Myriade) pro Finger', dann ergeben sich daraus 450 Finger pro Hand. Andererseits können wir auch unterstellen, daß mit den ‚Gelenken' aus der GHV 1010 in Wahrheit die Finger gemeint sind, denn eine Hand kann sich in drei Finger spreizen. Sollten es wirklich nur drei Finger gewesen sein, dann erklärt dies, warum sich die Texte mit Angaben über die Zahl zurückhalten.

In seinem Buch ‚Da tat sich der Himmel auf' unterstellt Josef Blumrich, daß die ‚Cherubim' oder Helikoptereinheiten jeweils einen Fernbedienungsarm enthielten, der dazu diente, die heißen, radioaktiven Brennelemente bei Bedarf zu entfernen und zu ersetzen, wenn solche Arbeiten an den Atomreaktoren, die das Raumschiff antrieben, nötig wurden. Wir haben nachgewiesen, daß die Manna-Maschine als Produkt derselben Technologie ebenfalls einen Atomreaktor enthielt. Es ist deshalb sehr wahrscheinlich, daß auch sie mit einem solchen

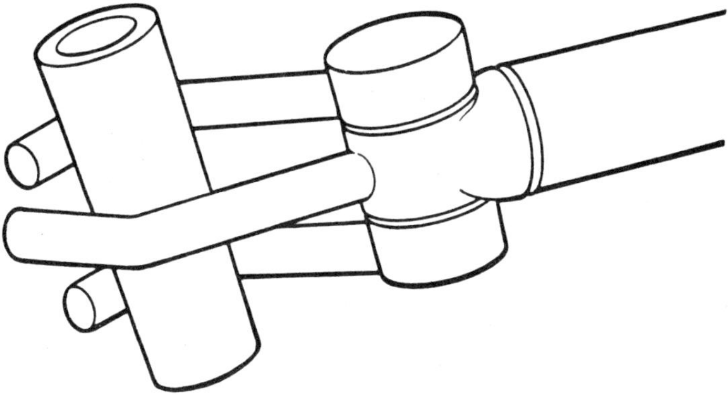

9.7 Mechanische dreifingrige Hand

ferngesteuerten Greifarm ausgerüstet war. Dieser Arm könnte eine dreifingrige Konstruktion, wie sie in Abbildung 9.7 dargestellt ist, gewesen sein:

Zwei ‚Finger' gegenüber einem ‚Daumen', der zwischen ihnen durchgreift. Diese Konstruktion ist in unseren modernen Laboratorien weit verbreitet und erstaunlich vielseitig einsetzbar, denn sie kann Gegenstände von verschiedenster Form und Größe greifen und halten. Im *Sohar* wird der Arm auch das ‚Heilige Hilfsteil' genannt, und

> (GHV 1023) . . . es sind in jeder Welt die Herren der Hilfe mit ihm verbunden.

Mit anderen Worten ausgedrückt, es handelt sich hier um ein vielseitig verwendbares Zusatzgerät.

Es ist zweifelhaft, ob die Israeliten ermächtigt waren, die Brennstäbe im Reaktor auszutauschen, aber wenn sie es taten, müssen sie es richtig gemacht haben, denn es gibt keinerlei Berichte über Beschwerden, die sie aufgrund von Symptomen von radioaktiver Verseuchung erlitten. Sie können aber auch lediglich die Kontrollhebel für den Arm entdeckt und sie benutzt haben, um leichte Bewegungen durchzuführen – vielleicht auch nur um die Leute in Angst und Schrecken zu versetzen.

Neben der Hand gab es auch noch Füße; Rabbi Simon (GHV 1061) zufolge, sollen es sechs gewesen sein. Er deutet den folgenden Vers:

> (Hoheslied 5,15) Seine Füße waren wie Säulen aus Marmor [ShSh],

dahingehend, daß es heißen müßte, ‚seine Füße waren sechs Säulen', da ShSh auch sechs heißen kann. Die Auslegung von Rabbi Simon wird im *Buch des Mysteriums* bestätigt:

> (BM 1:36) Die sechs gehen aus von dem Zweig der Wurzel des Körpers.

Vierter Teil

BEDIENUNG DER MASCHINE UND SEX

10

Der Herr Zebaoth

In den nächsten beiden Kapiteln müssen wir uns jenen Textstellen über den Hochbetagten zuwenden, die den Rabbinern und der Kirchenobrigkeit am peinlichsten sind, weil sie sich mit den Sexualorganen jenes Wesens befassen. Wir haben an früherer Stelle schon den ‚Penis' erwähnt und gezeigt, daß dies eine naheliegende Bezeichnung für das Abflußrohr des Mannas ist. Wir haben auch bereits auf die ‚Heere', die Behälter zur Aufbewahrung des Mannas bis zu seiner Entnahme, Bezug genommen:

> (KHV 761) Und der gesamte (Segens-)Strom, der aus dem ganzen Körper fließt, wird dort gesammelt, in jenen, die die Heere genannt werden . . . und dieser Strom verbleibt da, wo er sich gesammelt hat, um dann zur heiligen Gründung zu gehen. Er ist vollkommen weiß, weswegen er stets Gnade genannt wird. Und diese Gnade, tritt ins Allerheiligste ein . . .

Wie wir schon gesehen haben, sind ‚Segen' und ‚Gnade' auch Bezeichnungen für das Manna. Was bedeuten aber die ‚Heere' und die ‚Gründung'? Die Texte selbst liefern die Erklärung:

> (KHV 740) Und der Körper erstreckt sich weiter zu zwei Beinen [*oder* Bewässerungsteilen]. Und dazwischen hat er zwei Nieren und zwei männliche Hoden [*wörtlich:* Eier]. Das gesamte Öl und die Stärke und die männliche

> Kraft des ganzen Körpers fließen in ihnen zusammen . . . und deshalb werden sie die ‚Heere' genannt und mit ‚Sieg' und ‚Hoheit' angeredet . . . Sieg und Hoheit sind die Heere, und deshalb (ergibt sich der Name) ‚Herr Zebaoth' [*wörtl.:* Herr der Heere]. Das männliche Geschlechtsteil bildet das Endstück des ganzen Körpers und wird ‚die Gründung' genannt.

‚Nieren' und ‚Eier' sind Wörter, die in vielen Sprachen als Umschreibung für die Hoden verwendet werden, und es ist offensichtlich, daß diese hier gemeint sind. Die beiden Heere, Sieg und Hoheit, die Lagertanks für das Manna, wurden folglich als Hoden angesehen. Das Abflußrohr für das Manna, der Penis, war die Gründung. Die Bedeutung dieser Textstellen ist außergewöhnlich klar, aber wie lassen sich diese Geheimwörter erklären? Das hebräische Wort für Heere ist TzBAVTh, im Deutschen gewöhnlich mit Zebaoth oder Sabaoth umschrieben. Es soll die Pluralform des Wortes TzBA sein, was Heer bedeutet, oder einfach eine Ansammlung von Leuten zum Zwecke der Kriegführung. Vielleicht hat man die Hoden als ‚Heere' betrachtet, weil sie die ganze ‚Manneskraft' des Körpers in sich versammelten. Andererseits ist das Wort TzBA männlich, und sollte im Plural TzBAIM oder TzBAM lauten – TzBAVTh ist eine weibliche Pluralform. Welches weibliche Wort gibt es, von dem TzBAVTh abgeleitet sein könnte? Eine Möglichkeit wäre TzBH, was fast genauso ausgesprochen wird und ‚Schwellung' bedeutet. Es wäre daher möglich, daß die Hoden ursprünglich diesen Namen trugen, weil man dachte, daß sie von dem in ihnen enthaltenen Manna aufschwellen würden. Die Bezeichnung ‚Heere' könnte somit durchaus eine spätere Fehlinterpretation sein.

Es ist kein Wunder, daß die kirchliche Obrigkeit vom Studium des *Sohar* nicht entzückt ist, denn wenn wir diesen Teil lesen, werden wir in der Tat zu der Annahme geführt, daß der

Titel ‚Herr Zebaoth' vom Hochbetagten abgeleitet wurde. Studenten des *Sohar* müßte doch so jede Bezugnahme auf den Herrn der Heere fast wie eine Gotteslästerung vorkommen: eine Gottheit mit angeschwollenen Hoden. Wir müssen den jeweiligen Obrigkeiten der Juden hoch anrechnen, daß sie nicht schon vor Jahrhunderten jede auffindbare Ausgabe des *Sohar* verbrennen ließen.

Rückblickend ist leicht zu erkennen, was geschehen ist. Der Titel wurde zuerst für den Hochbetagten verwendet, aber später auf Gott selbst übertragen. Aus den Schwellungen wurden Hoden, und aus der Manna-Maschine mit ihrem großen Bart und zwei riesengroßen Hoden wurde ein bärtiger, wohlwollender Gottvater, der auf seinem Thron sitzt und seine Heere links und rechts von sich aufgestellt hat. Dies ist zumindest die Rolle, die der Herr Zebaoth für den durchschnittlichen Gläubigen spielt. Für die Eingeweihten aber, jene, die die geheime Lehre kennen, hat die Bezeichnung eine gänzlich andere Bedeutung.

Die Namen der Hoden waren Sieg und Hoheit, auf Hebräisch NTzCh (netzach) und HVD (hod). Haben diese Worte noch eine andere Bedeutung? Gewiß, das Wörterbuch liefert uns als hebräische Zweitbedeutung von Netzach auch ‚Saft' oder ‚Extrakt' und das Wort wird in der Bibel (Jes 63,3) mit der Bedeutung von Traubensaft verwendet. Für das andere Wort, Hod, gibt es keine Zweitbedeutung. Man könnte jedoch eine gewisse Verbindung zu ChDH, ‚sich erfreuen', herstellen und spekulieren, daß der Name des anderen Hodens auch ‚Freude' gewesen sein könnte, im Hinblick auf die Gefühle, die entstanden, wenn man sah, wie er sich füllte, und dabei das Bewußtsein genoß, daß der Sabbat, der Ruhetag, wieder einmal vor der Tür stand.

Wenn die Hoden das Manna aufbewahrten, dann war es nur eine logische Folge, daß es durch einen Penis austrat. Aber warum sollte man den Penis ausgerechnet als ‚Gründung' bezeichnen? Das hebräische Wort dafür ist ISVD (jesod), aus dem Verb ISD, (jesed), etwas gründen, etwas errichten. Dies steht in offensichtlichem Zusammenhang mit der normalen Aufgabe dieses Organs. Man kann jedoch auch weitergehen. Wenn wir das I auslassen, den kleinsten Buchstaben des hebräischen Alphabets, erhalten wir SVD (sod). Dieses Wort bedeutet ‚Geheimnis' oder ‚geheimer Teil', eine gewiß auf den Penis irgendeines Wesens anwendbare Bezeichnung, sei es nun himmlischer oder irdischer Herkunft.

Wenn der Vorgang bei der Ausschüttung des Mannas mit derartigen Symbolen aus der Sexualität umschrieben wird, dann ist es nur natürlich, daß die Israeliten den Vorgang als männlichen Orgasmus sahen. Die zur Lagerung und Ausschüttung des Mannes verwendeten Maschinenteile ähnelten nicht nur menschlichen Genitalien, sondern auch der Ablauf ihrer wöchentlichen Säuberung wurde mit einem Geschlechtsakt assoziiert.

An jedem siebten Tag wurde die Maschine sorgfältig zerlegt und gereinigt, wobei die Teile liebevoll vor Staub und Schmutz geschützt wurden. Danach wurden sie mit noch größerer Sorgfalt wieder zusammengebaut, was in dem Zusammenflanschen der beiden Hauptkomponenten gipfelte, einem Sexualakt an und für sich. Dann wurde sie eingeschaltet, und die verschiedenen Vorgänge begannen der Reihe nach. Zuerst lief der Tau vom Gehirn nach unten, dann füllte sich das ‚große Meer', wobei das ‚Öl der großen Güte' durch den ‚Bart' rann. Danach flossen die ‚Tränen' aus den ‚Augen', um Samen und Kunstdünger zuzuführen. Zum Schluß begann das ‚Auge der Vorsehung' in gleißendem Licht zu leuchten. Dann folgte eine lange Wartezeit, während derer sich die Pflanzen vermehrten, abgezapft und verarbeitet wurden, ehe sich die Hoden zu füllen begannen. Ganz zum Schluß würde das Manna zu fließen beginnen. Wen wundert es, daß der ganze Vorgang als eine Art kosmische Paarung angesehen wurde?

Diese Anschauung wird sogar heute noch durch viele Sitten und Bräuche der Juden bestätigt. So haben zum Beispiel Rabbiner die Pflicht, zu heiraten und am Sabbat den Geschlechtsverkehr zu vollziehen, eine Pflicht, die den Überzeugungen einiger christlicher Sekten nicht gerade nahesteht, vor allem, wenn man bedenkt, daß einige sogar ihre Haustiere bewußt hindern, am Tag des Herrn sexuell aktiv zu werden. Der Brauch der Rabbiner muß seinen Ursprung in der Notwendigkeit des erfolgreichen Zusammenkoppelns der Maschine und des reichhaltigen Mannastroms am Tage nach dem Sabbat gehabt haben. Das Manna wurde in das Allerheiligste der Stiftshütte abgelassen. Dies wiederum wurde als die Gebärmutter von Israel angesehen. Das Manna wurde auch für den Samen Gottes (des Bräutigams) gehalten, welcher die Braut (Israel) befruchtet und sie dazu veranlaßt, zu wachsen und sich zu vermehren. Ohne das Manna wären die Israeliten ziemlich schnell wegen Unterernährung ausgestorben. Die ganze Symbolik wird sehr gut veranschaulicht durch das Hohelied Salomons, ein Buch, welches nach Ansicht mancher Leute gar nicht in die Bibel gehört. Es wird gesagt, daß es sich um ein Liebesgedicht handelt, worin die Braut (Israel) die männlichen Attribute des Bräutigams (Gottes) lobpreist.

Wie wir gesehen haben, trifft vieles aus der Beschreibung des Bräutigams eher auf den Hochbetagten zu. Er ‚kommt aus der Wüste wie ein gerader Rauch‘ (Hoheslied 3,6) ist eine Bezugnahme auf die Abgase aus der Nase. Wo im Hohelied unter 5,15 gesagt wird: ‚und seine Beine sind wie Säulen aus Marmor‘, sagt der *Sohar*: ‚sind wie sechs Säulen‘. ‚Sein Leib ist wie reines Elfenbein, mit Saphiren geschmückt‘, stammt aus Kapitel 5, Vers 14 des Hohelieds. Auf hebräisch heißt ‚reines Elfenbein‘ OShTh ShN. Dies ist eine etwas obskure Phrase und könnte auch ‚künstlicher Zahn‘ bedeuten. Ein anderes Werk aus der Mystik, der *Shi'ur Komah*, zitiert jedoch diese Phrase mit OShRTh ShN, was perfektes Soharisch für die Zahl zwölf ist. Wem sollen wir also glauben? Der offizielle hebräische Text ergibt wenig Sinn, wenn wir aber nur einen Buchstaben R einfügen, dann erhalten wir:

> ‚Seine inneren Teile sind zwölf an der Zahl und mit Saphiren besetzt.‘

Das Zusammenkuppeln oder Aneinanderflanschen der beiden Hauptkomponenten, des großen Gesichts und des kleinen Gesichts, wurde, wie bereits erwähnt, als sexueller Akt gesehen. Diese beiden Teile wurden als männlich angesehen, aber dazwischen gab es ein als ‚die Braut‘ bekanntes Zwischenstück. Wir wollen nur einen Teil des Textes zitieren, der sich nur auf den Zusammenbau eines mechanischen Objektes beziehen kann. Es kann auf keinen Fall als sexueller Akt, sei es zwischen Göttern oder etwas anderem, gedeutet werden.

> (GHV 945) In dieser ‚Gestalt wie ein Mann‘ [*d. h.* dem Kleinen Gesicht] beginnt das Männliche und Weibliche, indem sie einen Behälter bilden. Sobald die ‚Gestalt‘ aus ihren Teilen zusammengestellt ist, angefangen mit dem Brustkasten zwischen den beiden Armen, wo die Haare des Bartes, ‚Schönheit‘ genannt, hängen. Und diese ‚Schönheit‘ ist nach außen gewölbt und formt zwei Brüste. Die Verlängerung nach hinten bildet den Schädel des weiblichen Teils. Das Ganze wird ringsum vom Haar im Gesicht des Kopfes verhüllt. Und sie (die Haare) bilden ein einziges Gefäß in dieser ‚Schönheit‘ . . . Wenn das Gesicht des Kopfes vom weiblichen Teil geschaffen wird, hängt eine Haarlocke von den hinteren Teilen des Kleinen Gesichts herunter bis auf den Kopf (oder Oberteil) des Weiblichen. Und die Haare in ihrem Kopf befinden sich in Erregung, denn sie sind alle von einem Rot, welches in allen Farben schillert . . . Laut

Überlieferung: kommt diese ‚Schönheit' vom Nabel des Herzens und dringt durch, um auf die andere Seite zu laufen. Und sie formt das weibliche Gesicht bis zum Nabel. Und sie beginnt und endet am Nabel. Weiterhin dehnt sich diese ‚Schönheit' aus, um die Eingeweide des männlichen Teils zu bilden.

Was ist davon zu halten? Die ‚Schönheit' ist ein Teil des Bartes, laut GHV 888 der neunte Teil, der sich ausdehnt um zwei Brüste und einen Schädel zu bilden. Sie ist vollkommen von anderen Haaren umgeben und erstreckt sich vom einen Nabel bis zum anderen, oder sogar im Kreislauf zum selben zurück. Darüber hinaus bildet sie die ‚Eingeweide' des männlichen Teils. Kein Wunder, daß diese Texte jahrhundertelang den Gelehrten Rätsel aufgegeben haben. Wenn wir die Worte, so wie sie sind, für bare Münze nehmen, ergibt die Beschreibung kompletten Blödsinn. Ein Sinn ergibt sich nur, wenn sie eine andere Bedeutung haben, das heißt, wenn sie Namen für Teile eines komplizierten Gebildes darstellen. Was ist zum Beispiel diese ‚Schönheit'? Das hebräische Wort ist ThPARTh, Tiphereth gesprochen. Läßt man aber das fast stimmlose A weg, so ergibt sich ThPRTh, eine substantivierte Form für ‚zusammennähen'. Dies paßt aber wunderbar in die Beschreibung, denn die Komponente wird so beschrieben, daß sie von einer Seite des Gebildes zur anderen geht, sie somit also zusammenhält oder verbindet (wie in Abbildung 10.1 zu sehen). Man muß dabei immer bedenken, daß der Originaltext eine sehr späte Niederschrift einer uralten mündlichen Überlieferung ist.

Wenn das Wort ‚männlich' lediglich für Penis steht, kann es selbstverständlich, wie es auch in der heutigen Technik zum Teil noch Verwendung findet, für irgendein Teil, welches in ein anderes Teil eingestöpselt wird, verwendet werden. Dabei deuten die Texte an, daß es neben der ‚Gründung', dem Ablaßrohr für das Manna, auch noch andere Penisse gab.

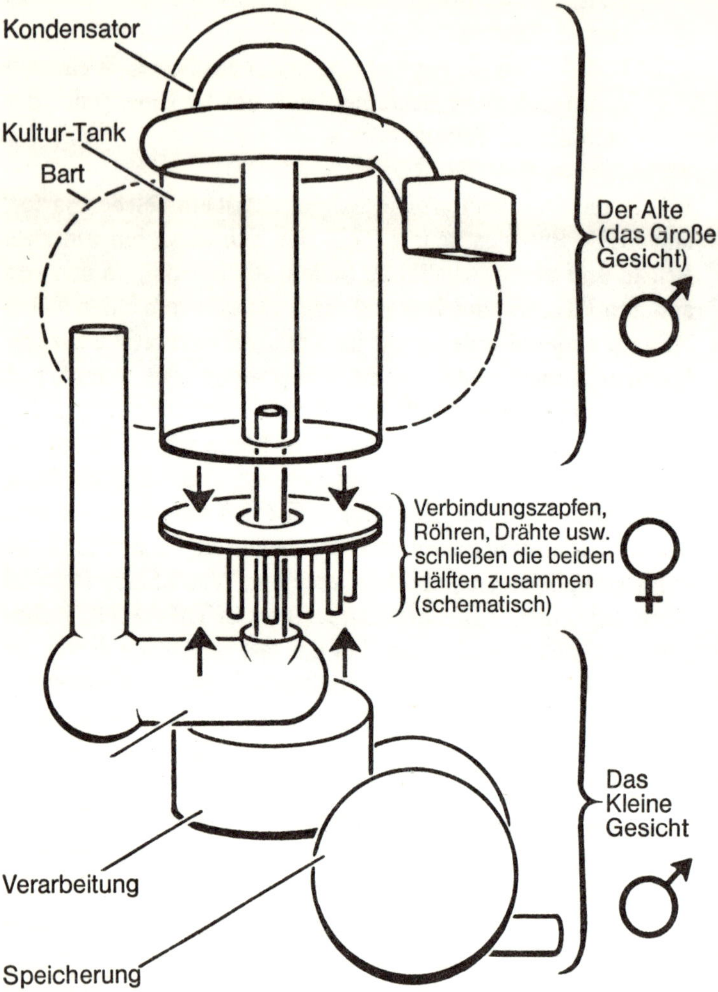

10.1 Der Zusammenbau der beiden Hauptteile

Ebenso ist das Wort für ‚weiblich' in den Schriften NVQBA (nukba). Das Wort bedeutet auch ‚Loch'. (Die sexuelle Phantasie der Aramäer hat eine recht brutale Direktheit an sich.) So wird dieses Wort auch im Zusammenhang mit den Nasenlöchern verwendet. Ebenso lesen wir das Wort ‚weiblich', wo es lediglich ‚Steckdose' bedeutet. Die ‚Haare' sind, wie wir gesehen haben, nichts anderes als Rohr- oder Drahtleitungen, und die ‚Eingeweide' umschreiben einfach die inneren Teile irgendeiner beliebigen Sache. Unter diesem Aspekt wird aus dem Text einfach eine mechanische Beschreibung. Leider ist er nicht klar genug, um den Versuch einer Rekonstruktion zu ermöglichen.

Der Hauptpenis hatte scheinbar ein verschließbares Mundstück:

> (GHV 969) Und sobald der ‚Yod', die Mündung des Penis, geöffnet wird, tritt die ‚obere Gnade' zutage. Und dieser Penis ist die ‚Gnade'; er wird deshalb so genannt, weil die ‚Gnade' in der Mündung dieses Penis hängt. Es wird aber erst dann ‚Gnade' genannt, wenn die Mündung des Penis geöffnet wird.

Wenn die ‚Gnade' oder das Manna gleichbedeutend mit Samen war, dann können wir erkennen, warum die Juden eine derartige Abscheu vor der Selbstbefriedigung entwickelten. Die Völker des Altertums hatten im allgemeinen keine strengen Ansichten über diese Gewohnheit, außer, daß sie gegenüber denjenigen, die sie praktizierten, eine etwas abschätzige Haltung einnahmen, weil man sie für unfähig hielt, sich Partner für lohnendere Formen der sexuellen Betätigung zu beschaffen. Manche modernen Mediziner empfehlen die Masturbation zur Verhütung von Überfüllungen und Krankheiten der Vorsteherdrüsen. Zumindest sind die Internatsmärchen, daß sie zu Blindheit und anderen Übeln führt, sowie die

Praxis, Jungen mit Boxhandschuhen ins Bett zu schicken, nahezu ausgestorben. Warum aber verabscheuten dann die Juden dieses harmlose Laster so sehr? Unsere Untersuchungen haben die Antwort geliefert! Man war zur Überzeugung gelangt, daß, wenn jemand im Lager der Israeliten masturbierte, am nächsten Morgen ein Teil des Mannas verschüttet würde. Dies aber wäre nicht nur Verschwendung, sondern auch ein Sakrileg, da jedes Körnchen des ‚Himmelsbrotes' seiner Bestimmung, nämlich der Erhaltung des Lebens der Kinder Israels, zugeführt werden mußte. In der Bibel erleidet Onan den Tod, weil er seinen Samen auf die Erde fallen ließ (1 Mose 38,9), und im Lager in der Wüste gab es eine Regel, wonach jeder, der eine nächtliche Ejakulation hatte, für einen Tag das Lager verlassen mußte (5 Mose, 23,11).

An früherer Stelle haben wir angenommen, daß der Penis, bekannt als Jesod (ISVD), in Wahrheit ursprünglich vielleicht, das Geheimnis, Sod (SVD) genannt wurde.

Das folgende Zitat bestätigt diese Annahme:

> (Ps 25,14) Der Herr ist denen Freund, die ihn fürchten, und seinen Bund läßt er sie wissen.

Dies ist die Übersetzung Luthers, so zu lesen in der Bibel. Geht man aber auf den hebräischen Urtext zurück, so findet man:

> SVD IHVH IRAV VBRIThV LHVDIOM

Wörtlich übersetzt heißt dies:

> Das Geheimnis des Herrn ist für die, die ihn fürchten, und seinen Bund läßt er sie wissen.

In den Psalmen besteht, wie auch in anderen Werken der hebräischen Poesie, jeder Vers oft aus zwei Teilen, von denen jeder mit dem anderen sinngemäß zwar identisch ist, aber in der Wortwahl leicht abweicht. Hier haben wir ‚Geheimnis', was auch ‚Penis' oder ‚Bund' bedeuten könnte. Das Zeichen des Bundes aber ist der beschnittene Penis; jeder männliche Jude wird zum Zeichen der Erinnerung an den Bund, oder an den Vertrag, zwischen dem Herrn und seinem Volk beschnitten (1 Mose 17,9ff). Es ist daher durchaus möglich, daß im zweiten Teil dieses Verses ‚Bund' für den beschnittenen Penis steht, sozusagen als Pendant zum ‚Geheimnis' des ersten Teils, so daß der Vers ursprünglich ausdrücken wollte, daß nur diejenigen, die den Herrn fürchten, ihre Mannaration erhalten und den Anblick des Penisses des Hochbetagten genießen durften. Wir werden später noch auf den Zusammenhang zwischen der großen Wichtigkeit des jüdischen Beschneidungszeremoniells und der Manna-Maschine kommen. Für den Augenblick beschränken wir uns auf die Anmerkung, daß das hebräische Wort für ‚unbeschnitten' ORL ist, wörtlich ‚verstopft', und daß die Beschneidung gewöhnlich frühmorgens, zur Zeit der Verteilung des Mannas, vorgenommen wird. Furchtbar wären die Folgen für Israel, wenn der Penis des Hochbetagten verstopft wäre.

Der Ausstoß des Mannas erfolgte ins Allerheiligste, und laut folgender Textstelle sprach Moses dabei ein Geheimwort:

> (GHV 696) Und Moses spricht diese Worte (IHVH, IHVH) am Gerichtsplatz, damit er die Maße der Gnade vom heiligen Alten herabkommen lassen kann zu dem Kleinen Gesicht. Denn sie lehrten, die Macht Moses sei so groß gewesen, daß er die Maße der Gnade zum unteren Teil herabfließen lassen konnte.

IHVH ist die hebräische Schreibweise für den heiligsten Namen Gottes, auf deutsch, der ursprünglichen Aussprache entsprechend, gewöhnlich Jahwe geschrieben. Der ‚Gerichtsplatz‘ befand sich auf der einen Seite des Hochbetagten, auf der anderen Seite war der ‚Platz der Gnade‘. Der Name ‚Heiliger Urahn‘ oder ‚Heiliger Alter‘ wird oft zur Bezeichnung des größeren der beiden Teile der Maschine verwendet, des ‚Großen Gesichts‘. Er wird aber auch auf die gesamte Maschine, den Hochbetagten, angewandt.

Laut diesem Text ging Moses also in das Allerheiligste, sprach zweimal den heiligen Namen, und die Maße der Gnade begannen vom oberen in den unteren Teil der Maschine zu rinnen. Was waren diese ‚Maße der Gnade‘, MKILN DRChMI (mekilin di-rechemi) im Original?

> Jastrows ausgezeichnetes Wörterbuch führt unter MKILA folgende Bedeutungen auf:
> 1 Ein Hohl- oder Raummaß; Ausmaß (von) Vergeltung, Zuteilung usw.)
> 2 Ein im Zusammenhang mit den Schaubroten verwendetes Gefäß im Tempel;
> 3 Eine Sammlung von Gesetzen, Regeln etc . . .

Wir haben uns bereits die Mühe gemacht, zu beweisen, daß ‚Gnade‘ einer der Namen war, die man dem Manna zu geben pflegte. Es hatte nicht die abstrakte Bedeutung von Vergebung, sondern bezog sich auf eine materielle Substanz, nämlich Nahrung. Dieser Text gibt eine weitere Bestätigung hierfür, da MKILA eine Maßeinheit war; es ist, als ob der Text auf einen Liter von Gnade Bezug nähme, was, wenn Vergebung gemeint wäre, vollkommen unsinnig wäre. Darüberhinaus kann das Wort auch Zuteilung bedeuten, und zwar im Sinne einer Verteilung des Mannas auf der Grundlage einer Maßeinheit, die auch zur Verteilung der Schaubrote im Tempel verwendet wurde. Vom Schaubrot heißt es, daß es als rituelles Mahl im Allerheiligsten aufgetischt war, für den Fall, daß Gott beschließen sollte, sein Volk zu besuchen. Der echte Gott brauchte aber überhaupt nicht zu essen. Das Schaubrot muß deshalb einem anderen Zweck gedient haben. Wir könnten annehmen, daß es sich um eine Auslage von Nahrung vor dem Hochbetagten handelte, vorgenommen in der Hoffnung, daß so jenes Wesen veranlaßt werden könnte, noch einmal das ‚Himmelsbrot' von sich zu geben.

Moses betrat also das Allerheiligste, sagte den Namen zweimal, und schon kamen die Maße des Mannas herab. Man gerät in die Versuchung, anzunehmen, daß die Maschine Mikrophone und elektronische Steuerelemente, die über die Schallwellenfrequenzen der menschlichen Stimme arbeiteten, besaß, was ihr ermöglichte, gewissermaßen ‚auf Kommando' den Abfluß des Mannas geschehen zu lassen, vorausgesetzt, daß das Losungswort ausgesprochen und zur Sicherheit einmal wiederholt würde. Ob dies nun der Fall gewesen sein könnte oder nicht, es steht fest, daß die Israeliten glaubten, daß es so war, denn das Ende der Manna-Produktion fiel mit dem Tod Moses zusammen. In der Folge glaubten die Priester vielleicht, daß nur seine Stimme in der Lage war, das Manna fließen zu lassen, und haben möglicherweise viel Zeit mit dem Versuch zugebracht, seine Stimme exakt nachzuahmen. Aber so große Mühe sie sich auch gaben, es klappte nie, und nach und nach gaben sie die Hoffnung auf. Zu jener Zeit wurde dann der Tempel erbaut und die Versuche, den Hochbetagten wieder in Betrieb zu nehmen, wurden auf ein einziges Mal pro Jahr beschränkt, den Tag der Versöhnung.

Die Tatsache, daß man der Ansicht war, daß die Stimme bei der Inbetriebsetzung eine wesentliche Rolle spielte, tritt in folgender Textstellung deutlich zutage:

> (GHV 716) Überlieferung: Zu einer Zeit, da Israel in Qual aufschreit, dann geben die Haare die Ohren frei, so daß die Stimme in die Ohren eindringen kann, eindringen in jenes Rohr, welches vom Gehirn kommt, um im

> Gehirn aufgefangen zu werden. Und es kommt aus den Nasenlöchern heraus. Und die Nase schrumpft und wird heiß, und Flammen und Rauch kommen aus diesen Rohren, und alle Kräfte werden geweckt, und es stellt Rache her. Aber bevor Flammen und Rauch aus diesen Rohren kommen und alle Kräfte geweckt werden, geht diese Stimme nach oben und nimmt Einfluß auf das Oberteil des Gehirns, und die beiden Tränen fließen von den Augen herunter. Und Flammen und Rauch kommen aus diesen Löchern (der Nase) durch (die Wirkung) jener Stimme ...

Ist dies eine Vision von Gott, der sich in Wut steigert? Oder ist es die Anlaufphase einer Manna-Maschine?

11

Die sexuellen Spielereien des Hochbetagten

Wie wir schon festgestellt haben, hatte die Lagerung und die Ausschüttung des Mannas für die Juden eine sexuelle Bedeutung. Dies traf aber auch auf die wöchentliche Reinigungsaktion, das Auseinandernehmen und den Zusammenbau zu, welche am Sabbat vorgenommen wurden. Deshalb müssen wir zu diesem Punkt zu einem berechtigten Einwand Stellung nehmen. Es ist bekannt, daß den gläubigen Juden am Sabbat die Verrichtung jeglicher Arbeit verboten ist. Warum wurde dann aber die Reinigungsarbeit an dieser Maschine ausgerechnet an diesem Tag vorgenommen? Bevor wir diese Frage beantworten, müssen wir darauf hinweisen, daß die jüdischen Vorschriften für den Sabbat nicht so streng sind wie die mancher christlichen Sekten. Nur *unwesentliche* Arbeit fällt unter das Verbot, damit möglichst viel Zeit zur Verfügung steht für die heiligen Tätigkeiten, wie den Besuch der Synagoge, das Studium der Lehre, sowie die Verspeisung der drei rituellen Mahlzeiten dieses Tages, die allerdings vor dem eigentlichen Sabbat zuzubereiten sind. Daraus können wir entnehmen, daß die Ausnahme jedes siebten Tages ursprünglich den Sinn hatte, die größtmögliche Leistungsfähigkeit für die wichtigste und heiligste Aufgabe, die wöchentliche Reinigung des Hochbetagten zu ermöglichen.

Um jede Störung der Priester bei ihrer komplizierten Arbeit zu vermeiden, mußte das Volk seine Zelte in einem Abstand von mindestens 2000 Ellen (1000 Meter) von der Stiftshütte entfernt aufstellen, und aus dem gleichen Grund war das Reisen am Sabbat auf die gleiche Entfernung beschränkt. Um die Menge unnötigen Staubs und Schmutzes auf ein Minimum zu beschränken, waren nur Reisen zu Fuß statthaft, ebenso war es am Sabbat deshalb verboten, Feuerholz zu sammeln oder Feuer zu entzünden.

Die Festlegung der Woche auf sieben Tage ist eine jüdische Erfindung, die von fast der ganzen Welt übernommen wurde. Vor dieser Erfindung hatten die Babylonier einen auf den Mondphasen basierenden Kalender, dessen Feiertage jeweils auf den 7., 14., 19., 21. und 28. Tag des Monats fielen, wobei die Monate 29 oder 30 Tage zu dauern pflegten. Als Folge hiervon waren die sogenannten Wochen der Babylonier unterschiedlich lang. Die Juden führten den Zyklus von sieben Tagen ein, ohne sich um das Datum im jeweiligen Monat zu kümmern, obwohl sie die babylonischen Monate bis auf den heutigen Tag beibehalten haben. Es wurde immer wieder behauptet, daß der Sabbat ein Tag ist, an dem Gott sich ausgeruht hat, und nicht ein Tag, den Gott befohlen hat. Wenn in diesem Zusammenhang mit ‚Gott' ursprünglich der Hochbetagte gemeint war, dann ist diese Behauptung vollkommen sinnvoll.

Bezugnahmen auf die wöchentlichen Reinigungs- und Instandhaltungsmaßnahmen finden sich verstreut in sämtlichen Texten über den Hochbetagten. Meistens beziehen sie sich jedoch auf den Zusammenbau, das heikelste Unterfangen. Dies alles wurde in der Abgeschiedenheit des Allerheiligsten, der inneren Kammer der Stiftshütte, deren Vorderseite durch einen Vorhang abgeschirmt war, vorgenommen.

> (GHV 34) Überlieferung: Und nach einiger Zeit wurde er hinter diesem Vorhang in seine Teile zerlegt und wieder zusammengesetzt.

Es existiert auch eine Liste über die fünf ‚Geschlechtsorgane' des weiblichen Teils.

> (GHV 964) Überlieferung: Die fünf Geschlechtsorgane werden in ihr zutage gefördert . . . die Stimme der Gattin tritt zutage; das Haar der Gattin tritt zutage; das Bein der Gattin tritt zutage; die Hand der Gattin tritt zutage; der Fuß der Gattin tritt zutage . . .

Diese fünf Teile sind nun gerade nicht, was wir uns normalerweise unter Geschlechtsorganen einer Frau vorstellen. Wir können daher vermuten, daß diese Worte lediglich eine Bezeichnung für etwas ist, das normalerweise verborgen gehalten wird, aber bei der Zerlegung zum Vorschein kommt. Die Namen werden willkürlich gewählt sein, auf der Grundlage vager Ähnlichkeiten mit Körperteilen. Die Stimme QLA (kola), der erste Teil, der entfernt wurde, kann in Wahrheit ‚glänzender Teil', QLL (kalal), eine Abdeckplatte aus poliertem Metall gewesen sein; alle weiteren Teile mußten in einer gegebenen Reihenfolge, die strengstens einzuhalten war, abmontiert werden.

Die Maschine mußte, bevor man sie auseinandernahm, natürlich ausgeschaltet werden.

> (GHV 1028) Und wenn er sie (die Teile) voneinander trennt, verdunkelt sich das Kleine Gesicht in Schlummer, und er löst den weiblichen Teil von seinen hinteren Seitenteilen, zerlegt ihn und bewahrt ihn sicher und im Verborgenen auf, bis die Zeit kommt, wo er sich mit dem männlichen Teil vereinigt.

Es liegt auf der Hand, daß diese Überlieferung in späteren Zeiten als bewundernde Bezugnahme auf das Geschlechtsleben der Götter gewertet wurde. Offenbar war ihre Leidenschaft so groß, daß sie eine Narkose benötigten, damit sie sich voneinander lösen konnten: Wir sind jedoch fest davon überzeugt, daß dies sich lediglich auf das Ausschalten der Maschine bezieht, und daß die Notwendigkeit, den weiblichen Teil ‚sicher und verborgen' aufzubewahren, bedeutet, daß die wichtigen Oberflächen für das Zusammenwirken mit dem anderen Teil bis zum Zusammenbau unbedingt sauberzuhalten waren.

Wenn die Teile einmal zusammengebaut waren, wiesen sie eine derartige Paßgenauigkeit auf, daß die Verbindungsnaht nicht zu sehen war.

> (KHV 715) ... der weibliche Teil weist seitlich einen Vorsprung auf und wird an den männlichen Teil angeschlossen, bis er sich nicht mehr seitlich (vom männlichen), sondern genau gegenüber befindet. Und wenn sie aneinandergeschlossen sind, erscheinen sie als ein einziger Körper. Daraus lernen wir, daß der männliche Teil alleine als halber Körper zu sehen ist ... und das gleiche gilt für den weiblichen Teil. Und wenn sie aneinandergeschlossen sind, muß das Ganze als ein Körper gesehen werden.

Die Alten mögen damals sehr wohl eine gewisse Erregung bei dem Gedanken an den titanischen Geschlechtsakt verspürt haben, der sich da abgespielt haben mag, als die beiden Körper so eng aneinandergeschlossen waren. Bei einer etwas nüchterneren Betrachtungsweise können wir dies einfach als Kommentar über die äußerst geringen Toleranzen auslegen, mit denen die Teile des Hochbetagten gefertigt worden waren. Dieser Text geht weiter:

> (KHV 720) Und es ist folgendermaßen. Und wenn (der männliche Teil) an den weiblichen Teil angeschlossen ist,

> ist das ganze Ding ein Körper. Und alle in der Welt geraten darüber in Freude, und alle erhalten den Segen des ganzen Körpers.

Wie wir gesehen haben, ist ‚Segen' ein Synonym für Manna. Es ist also die Bestätigung dafür, daß es vom vollständigen Körper des Hochbetagten stammte. In seiner weiteren Fortsetzung bestätigt der Text, daß der Zusammenbau am Sabbat stattfand.

> (KHV 721) Und sie (der männliche und der weibliche Teil) sind geheim. Darum segnete der Herr den Sabbattag und heiligte ihn. Das Ganze (Ding) findet sich an diesem Tag vereinigt. Der vollständige Körper dieser ‚Matrone' wird an den König angeschlossen, und der Körper bildet eine Einheit, weswegen an jenem Tag die Segnungen erteilt werden.

Wir erinnern uns, daß ‚Segnung' oder Manna am Sabbattag nicht erhältlich war. Welcher Tag könnte dann hier gemeint sein? Folgender Text kann vielleicht weiterhelfen:

> (KHV 746) Wenn die Matrone abmontiert wird und am Abend des Sabbattages, Angesicht zu Angesicht an den König angeschlossen wird, dann ist das Ganze zu einem Körper zusammengeschlossen.

Der Sabbat dauert von Freitagabend bis Sonnenuntergang Samstagabend, und es wird hier nicht deutlich, welcher Tag eigentlich gemeint ist. Es muß jedoch auf den Samstagabend bezogen sein, so daß die ‚Segnung' tatsächlich am folgenden Morgen, am Sonntag, eintraf. Die Samstagabende sind sowohl für Christen wie auch für Juden traditionelle Feierabende, nach Beendigung des Sabbats. Möglicherweise wurde hier ursprünglich die erfolgreiche Beendigung des Zusammenbaus gefeiert.

Wenn diese Arbeit nicht erfolgreich zu Ende geführt worden wäre, stünde während der Woche kein Manna zur Verfügung! Wen wundert es angesichts dieser Tatsache, daß die Priester, vom Volke imitiert, die Pflicht verspürten, am Freitagabend großartige Beispiele sexueller Leistungsfähigkeit und Ausdauer zu bringen: Das mutet wie eine Art Sympathiezauber an.

Wir haben zuvor schon erwähnt, daß die weiblichen Teile ‚sicher und verborgen' aufbewahrt werden mußten, bis sie für die Montage benötigt wurden, um zu vermeiden, daß die hochglanzpolierten Oberflächen durch Einwirkung von Schmutz und Staub zerkratzt und beschädigt werden. Dies könnte vielleicht die hebräische Besessenheit für die Bedekkung der Geschlechtsteile erklären. Wie aus dieser Literatur hervorgeht, waren die alten Hebräer keineswegs prüde, aber sie trugen dessenungeachtet ständig schwere Kleidung, was in jenem heißen Klima weder bequem noch der Gesundheit förderlich gewesen sein kann. Andere Völker stellten ihre Geschlechtsteile bewußt zur Schau, die Israeliten aber verbargen sie grundsätzlich.

Diese Sitte kann sehr wohl auch ein Überbleibsel der in der Praxis angewandten Religion sein. So betrachtet, wäre sie das Ergebnis einer Betrachtungsweise, bei der die Geschlechtsteile als die empfindlichen Teile im Inneren einer Maschine gesehen werden. Die äußeren Teile, die keine dermaßen hochgradige Paßgenauigkeit mit anderen Teilen aufwiesen, konnten ohne Schwierigkeit dem Staub und den Sandstürmen der Wüste ausgesetzt werden. Lediglich die inneren, hochpräzis hergestellten Teile konnten Schaden nehmen, wenn sie mit scheuernden Partikeln in Berührung kamen. Da die Israeliten ihre eigenen schmerzlichen Erfahrungen bezüglich der Wirkung einiger Sandkörner bei ihren freitagabendlichen Aktivitäten hatten, waren sie entschlossen, zu verhindern, daß solche Unannehmlichkeiten das Geschlechtsleben des Hochbetagten beeinträchtigten. Während der Demontage der Maschine wurden sämtliche Flansche und gewindegebohrten Löcher sorgfältig abgedeckt. Aus naheliegenden Gründen wurde die gleiche Sorgfalt dann auch auf die eigenen empfindsamen Teile angewendet.

Wie schon bemerkt, war die Zeit der Montage als ‚Zeit der Empfängnis' oder des ‚Empfangens' bekannt, wobei der Akt der Befruchtung Angesicht in Angesicht vorgenommen wurde.

> (GHV 595) Und zu der Zeit, zu der der gesegnete Heilige angeregt wird, sich für die Gerechten zu erfreuen, scheint das Gesicht des Hochbetagten in das Kleine Gesicht, und seine (die des Hochbetagten) Stirn scheint [*oder* fließt] in jene (andere) Stirn, und dann wird es die Zeit des ‚Empfängers' genannt. (OTh RTzVN)

Die ‚Gerechten' sind hier diejenigen, die berechtigt waren, ihre Mannaration zu empfangen. An anderer Stelle im *Sohar* (1,148a) wird behauptet, daß der männliche und der weibliche Teil zusammengeschlossen werden, wenn die Nachkommen Jakobs das Gebet *Schema Jisrael* beten. Dieses Gebet ist einer der ältesten Teile der jüdischen Liturgie, welcher mindestens bis auf die Zeit zurückgeht, als der Tempel noch im Gebrauch war. Es beginnt mit 5 Mose 6,4:

> ‚Höre, Israel, der Herr unser Gott ist ein Herr'.

Das Gebet stellt die zentrale Bestätigung des jüdischen Glaubens, das Bekenntnis dar, daß es sich bei Gott um einen alleinigen Gott handelt. Es wird zweimal täglich aufgesagt, und gläubige Juden leben in der Hoffnung, mit diesem Gebet auf den Lippen zu sterben. Können wir aber die Behauptung wagen, daß dieses Gebet einen anderen Ursprung hat? Könnte es sein, daß es ursprünglich eine Erklärung des Hohepriesters am Sabbatnachmittag war? Immerhin richtet es sich an Israel, also an das Volk; als Glaubensbekenntnis müßte es an die Welt als solche gerichtet sein. Ein Glaubensbekenntnis an Israel gerichtet, hieße doch, den bereits Bekehrten zu predigen. Sicher mußte irgend etwas gesagt werden, sobald das Kleine Gesicht mit Erfolg an den Hochbetagten angeschlossen war. Vielleicht kam der Hohepriester aus dem Allerheiligsten und teilte dem Volk mit: „Der Hochbetagte ist eins". Mit anderen Worten die Manna-Maschine war wieder einmal erfolgreich montiert worden. Als die Maschine dann später in Vergessenheit geraten war, wurde daraus ein Glaubensbekenntnis.

Diese Verbindung zwischen dem Schema-Gebet und der pseudogeschlechtlichen Vereinigung wird auch in der Erläuterung zum *Sohar* hergestellt:

> Wenn die Vereinigung stattfindet, regiert der Friede die Welt, und alle Gnade kommt an den Ort, wo sich die männlichen und die weiblichen Elemente finden. Deshalb sagte Moses: ‚Höre, o Israel, der Herr unser Gott ist ein Herr.' (Nach de Pauly, 2, 620)

Der Hochbetagte wurde regelmäßig jeden Sabbat demontiert, aber, wie es scheint, auch zum Transport.

> (GHV 218) Überlieferung: Zu der Zeit, wenn der heilige Urahn ... wünscht, an einen anderen Ort gebracht zu werden, wird das Ganze in der Form transportiert, daß der männliche und der weibliche Teil an den Ort gebracht werden, wo sie vereinigt werden. Der männliche und weibliche Teil haben kein Leben, außer sie leben als männlicher und weiblicher Teil vereint.

Das heißt, sie sind nicht zusammengeschlossen. Während des Transports mußte die Maschine auf irgendeine Weise abgedeckt werden, um sie vor den Elementen zu schützen und um ihr Geheimnis zu wahren. Es ist daher hochinteressant, daß sich eine Bezugnahme auf ‚Kleider' findet. Aus begreiflichen Gründen wäre es unmöglich gewesen, die Maschine zuzudekken, während sie in Betrieb war. Sobald sie aber ausgeschaltet und für den Transport zerlegt war, wurde dies möglich:

> (GHV 882) Und von dieser ‚Hoheit und Ehre' hängen diese Tücher, die ihn bekleiden. Und sie sind im teuren Purpur des Königs. Denn es steht geschrieben: (Ps 104,1) ‚Denn Du bist in Hoheit und Ehre gekleidet'. Dies ist der Teil, der ihn bekleidet.

Das ‚teure Purpur' ist das tyrische Purpur, ein kostspieliges Färbemittel, hergestellt aus Muscheln (Murex brandanis), welches als Zeichen des Adels verwendet wurde. Wie die Bibel oft genug hervorhebt, wurden nur teuerste Materialien für die Verwendung in der Stiftshütte für gut genug befunden, und das tyrische Purpur wäre somit der einzig geeignete Farbstoff für die Bekleidung des Hochbetagten gewesen. Man denkt sogleich an die speziell für die Stiftshütte rotgefärbten Widderfelle, die im 2. Buch Moses 25,2 ff. erwähnt werden. Dies kann sich nur auf das tyrische Purpur beziehen, war dies doch im Altertum geradezu sprichwörtlich für Extravaganz, da man zur Herstellung eines einzigen Grammes Farbstoff 10 000 Muschelschalen benötigte.

Der Lebensbaum.
Kein Buch über Kabbalistik und oder über den *Sohar* wäre vollständig, wenn es nicht den Lebensbaum erwähnte, ein seltsames, von Mystikern, Astrologen und Magieren verwendetes Diagramm. Zugunsten jener Leser, die nicht zu letzteren zählen, wollen wir erklären, was es damit auf sich hat.

Der Lebensbaum war ein babylonisches Konzept und wie es in Schnitzereien dargestellt ist, sieht es einem Baum nicht im

11.1 Der babylonische Lebensbaum

entferntesten ähnlich. Es wird als eine Anzahl blättriger Rosetten, die in einem seltsamen Muster verbunden und angeordnet sind, gezeigt (siehe Abb. 11.1). Für die Babylonier stellte er einen Baum mit magischen Früchten dar, mit Früchten, die nur von den Göttern geerntet werden konnten. Furchtbare Folgen harrten jedes Sterblichen, der es wagen sollte, vom Baum zu pflücken. Auf irgendeinem Weg fand der Baum Zugang zu der hebräischen Sage von Adam und Eva, einer Geschichte, die uns nur zu gut bekannt ist und viele Anspielungen auf den Hochbetagten enthält. Kabbalistische

Werke jüngeren Datums bedienen sich häufig dieses Baumes. Zehn der Teile oder der Eigenschaften des Hochbetagten werden mit zehn der Rosetten in der im Diagramm gezeigten Anordnung identifiziert.

Die zehn Kreise sind als Sephiroth, dem Plural von Sephira, was Zahl bedeutet, bekannt. Sie sind auf verschiedene Art miteinander verbunden. Wir haben eine jüngere Version abgebildet, bei der die Anzahl der Verbindungen von den Mystikern auf 22 festgelegt wurde. Jede Verbindung stellt einen Buchstaben des hebräischen Alphabets dar und wird auch mit den 22 großen Trümpfen des von Astrologen und Weissagern verwendeten Kartenspiels Tarot in Verbindung gebracht. Man glaubt, daß über diese Verbindungen die Sephiroth mystische Einflüsse aufeinander ausüben.

Nachdem wir unsere Erläuterungen geliefert haben, wird klar, daß die zehn Sephiroth einen frühen, linkischen Versuch der Mystiker darstellen, die Maschine zu rekonstruieren. Sie hatten verstanden, daß es ‚Ausströmungen' von einem Teil zum anderen gab, sahen das Ganze aber abstrakt als mystische Funktion und nicht als die physikalische Funktion einer Maschine. Das Interessante dabei ist, daß wir auf der einen Seite bei der Anwendung technischer Methoden, sowie jene auf der Gegenseite bei der Anwendung von Methoden, die zu verstehen uns ganz und gar unmöglich ist, zu ziemlich ähnlichen Ergebnissen gelangten.

Kether, bei den Mystikern die Krone, bei uns die Deckplatte, befindet sich ganz oben. Chokma und Bina, Weisheit und Einsicht, befinden sich Seite an Seite darunter, wo sie in Wahrheit im Inneren und übereinander angeordet sein sollten. Diese drei obersten gehören zum Alten und die unteren sieben zum Kleinen Gesicht. Gnade ist selbstverständlich Manna, wobei das ‚Gericht', unserer Ansicht nach, für sämtliche unangenehmen Eigenschaften der Maschine steht. Tipheret oder Schönheit wird jene seltsame Komponente genannt, welche das Ganze zusammenhält, auf hebräisch ThPRTh, die substantivierte Form von ‚zusammennähen'. Diese Sephira wurde von den Mystikern korrekterweise im Zentrum des Baumes plaziert, mit sämtlichen anderen Sephiroth durch Bande verbunden, mit der Aufgabe, sie zusammenzuhalten. Netzach und Hod, Sieg und Hoheit, sind natürlich die Hoden oder Lagertanks für das Manna und befanden sich richtigerweise auf beiden Seiten Jesods, des Penis oder Abflußrohrs für das Manna. Malkut, das Königreich, erscheint nicht in den Schriften des *Sohar* und wurde daher vielleicht erst später eingefügt.

Es ist möglich, daß der abgeänderte babylonische Lebensbaum erst zu einem späteren Zeitpunkt in die Überlieferungen über den Hochbetagten aufgenommen wurde, denn die *Sohar*-Texte erwähnen nirgends Sephira oder Sephiroth als solche. Die verschiedenen Sephiroth wie Weisheit, Einsicht etc. werden zwar erwähnt, aber nie als Sephiroth bezeichnet. Der führende *Sohar*-Experte, Scholem, behauptete, daß die von uns verwendeten Texte das originale Quellenmaterial der Kabbala darstellten. Wenn dies der Wahrheit enspricht, dann müssen der Lebensbaum und die Sephiroth später hinzugekommen sein. Vielleicht wurden sie zur Zeit der Gefangenschaft in Babylon, während der nach unseren Unterlagen die Manna-Maschine unterging, eingefügt. Das Fehlen jeglicher Erwähnung der Sephiroth deutet auf das Alter dieser Texte hin, denn Sephiroth werden in anderen Büchern bereits um 200 v. Chr. erwähnt.

Folgendes ist eine Liste der Sephiroth mit der traditionellen und mit der technischen Interpretation der Namen:

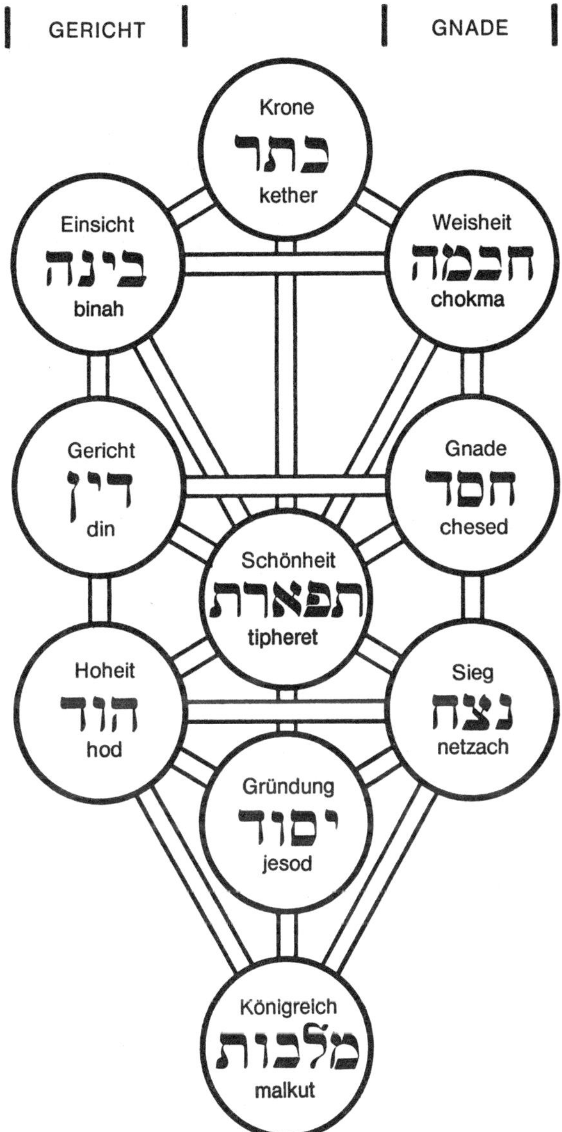

11.2 Der Lebensbaum der Mystiker

	KThR	Kether	Krone	Umhüllende, abnehmbare Deckplatten
2	ChKMH	Chokma	Weisheit	Gehirn, Taukondensator, der einem Gehirn ähnelt
3	BINH	Bina	Einsicht	Zwischenstück, Tank für Kulturen
4	ChSD (GDVLH	Chesed Gedula	Gnade Größe)	Manna
5	DIN	Din	Gericht	Unannehmlichkeiten, schlechtes Manna
	(GBVRH	Gebura	Stärke)	Verbrennungen, elektrische Schläge usw.
6	ThPARTh	Tipheret	Schönheit	Teil zum Zusammenschließen der Maschine (bei Lesart ThPRTh), nähen (abgeleitet von ThPR)
7	NTzCh	Netzach	Sieg	bedeutet auch Saft: ein Hoden oder Lagertank für Manna
8	HVD	Hod	Hoheit	der andere Hoden oder Lagertank für Manna – möglicherweise mit ChDR verbunden: einschließen, innere Kammer, oder ChDH: sich freuen
9	ISVD	Jesod	Gründung	SVD: geheimer Teil, Penis, Abfluß oder Auslaßrohr für das Manna

10	MLKVTh	Malkut	König-reich	Nicht direkt in den Heiligen Versammlungen erwähnt, aber möglicherweise ist die Grundplatte, auf der die Maschine ‚hockt', gemeint
(11	DOTh	Da'at	Wissen)	

In Klammern gesetzte Erwähnungen sind manchmal auftretende Alternativen: wenn Da'at vorhanden ist, wird es zwischen Chokma und Bina gesetzt.

12

Die Abmessungen Gottes

Die unzählige Menge der Welten.

Im ganzen *Sohar* finden sich Bezugnahmen auf „Welten". Dies deutet darauf hin, daß das Wort hier nicht im konventionellen Sinn gebraucht wurde. Wir haben folgende Textstelle bereits an anderer Stelle zitiert:

> (GHV 968) Die Länge jenes Penis beträgt zweihundertachtundvierzig Welten.

Wäre es möglich, daß diese „Welten" als Maßeinheit verwendet wurden? Sollte dies der Fall gewesen sein, so muß diese Tatsache lange vor der Niederschrift des *Sohar* in Vergessenheit geraten sein, denn der Text geht folgendermaßen weiter:

> Und alle von diesen (Welten) hängen in der Mündung des Penis, welcher ‚Yod' genannt wird.

Dies muß in späterer Zeit zugefügt worden sein, als Versuch, diese absurde Behauptung zu rechtfertigen. Es gibt jedoch noch weitere Textstellen, wo die „Welten" als Maßeinheiten aufgefaßt werden könnten. Aus diesem Grund schien es uns lohnend, diese Möglichkeit zu erforschen. Das im Aramäischen verwendete Wort OLMA kann viele Bedeutungen annehmen: Welt, Erde, Ewigkeit, Dauerhaftigkeit oder Geheimnis.

Wo sich die „Welten" auf ein Längenmaß beziehen könnten, ist ihre Anzahl in Hunderten angegeben, aber wo sie sich auf ein Flächenmaß beziehen könnten, in weitaus größeren Zahlen. Am größten werden die Zahlen dort, wo man sie mit einem Raummaß in Verbindung setzen könnte. Die Völker des Altertums hatten im allgemeinen eine Schwäche für beeindruckende Zahlenangaben, weshalb durchaus die Möglichkeit besteht, daß die hier gemachten Angaben nichts weiter als Phantasiegebilde sind. Trotzdem wollen wir sie kurz in Augenschein nehmen, um feststellen zu können, ob nicht doch ein Sinn dahintersteckt.

Die für den Betrieb der Manna-Maschine Verantwortlichen waren ganz sicher begierig, etwas über deren Funktionsweise zu erfahren, wenn sie auch nur beschreiben konnten, was sie von außen sahen. Vor einer vollständigen Demontage scheuten sie sich aus begreiflichen Gründen, denn es bestand sowohl die unmittelbar mit der Demontage verbundene Gefahr, daß der Strom des so reibungslos fließenden Mannas unterbrochen werden könnte. Andererseits handelte es sich bei der Maschine auch um einen heiligen Gegenstand, der ihnen vom Herrn anvertraut worden war, weshalb sie soviel wie möglich darüber in Erfahrung bringen und der Nachwelt überliefern wollten. Während sie die Maschine benutzten und ihren technischen Unterhalt besorgten, mußten sie herausgefunden haben, daß es sich keineswegs um etwas Übernatürliches handelte, sondern daß dieses Etwas nach Gesetzmäßigkeiten arbeitete, die in heutiger Zeit physikalische Gesetze genannt werden. Dabei fehlten ihnen damals jedoch die sprachlichen Möglichkeiten, dies zum Ausdruck zu bringen.

Als die Maschine zu funktionieren aufhörte und ihnen bewußt wurde, daß sie ihre Arbeit auch nie wieder aufnehmen würde, werden sie sie wohl demontiert haben, um ihre Bestandteile beschreiben zu können. Da dies jedoch unter größter Vorsicht geschehen mußte, war die Anzahl der zugänglichen Innenteile beschränkt. Wie aus folgender Textstelle hervorgeht, wurde der Versuch aber dennoch gemacht:

(GHV 206) Überlieferung: Die Länge der Nase: dreihundertfünfundsiebzig Welten werden von der Nase eingenommen, und alle berühren das Kleine Gesicht ... dies und alle Teile des Hochbetagten sind sichtbar und auch nicht sichtbar; sie sind sichtbar für die Herren der Maße, aber nicht sichtbar für irgend jemand anderen.

Die Herren der Maße waren jene wenigen Privilegierten, denen es gestattet war, die Funktionsweise und die Abmessungen der Maschine zu untersuchen. Aber trotz der Mühe, die sie sich gemacht hatten, liefern die Bücher der *Heiligen Versammlung* sehr wenig konkrete Maßangaben, von denen allerdings keine als über jeden Zweifel erhaben angesehen werden kann. Die Kabbalisten spielten in einem Ausmaß mit Zahlen herum, daß jede Zahl mit einer ganz konkreten Bedeutung suspekt sein muß. Bei ihnen bedeutet 248, die Länge des Penis, auch gleichzeitig die Anzahl der Knochen im menschlichen Körper und auch die Anzahl der sogenannten positiven (Du sollst ...) Gesetze. Ähnlich verhält es sich auch bei 365, was die Anzahl der Sehnen im Körper und gleichzeitig die Anzahl der sogenannten negativen (Du sollst nicht ...) Gesetze bedeutet. 248 plus 365 ergibt 613, die Anzahl der Gesetzesvorschriften. Es ist daher Vorsicht geboten, wenn wir lesen:

(GHV 85) Der Weg zum Kleinen Gesicht ... ist aufgeteilt in die 613 Wege des Gesetzes ...

Wenn aber der Hochbetagte andererseits so alt ist, wie wir annehmen, wurden die Zahlen vielleicht auch zurechtgebogen, um seinen Abmessungen gerecht zu werden. Fest steht, daß moderne Anatomen gewisse Einwände gegenüber den Zahlenangaben über die Knochen und Sehnen des Körpers anzubringen hätten. Trotzdem erstellen wir einmal eine Liste der Maßangaben, auch wenn ihre Aussagekraft nicht unbedingt hoch zu bewerten ist. Eine Welt kann sowohl eine Längen-, Flächen- wie auch Raumeinheit ausdrücken. Eine Myriade steht für 10 000.

Längen		*Welten*
GHV 206	Nase des Kleinen Gesichts	365
GHV 968	Penis	248
Flächen		
GHV 53	Gesicht des Alten	370 Myriaden
GHV 555	Gesicht des Kleinen Gesichts	150 Myriaden
Raummaße		
GHV 43	Schädel des Alten	13 000 Myriaden
	(laut manchen Textstellen)	12 000 Myriaden
GHV 545 / KHV 444	Schädel des Kleinen Gesichts	9 000 Myriaden

Hier werden Längen-, Flächen- und Raummaße, also alle in derselben Einheit, der „Welt" angegeben. Was könnte so eine Welt aber gewesen sein? Messen wir doch heute Längen mittels Einheiten wie Zentimeter oder Zoll, Flächen in Quadrateinheiten und Räume in Kubikeinheiten. Wie kann dann aber ein und dieselbe Einheit für alle drei Dimensionen ausgereicht haben?

Um diese Frage beantworten zu können, mußten wir uns erst einmal in die Lage der alten Hebräer hineindenken. Das heißt, wir mußten grundsätzlich feststellen, welche Maßeinheiten den Leuten damals eigentlich zur Verfügung standen. In jener Zeit pflegte man Längenmaße einfach anhand von Körperteilen zu bestimmen. So waren zwei Hände gleich einer Spanne und zwei Spannen gleich einer Elle. Diese Einheiten variierten aber von einer Person zur anderen und sind daher für wissenschaftliche

Arbeit ungeeignet. Was die Flächenmaße angeht, so waren diese ohnehin nur für landwirtschaftliche Zwecke von Interesse. Wir wissen zwar nicht, was für Einheiten hierfür bei den alten Hebräern im Gebrauch waren,kennen aber die bis vor relativ kurzer Zeit in Europa gebräuchlichen Methoden der Flächenbestimmung. Hier wurden relativ große und ungenaue Einheiten verwendet, vermutlich, weil Land in ausreichender Menge zur Verfügung stand und in der Wertschätzung der Leute keine sehr hohe Stellung hatte. So war die in England gebräuchliche Einheit eine ‚Haut'. Um eine ‚Haut' Land auszumessen wurde einfach eine Kuh geschlachtet und gehäutet; sodann schnitt man die Haut in dünnstmögliche Streifen, die, kreisförmig angeordnet, die zu messende Fläche umgaben. In Deutschland wurde die Einheit ‚Morgen' genannt und bezeichnet die Fläche, die ein Mann während eines Morgens umpflügen konnte. So war denn auch ein Morgen im norddeutschen Flachland viel größer als im schwieriger zu bearbeitenden bayrischen Bergland. Wir können daher getrost annehmen, daß die Hebräer damals auch keine genauen Flächenmaße besaßen. Was die Raummaße anbelangt, so hatten sie welche, wie zum Beispiel Epha und Gomer, die wir bereits an anderer Stelle erwähnten. Den Schriften zufolge, variierten diese jedoch auch beträchtlich, wobei man aber nicht übersehen sollte, daß die Schriften sich trotz unvollständiger Information größte Mühe gaben, und daß es mit Sicherheit im Altertum auch ‚private' Zähl- und Meßmethoden gegeben hat.

So gab es bei den alten Griechen zum Beispiel noch schlechtere Rechenmethoden als bei den Römern. Aufgrund der von ihnen erzielten Ergebnisse liegt daher auf der Hand, daß sie bei der Durchführung ihrer Arbeit ihre eigenen Rechenmethoden angewendet haben und erst die erzielten Lösungen auf die linkischen und unbeholfenen Alltagsmethoden übertrugen.

Es ist hinreichend bekannt, mit welcher Genauigkeit die

12.1 Messen mit Samen
Oben: Längenmessung (schematisch)
Mitte: Flächenmessung (schematisch)
Unten: Volumenmessung

Pyramiden und andere Bauten des Altertums errichtet wurden. Diese Genauigkeit konnte nur mittels hochentwickelter Berechnungs- und Vermessungsmethoden erreicht werden. Leider entziehen sich die damals verwendeten Methoden auch heute noch unserer Kenntnis und geben uns große Rätsel auf.

Wir glauben, daß die Priester, die damals mit der Untersuchung der Maschine beschäftigt waren, ebenfalls ihre Probleme mit der Meßgenauigkeit hatten und erkannten, daß sie ein neues einheitliches System benötigten. Was bot sich ihnen aber als Einheit an? Benötigt wurde ein kleiner Gegenstand von einheitlicher Größe, der gleichzeitig in großen Mengen verfügbar sein mußte. Die alten Israeliten waren auch Bauern und keine Wissenschaftler, weshalb es wahrscheinlich ist, daß ihre Wahl auf irgendein Saatgut fiel. Aber welches Saatgut? Wir wissen, daß für manche Maße Gerstenkörner verwendet wurden. Diese sind aber denkbar ungeeignet, denn sie sind nicht sphärisch und auch für diesen Zweck zu groß. Am günstigsten wäre deshalb ein Saatgut mit sehr kleinen und runden Körnern.

In der Bibel werden zwei Sorten Saatgut mit kleinen und runden Körpern erwähnt: Senf und Koriander. Koriander hat die größeren Körner und ist in der Größe der Körner nicht sehr einheitlich, außerdem schrumpft er beim Trocknen und verändert seine Form. Senf ist dagegen in der Größe einheitlich und hart. Geringe Abweichungen im Durchmesser werden durch die große Zahl der Körper eliminiert. Wie konnten aber sowohl Längen wie auch Flächen und Räume unter ausschließlicher Verwendung von Senfkörnern gemessen werden?

Längen konnten sie messen, indem sie das zu messende Objekt auf eine glatte Unterlage stellten und die Körner daran entlang aufreihten. Mittels einer V-förmigen Rinne und leichter Schrägneigung der Unterlage konnte man erreichen, daß die Körner in einer geraden Linie eins am anderen aufgereiht waren. Für die Flächenmessung konnten sie die zu messende Fläche mit einem Rand versehen, so daß sich eine Art flaches Tablett ergab. Dies konnte dann mit einer Schicht von der Tiefe eines Korns gefüllt und die Körner dann abgezählt werden. Bei Volumen konnten sie den Raum mit Senfkörnern füllen und dann abzählen. Gingen die Herren der Maße ihre Aufgabe vielleicht auf diese Weise an?

Schon zu Beginn fällt auf, daß die Anzahl der Körner bei Flächen und Raummaßen im Vergleich zu Längenmaßen sehr stark ansteigt. Nehmen wir einmal an, sie haben einen Würfel mit einer Seitenlänge von hundert Körnern gemessen. Das Maß der Fläche von einer Seite des Würfels betrüge dann 10 000 und der Rauminhalt des Würfels 1 000 000 Körner. Bei größeren Rauminhalten würden die Zahlen schnell astronomische Größen annehmen; Größen, wie wir sie in den Texten vorfanden.

Wegen dieser großen Zahlen wäre es unmöglich, die Körner einzeln zu zählen. Man könnte aber durchaus geeichte Gefäße herstellen, die jeweils 1000, 10 000, 100 000 usw. Körner enthalten und dann diese zum Auszählen benutzen. Bei Anwendung dieser Methode und bei entsprechender Sorgfalt sollte eine Meßgenauigkeit bis zu einem Tausendstel erzielbar sein.

Bei unseren praktischen Meßversuchen gingen wir von der Annahme aus, daß die Körner bei der Ausmessung von Flächen in ein ‚Bienenwabenmuster' geschüttelt wurden und dementsprechend bei der Ausmessung von Volumen in sich überlagernde ‚Bienenwaben'. Wenn sie genug geschüttelt werden, bilden die Körner diese Muster ganz von selbst; allerdings werden dann mehr Körner als im obenerwähnten Beispiel für Flächen- und Raummessungen benötigt.

Als wir in einem ganz normalen Laden gekaufte Senfkörner ausmaßen, kamen wir auf einen mittleren Durchmesser von 2,05 Millimetern.

Daraus ergaben sich folgende metrische Einheiten für:

Länge	2,053 mm
Fläche	3,650 mm^2
Volumen	6,490 mm^3

Wenn wir diese nun in unsere Tabellen einsetzen so ergeben sich die Maße:

Länge der Nase des Hochbetagten	0,770 Meter
Länge des Penis	0,509 Meter
Gesichtsfläche des Alten	13,50 Quadratmeter
Fläche des Kleinen Gesichts	5,47 Quadratmeter
Schädelinhalt des Alten	0,84 Kubikmeter
Schädelinhalt des Kleinen Gesichts	0,58 Kubikmeter

Daraus können wir aber lediglich schließen, daß die Größenverhältnisse richtig sind. Bemerkenswert ist dabei, daß das Wort für Penis, AMH, auch Elle heißen kann und dann eine Längeneinheit von ungefähr 248 ‚Welten' bezeichnet.

Der Shi'ur Komah

Wenn wir uns hier mit dem Thema der Abmessungen befassen, sollten wir noch einen weiteren Text aus der Mystik heranziehen, der als *Shi'ur Komah* (ShOVR QVMH) bekannt ist. Dies bedeutet: „Die Dimensionen des Körpers" und ist ein kurzer Text, der für sich in Anspruch nimmt, die wirklichen Maße von Gott selbst anzugeben. Aus diesem Grund war diese Schrift bei der Kirchenobrigkeit äußerst unbeliebt, obgleich sie von vielen Juden weiterhin ernstgenommen wurde. Sie gibt die Körpermaße Gottes in Parasangs an und nennt auch deren Geheimnamen, die meist nur aus bedeutungslosen Zusammenstellungen hebräischer Buchstaben besteht.

Was das Alter dieser bemerkenswerten Schrift betrifft, so stammt sie höchstwahrscheinlich aus der Zeit zu Beginn der christlichen Zeitrechnung. Sie wäre daher später als die

Überlieferungen des *Sohar* entstanden. So führt sie in der Tat auch viele Namen Gottes an, die vom Material über den Hochbetagten abgeleitet sind. Unter diesen Namen findet man: der reine König; der vereinigte König; der König, der sich entzündet; der König, der auseinander- und zusammengebaut wird; der König, der die Gnade lagert; und der König, der weiß erstrahlt im Glanz der Heere. Daraus wird klar, daß der *Shi'ur Komah* den Hochbetagten meint und nicht etwa Gott.

Von den aufgeführten Geheimnamen sind zwei interessant, und zwar jene der beiden Körperhälften: MN KMTz und ChRBV MTzTzITh MTzIA. Bezüglich des ersten der beiden läßt sich sagen, daß es kein Wort KMTz gibt, aber die Aussprache davon ähnlich sein könnte wie bei ChMTz. Dieses Wort aber bedeutet „Hefe", der Name der ersten Hälfte bedeutet dann: „weg von der Hefe". Wie wir noch sehen werden, ist es wahrscheinlich, daß Hefe in der Wüste verboten war, um Fäulnis bei den Manna-Kulturen zu vermeiden. Der Name bezieht sich also wohl auf den Teil des Körpers, der hierfür besonders anfällig war.

Bezüglich des zweiten Namens sind wir der Ansicht, daß der Verfasser des *Shi'ur Komah* mehrere Versionen davon hatte und einfach alle niederschrieb, um sicherzugehen, daß er den korrekten Namen festhielt. Nehmen wir an, der Name lautete ChRBV MTz-. ChRBV bedeutet: ‚sein Schwert', ‚austrocknen', oder auch ‚Wüste'. Bei den mit MTz beginnenden Wörtern gibt es noch MTzTz und MTzH. Beide haben die Bedeutung von ‚saugen' oder ‚austrocknen'. Es wäre also durchaus möglich, daß dieser verdrehte Name den Teil der Maschine bezeichnet, in dem das Granulat getrocknet wurde. Andererseits zeigt uns der *Shi'ur Komah,* daß es in manchen jüdischen Kreisen eine Überlieferung von einem gottähnlichen Wesen mit ‚Körpermaßen' gab. Darüber hinaus handelt es sich hier um eine Überlieferung, die – trotz starker Opposition seitens der Kirchenobrigkeit – aufrechterhalten wurde.

13

Wissenschaft und Magie

In den letzten Kapiteln hatten wir einiges vom in den als *Die Heiligen Versammlungen* bekannten Büchern enthaltenen Material untersucht, das sich auf jenes als den Hochbetagten bekanntes Wesen bezieht. Wir sind dabei zu dem Schluß gekommen, daß es sich beim Hochbetagten um ein reales Objekt im Besitz der Israeliten gehandelt haben muß und daß es mehr als wahrscheinlich zu sein scheint, daß es sich um eine Maschine zur Erzeugung von Manna handelt. Neben den *Heiligen Versammlungen* gibt es noch ein weiteres Buch über das gleiche Thema: *Das Buch des Mysteriums.* Wir haben bisher noch nicht viel darüber berichtet, weil das dort enthaltene Material sich sogar noch ausführlicher in den *Heiligen Versammlungen* finden läßt.

Während es sich bei den *Heiligen Versammlungen* um eine Vorlesungsreihe über den Hochbetagten handelt, besteht das *Buch des Mysteriums* aus kurzen, geheimen Notizen ohne jede Beschreibung oder Erläuterung. Dieses Buch ist so kurz, daß es ohne Schwierigkeit in vollem Umfang auswendig gelernt werden kann. Bei näherer Betrachtung drängte sich uns der Gedanke auf, daß es ein Überbleibsel der ursprünglichen Bedienungsanleitung sein könnte, die beim Zeremoniell der Mannaverteilung und bei den wöchentlichen Instandhaltungsarbeiten verwendet wurde. So enthält es unter anderem Checklisten für die dreizehn Teile des ‚Bartes‘, des Röhrensystems, welches die Maschine umgab. Vielleicht war es so, daß ein Priester das Buch herunterlas, während andere die verschiedenen Teile der eigentlichen Maschine überprüften. Hierbei handelt es sich um ein auf Schiffen, Flugzeugen und Raumschiffen altbekanntes und bewährtes Verfahren. Ein Mitglied der Mannschaft verliest von einer Liste die durchzuführenden Kontrollen, während andere diese durchführen und die Durchführung bestätigen. Dabei fällt aber wiederum die Ähnlichkeit mit der Rede und Gegenrede, dem Dialog zwischen dem Geistlichen und seiner Gemeinde beim kirchlichen Gottesdienst auf:

> Priester: „Lobet den Herrn!"
> Gemeinde: „Der Name des Herrn sei gelobt."

Könnte dies nicht eine Parallele sein zu:

> Hoherpriester: „Druckventil öffnen!"
> Unterpriester: „Druckventil geöffnet."

Der Titel des *Buchs des Mysteriums* lautet auf Aramäisch SPRA DTzNIOVThA (Siphra di-tzeni'utha), also das Buch des TzNIOVThA. Dieses aramäische Wort ist abgeleitet von TzNO (tzena), was etwas Privates oder Geheimes bedeutet. Der ursprüngliche Titel lautete daher wahrscheinlich: *Das Buch des geheimen Rituals.* Tatsächlich wurde ja auch früher mit ‚Mysterium' ein geheimes Zeremoniell bezeichnet. Wir brauchen an dieser Stelle nur die Eleusinischen Mysterien anzuführen. Handelt es sich bei ihnen doch um orgiastische Fruchtbarkeitsriten, bei denen nur ausgesuchte Persönlichkeiten zugelassen waren. Wir können deshalb durchaus davon ausgehen, daß dieses Buch die Gebrauchsanleitung für irgendein geheimes Zeremoniell darstellte, so wie das der wöchentlichen Reinigung des Hochbetagten.

An früherer Stelle haben wir bereits die Vermutung geäußert, daß die am Jom Kippur, dem Tag der Versöhnung, im

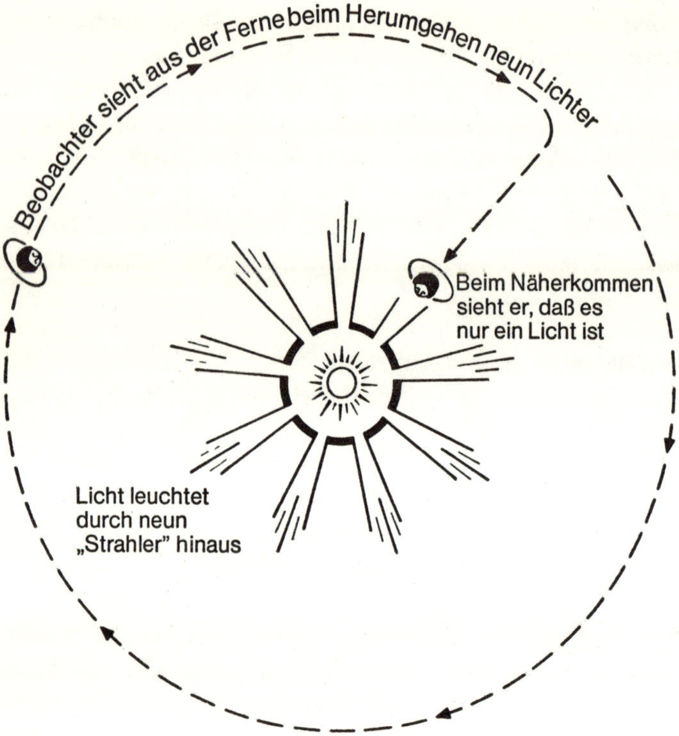

13.1 Die neun hellen Strahler (Interpretation von KHV 43)

Tempel vollzogenen Rituale Versuche gewesen sein könnten, die Maschine zur Wiederaufnahme ihrer Arbeit zu bewegen. Mittlerweile entdeckten wir, daß der Wortlaut von Micha 7,18–20 bis auf den heutigen Tag bei den Ritualen des Jom Kippur in der Synagoge benutzt wird. Laut *Sohar* sind diese drei Verse eine Zusammenfassung von dreizehn geheimen Formulierungen, den Namen der dreizehn Bartteile. Kann es sein, daß die Juden nach dreitausend Jahren immer noch die

Checkliste für die dreizehn Teile des Bartes ablesen? Oder handelt es sich hier um einen bloßen Zufall?

Ein weiteres interessantes Beispiel für die Verwendung der Zahl dreizehn findet sich in den Ritualen des Passahfestes, wo ein Lied gesungen wird, das bis zur Zahl dreizehn geht: ‚Die Eigenschaften Gottes sind dreizehn an der Zahl'. In der christlichen Version, etwa im englischen Choral ‚Green grow the rushes-O', werden hingegen nur zwölf Attribute Gottes angeführt. Eine Erklärung hierfür wäre, daß Gott Eins ist und Eins ist im Hebräischen AChD. Wenn man die Zahlenwerte dieser Buchstaben des hebräischen Alphabets addiert, erhält man 1 plus 8 plus 4 gleich 13. Dies ist eine mögliche Erklärung, aber trotzdem könnten die dreizehn Teile des Bartes auch etwas damit zu tun haben.

Die englische Version des Liedes ist ebenfalls interessant, denn dort werden die ‚nine bright shiners' (deutsch: neun hellen Strahler) und ‚six proud walkers' (deutsch: sechs stolzen Geher) erwähnt. Den Gelehrten ist es bis heute noch nicht gelungen, den Sinn dieser Ausdrücke zu ergründen. Wir nehmen deshalb an, daß sie vom Hochbetagten herrühren:

> (KHV 43) Wenn er hergestellt ist, kommen neun Lichter [*wörtlich:* Strahler] heraus, die von ihm entzündet werden, von seinen Teilen . . . [sie gehen] in sämtliche Richtungen. Und . . . wenn man näher kommt, um Wissen über sie zu erlangen, findet man sie nicht, und es zeigt sich, daß es nur die eine Laterne gibt.

Die ‚sechs stolzen Geher' können selbstverständlich mit den sechs Beinen des Hochbetagten in Zusammenhang gebracht werden.

Der Name unseres Quellenbuches ist der *Sohar*, von ZHR, was ‚erleuchten' heißt. Das Buch hieße also im Grunde genommen ‚Buch der Erleuchtung'. Man könnte dies als Bezug auf die Erleuchtung des Geistes der Leser im religiösen Sinn werten. Es könnte aber genausogut auf die ‚Erleuchtung' des Hochbetagten und dessen damit verbundene Inbetriebnahme bezogen sein. In sämtlichen Schriften fanden sich viele Wörter, die sowohl eine geheime technische Bedeutung wie eine offen religiöse Bedeutung besitzen. Die technische Bedeutung war jeweils nur den Eingeweihten bekannt, die im Besitz des geheimen Wissens waren. Während der Gottesdienste konnten diese ‚Wissenden' mit dem Gefühl der Überlegenheit auf die übrigen Gläubigen herabsehen, denn nur sie allein kannten die wahre Bedeutung. Als Moses de Leon den Titel *Sohar* für sein Buch wählte, beabsichtigte er damit vielleicht einen Insiderwitz, der nur von denen, die im Besitz des Geheimnisses waren, verstanden werden konnte.

Da wir im Verlauf der Vorarbeiten für dieses Buch einigen Gottesdiensten beiwohnten, fanden wir selbst neue Bedeutungen in den dort verwendeten Worten und Handlungen. Dabei konnten wir etwas von jener Erregung spüren, die damals das Privileg der Erntemänner vom Heiligen Feld gewesen sein muß.

Wir könnten nun Spekulationen anstellen, die in die Richtung gehen, daß auch moderne Geheimbünde mit den altertümlichen geheimen Organisationen verbunden sind, so wie dies beispielsweise bei den Freimaurern der Fall sein könnte. Die Freimaurer sind die Abkömmlinge der mittelalterlichen Zunft der Handwerker, die für den Bau der Kathedralen zuständig waren. Als dann gegen Ende des Mittelalters festgestellt wurde, daß entweder genug Kathedralen gebaut waren, oder daß diese Art von Gebäuden nicht mehr gefragt war, hatte die Zunft keine praktische Existenzgrundlage mehr. Anstatt sich nun aber in aller Stille aufzulösen, lebte sie als halbgeheime Brüderschaft weiter. Es wurden Rituale entwikkelt, für die man als Vorlage wieder Rituale eines älteren Geheimbundes, des Ordens des Rosenkreuzes oder der Rosenkreuzer, zur Hand nahm. Diese stammten wiederum von den Tempelrittern, ursprünglich eine Kreuzfahrerorganisation mit Sitz im Tempel von Jerusalem. Dort hatten sie aber bestimmt Kontakt zu Mitgliedern der Erntemänner des Heiligen Feldes und anderer jüdischer Geheimbünde. Diese lange Kette von Überlieferungen führte dazu, daß die Rituale der Freimaurer weitgehend auf Eigentümlichkeiten des Tempels und seines Inhalts beruhen und wir viele Beziehungen zum Material über den Hochbetagten in ihnen entdecken konnten. Wir haben ja bereits das ‚Auge der Vorsehung', auf der Eindollarnote erwähnt, welches auf die Lichtquelle der Manna-Maschine zurückgeht.

Die ganzen Geheimbünde hatten ursprünglich nur einen Zweck: das geheime Wissen aus dem Altertum zu hüten und zu bewahren. Bis vor wenigen hundert Jahren glaubten die Leute noch an magische Kräfte, die die Menschen früherer Zeiten angeblich besaßen. Die eigene Zeit, in der man lebte, wurde dabei als dekadent angesehen. Die wahren Geheimnisse der Unsterblichkeit, des Verwandelns von Blei in Gold und anderer Wunder waren in der fernen Vergangenheit verborgen. Erst im 19. und 20. Jahrhundert begann man, technische Verbesserungen in der Zukunft zu erblicken. Davor glaubte man, daß eher die altertümlichen Schriften als die neuesten technischen Journale diese Geheimnisse enthielten.

Dies hatte zur Folge, daß sich Magier und Mystiker, Astrologen und Alchimisten, aber auch Leute mit einem besseren Ruf, wie Sir Isaac Newton, auf den *Sohar* stürzten. In jener Zeit war die Grenze zwischen Wissenschaft und Magie eben verschwommen und unklar. Erst jetzt haben wir endlich begriffen, warum dies so war: es handelte sich um ein und dasselbe! Die Magie ist jenes legendäre technische Können der früheren Besucher aus dem Weltall, wohingegen die Wissenschaft unseren eigenen, quälend langsamen Fortschritt in Richtung auf die Errungenschaften jener Besucher darstellt.

Erst vor einigen Jahrhunderten wurde der Menschheit klar, daß das Studium der alten Schriften keine Abkürzung bietet, da in ihnen nicht genug Informationen gegeben werden. Unsere Schriften über den Hochbetagten sind zwar ein überzeugender Beweis dafür, daß es eine Manna-Maschine gegeben hat, geben aber nur anekdotisch deren Funktionsweise wieder. Sie klären uns nicht über die Beschaffenheit der Materialien auf, aus denen ihre Teile gemacht waren, weil die Chronisten des Altertums darüber einfach nicht Bescheid wußten. So konnten sie eben lediglich die Rohre zählen und die verschiedenen, darin fließenden Flüssigkeiten beobachten und einige der Teile abmessen. Wenn wir ihre Schriften noch so eingehend studieren, werden wir in ihnen dennoch nie eine vollständige Konstruktionsanleitung finden, die uns zum Nachbau der Maschine befähigen könnte. Trotzdem sind wir schon fast dazu in der Lage. Nicht, weil wir die Schriften studiert haben, sondern aufgrund handfester wissenschaftlicher Kenntnisse, die sich eine große Zahl von Menschen im Verlauf der letzten dreihundert Jahre erworben haben. Das Studium der Schriften bestätigt nur, daß solch eine Maschine praktisch möglich wäre und daß die Israeliten eine solche in ihrem Besitz gehabt haben müssen. Deshalb ist die wahre Bedeutung der Schriften auch den nachfolgenden Generationen verlorengegangen. Lange vor der Einrichtung wissenschaftlicher Untersuchungen im modernen Sinne war sie schon vergessen und verstümmelt. Aber früher oder später mußte der *Sohar* von Leuten untersucht werden, die über das Interesse und die nötigen sprachlichen, technischen und auslegenden Fähigkeiten verfügen. Wir sind uns sehr wohl des uns damit gewährten Vorzuges bewußt.

14

Die Energiequelle

Wir haben bereits die biochemischen Gesichtspunkte der Manna-Maschine in Augenschein genommen und aufgezeigt, daß es technisch möglich gewesen wäre, eine derart kompakte Maschine zu konstruieren, um die Israeliten in der Wüste zu ernähren. Trotzdem empfiehlt es sich, die technischen Einzelheiten noch etwas genauer zu beleuchten, insbesondere die für den Betrieb der Maschine benötigte Energie.

Wir hatten ausgerechnet, daß der mit Nahrung zu deckende Energiebedarf der Israeliten $4{,}4 \times 10^6$ Kalorien pro Tag betrug, was in elektrischen Einheiten gerechnet, einer Leistung von 210 000 Watt oder von 70 Watt pro Kopf entspricht. In mechanischen Einheiten können wir sagen, daß es sich um das Äquivalent von 284 Pferdestärken, der Kraft, die von einem großen Automotor erbracht werden kann, handelt. Allerdings müßte ein solcher Motor dann 24 Stunden lang an sechs Tagen der Woche mit Höchstdrehzahlen arbeiten.

Diese Energie mußte irgendwie aus dem Inneren der Maschine in der Form von Licht gekommen sein. Zum Vergleich: die Sonnenenergie an der Erdoberfläche beträgt etwa 1000 Watt pro Quadratmeter. Selbst wenn die Sonne 24 Stunden am Tag schiene, benötigte man also immer noch eine Auffangfläche von 210 Quadratmetern, um die gewünschte Energie zu erhalten. Dies aber unter der Voraussetzung, daß die Grünalgen vom Typ *Chlorella* sie wirklich hundertprozentig umwandeln können. Wie bereits dargestellt, haben die *Chlorella* aber nicht diesen Effizienzgrad. Ein Teil der Lichtenergie wird also zwangsläufig verschwendet und geht in Form von Wärme verloren. Uns bekannte Arten von *Chlorella* kommen auf eine maximale Effizienz von 20%, wir zögerten aber nicht, anzunehmen, daß die überlegene Technologie des Herrn eine Mutationsvariante mit einer Effizienz von nahezu 50% hervorbringen konnte. Dies würde dann bedeuten, daß wir runde 500 000 Watt oder ein halbes Megawatt in Form von Lichtenergie zu liefern hätten. Die Hälfte hiervon würde von den Pflanzen dazu benötigt, Wasser und Kohlendioxid in Kohlehydrate umzuwandeln. Die andere Hälfte ginge als Wärme verloren.

Ein halbes Megawatt Licht ist aber ein extrem helles Licht. Eine gewöhnliche 100-Watt-Haushaltsbirne ist nur zu etwa 10% effizient, denn sie liefert 10 Watt als Licht und 90 Watt als Wärme. Unsere Lichtquelle wäre demnach so hell wie 50 000 Hundert-Watt-Birnen gewesen. Kein Wunder, daß der *Sohar* das Gesicht des Hochbetagten als leuchtend mit „einer Helligkeit, die alle Helligkeiten übertrifft", beschreibt. Eine derartige Lichtquelle würde in naher Entfernung heller als die Sonne leuchten; man müßte sich also in einen Abstand von mehreren Metern begeben, damit beide nur noch gleich hell wären. War die Maschine aber in Betrieb, so wurde der Großteil der Helligkeit von den Pflanzen absorbiert, so daß ihre leuchtende Helligkeit bedeutend verringert war.

Es liegt auf der Hand, daß die Leistung von gewöhnlichen Glühfadenbirnen bei weitem nicht ausreicht, um in einer derartigen Maschine Verwendung zu finden. Dabei ist nicht nur die Leistung gering, sondern auch die Strahlung über ein breites Spektrum verteilt, vom infraroten fast bis zum violetten Bereich. Die *Chlorella* können aber nur einen Teil dieses Spektrums ausnutzen – der Rest verschwindet im Nichts. Die hier zu wählende Lichtquelle müßte daher eine weitaus größere Leistungsfähigkeit haben und sollte nur Strahlung mit von den Pflanzenkulturen verwendbaren Wellenlängen abgeben.

Als nächstes böten sich Neonröhren an, wie sie sowohl in Privatwohnungen als auch in Fabrikgebäuden Verwendung finden. Diese Leuchten liefern mehr Licht und geben außerdem weniger Wärme ab. Sie funktionieren, indem ein elektrischer Strom durch Gas geleitet wird, das unter leichtem Druck steht. Dabei werden die Gasmoleküle in Vibration versetzt, wodurch Licht mit bestimmten Wellenlängen entsteht. Dieses Licht ist ziemlich hart, weswegen die Röhren zwecks seiner Dämpfung innen mit einer Schicht bedeckt sind, die es in ein angenehmeres Weiß umwandelt. Dies geschieht allerdings auf Kosten der Lichtleistung.

Bei dem von den Russen durchgeführten Experiment *Bios 3* kam das Licht für die Kultivatoren der *Chlorella* aus Xenonröhren. Xenon ist ein dem Neon ähnliches Gas, und die damit bestückten Röhren haben eine höhere Leistungsfähigkeit als Leuchtröhren, obwohl sie für unsere Manna-Maschine noch nicht wirklich ausreichend sind. Wir müssen dieses Problem daher auf andere Weise lösen.

Sowohl Glühbirnen wie auch Leuchtröhren arbeiten mit elektrischem Strom. Wollten wir diese Lichtquellen in unserer Maschine verwenden, müßten wir also zuerst die Elektrizität beschaffen. Bei der Erforschung der alten Schriften stießen wir auf ein ‚Feuergefäß', das wir zunächst für einen Atomreaktor und somit für die Quelle der gesamten Energie der Maschine hielten. Atomreaktoren produzieren aber Energie in Form von Hitze, die wiederum zur Dampferzeugung zwecks Antriebs von Turbinen verwendet werden kann. Die Turbinen treiben ihrerseits Generatoren an, die Strom erzeugen. Man kann in unserer heutigen Zeit wirklich keine großen Neuigkeiten über Atomkraftwerke mehr berichten. Jedenfalls wäre der eigentliche Reaktor in einem solchen Kraftwerk nur ein kleiner Teil des Ganzen, wenn er nicht noch Dampfkessel, Turbinen, Generatoren und Dampfkondensatoren benötigte. Im Prinzip ersetzt der Reaktor ja nur die von konventionellem Brennstoff betriebene Hitzequelle eines herkömmlichen Kraftwerks. Darüber hinaus ist seine Gesamtleistung immer noch ziemlich niedrig – von jeden vom Reaktor produzierten 100 Watt wird nur etwa ein Fünftel in elektrische Energie umgewandelt; der Rest wird in Form von Wärme verschwendet. Daher ist eines der Hauptprobleme bei der Planung von Atomkraftwerken die Auswahl eines Standortes, wo man sich dieser Wärme gefahrlos entledigen kann. Gewöhnlich wird es dadurch gelöst, daß das Atomkraftwerk in Meeresnähe errichtet wird und man das Meerwasser aufheizt. Aus diesem Grund gedeihen derzeit tropische Fische sehr gut in einem bestimmten Bereich der Küste Nordschottlands.

Beim Beispiel der Manna-Maschine haben wir aber keinen Ozean zur Hand, um unsere überschüssige Wärme loszuwerden. Die einzige Möglichkeit bestünde in einer Luftkühlung, die kaum als praktikabel bezeichnet werden kann. Daher können wir allein schon aus dieser Tatsache schließen, daß die Konstruktion auf einer Lichtquelle beruht haben muß, die keine Elektrizität als Zwischenträger benötigte. Der Reaktor muß die Energie direkt in Form von Licht geliefert haben. Die Frage lautet nur wie?

Der Laser ist heute jedem ein Begriff als etwas, das hochkonzentrierte Lichtstrahlen aussendet. Die frühen Laser waren nichts weiter als Spielzeug der Laboranten, gerade gut genug, um zum Zeitvertreib Löcher in Rasierklingen zu bohren. Tatsächlich verwendete man damals eine ‚Gillettekraft' genannte Einheit zur Messung ihrer Leistung. Jetzt aber, kaum zwanzig Jahre nach ihrer Erfindung, sind weitaus stärkere Laser vorhanden. Das Geheimnis dieser im Grunde genommen einfachen Geräte liegt im verwendeten Material und in der Präzision ihrer Herstellung. Ein sehr bekannter Typ, der Rubin-Laser, besteht lediglich aus einem Stab aus künstlichem Rubin, dessen Enden hundertprozentig flach und zueinander parallel geschliffen sind. Die beiden Enden werden versilbert, so daß das Licht immer zwischen ihnen hin- und herreflektiert wird, ohne an den Seiten austreten zu können. Dieser Rubinstab wird dann mit einer gewundenen gashaltigen Röhre umgeben und das Ganze wiederum mit einer innen hochglanzpolierten Metallröhre. Sodann wird ein starker Stromstoß durch die gewundene Gasröhre gejagt, der diese kurz in einem strahlend bläulichen Licht aufblitzen läßt. Hierbei handelt es sich um nichts anderes als um einen überdimensionierten Elektronenblitz eines Fotografen. Das Licht bestrahlt den Rubinstab und veranlaßt dessen Moleküle zur Speicherung von Energie. Sobald dann ein bestimmtes Maß an Energie vorhanden ist, beginnt das eigentliche ‚Lasen'. Licht mit einer ganz bestimmten Wellenlänge beginnt zwischen den Endspiegeln des Rubinstabes hin- und herzuschießen, wobei es die in den Rubinmolekülen gespeicherte Energie aufnimmt. Der Lichtstrahl besteht aus exakt parallelen Wellen, wobei in diesem Zusammenhang gesagt werden muß, daß die Vibrationen alle im Gleichtakt erfolgen. Ein geringer Teil dieses speziellen Lichts kann dann an einem Ende des Stabes entnommen und genutzt werden.

Das Gerät leistet bei diesem Vorgang folgendes: Nicht kohärentes Licht verschiedener Wellenlängen, die in unterschiedliche Richtungen gehen, werden aufgenommen und in kohärentes Licht einer Wellenlänge und einer Richtung verwandelt.

Diese frühen Rubinlaser waren impulsgesteuerte Geräte. Das Lasen tritt erst oberhalb eines bestimmten Energieniveaus ein, und wenn die Energie die ganze Zeit zugeführt würde, würde das Gerät schmelzen. Daher erfolgt die Energiezufuhr in Form von Impulsen, so daß Zeit zum Abkühlen zur Verfügung steht. Es gibt jedoch bereits Laser, bei denen Dauerbetrieb möglich ist. Diese sind als sogenannte CW-Laser bekannt. CW (continuous wave) bedeutet zu deutsch ‚Dauerwellen'. Sie arbeiten mit einer gasgefüllten Röhre anstelle eines Rubin-

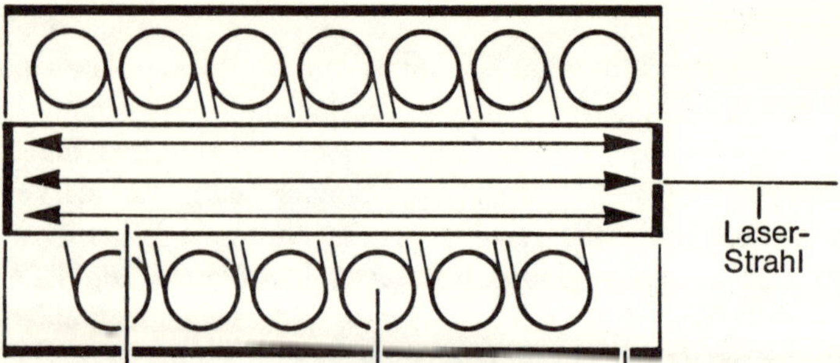

14.1 Schematisches Diagramm eines Lasers

stabs. Die Röhre besitzt an jedem Ende einen Spiegel, und die Energie wird durch eine Spule mit Hochfrequenzspannung geführt.

Beim Rubinlaser wird die Energie in Form von nicht kohärentem Licht zugeführt, beim Gasröhrenlaser hingegen in Form eines elektromagnetischen Feldes. Bei beiden dient die Energie dazu, die Moleküle des lasenden Materials zur Speicherung von Energie zu befähigen. Die Energie wird in der Folge in Form von Strahlen wieder abgegeben. Es kommt also im Prinzip gar nicht darauf an, in welcher Form die Energie dem Laser zugeführt wird; möglicherweise gibt es noch andere Methoden, die man zum ‚Laden' eines Lasers verwenden könnte.

Der Kernreaktor in unserer Manna-Maschine würde also nicht nur Wärmeenergie, sondern auch schnellfliegende Atomteilchen liefern. Wenn diese auf irgend etwas auftreffen, verwandelt sich ihre Energie in Hitze. Könnte man sie aber nicht auch nutzbringender einsetzen?

Bei radioaktiven Substanzen wie Plutonium spalten sich ständig einige Atomkerne und geben Neutronen ab. Wenn ein

Neutron einen anderen Atomkern trifft, kann es diesen ebenfalls zur Spaltung veranlassen. Bei kleinen Plutoniummengen geschieht dies nicht allzuoft, aber wenn man das Stück vergrößert, steigt die Wahrscheinlichkeit, daß das Neutron einen anderen Kern trifft, bevor es die Masse verläßt. Steigert man die Größe des Plutoniumstücks weiter, entwickelt es starke Hitze, und die Zahl der umherfliegenden Neutronen nimmt bedenklich zu. Es gibt nun eine ganz bestimmte Masse Plutonium, die, in sphärische Form gebracht, so groß ist, daß jedes Neutron im Schnitt eine weitere Spaltung verursacht. Dies ist als *kritische Masse* des Plutoniums bekannt. Bringt man nun zwei Plutoniumstücke so zusammen, daß die kritische Masse überschritten wird, so entsteht, wenn die beiden Stücke lange genug beieinander gelassen werden, eine Kettenreaktion, bei der jedes Neutron mehr als eine weitere Spaltung verursacht und der Prozeß geradezu gefährliche Ausmaße annimmt. Er wird allgemein Kernexplosion genannt und normalerweise bei der Zündung von Atombomben bewirkt.

Ein Atomreaktor ist daher im Prinzip ein sehr einfaches Gerät. Man benötigt lediglich Plutonium und ein Material wie Graphit, das die Neutronen auffängt. Es wird eine Anzahl von Plutoniumstäben zusammengestellt, zwischen denen bewegliche Graphitstäbe angebracht sind. Um die Reaktion zu verlangsamen, werden die Graphitstäbe eingeschoben, wodurch die Anzahl der umherfliegenden Neutronen verringert und das Ganze abgekühlt wird. Will man die Reaktion verstärken, zieht man einfach die Graphitstäbe zurück, worauf der Reaktor sich immer stärker aufheizt und den kritischen Punkt zu erreichen beginnt. Moderne Reaktoren können ziemlich sicher in der Nähe des kritischen Punktes betrieben werden, was eine sehr hohe Energiegewinnung aus einer verhältnismäßig geringen Menge Plutonium gewährleistet. Das Hauptproblem besteht darin, die Hitze schnell aus einer so kleinen Menge abzuziehen, bevor sie den Schmelzpunkt erreicht. Technisch gibt es keine Probleme bei der Konstruktion eines Reaktors mit einer Leistung von einem halben Megawatt, der klein und leicht genug wäre, um in unsere Manna-Maschine zu passen. Das wirkliche Problem läge in der Umwandlung dieser Energie in Licht bei vernünftiger Effizienz.

Bei unserer Abhandlung über Laser zeigten wir, daß ein Material mit Energie versehen werden muß, bevor es ‚lasen' kann, und daß diese Energie auf verschiedene Art zugeführt werden kann. Wichtig ist, daß die Moleküle des Materials angeregt werden, sei es durch Licht oder durch ein elektromagnetisches Feld. Unser Kernreaktor kann Energie in Form von mit sehr hoher Geschwindigkeit fliegenden Partikeln, den Neutronen, liefern. Wir sehen keinen Grund dafür, daß der Laser nicht direkt von den Neutronen ‚geladen' werden könnte. Die Voraussetzung wäre lediglich, daß die Partikel in der richtigen Weise auf das lasende Material Einfluß nehmen. Zufällig ist uns bekannt, daß gegenwärtig schon neutronengeladene Laser entwickelt werden. Leider stehen hierüber aus militärischen Geheimhaltungsgründen keine Einzelheiten zur Verfügung. Ein solcher Laser wäre aber für die Verwendung in der Manna-Maschine genau das richtige, weil er als integrierter Bestandteil mit dem Reaktor in einer Einheit konstruiert werden könnte. Im Zentrum des Behälters für die Pflanzenkultur installiert, benötigte er lediglich Kontrollinstrumente und deren Anschlüsse, sowie eine gewisse Menge an Kühlmitteln, um betrieben werden zu können.

Wie wir wissen, produzieren Laser einen dünnen, parallelen Lichtstrahl. Ein solcher wäre für die Manna-Maschine aber ungeeignet, denn sie benötigt eine Lichtquelle, die in sämtliche Richtungen abstrahlt. Aus diesem Grund arbeitet der Hochbetagte vielleicht mittels einer Kombination aus Reaktor und Laser, bei der eine größere Anzahl lasender Elemente vorhanden war, so daß die Strahlung in verschiedene Richtungen erfolgen konnte. Mittels Reflektoren und Streulinsen ließe sich die Strahlung dann in die zur Beleuchtung des Behälters gewünschte Form bringen. Wir haben Grund zu der Annahme, daß sich so etwas im roten Bereich des Spektrums befand, denn in den Schriften wird ausgesagt, daß das Gesicht der Maschine rot zu glühen begann, sobald Feuer und Rauch aus dem Auspuff entwichen, das heißt, sobald die Maschine in Betrieb genommen wurde. Feuer und Rauch wurden als Ausdruck der Wut aufgefaßt. An anderen Stellen wird auch gesagt, daß das Gesicht weiß leuchtete. Daher scheint es, daß die Maschine bei der Neubeschickung mit Samen und der Inbetriebnahme zu Beginn der Woche eine Aufheizphase durchlief, während der sie rot leuchtete. Sobald sich die Pflanzen dann bis zur erforderlichen Arbeitskonzentration vermehrt hatten, wurden weitere Laser zugeschaltet, damit auch in anderen Bereichen des Spektrums Licht zur Verfügung stand. Im Zusammenwirken mit dem roten Bereich des Spektrums können diese Bereiche sehr wohl ein weißes Licht ergeben haben, wenn man es durch den Kulturtank und seinen trüben Inhalt betrachtete.

Aus der Tatsache, daß in den Schriften nirgendwo das Auftreten von grünem Licht erwähnt wird, läßt sich entnehmen, daß das Verfahren äußerst leistungsfähig gewesen sein muß, denn, wie erwähnt, reflektiert Chlorophyll grünes Licht, anstatt es auszunutzen. Die Laser konnten daher kein grünes Licht geliefert haben, da dieses lediglich verschwendet worden wäre. Die Pflanzenkultur hätte höchstens bei Tageslicht betrachtet grün ausgesehen. Wie wir aber nachweisen konnten, würde das Licht der Maschine selbst die Wirkung des Tageslichts weit übertreffen. Eine Mischung aus rotem und blauem Licht ergäbe Magentarot, was wiederum, im Zusammenwirken mit dem aus der Fluoreszenz stammenden gelben Licht, Weiß ergibt. Wir haben bereits hervorgehoben, wie wichtig es ist, daß eine möglichst große Oberfläche der Pflanzenkultur mit dem Licht in Berührung kommt. Beim Experiment *Bios 3* wurde dies erreicht, indem man eine ganze Reihe von Xenonröhren in die Behälter einbaute, anstatt sich einer einzelnen zentralen Lichtquelle zu bedienen. Die uns zur Verfügung stehenden Texte sagen aber aus, daß sich die Manna-Maschine einer einzigen zentralen Lichtquelle bediente, auch wenn dieses Licht auf verschiedene Arten reflektiert wurde, so daß es, aus bestimmten Winkeln betrachtet, vielfältig wirkte. Die Lichtquelle und die Laserröhren waren auf eine Weise angeordnet, die eine maximale Ausnutzung des Lichts gewährleistet. Die Röhren, die übrigens auch einige der Barthaare bildeten, trugen auch zum Teil zur Kühlung und Luftzufuhr des Kulturträgers bei.

Kurz gesagt, ergibt sich aus unseren Kenntnissen und aus den Schriften, daß ein neutronengeladener Laser, der eine direkte Umwandlung von Kernenergie in Licht vornahm, als Lichtquelle für die Manna-Maschine verwendet wurde. Die spektralen Charakteristika jenes Lichts wurden den Bedürfnissen der verwendeten *Chlorella* angepaßt, wobei ein optisches System die richtige Ausleuchtung aller Teile des Behälters für die Pflanzenkultur gewährleistete.

Wenn die wichtigste Voraussetzung für die Herstellung von Manna auch das Vorhandensein von Energie ist, so ist das Vorhandensein eines Rohmaterialvorrats, der aus der Umgebung oder der Atmosphäre stammen mußte, sowie eines Katalysators nicht weniger wichtig.

An dieser Stelle wiederholen wir eine einfache chemische Gleichung, die uns die relativen Gewichte der verwendeten und der erzeugten Stoffe liefert:

$6H_2O$	+	$6CO_2$	$\longrightarrow$	$C_6H_{12}O_6$	+	$6O_2$
Wasser		Kohlendioxid		Kohlehydrat		Sauerstoff
108		264		180		192

Bei einem Grundnahrungsmittel sind Kohlehydrate, Fette und Eiweiß notwendig. Durch Zusatz von Stickstoff, der ebenfalls in der Atmosphäre enthalten ist, können diese aus Wasser und Kohlendioxid hergestellt werden. Diese Synthese benötigt lediglich noch geringe Spuren anderer Elemente, die man je nach Bedarf der Lösung beifügen kann.

Aus unserer Gleichung haben wir die relativen Gewichte der benötigten Materialien ermittelt und sind nun in der Lage, zu berechnen, welche Menge ‚Nichts' (=Luft) jeden Tag gebraucht wurde, um die Israeliten zu ernähren. Bei dieser Berechnung wird davon ausgegangen, daß jeden Tag 800 Kilo in Form von Kohlehydraten benötigt wurden:

	Verhältniszahlen	Tatsächliches Gewicht	
Wasser	108	480 kg	
Kohlendioxid	264	1 170 kg	
Kohlehydrat	180	800 kg	
Sauerstoff	192	850 kg	(geht in die Atmosphäre)

Wenn man den Wasserbedarf in Betracht zieht, müßte man die relative Luftfeuchtigkeit in der Wüste Sinai vor 3500 Jahren kennen. Leider gehen aber die meteorologischen Aufzeichnungen nicht ganz so weit zurück, weshalb wir hier auf einige Vermutungen angewiesen sind. Es ist bekannt, daß die Temperaturen nachts öfter bis auf den Gefrierpunkt zurückgingen und das Auftreten von Tau die Regel war. Wir meinen hier den ganz gewöhnlichen Tau und nicht etwa den ‚Himmelstau'. Das Sinaigebiet befindet sich zwischen zwei Meeren; die Luft bleibt daher trotz der großen Tageshitze ziemlich feucht. Nehmen wir zu Beginn einmal den ungünstigsten Fall an; nämlich, daß der Taupunkt der Luft bei null Grad Celsius lag. Das bedeutet, daß ein Gegenstand auf null Grad abkühlen muß, bevor sich Tau darauf bildet. Aus den einschlägigen Tabellen können wir entnehmen, daß dies einer relativen Luftfeuchtigkeit von 14% bei 30 Grad Celsius entspricht und daß 100% Luftfeuchtigkeit bei dieser Temperatur einem Wasserdampfdruck von 32 mm Hg entsprächen. Daraus ergibt sich, daß bei 30 Grad ein Kubikmeter Luft mindestens 4,7 Gramm Wasser enthält. Wenn aber die Kondensation von Tau bei null Grad mit einer hundertprozentigen Effizienz stattfindet, beträgt die benötigte Luftmenge, die das Wasser liefern kann, pro Tag 102 000 Kubikmeter oder pro Sekunde 1,2 Kubikmeter. Unsere Unterstellung einer hundertprozentigen Effizienz wird dadurch ausgeglichen, daß wir zu Anfang von einem Taupunkt von null Grad ausgegangen sind.

Als nächstes können wir den CO_2-Bedarf von 1170 kg pro Tag beurteilen. Der CO_2-Anteil in der Atmosphäre weist keine großen Schwankungen auf und beträgt gegenwärtig etwa drei Zehntausendstel oder 0,59 Gramm pro Kubikmeter. Bei einer hundertprozentigen Absorptionsfähigkeit benötigte unsere Maschine also 23 Kubikmeter Luft pro Sekunde zur Deckung ihres CO_2-Bedarfs. Dies bedingte aber einen derart hohen Durchfluß, daß die Maschine selbst unmöglich das gesamte Volumen aufnehmen konnte. Deshalb haben wir den in den Schriften erwähnten Wald von ‚Barthaaren', die die Maschine umgeben. Sie waren notwendig, um den Kulturträger mit einer großen Luftmenge in Berührung zu bringen.

Wenn die in Abbildung 14.2 angegebenen Größenverhältnisse stimmen, könnte der darauf beruhende Luftdurchfluß mit der Geschwindigkeit von einem halben Meter pro Sekunde ausreichen, um genug CO_2 mit den Röhren in Berührung zu bringen. Die Röhren müssen selbstverständlich aus einem Material bestehen, welches eine Gasdiffusion gestattet, damit das CO_2 in der Trägerflüssigkeit aufgelöst und von den Pflanzen absorbiert werden kann. Beim praktischen Betrieb wäre eine

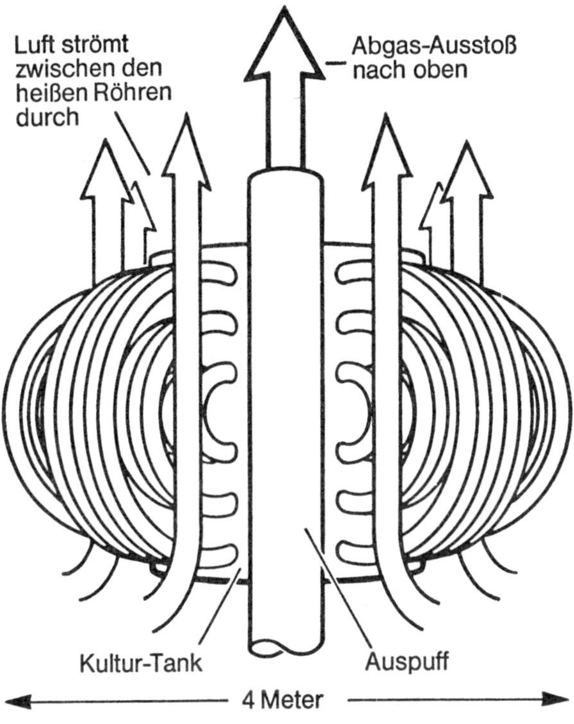

14.2 Die Röhren des Bartes

hundertprozentige Absorption kaum möglich, was wiederum einen größeren Luftdurchfluß bedingte. Die Oberfläche des Bartes ließe sich durch gerippte Rohre vergrößern (siehe Abb. 14.3).

Da die Maschine heißer als die Umgebung wäre, entstünde nach den allgemeinen Gesetzen der Thermik eine natürliche Luftzirkulation um sie herum.

Gleichzeitig mit der Aufnahme von CO_2 nehmen die Rohre des Bartes auch die Abgabe überschüssiger Hitze vor, ähnlich

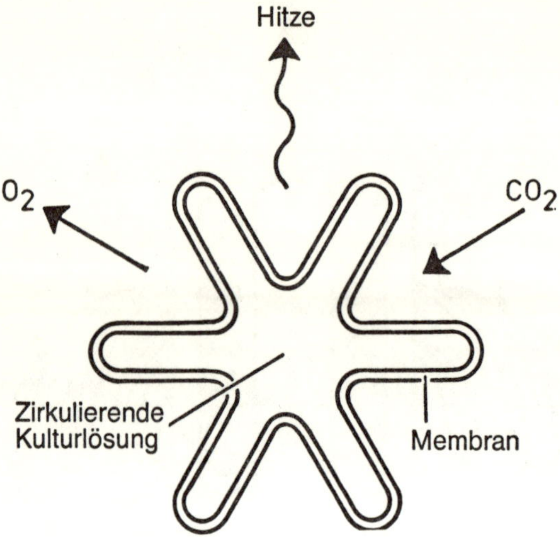

14.3 Querschnitt durch ein Barthaar

wie die Kühlrippen eines Mopedmotors. Eine gewisse Menge Luft mußte aber durch das Innere der Maschine fließen, um deren innere Teile und besonders den Reaktor zu kühlen. Falls dieser mit einer fünfzigprozentigen Energieausbeute arbeitete, gab es immer noch ein halbes Megawatt in Form von überschüssiger Hitze, die es loszuwerden galt. Die Schriften erwähnen hier auch einen ‚Auspuff', ‚Feuer und Rauch' aus der Nase, von dem berichtet wurde, daß er heiß genug war, um Kohle zu entzünden. Wenn wir von einer denkbaren Abgastemperatur von 530° C ausgehen, können wir den Luftdurchfluß auf der Basis eines Ausstoßes von einem halben Megawatt berechnen. Die Berechnung führt zu 1,5 Kubikmetern in der Sekunde.

Das ist eine stattliche Zahl, denn sie kommt dem für die Wasserversorgung der Maschine benötigten Durchfluß von 1,2

Kubikmetern in der Sekunde sehr nahe. Es ergibt sich die automatische Schlußfolgerung, daß dieselbe Luft für beide Zwecke genutzt wurde. Der Zweck der Maschine bestand in der Produktion von Manna und nicht darin, Klimaanlage zu sein. Deshalb konnte sie durchaus die kalte, aber trockene Luft aus der Taukondensation zur Kühlung der Innenteile verwenden. Diese Luft würde dann, nachdem sie den Kondensator durchlaufen hatte, zuerst die Reaktor-Laser-Kombination kühlen und dann das Kleine Gesicht durchlaufen, bevor sie durch den Auspuff ins Freie abgeblasen würde. Der Auspuff war senkrechtstehend, denn Rauch und Feuer stiegen in ihm hoch, und sobald er heiß genug war, zeigte er die Wirkung eines Kamins. War erst einmal alles heiß genug, würde die Luft allein schon wegen dieses Effektes durch die Maschine donnern, ohne Ventilatoren oder Gebläse für die Aufrechterhaltung des Kreislaufs zu benötigen. Dies war ein unschätzbarer Vorteil, denn bewegliche Teile sind immer einem gewissen Verschleiß unterworfen. Der Hochbetagte war aber offensichtlich so konstruiert, daß er viele Jahre bei einem Minimum an Verschleiß in Betrieb sein konnte, ohne dabei störanfällig zu sein.

Vorausgesetzt, der Mund (oder Lufteinlaß) hatte einen Durchmesser von einem Quadratmeter, hätte die Luftgeschwindigkeit an dieser Stelle lediglich eine angenehme Brise mit 1,5 Metern in der Sekunde ausgemacht. Die Öffnungen und Durchlässe im Inneren der Maschine wären aber lange nicht so groß und die Geschwindigkeit dementsprechend höher. Den Schriften entsprechend war das Aufleuchten des Gesichts aber immer von aus der Nase austretendem Feuer und Rauch begleitet, was darauf hindeutet, daß bei der Konstruktion der Maschine diesem Umstand Rechnung getragen worden war.

Die Maschine benötigte zum Betrieb Wasser und CO_2, gab aber auch Sauerstoff an die Atmosphäre ab; unseren Berech-

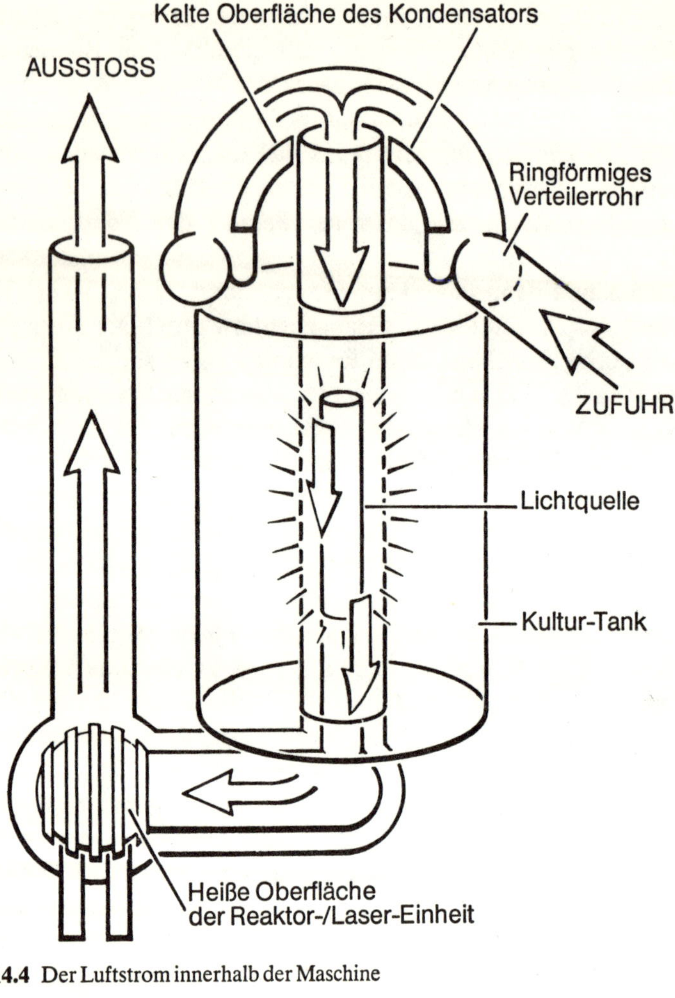

14.4 Der Luftstrom innerhalb der Maschine

nungen zufolge 850 kg am Tag. Dies entspricht etwa 7 Litern Sauerstoff in der Sekunde, also einer beträchtlichen Menge. Diese Gasentwicklung wurde aber dazu benutzt, die Grünalgenkultur in Bewegung zu halten, indem die sich bildenden Bläschen bis zum höchsten Punkt des Systems aufstiegen, um dort durch Sicherheitsventile ins Freie zu treten. Bei der schnellen Zirkulation der Kultur durch das ganze System und der heftigen Tätigkeit der Bläschen muß die Maschine den Eindruck einer wilden Gärung vermittelt haben. Vielleicht entsprang daraus:

> (Jesaja 63,15) Wo ist nun dein Eifer, deine Macht? Deine große herzliche Barmherzigkeit hält sich hart gegen mich.*

Es gibt Leute, die eine heftige ‚innere Bewegung' verspüren, wenn sie Barmherzigkeit oder Gnade walten lassen. Unserer Ansicht nach entspringt diese Assoziation zwischen ‚Barmherzigkeit' und ‚Gnade' und ‚inneren Bewegungen', die normalerweise recht spürbar bei gewissen beschwerlichen Verdauungsvorgängen auftreten, eher dem großen Rumpeln im Inneren des Hochbetagten, während dieser Manna herstellte.

Bei der Behandlung des Energiebedarfs haben wir bisher nur über die Lichtquelle, die dabei auch den Löwenanteil in Anspruch nimmt, referiert. Es wird aber auch an anderer Stelle der Maschine Energie benötigt, so zum Beispiel zur Kühlung im Taukondensator. Eine schnelle Überschlagsrechnung ergibt einen Bedarf von etwa 25 Kilowatt Hitzeentzug, um 1,5 Kubikmeter Luft von 30° auf 0° Celsius abzukühlen. Da Kühlsysteme normalerweise keine sehr große Leistungsaus-

* In der englischen Übersetzung der Bibel wird es noch korrekter ausgedrückt und gesagt: ‚Wo ist nun das Getöse deiner Eingeweide und deine Gnade für mich? Ist ihnen Einhalt geboten?'

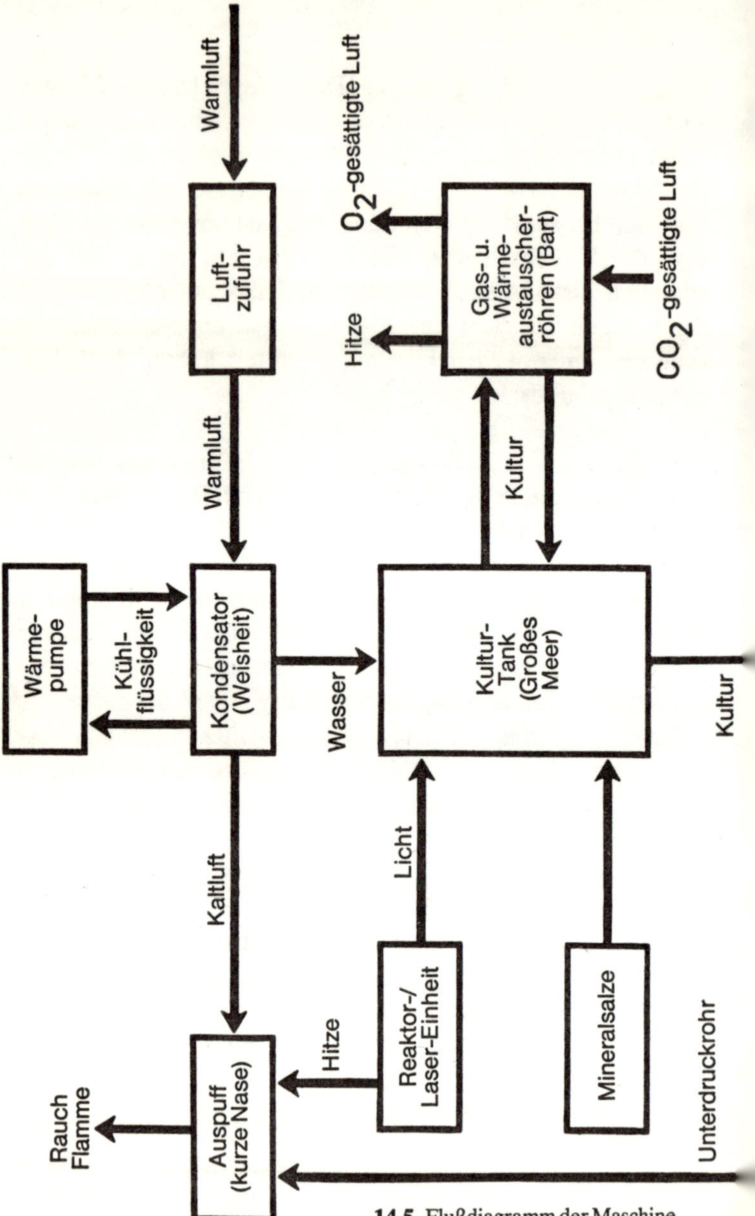

14.5 Flußdiagramm der Maschine

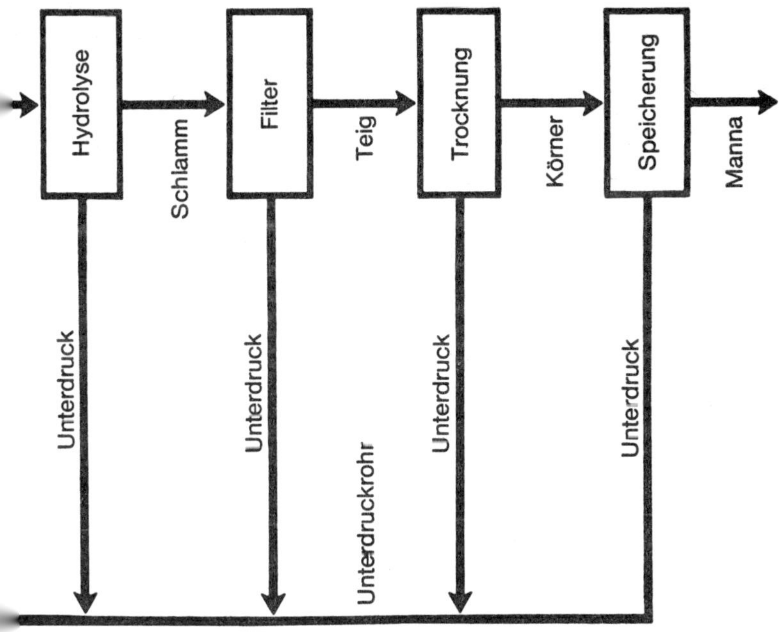
Hydrolyse
Schlamm
Filter
Teig
Trocknung
Körner
Speicherung
Manna
Unterdruck
Unterdruck
Unterdruck
Unterdruck
Unterdruckrohr

beute besitzen, kann der Energiebedarf hier auch ohne weiteres bei 100 Kilowatt gelegen haben. Im ersten Moment denkt man hierbei sofort an starke Elektromotoren, die große Kompressoren antreiben, wie es bei den gewöhnlichen Kühlaggregaten der Fall ist. Da wir jedoch wissen, daß bewegliche Teile bei der Konstruktion der Manna-Maschine bewußt gemieden wurden, ist es wahrscheinlicher, daß eine andere Methode, das sogenannte Elektrolux-Verfahren angewandt wurde. Dieses Verfahren hat zwar keine hohe Leistungsausbeute, ist dafür aber äußerst zuverlässig und besitzt keine beweglichen, mechanischen Teile. Es handelt sich dabei um ein geschlossenes System, bestehend aus einer Anordnung von Leitungen, Behältern und Kühlschlangen, die Ammoniak und Wasser enthalten. An einem bestimmten Punkt des Systems wird Wärme zugeführt, woraufhin die Flüssigkeiten und Gase in Bewegung geraten und an einem anderen Punkt Kälte abgegeben wird. In der Manna-Maschine wäre überschüssige Hitze für den Betrieb eines solchen Systems in Hülle und Fülle vorhanden. Außerdem ist dieses System vollkommen ausreichend für verhältnismäßig kleine Temperaturunterschiede wie die von uns angenommenen 30° Celsius.

Das nach der Firma, die es zuerst anwandte, benannte Elektrolux-Prinzip wird bei Kühlaggregaten angewendet, die entweder mittels Gas oder Paraffin an Orten ohne Elektrizität arbeiten. Ein System mit einer Kühlkapazität von lediglich 25 Kilowatt wäre bei der Anwendung unserer Technologie ziemlich schwerfällig; doch können wir ohne Zweifel davon ausgehen, daß auch bessere Ausgangsstoffe als Wasser und Ammoniak verwendbar wären, wenn man gewisse Wirtschaftlichkeitsüberlegungen außer acht läßt. Mit einer der unsrigen weit überlegenen Technologie waren die Konstrukteure des Herrn zweifellos in der Lage, eine kleine, kompakte Einheit zur Erfüllung dieses Zwecks herzustellen.

Die Lichtquelle und die Kühleinheit wären also die beiden

hauptsächlichen Energieverbraucher des gesamten Systems. Andererseits haben wir bewiesen, daß diese beiden ohne jede Inanspruchnahme von elektrischer Energie arbeiten könnten. Es wäre ein Ding der Unmöglichkeit, daß der Hochbetagte auch Generatoren mit einer Leistung von mehreren hundert Kilowatt gehabt haben könnte. Dies schon allein aus Gewichtsgründen. Darüber hinaus haben wir bewiesen, daß sehr wenig bewegliche Teile in der Konstruktion enthalten waren. Generatoren hätten wohl kaum einen ununterbrochenen Betrieb während vierzig Jahren im Wüstenstaub und -sand mit intakten Lagern und Kolbenringen überstanden. Daher können wir an dieser Stelle schlußfolgern, daß die Menge der benötigten elektrischen Energie in der Tat sehr gering gewesen sein muß; sicher haben hier einige Dutzend oder hundert Watt genügt, um die Kontrollinstrumente in Gang zu halten. Die Trocknungsanlage für das Manna konnte ausschließlich mit Hitze betrieben werden. Andererseits gibt es auch heutzutage schon Energiequellen mit dieser Leistung, die keinerlei bewegliche Teile besitzen. Man denke dabei nur an einige Silizium-Sonnenzellen, die man dem Laserlicht aussetzen könnte, oder an Reihen von Thermozellen oder auch an eine nukleare Batterie, die eine sehr lange Zeit halten könnte. Jedenfalls kann man aufgrund der angeführten Beispiele den Schluß ziehen, daß das von den Schriften hergeleitete System praktische Wahrscheinlichkeit hat.

Um nun unsere Abhandlung über die technische Konstruktion auf einen Nenner zu bringen, können wir die Behauptung aufstellen, daß eine Manna-Maschine, die fähig wäre, die damaligen Israeliten zu ernähren, auch von unseren heutigen Technikern gebaut werden könnte, aber beim gegenwärtigen Stand unserer Technik die Größe eines Hauses und viele Tonnen an Gewicht haben müßte. Ausmaße und Gewicht zu reduzieren, wäre aber nur eine Frage der technischen Entwicklung. Man nehme nur die ‚Radioapparate' der zwanziger Jahre mit all ihren Röhren, Akkus, Kondensatoren usw. und vergleiche sie mit unseren modernen Transistorradios. Sogar die sowjetischen *Bios-3-Chlorella*-Kultivatoren produzierten 10 000 Kalorien und 2000 Liter Sauerstoff pro Tag – mehr als genug, um die drei Benutzer der Experimentiereinheit zu ernähren. Hätte man nun die überschüssigen *Chlorella* weiterentwickelt und die drei Benutzer dazu gebracht, sie zu konsumieren, dann hätten sie schlußendlich nichts anderes gegessen als: *Manna*!

15

Die Beschneidung und andere Bräuche

Wir haben einige altertümliche Überlieferungen analysiert, in der Hauptsache den *Sohar*, und fanden heraus, daß es sich bei ihnen um eine Beschreibung einer Manna-Maschine handelt. Den Überlieferungen zufolge, versorgte dieses Objekt die Israeliten während ihres Aufenthaltes in der Wüste mit Nahrung. Ein anderes Buch, die Bibel, erwähnt aber nichts von dieser Maschine. Wie läßt sich deshalb das Fehlen jeglicher Erwähnung in der Bibel erklären?

Dem *Sohar* zufolge lag dies an der Tatsache, daß die bare Existenz der Maschine ein strenggehütetes Geheimnis war, viel zu geheim, um in einem der allgemeinen Öffentlichkeit zugänglichen Buch erwähnt zu werden. Die Einzelheiten über den Hochbetagten wurden lediglich durch die Mitglieder eines Bundes mit Namen ‚Erntemänner des Heiligen Feldes' mündlich überliefert. Im Lauf der Jahrhunderte geriet der ursprüngliche Zweck der Maschine aber in Vergessenheit, und die wahren Gegebenheiten darüber vermischten sich mit einer ganzen Menge mystischer Mutmaßungen. Die erstaunlichen Einzelheiten über den Hochbetagten wurden als äußerst wichtig angesehen, auch wenn sie für die nachfolgenden Generationen der ‚Erntemänner des Heiligen Feldes' zusehends ihren Sinn verloren. Zu der Zeit, als sie im *Sohar* niedergeschrieben wurden, müssen sie bereits schon so absurd geklungen haben, daß man mit einer Veröffentlichung nicht mehr viel Schaden anzurichten glaubte. Denn was immer die Überlieferungen aussagen mochten, so erwähnte die Bibel dieses außergewöhnliche Objekt mit keinem Wort, weshalb es auch nicht existiert haben konnte.

Zumindest waren dies die Schlußfolgerungen der ‚Erntemänner des Heiligen Feldes'. Wir fanden aber Hinweise genug, daß der Hochbetagte in der Zeit existierte, denn die Überlieferungen beschreiben technische Details der Manna-Produktion, die in der damaligen Zeit unmöglich bekannt gewesen sein konnten, und die Bibel liefert indirekte Hinweise, die unsere Behauptung untermauern. Die Bibel wurde mit Sicherheit so geschrieben, daß jede direkte Erwähnung dieser Maschine mit Absicht vermieden wurde. Wir wollen deshalb einmal ganz zum Beginn zurückgehen und unsere Version der Geschichte über den Auszug aus Ägypten darlegen.

Vor ungefähr 3600 Jahren war Ägypten eines der führenden Länder der Erde; seine Bewohner genossen einen hohen Lebensstandard in materieller wie in kultureller Hinsicht. Zu jener Zeit gab es in Ägypten einige als Hebräer bekannte Leute, die von Osten ins Land gekommen waren. Als unterdrückte Einwandererschicht waren sie gerade gut genug, die niederen Arbeiten im Lande auszuüben. Ein hebräisches Ehepaar gebar einen Sohn, und weil der ägyptische König – oder Pharao – den Befehl gegeben hatte, daß sämtliche männlichen Nachkommen dieses Volkes ertränkt werden sollten, setzte dieses Ehepaar den Säugling absichtlich an einer Stelle aus, wo die Tochter des Königs ihn mit Sicherheit finden mußte. Dies war dann auch der Fall, und sie wurde dem Kind zugetan und nahm es mit in den königlichen Haushalt. Dieses Kleinkind war Moses, der später der große Führer der Israeliten werden sollte. Als junger Mann geriet Moses mit einem ägyptischen Aufseher in Streit, weil jener einige hebräische Arbeiter mißhandelte. Im Verlauf dieses Streites starb der Aufseher, weshalb es Moses ratsam schien, das Land zu verlassen, bis Gras über die Sache gewachsen war. Er floh

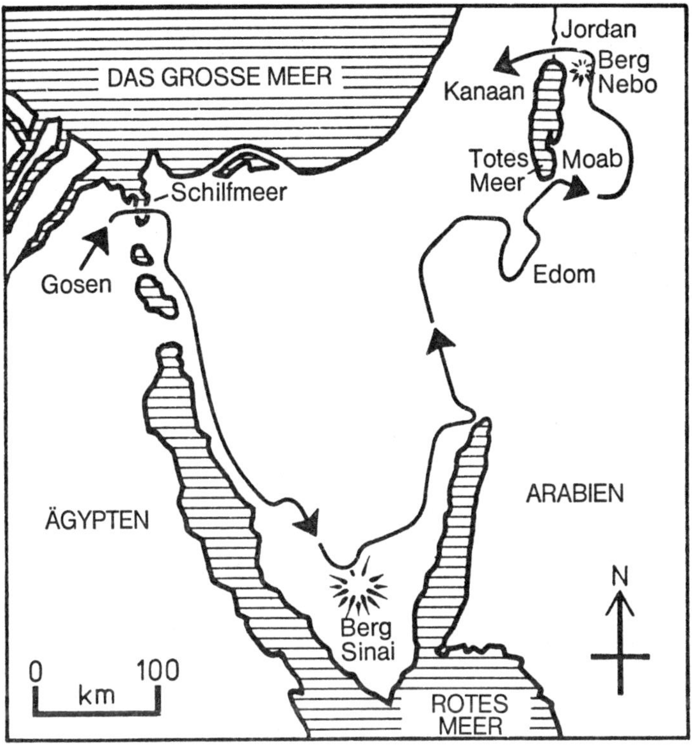

15.1 Der Auszug der Israeliten aus Ägypten

deshalb in die Wüste und fand dort Arbeit als Schäfer. Während er dort eines Tages die Schafe hütete, wurde er von einer geheimnisvollen Persönlichkeit aus einem brennenden Busch heraus angesprochen. Diese Persönlichkeit war der Herr, und Moses traf mit ihm nach Abschluß der Verhandlungen ein Abkommen im Namen des hebräischen Volkes. Der Inhalt des Abkommens oder Bündnisses war, daß die Hebräer den Befehlen des Herrn Folge zu leisten hätten, ohne sie jemals in

Frage zu stellen, wofür der Herr sie aus Ägypten herausführen und in eine mächtige Nation verwandeln würde.

Moses ging also nach Ägypten zurück und informierte die Hebräer über diese Entwicklung. Er hatte eine derartige Autorität, daß er sofort als Führer akzeptiert wurde. Moses ging dann zum Pharao und bat ihn, sein Volk ziehen zu lassen. Dieser weigerte sich aber konstant, dieser Bitte stattzugeben. Nach jeder Weigerung wurde Ägypten von einer Plage heimgesucht, was schließlich im Tod aller erstgeborenen Kinder der Ägypter gipfelte. Dies war endlich zuviel und der Auszug wurde genehmigt. Nach ihrer Abreise überlegte der Pharao es sich aber wieder anders und schickte seine Kriegswagen hinten ihnen her. Was dann folgte, war der wohlbekannte Durchzug durch das Rote Meer*, bei dem sämtliche Streitwagen von den Fluten begraben wurden.

Diese Geschichte könnte eine Legende sein; andererseits aber auch genau das, was man von einem Besucher aus dem All erwarten würde, für den Fall, daß dieser beschlösse, sich einer Gruppe von Leuten anzunehmen und ihnen einen Schnellkurs für kulturellen Fortschritt zu erteilen. Er würde sich eine relativ kleine Gruppe, die ihren kulturellen Hintergrund verloren hat, aussuchen und ganz von vorn beginnen, indem er ihnen völlig neue soziale und kulturelle Verhaltensnormen vermittelte.

Die Hebräer hatten genug Zeit in Ägypten zugebracht, um ihren eigenständigen Volkscharakter weitgehend zu verlieren, aber nicht genug, um sich in Ägypter zu verwandeln, so daß sie ein fast unbeschriebenes Blatt in Bezug auf nationale Kulturmerkmale darstellten. Außerdem waren sie aufgrund der in der Sklaverei verbrachten Jahre gewissen Minderwertigkeitskomplexen unterworfen, was es den Außerirdischen leicht machte, die Herrschaft über sie zu erlangen. Es gab jedoch keine

* Rotes Meer: Die Bibelübersetzer verwendeten ratenderweise den Ausdruck ‚Rotes Meer‘ (englisch: Red Sea), im Originaltext steht aber ‚Schilfmeer‘ (engl.: Reed Sea).

Möglichkeit, die Hebräer in Ägypten zu bearbeiten. Vor Beginn der Erziehung mußten sie auf irgendeine Art isoliert werden, weswegen der Auszug in die Wüste arrangiert wurde.

Die Geschichten über die Plagen und das Ertränken der Streitwagen können im Verlauf der ständigen Nacherzählungen vor der Niederschrift in der Bibel übertrieben worden sein. Aber trotzdem müssen sie auf wahren Begebenheiten beruhen, das heißt, die Flucht aus Ägypten muß mit einer ‚wundersamen' Hilfe seitens des Herrn stattgefunden haben. Wir können jetzt erkennen, daß diese Wunder einer überlegenen Technik zugeschrieben werden können. Was die Durchquerung des Meeres betrifft, so sind sich die Experten einig, daß es sich nicht um das ‚Rote Meer' sondern das ‚Schilfmeer', möglicherweise einen Seitenarm einer der seichten Lagunen in der Nähe des nördlichen Endes des heutigen Suezkanals gehandelt haben muß. Sollte dies der Fall gewesen sein, so wird die Überquerung als technische Leistung glaubhaft. Welchem Zweck können aber die Plagen, gefolgt von einer dramatischen Flucht, gedient haben? Zweifellos könnte der Herr die Leute auch ohne großes Aufsehen und in aller Heimlichkeit aus Ägypten herausgebracht haben, wenn er dies gewollt hätte. Eine einleuchtende Erklärung läge im psychologischen Bereich – die Hebräer waren im Begriff, sich dem Herrn anzuvertrauen und mußten von seinen übermächtigen Kräften überzeugt werden. Die Bibel bietet uns eine Fülle von Anweisungen mit dem Sinn ‚vertraue auf Gott' und ‚vertraue dem Herrn'. Es fiel sicher viel leichter, dieses Vertrauen zu haben, wenn man zuvor derartige Schauspiele von unglaublichen Fähigkeiten als Augenzeuge beobachten konnte. Trotzdem waren die Leute mutlos und begannen nach einiger Zeit, von neuem zu zweifeln. Wozu befanden sie sich eigentlich dort in der Wüste, ohne Schutz und Unterstützung? Vielleicht war es falsch gewesen, Moses und dem Herrn zu vertrauen, und man sollte doch besser nach Ägypten zurückkehren? Ein weiteres Schauspiel war daher notwendig – die Landung auf dem Berg. Zu diesem Zweck führte Moses eine Reihe von Unterredungen mit dem Herrn. Zu einigen wurde er auf ‚Adlersflügeln' (2 Mose 19,4) abgeholt, aber dieses Mal kam der Herr herunter, und das Volk konnte alles aus nächster Nähe miterleben. Dies geschah folgendermaßen: Vor ihren ehrfürchtigen Augen kam er mit Donner und Rauch auf die Spitze des Berges herab, und als die Felsen des Berges abgekühlt waren und der Rauch sich verzogen hatte, stiegen Moses, Aaron und einige ausgesuchte Mitglieder des Ältestenrats hinauf, um ihm zu begegnen.

Der Bibel zufolge, blieb Moses für weitere Besprechungen mit dem Herrn oben auf dem Berg, während die anderen wieder herabstiegen und zum Rest des Volkes zurückkehrten. Unserer Ansicht nach kamen sie aber nicht mit leeren Händen vom Berg herunter, sondern brachten die Manna-Maschine mit, weswegen wir hier die in der Bibel erzählte Version der Geschichte verlassen und mit unserem eigenen Bericht über die nachfolgenden Vorgänge fortfahren.

Beim Abstieg vom Berg waren Aaron und die anderen frohen Mutes. Bis dahin war zwar sehr viel vom ‚Herrn' und einigen Wundern gesprochen worden, aber lediglich Moses war ihm tatsächlich begegnet und sie waren auf Moses Wort angewiesen, daß es sich beim ‚Herrn' um eine große und mächtige Persönlichkeit handelt. Jetzt hatten sie endlich selbst mit eigenen Augen die Ankunft des Herrn gesehen und konnten die ‚Herrlichkeit', das Raumschiff auf dem Berggipfel, bestaunen. Darüber hinaus hatten sie nun den greifbaren Beweis seiner Macht, denn sie führten jene große, glänzende Maschine, den ehrfurchteinflößenden Hochbetagten mit sich, der sie bis zu ihrer Ankunft im Gelobten Land ernähren sollte. Der Herr hatte ihnen die Geheime Lehre, die Himmelsbotschaft, gegeben, die sie in die Lage versetzen sollte, den Bedürfnissen des Hochbetagten entgegenzukommen und ihn zur Produktion von Nahrung zu veranlassen. Sobald sie zum

Lager zurückkamen, würden die Leute zwar noch untereinander murmeln: „Was sollen wir hier? Gehen wir doch nach Ägypten zurück, dort wissen wir wenigstens, was uns erwartet.“ Hatten sie aber erst einmal diese wundervolle Maschine gesehen und vom Himmelsbrot gekostet, welches sie liefern konnte, würden sie gewiß die Befehlsgewalt des Herrn akzeptieren und sich mit Leib und Seele seiner Fürsorge anvertrauen.

Als die Abordnung dann im Lager eintraf, stellten sie die Maschine feierlich auf eine Plattform oder einen ‚Thron‘, und das Volk hielt ausnahmsweise einmal den Mund und schlich sich ängstlich näher, um einen Blick darauf zu werfen. Zu guter Letzt begannen sie endlich zu begreifen, was Moses ihnen zu erklären versucht hatte. Welche Macht mußte dieser Herr doch besitzen, wenn er ihnen ein so großartiges Geschenk machen konnte! Mit dem glänzenden Metall, den Haaren wie Juwelen und den glitzernden Augen mit ihren verschiedenen Farben mußte es den Herrn ein Vermögen gekostet haben! Und Aaron behauptete außerdem noch, daß es Nahrung liefern kann! Nicht einmal die Ägypter, ihre früheren Herren, konnten so etwas ihr eigen nennen und hatten keinen Gott, der sich damit hätte messen können! Das Volk vergaß darüber Moses und den Herrn, die auf der Spitze des Bergs saßen und verhandelten, und begann, diesen neuen Gott anzubeten, während Aaron der Hohepriester, die täglichen Geheimhandlungen, die das Himmelsbrot zum Vorschein brachten, vollzog.

Dies ging einige Tage gut, bis eines Morgens plötzlich die Katastrophe eintrat. Trotz eindringlicher Gebete und Anflehungen blieb der Gott ruhig und untätig. Das große Gesicht blieb dunkel; kein Tau floß aus dem Gehirn herab; kein Rauch oder Feuer kam aus der Nase. Die Leute, die in einer Schlange, von einem Fuß auf den anderen tretend, auf die Ration ihres Gomers warteten, begannen wieder zu murmeln: ‚Wir sagten ja gleich, daß dies zu schön ist, um wahr zu sein. Auf den neuen Gott ist eben doch kein Verlaß, laßt uns nach Ägypten zurückkehren, solange wir noch können.‘ Stunden später gab es immer noch kein Manna, und Aaron arbeitete mit seinen Priestern fieberhaft an der Maschine, ständig belästigt von einer zunehmend feindseliger werdenden Menschenmenge. Was war zu tun? Wenn es so weiterginge, würde es schließlich ganz unmöglich, die Maschine überhaupt zu reparieren, und es gäbe einen Volksaufstand großen Stils. Als Aarons Blick dabei über das penisähnliche Abflußrohr für das Manna wanderte, hatte er plötzlich eine Idee. Er warf seine Werkzeuge zu Boden, und wandte sich der Menge zu. ‚O Kinder Israels!‘, rief er. ‚Ihr habt den Zorn des Gottes auf euch gelenkt, denn er hat eure Penisse gesehen und bemerkt, daß sie verstopft sind. Deshalb hat er auch seinen eigenen Penis verstopft, so daß kein Himmelsbrot mehr aus ihm heraustreten kann. Deshalb muß jeder Mann hingehen und sich beschneiden. Wenn ihr dies getan habt, könnt ihr wiederkommen und dem Gott zeigen, daß es getan ist. Tut dies, und er wird euch wieder von seiner Nahrung geben.‘ Dies machte Eindruck auf das Volk, so daß es sich entfernte, um die Operation durchzuführen und Aaron und die Priester sich wieder ausschließlich der Maschine widmen konnten. Nachdem erst einmal die Ordnung wiederhergestellt war, konnte der Fehler auch schnell gefunden und behoben werden. Aaron nahm die Maschine aber nicht sogleich wieder in Betrieb, denn er witterte politisches und religiöses Kapital, das er aus dem Vorfall schlagen konnte. Die Priester gönnten sich deshalb zuerst einmal eine wohlverdiente Ruhepause, bis die Männer zurückkehrten, langsam und mit ziemlich gespreizten Beinen gehend. Nachdem sich alle vor der Maschine aufgestellt hatten, wandte sich Aaron um und sprach zu ihr. ‚O großer und mächtiger Gott‘, mag er geschrien haben, ‚laß dein Gesicht auf uns leuchten und laß uns an deiner großen Gnade teilhaben. Wir bitten dich, öffne deinen Penis, so wie die Kinder Israels den ihren geöffnet haben!‘ Auf ein Zeichen lüfteten die Männer dann ihre Kutten und zeigten ihre frisch beschnittenen Glieder, von denen das Blut troff, und Aaron warf sich eindrucksvoll vor der Maschine mit einem Aufschrei zu Boden, wo er unbemerkt einen Knopf drückte. Daraufhin begann das Gesicht unverzüglich zu leuchten, Feuer und Rauch traten durch die Nase aus, und der Tau floß vom Gehirn herab. Ihre Schmerzen vergessend, brachen die Israeliten bei diesem Anblick in wilde Freude aus. Sich gegenseitig umarmend und singend, warfen sie ihre Kleider von sich und stellten sich im hemmungslosen Freudentanz um die Maschine schamlos zur Schau.

Zu diesem Zeitpunkt traf dann Moses im Lager ein. Man kann sich vorstellen, welchen Schreck er beim Anblick des sich ihm bietenden ekelhaften Schauspiels bekam, da er erkennen mußte, daß das Volk, anstatt den wirklichen Herrn zu verehren, sich der Götzendienerei hingab. Es wurde ihm sofort klar, was zu tun war. Das Wissen um die Maschine mußte unterdrückt werden, koste es, was es wolle. Zweck der Übung war schließlich, daß aus Israel eine große Nation werden sollte. Die Maschine diente hierbei lediglich als Hilfsmittel zur Nahrungsversorgung während der Umerziehung. Wenn man sie öffentlich aufstellte, lenkte sie nur ab und würde das Volk in Versuchung führen, zur Götzendienerei zurückzukehren und den Herrn zu vergessen.

Daneben gab es auch noch andere Gründe. Wenn die Nachricht über das Vorhandensein einer solchen Maschine aus dem Lager hinausdringen sollte, würde jedes Volk des Vorderen Orients ausziehen, um sie zu erobern. Israel war aber keineswegs in der Lage, einen Angriff von außen zu überstehen. Darüber hinaus war Moses' Stellung als Führer des Volkes gefährdet, wenn dieses jeden Tag Aaron bei seiner geheimnisvollen Tätigkeit an der Maschine beobachten konnte. Das Volk könnte sehr wohl die Person Aarons für mächtiger und wichtiger als Moses halten. Verlöre Moses aber seine Stellung beim Volk, so führte dies automatisch zum Untergang sowohl

Moses als auch des Volkes selbst. Immerhin war Moses der Führer und der einzige, der mit dem Herrn im Namen seines Volkes in Verbindung stand und verhandelte. Es gab also tatsächlich nur die Möglichkeit, die Maschine unter allen Umständen geheimzuhalten.

Wie konnte man aber die Geheimhaltung bewerkstelligen? Man müßte die Maschine in einiger Entfernung vom Lager aufstellen und dem Volk verbieten, sich ihr zu nähern, es sei denn, um das Manna in Empfang zu nehmen. Die Maschine müßte in einem abgeschirmten Raum, der Stiftshütte, aufbewahrt werden, und nur die Priester dürften Zugang zu deren innerstem Teil haben. Diese Vorschrift hätte außerdem den Vorteil, daß den Priestern bei ihrer Arbeit an der Maschine die nötige Abgeschiedenheit garantiert wäre und Vorfälle, wie der gerade erlebte, vermieden würden. Das Volk wurde daher zur Strafe mit einer Reihe von Todesurteilen für Götzendienerei belegt, wobei Aaron verschont wurde, weil sein Wissen um die Maschine unersetzlich war. Dann wurde die Stiftshütte errichtet und die Maschine darin aufgestellt. Von da an war sie den Blicken der Öffentlichkeit für immer entzogen.

Wie können wir unsere Behauptungen rechtfertigen, daß diese Vorfälle stattfanden, aber in der Bibel nicht erwähnt wurden? Wenn es wirklich eine Maschine gegeben haben sollte, mußte sie aus den von uns genannten Gründen auch geheimgehalten werden. In diesem Fall fände sie dann auch keinerlei Erwähnung in den Geschichtsbüchern. Gewisse Vorfälle lassen sich aber dennoch nicht gänzlich aus dem Gedächtnis der Menschen streichen. Deshalb konnten sich die Leute an die Zeit erinnern, als Moses vom Berg herunterkam und etwas vorfand, was ihn derart wütend machte, daß er die Tafeln mit den Geboten zerbrach. Die Herausgeber der Bibel hatten daher zwei Probleme zu lösen – erstens mußte jede Erwähnung der Maschine unterbleiben, und zweitens mußte eine plausible Geschichte erfunden werden, um den Erzählungen im Volk gerecht zu werden. Das Resultat ihrer Bemühungen läßt sich unter 2 Mose 32 in der Geschichte über das goldene Kalb nachlesen.

Diese offizielle Version sagt aus, daß die Leute Aaron ihr Gold gaben mit der Bitte, daraus ein Kalb zu machen, welches sie anzubeten wünschten. Als Moses dann zurückkam und sie nackt davor tanzen sah, befahl er, die von uns erwähnte Strafe, wenngleich uns die in der Bibel erwähnte Zahl von dreitausend Getöteten etwas übertrieben scheint. Daraufhin zermahlte er das goldene Kalb, vermischte es mit Wasser und hieß das Volk, es zu trinken. Diese Geschichte beinhaltet eine ganze Reihe von Unwahrscheinlichkeiten.

Zunächst wäre Moses hier in seiner Reaktion weit über das Ziel hinausgeschossen. Ein Mann seines Formats hätte in der Lage sein müssen, Götzendienerei auch ohne Todesstrafe zu unterdrücken, wenn es sich bei dem Götzen wirklich um einen so harmlosen Gegenstand wie ein goldenes Kalb gehandelt haben sollte. Zweitens heißt es, daß das Kalb ‚geschmolzen', also gegossen worden war. Gold ist ein sehr weiches Metall und kann nicht gemahlen werden. Andererseits ist es wieder ein sehr schweres Metall, welches, wenn es als Staub mit Wasser vermischt wird, zu Boden sinkt. Diese Eigenschaft ist bekannt und wird beim ‚Goldwaschen' genutzt. Hätte Moses also wirklich mit Erfolg das Gold zu Staub gemacht, hätten die Israeliten dennoch nur Wasser getrunken und dann höhnisch grinsend den Goldstaub vom Boden ihrer Trinkgefäße gekratzt und in die Taschen gesteckt. Drittens war laut Bibel Aaron der Rädelsführer des ganzen Vorkommnisses und wurde dennoch verschont. Dies muß neben der Tatsache, daß er Moses' Bruder war, wichtigere Gründe gehabt haben. Bei einer solchen Angelegenheit wurde schon Schlimmeres als ein Brudermord von der Menschheit vollbracht. Der Grund muß also darin gelegen haben, daß er Fähigkeiten besaß, die nicht ersetzt werden konnten. Viertens kommt noch die Sache mit der

Beschneidung hinzu, auf die wir im folgenden noch näher eingehen werden.

Ein bisher unerwähntes, aber sehr wichtiges Motiv für das Herunterspielen dieses Vorfalles in der offiziellen Version liegt im Prestige. Im allgemeinen neigen die Menschen nicht dazu, Vorfälle ihrer Vergangenheit, die ihrem Ruf schaden oder ihnen zur Lächerlichkeit gereichen, an die große Glocke zu hängen. Ob es sich bei diesem Ausbruch der Götzendienerei nun um ein goldenes Kalb oder um eine Manna-Maschine gedreht hat, sei einmal dahingestellt. Jedenfalls würden die Israeliten alles tun, um die Angelegenheit möglichst zu vertuschen. Ein solcher Vorfall würde, wenn er so, wie wir annehmen, passierte, daher aus begreiflichen Gründen nicht in den Geschichtsbüchern erwähnt werden. Ein ähnliches Beispiel findet sich in den Büchern von Josephus Flavius, dem bekannten jüdisch-römischen Historiker. Ungefähr 100 n. Chr. schrieb Josephus die umfassende Geschichte der Juden, weitgehend im Hinblick darauf, ihr öffentliches Ansehen aufzupolieren und den damals auflebenden antisemitischen Gefühlen Einhalt zu gebieten. Seine Bücher waren für eine römische Leserschaft geschrieben und liefern bedeutend mehr Einzelheiten über die frühe jüdische Geschichte als die Bibel. Über das goldene Kalb verliert er aber kaum ein Wort – er erwähnt weder ein Kalb noch irgendein anderes Götzenbild, und der Vorfall wird als kleine ‚Meuterei' verniedlicht. Da Josephus das goldene Kalb ganz wegließ, ist sehr wahrscheinlich, daß auch die Bibelverfasser mit dem goldenen Kalb das wahre Geschehnis herunterspielten.

Wir haben mit Hilfe dessen, was wir aus dem *Sohar* entnehmen konnten und in der Bibel zwischen den Zeilen fanden, ein Modell der möglicherweise wirklichen Begebenheit zur Zeit, als der Herr auf den Berg herabstieg, konstruiert. Diese Rekonstruktion liefert die Erklärung für das goldene Kalb und gibt einige Denkanstöße bezüglich der Beschneidung. Die Beschneidung ist ihrerseits aber keine jüdische Erfindung. Sie wurde damals im alten Ägypten praktiziert und ist heute noch bei vielen Völkern ohne jede Verbindung zu den Juden üblich. Das Einzigartige am Judentum ist dabei die sonderbare Bedeutung, die der Beschneidung in der Religion zukommt.

In der Bibel steht (1 Mose 17, 9 ff), daß der Herr Abraham befahl, sich und alle seine Nachkommen zu beschneiden. Dies war aber lange vor der Zeit Moses. Träfe dies zu, dann hätte die Beschneidung zur Zeit des Auszugs schon weitverbreitet und lange üblich sein müssen. Im Buch Josua heißt es aber in Kapitel 5, Vers 5, daß alles Volk, das in der Wüste geboren war, nicht beschnitten war. Es erscheint uns recht sonderbar, daß ausgerechnet in der heiligsten Phase der Geschichte Israels, der Zeit, die in der Wüste zugebracht wurde und wo der Herr bei seinem Volk weilte, die vom Herrn selbst angeordnete Sitte der Beschneidung fallengelassen worden sein sollte. Die moderne Theorie erklärt dies damit, daß es unter Wüstenbedingungen ‚unangebracht' war. Eine schwächere Erklärung hätte man wohl kaum finden können. Das Leben in der Wüste war sicher hart, aber wohl kaum so menschenunwürdig wie in den Konzentrationslagern des Dritten Reiches, wo die Operation aber trotz allem durchgeführt wurde. Es muß also einen anderen Grund für die Unterlassung der Beschneidung während des Aufenthaltes in der Wüste gegeben haben, denn die Männer, die in die Wüste zogen, waren beschnitten, und in späterer Zeit erlangte die Operation wieder enorme Wichtigkeit.

Es wird oft angenommen, daß die Operation gewisse praktische Vorteile mit sich bringt. Wenn sie während der frühesten Jugend durchgeführt wird, fördert sie angeblich die Entwicklung des Glieds. Es gibt über diesen Punkt zwar keine Statistiken, aber gewisse freizügige Magazine beinhalten heutzutage Nacktaufnahmen von in dieser Hinsicht besonders gut entwickelten Männern, wobei auffallend ist, daß die meisten dieser Herren beschnitten sind.

Außerdem gibt es noch den hygienischen Gesichtspunkt. Besonders in heißen Ländern kann unter der Vorhaut befindlicher Schmutz viele unangenehme Krankheiten verursachen. Die Beschneidung beseitigt diese Gefahr von vornherein. Angeblich steht das geringe Auftreten von Gebärmutterkrebs bei jüdischen Frauen ebenfalls mit der Beschneidung der Männer im Zusammenhang. Weiterhin wird auch behauptet, daß die Operation die Freude am Sexualleben steigert. Allerdings gibt es nicht sehr viele, die hier aufgrund der Erfahrung des ‚Davor' und ‚Danach' eine Bestätigung liefern könnten. So groß die Vorteile einer Beschneidung auch sein mögen, so können sie dennoch nicht ausreichen, um die zentrale Stellung dieser Sitte im jüdischen Glauben zu erklären. Warum ist sie dort so wichtig?

Die Antwort auf diese Frage liefert uns die Manna-Maschine. Vor dem Auszug aus Ägypten wurden die Hebräer je nach Lust und Laune durch das Vorbild der Ägypter zur Beschneidung veranlaßt. Ein Teil nahm sie vor, der andere unterließ sie. Zur Zeit des Vorfalls mit dem ‚goldenen Kalb' waren die Erwachsenen, die in die Wüste gekommen waren, beschnitten. Danach wurde die Beschneidung aber von Moses wegen ihres Zusammenhanges mit jener Affäre verboten. Aus diesem Grund wurde dann keines der in der Wüste geborenen Kinder mehr beschnitten. Die Sitte lebte dann später wieder auf, als man verzweifelt versuchte, die Maschine wieder in Gang zu bringen, wie wir noch sehen werden. Die Bezugnahme auf Abraham, der sich beschneiden mußte, wurde der Bibel beigefügt, um die Bedeutung, die später der Operation beigemessen wurde, zu unterstreichen.

An früherer Stelle haben wir bereits die Vermutung geäußert, daß beschnittene Glieder vor der Maschine zur Schau gestellt wurden, um diese zur Wiederaufnahme der Mannaproduktion zu veranlassen. Sowohl der *Sohar* als auch die Bibel liefern Hinweise, die dies bestätigen. Man betrachte deshalb einmal folgende Textstelle und bedenke dabei, daß ‚Yod' der Name für die Mündung des Penis war, und daß der Penis selbst manchmal auch ‚Gnade' genannt wurde:

> (GHV 971) Kommt und schaut! Abraham wurde in dieser ‚Gnade' nicht ‚vollkommen' genannt, bevor die ‚Yod' des Penis freigelegt war. Und sobald sie freigelegt war, wurde er ‚vollkommen' genannt.

‚Vollkommen' bedeutet hier scheinbar ‚beschnitten'. In einer der Überlieferungen wird behauptet, daß Engel schon beschnitten geboren werden.

Mittlerweile sind wir, geschichtlich gesehen, jedoch mit unserer Abhandlung über die Beschneidung weiter über das Ziel hinausgeschossen und müssen wieder dorthin zurückkehren, wo wir im 2. Buch Moses Aaron und Moses verlassen haben, während sie die Pläne für den Bau der Stiftshütte entwarfen. Dies war eine Konstruktion von abgeschirmten Räumen, die den Hochbetagten vor den Blicken der Bevölkerung verbergen sollte. Ihr genauer Aufbau wird im 2. Buch Moses, Kapitel 26, beschrieben. Der innerste Raum war aus zehn leinenen Vorhängen gebildet,und jeder hatte die Abmessungen von 28 x 4 Ellen. Das Ganze sah aus wie ein rechteckiges Zelt ohne Dach. Darum herum gab es eine weitere Abschirmung aus Ziegenfellen. Diese bestand aus elf Vorhängen, von denen jeder 30 x 4 Ellen maß. Der ganzen Stiftshütte fehlte jedwede Überdachung. Eine solche wird in der Bibel zwar angedeutet, aber es ist klar, daß die zur Verfügung stehende Fläche, die man den Abmessungen entnehmen kann, dafür nicht ausreichen konnte. Ebenso werden ‚rötliche Widderfelle' und ‚Dachsfelle' erwähnt, deren Verwendungszweck nicht ganz klar aus dem Text hervorgeht. Jedenfalls können sie kaum als Dach gedient haben, da diese Felle hierfür das wohl ungeeignetste Material gewesen sein dürften. Außerdem hätte man bei der auf die Beschreibung der Stiftshütte verwendeten Sorgfalt und Genauigkeit bestimmt nicht vergessen, die Dachkonstruktion und deren Bau zu erklären.

Die Widder- und Dachsfelle dienten möglicherweise eher zur Abdeckung der heiligen Gegenstände während deren Transport. Auch konnten sie als Unterlagen für die Teile während der allwöchentlichen Reinigungs- und Instandhaltungsarbeiten gedient haben.

Moses nannte die Stiftshütte AHL MVOD (ohel mo'ed), Versammlungszelt. Dies kommt einem befremdlich vor, denn normalerweise wurden die Leute doch diesem Ort ferngehalten, ganz besonders am Sabbat. Das Wort MVOD kann aber auch ‚Versammlung' im Sinne von ‚Zusammensetzen' oder ‚Zusammenbau' bedeuten. Wir fragen uns, ob hier nicht ein bißchen mehr als bloßer Zufall dahinterstecken könnte. Immerhin feiern die Juden auch heute noch ihr Laubhüttenfest in vorübergehend errichteten Hütten ohne feste Dächer, im Andenken an die Zeit in der Wüste.

Die innere Abteilung, das Allerheiligste, hatte einen durch einen ‚Schleier' oder ‚Vorhang' verdeckten Eingang, der bei den außerdem verwendeten Doppelvorhängen ausreichenden Schutz vor neugierigen Augen bieten konnte. Der Zweck dieser dachlosen, abgeschirmten Räumlichkeit kann nur in der Heimlichkeit gelegen haben. Als Schutz vor den Elementen wäre es wohl kaum tauglich gewesen. Wäre ein Dach vonnöten gewesen, hätten die Israeliten sicher ein solches gebaut. Sie ließen ihre heiligsten Gegenstände aber unter freiem Himmel herumstehen. Diese Tatsache wird abermals durch die Manna-Maschine erklärt. Um richtig funktionieren zu können, benötigte sie eine reichhaltige Luftzufuhr; außerdem stieß sie Feuer und Rauch aus. Ein solches Gerät konnte nicht in einem komplett geschlossenen Raum untergebracht werden, ohne daß aufwendige Einrichtungen zur Ventilation angebracht wurden. Es liegt deshalb klar auf der Hand, daß die Stiftshütte lediglich zur Wahrung der Heimlichkeit und somit als Abschirmung diente. Dies wird durch die Tatsache unterstrichen, daß das Volk bei der Errichtung seiner Zelte einen Abstand von 2 000 Ellen zur Stiftshütte einhalten mußte. Man kam ihr nur nahe, um an der Maschine zu arbeiten oder um Manna-Rationen zu empfangen. Für das Volk wurden ausgeklügelte Rituale, die viele Opfer beinhalteten, in Szene gesetzt, um es von den Vorgängen im Allerheiligsten abzulenken, wo die Priester ihrer geheimnisvollen Tätigkeit nachgingen, um den Hochbetagten in Gang zu halten. Auf das unbefugte Betreten der Stiftshütte stand die sofort vollstreckbare Todesstrafe. Von Zeit zu Zeit mußte die ganze Einrichtung allerdings an einen anderen Ort gebracht werden:

> (2 Mose 40,36) Und wenn die Wolke sich aufhob von der Wohnung, so zogen die Kinder Israels, solange sie reisten.
> 37. Wenn sich aber die Wolke nicht aufhob, so zogen sie nicht bis an den Tag, da sie sich aufhob.
> 38. Denn die Wolke des Herrn war des Tages auf der Wohnung, und des Nachts war sie feurig vor den Augen des ganzen Hauses Israel, solange sie reisten.

Vierzig Jahre brachten sie in der Wüste zu. Die Entfernung von Ägypten nach Palästina beträgt aber nur ungefähr 650 Kilometer. Der Zweck der Übung lag also bestimmt nicht in der Erzielung einer hohen Reisegeschwindigkeit. Die Israeliten warteten lediglich ab, bis der Herr seine Arbeit vollendet hatte und sie im Gelobten Land einziehen konnten.

Jedesmal, wenn die Zeit für den Standortwechsel gekommen war, vielleicht weil der alte Standort eine zu hohe Umweltver-

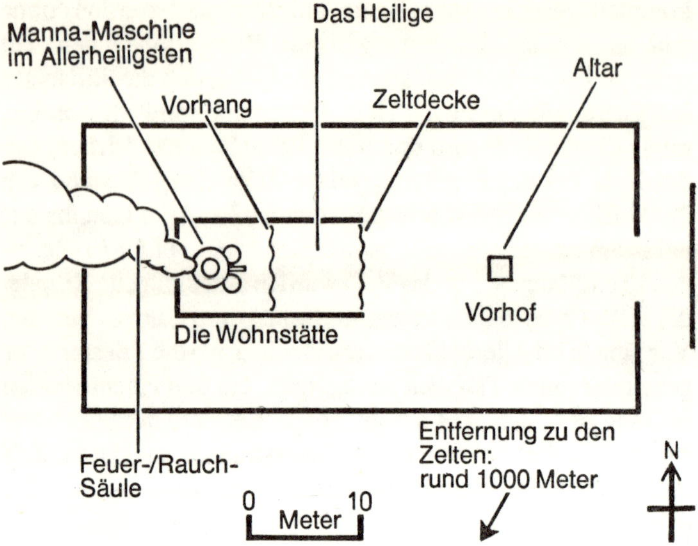

15.2 Plan des Tabernakels (oder Allerheiligsten)

schmutzung aufwies, wurde die Maschine abgestellt. Das Volk würde im 2 000 Ellen entfernten Lager das Verschwinden des Feuers und Rauches bemerken und wissen, daß es wieder einmal an der Zeit war, die Bündel zu schnüren. In der Zwischenzeit ließen die Priester die Flüssigkeitstanks der Maschine leerlaufen, nahmen sie auseinander, bedeckten die einzelnen Teile mit ihren Überzügen aus Widder- und Dachsfellen und trugen sie weg. Die Plattform, der ‚Thron', auf dem die Maschine gestanden hatte, wurde abgerissen und die Wände der Stiftshütte abgebaut. Danach setzte sich der Zug mit den Priestern und ihren Karren an der Spitze in Bewegung, wobei auf den Karren die weniger heiligen Gegenstände transportiert wurden. Die ‚Lade' selbst wurde immer an Tragestangen getragen. Zweifellos war sie auf diese Weise weniger Erschütterungen und Schlägen ausgesetzt. Dieser wertvolle Gegenstand befand sich immer ganz an der Spitze des Zugs, gefolgt von den Karren und – in einem Abstand von 2 000 Ellen – dem Volke Israel.

An dieser Stelle sollten wir vielleicht auch einige Sitten und Bräuche der Priester erklären. Die Priesterschaft war erblich. Die Priester, oder Leviten, waren die männlichen Nachkommen Aarons. Es war ihnen nicht gestattet, einem Gewerbe oder Beruf nachzugehen, sondern sie waren darauf angewiesen, von den vom Volk dargebrachten Opfern zu leben, während sie sich den religiösen Betrachtungen hingaben. Sogar in der heutigen Zeit sind sie unter den Juden noch gekennzeichnet. Viele tragen den Geschlechtsnamen Cohen oder Kagan; beides heißt Priester. Im heutigen Staate Israel werden die Regeln aus dem Altertum noch strikt angewandt, so daß es für einen Cohen zum Beispiel unmöglich ist, sich scheiden zu lassen, obwohl dies einem gewöhnlichen Juden leicht genug gemacht wird.

Während der Zeit in der Wüste hatten die Priester die Aufgabe, das ‚Brot ihres Gottes' darzubieten:

> (3 Mose 21,6) . . . Denn sie opfern des Herrn Opfer, das Brot ihres Gottes; darum sollen sie heilig sein . . .
> Darum sollst du ihn heilig halten, denn er opfert das Brot deines Gottes; er soll dir heilig sein, denn ich bin heilig, der Herr, der euch heiligt.

Der Bibel zufolge wird hier offensichtlich nicht einfach Gott Nahrung geopfert, denn dann hieße es doch: . . . sie opfern *dem* Herrn Opfer, das Brot *ihrem Gott* . . . und danach: . . . Brot *deinem Gott.* In jedem Fall steht aber *des* Herrn, *ihres Gottes, deines Gottes.* Es wird also das Brot, welches von Gott kommt, also Manna, *angeboten.* Außerdem muß man davon ausgehen, daß die Priester, wie es auch heute noch die christlichen Priester tun, das Brot dem Volke darboten. So wird auch immer wieder bei der Erwähnung Gottes unterschieden zwischen dem ‚Herrn Israels' und *‚ihrem* Gott', als ob es sich beim einen um den befehlenden Führer und beim anderen eher um Privatbesitz handelt, den sie im Allerheiligsten aufbewahrten. Bei diesem Brot wird ferner eine Unterscheidung zwischen dem ‚heiligen' und dem ‚hochheiligen' Brot gemacht. Dies könnte eine Analogie zum *Sohar* darstellen, wo die ‚kleine' und die ‚große' Gnade erwähnt wird. Kein Priester sollte sich ‚verunreinigen' oder ein ‚Fehl' haben, ansonsten er nicht herantreten durfte, um das ‚Brot seines Gottes' zu opfern:

> (3 Mose 21,17 ff) Rede mit Aaron und sprich: Wenn an jemand deiner Nachkommen in euren Geschlechtern ein Fehl ist, der soll nicht herzutreten, daß er das Brot seines Gottes opfere.
> 18. Denn keiner, an dem ein Fehl ist, soll herzutreten; er sei blind, lahm, mit einer seltsamen Nase, mit ungewöhnlichem Glied.
> 19. oder der an einem Fuß oder einer Hand gebrechlich ist.
> 20. oder höckerig ist oder ein Fell auf dem Auge hat oder schielt oder den Grind oder Flechten hat oder der gebrochen ist.
> 21. Welcher nun von Aarons, des Priesters, Nachkommen einen Fehl an sich hat, der soll nicht herzutreten, zu opfern die Opfer des Herrn; denn er hat einen Fehl, darum soll er zu dem Brot seines Gottes nicht nahen, daß er es opfere.
> 22. Doch soll er das Brot seines Gottes essen, von dem Heiligen und dem Hochheiligen.
> 23. Aber zum Vorhang soll er nicht kommen noch zum Altar nahen, weil der Fehl an ihm ist, daß er nicht entheilige mein Heiligtum; denn ich bin der Herr, der sie heiligt.

Diese eindeutige Vorschrift der absuluten Reinheit beim Eintritt in die Stiftshütte ist an sich sehr einleuchtend. Die meisten der hier sehr präzise formulierten körperlichen Mängel sind dergestalt, daß sie Bakterien mit sich bringen. Bakterien konnten aber in den komplizierten Algenkulturen unabsehbare Schäden verursachen und somit die ganze Produktion des Mannas gefährden. Ebenso einleuchtend ist es, daß ein Priester, der blind war oder verstümmelte Hände oder Beine hatte, nicht gerade die Voraussetzungen zum hochqualifizierten Facharbeiter an einer solchen Maschine hatte. Interessant ist auch, daß bei Vers 22 plötzlich gesagt wird, der Priester solle das Brot seines Gottes essen, obgleich sonst immer von opfern die Rede war.

Man könnte meinen, daß die Priester aufgrund der Spenden des Volkes ein leichtes und sorgloses Leben führen konnten. Dies war aber in der Wüste, wo sie wirkliche Arbeit leisten mußten, nicht der Fall:

> (4 Mose 3,4) Aber Nadab und Abihu starben vor dem Herrn, als sie fremdes Feuer opferten vor dem Herrn in der Wüste Sinai . . .

Diese Formulierung vom Opfer ‚fremden Feuers' befremdet die Leser der Bibel immer wieder. So wie sie dort steht, ergibt sie auch wenig Sinn. Die hebräischen Wörter besitzen aber oft zwei- und dreifache Bedeutungen, weswegen hier auch stehen könnte: sie näherten sich dem widerlichen Feuer vor dem Herrn. Wenn mit ‚Herr' hier die Manna-Maschine gemeint war, ergibt dies einen Sinn und könnte sehr wohl die erste Beschreibung eines Arbeitsunfalls sein.

Aber nicht nur die Priester, sondern auch das Volk mußte in der Wüste viel ertragen. Die vom Herrn auferlegte eiserne Disziplin, das Fehlen von gewinnbringenden oder interessanten Beschäftigungen und die endlosen Gottesdienste müssen äußerst nervenaufreibend gewesen sein. Nach einiger Zeit wurde ihnen, wie wir schon einmal erwähnten, sogar der nur aus Manna bestehende Speiseplan über:

> (4 Mose 11,4 ff) Das Pöbelvolk aber unter ihnen war lüstern geworden, und sie saßen und weinten samt den Kindern Israels und sprachen: Wer will uns Fleisch zu essen geben?
> 5. Wir gedenken der Fische, die wir in Ägypten umsonst aßen, und der Kürbisse, der Melonen, des Lauchs, der Zwiebeln und des Knoblauchs.
> 6. Nun aber ist unsere Seele matt; denn unsere Augen sehen nichts als das Manna.
> 7. Es war aber das Manna wie Koriandersamen und anzusehen wie Bedolachharz.
> 8. Und das Volk lief hin und her und sammelte und zerrieb es mit Mühlen und stieß es in Mörsern und kochte es in Töpfen und machte sich Aschenkuchen daraus; und es hatte einen Geschmack wie ein Ölkuchen.

Wenn man dies liest, kann man unmöglich annehmen, daß das Manna kein echtes Nahrungsmittel war. Aber man kann sich sehr gut die bedauernswerte Hausfrau vorstellen, die versucht, sich neue Rezepte zur Zubereitung dieser eintönigen Speise auszudenken, damit sie endlich wieder einmal zufriedene Gesichter beim Essen sieht. Offensichtlich verlor das fröhliche Waffelfest, das man zu Beginn feierte, bald seinen Reiz. Vielleicht zählen deshalb auch die Juden heutzutage zu den größten Feinschmeckern der Welt, denn trotz der Einschränkungen, die durch koschere Zutaten entstehen, wird die jüdische Küche auf gleicher Ebene wie die französische und chinesische, manchmal sogar noch höher, eingestuft. Mit Pöbelvolk sind in dieser Textzeile der Bibel die Ägypter gemeint, die sich dem Auszug angeschlossen hatten, um die

Wunder sehen zu können. Sie wurden als Menschen zweiter Klasse angesehen und auch so behandelt. Dem *Sohar* (2,191a) zufolge, bekamen sie zwar das so unbeliebte Manna, aber dabei wurde auch große Dankbarkeit von ihnen erwartet.

Nach weiteren Leiden begannen die Leute abermals über ihr Essen zu klagen:

> (4 Mose 21,5) Und redete wider Gott und wider Mose: Warum hast du uns aus Ägypten geführt, daß wir sterben in der Wüste? Denn es ist kein Brot noch Wasser hier, und unsere Seele ekelt vor dieser magern Speise.

Es ist sehr gut begreiflich, daß die ausschließlich auf Manna abgestellte Ernährung Unzufriedenheit schuf, auch wenn es am Nährwert der Speise nichts auszusetzen gab. Immerhin handelte es sich bei dem Volk, das damals in die Wüste zog, um einen demoralisierten Sklavenhaufen ohne jede Organisation auf der Flucht. Was dann aber aus der Wüste herauskam, war eine hochdisziplinierte und straff organisierte Militärmacht, gegen die die Kanaaniter nicht die geringste Chance hatten. Was immer der Herr auch mit ihnen in der Wüste anstellte, zeitigte jedenfalls Erfolge. Die Kunde von ihren Errungenschaften und den Wundern ihres Herrn eilte ihnen voraus und verbreitete Angst und Schrecken unter den dort ansässigen Völkern (Josua 2,9). Das Wunder der Überquerung des Jordans bei trockenem Fuß und die Zerstörung der Mauern von Jericho mit ‚Posaunen' scheinen fast überflüssig, denn die Stadt hätte sich wahrscheinlich ohnehin kampflos ergeben. Der Herr gehörte aber zu der Sorte, die ihren Standpunkt immer ganz deutlich macht. Somit zogen die Israeliten mit der Bundeslade an ihrer Spitze im Triumph im Gelobten Land ein.

Die Überschreitung des Jordans kennzeichnet mehrere wichtige Vorfälle. Diejenigen, die uns am meisten betreffen, sind das Versiegen des Mannas und die Massenbeschneidung:

(Josua 5,3 ff) Da machte sich Josua steinerne Messer und beschnitt die Kinder Israels auf dem Hügel der Vorhäute.
4. Und das ist die Sache, darum Josua sie beschnitt: alles Volk, das aus Ägypten gezogen war, die Männer, alle Kriegsleute, waren gestorben in der Wüste auf dem Wege, da sie aus Ägypten zogen.
5. Denn alles Volk, das auszog, war beschnitten; aber alles Volk, das in der Wüste geboren war, auf dem Wege, da sie aus Ägypten zogen, das war nicht beschnitten.

Wie der englische Bibelforscher Francis Schaeffer bemerkt, war diese Beschneidung von Josuas Standpunkt aus ein befremdliches Unterfangen. Immerhin handelte es sich bei Josua um einen messerscharfen, militärischen Führer, dem es gewiß fernliegen mochte, durch solch einen Befehl und dessen Durchführung seine ganze Kampfkraft lahmzulegen. Setzt es doch vollkommen unmilitärisches Denken voraus, seine Männer direkt in die Arme des Feindes laufen zu lassen, um sie dann selbst kampfunfähig zu machen. Josua tat dies aber der vernünftigen Überlegung zum Trotz, weil Gott es befahl.

Keines der Kinder Israel, die in der Wüste zur Welt kamen, war also beschnitten, aber auf einmal wird diese Sitte wieder zum Leben erweckt und ausgerechnet im ungünstigsten Moment. Die Bibel liefert uns hierfür keine Erklärung. Die Vermutung, daß die Lebensbedingungen in der Wüste es verhinderten, kam erst viel später auf. Der wahre Grund liegt abermals bei der Manna-Maschine. Zur Zeit des ‚goldenen Kalbs' war die Versorgung mit Manna vorübergehend unterbrochen. In der Folge muß sie aber ständig vorhanden gewesen sein, denn ansonsten hätten sich die Leute nicht so darüber beschwert. Das Manna wurde als selbstverständlich vorausgesetzt, als es bei der Ankunft im Gelobten Land plötzlich abermals versiegte. Dies geschah zur Zeit des Passahfestes, einem Frühlingsfest. In dieser Jahreszeit sind die Vorratskammern gewöhnlich nicht mehr sehr voll, und die Ernte des laufenden Jahres steht noch nicht zur Verfügung. Das Versiegen des Mannas hätte also zu keinem ungünstigeren Zeitpunkt erfolgen können, und Josua, der Führer, stand vor dem Problem der Nahrungsmittelbeschaffung für seine Truppen. Er griff deshalb auch zu verzweifelten Maßnahmen. Das Manna war schon einmal, vor langer Zeit, versiegt, und damals hatte Aaron den Männern befohlen, sich zu beschneiden. Dies hatte damals scheinbar gewirkt, denn das Manna begann erneut zu fließen. Es war deshalb den Versuch wert, und alle – bis zu den Neugeborenen hinunter – wurden am ‚Hügel der Vorhäute' beschnitten; allerdings ohne Erfolg. Der Penis des Hochbetagten blieb stur und gab nichts mehr von sich:

> (KHV 440) Und das Manna wurde mit Ausnahme einer bestimmten Zeit nicht aus diesem Tau gewonnen; der Zeit, zu der die Kinder Israels in der Wüste wanderten. Damals ernährte der Urahn aller sie von dieser Stelle aus. Aber danach war es nicht mehr zu finden.

Nachdem er ihnen vierzig Jahre lang treue Dienste geleistet hatte, ließ der Hochbetagte nun die Kinder Israels endgültig im Stich:

> (Klagelieder 3,22) Die Güte des Herrn ist's, daß wir nicht gar aus sind; seine Barmherzigkeit hat noch kein Ende, sondern sie ist alle Morgen neu, und deine Treue ist groß.

Seit jener Zeit haben die Juden im treuen Glauben ihre gesamte männliche Nachkommenschaft beschnitten; immer am Morgen des siebten Tages nach der Geburt. Was mit dem Versuch begann, den Hochbetagten zur Wiederaufnahme seiner Arbeit zu bewegen und die ‚Gnade' abermals von sich zu geben, wurde in späterer Zeit zur rituellen Brandmarkung mit dem Mal des altertümlichen Glaubens.

Eine weitere interessante Mutmaßung kann man über die jüdische Sitte des Verzehrs von Matzen, den ungesäuerten Broten des Passahfestes, anstellen. Die landläufige Erklärung hierfür ist, daß die Juden, als sie aus Ägypten flohen, keine Zeit hatten, das Brot für die Reise vor dem Backen mit Hefe zu säuern. Mit Hefe gesäuertes Brot braucht Zeit, um aufzugehen, bevor es in den Ofen kommt. Hefeloses Brot kann aber nach der Zubereitung des Teigs sofort im Ofen gebacken werden.

Wir haben gesehen, daß beim Fortleben solcher Sitten ihr ursprünglicher, praktischer Hintergrund oft in Vergessenheit gerät. Man kann ‚Sitte' oder ‚Brauchtum' fast schon so definieren, daß es sich dabei um ein Tun handelt, dessen Sinn und Zweck unbekannt ist. Im Fall der ungesäuerten Brote kann die gängige Erklärung aber nicht standhalten, denn es wird nicht nur hefeloses Brot gegessen, sondern es muß auch alle im Haus befindliche Hefe während der Dauer des Fests entfernt werden. Nicht nur sämtliche Hefe, auch sämtliches mit Hefe gebackene Brot fällt unter diese Vorschrift. Gewöhnlich wird es feierlich an einen Nicht-Juden verkauft, wobei der Rabbiner oft als Vermittler bei diesem Handel auftritt. Wir schließen aus dem Ganzen, daß die Sitte ihren Ursprung nicht im Mangel an Zeit für das Aufgehen der Hefe hat, sondern im Umstand, daß Hefe verboten war.

Die Kinder Israels begaben sich mit ihrem Herrn in die Wüste, durften aber keine Hefe mit auf die Reise nehmen. Was für ein Sinn könnte hier dahinterstecken? Wir sehen keinen Grund, warum jemand Hefe eine religiöse Bedeutung bemessen sollte. Wo es aber um biologische Prozesse wie die Herstellung von Manna geht, kann sie eine überragende Rolle spielen. Es brauchte nur ein einziger Hefekeim in die Maschine zu kommen, und der gesamte Zucker und die Stärke in den

Kulturen würden sich sehr schnell in Alkohol und Kohlendioxid umgewandelt haben. Unsere Maschine hätte damit als Manna-Maschine ausgespielt gehabt. Vielleicht wäre sie noch als Brauerei funktionsfähig gewesen, aber niemals zur Nahrungsmittelherstellung. In diesem Fall hätte die ganze Kultur weggeschüttet werden müssen, um nach einer Sterilisierung der Maschine, den ganzen Produktionsablauf neu zu beginnen. Die Israeliten hätten zwar für eine gewaltige Sause ein ‚Faß aufmachen' können, aber danach tagelang hungern müssen. Der minuziöse Wochenzeitplan wäre völlig durcheinandergeraten. Deshalb gab es strikte Vorkehrungen: Hefe war absolut verboten, das Allerheiligste stand 2 000 Ellen vom Lager entfernt, und die Priester waren gehalten, strikte Hygienevorschriften zu beachten. In der sauberen Wüstenluft genügten diese Vorkehrungen. Das Volk hatte vierzig Jahre lang sein ‚täglich Brot'.

Fünfter Teil

SCHLUSSFOLGE-RUNGEN

16

Was war die Bundeslade wirklich?

In den vorangegangenen Kapiteln haben wir den sogenannten Hochbetagten als unsere Manna-Maschine identifizieren können. Dabei entdeckten wir, daß es sich bei der Bundeslade um dasselbe Objekt handelte. Diese Behauptung wollen wir jetzt beweisen.

Wenn man der Bibel glauben soll, so handelte es sich bei der Bundeslade um eine reichverzierte Holztruhe, die die Israeliten genau nach einem ihnen vom Herrn vorgegebenen Entwurf bauten (2 Mose 25,10 ff). Sie wurde im Allerheiligsten der Stiftshütte und später im Tempel aufbewahrt, wo sie außer den Hohenpriestern niemand zu Gesicht bekam. Ihre Aufgabe bestand angeblich darin, bestimmte Reliquien wie zum Beispiel einen versiegelten Topf voll Manna und Aarons Rute (Hebr 9,4) zu beherbergen. Andererseits behauptet die Bibel, daß sie auch ein sehr gefährlicher Gegenstand war, denn sie versetzte das Heer der Philister in Angst und Schrecken (1 Sam 4,7) und als sie sie erbeutet hatten, verursachte sie Krankheiten und Seuchen unter ihnen. Ihre Furcht vor der Bundeslade war sogar so groß, daß sie sie wieder an Israel zurückgaben (1 Sam 5). Als sie sich dann wieder auf israelischem Boden befand, geriet sie zunächst israelischen Bauern in die Hände. Jene Bauern verloren laut Bibel ihr Leben (1 Sam 6,19)! Dasselbe Schicksal ereilte Usa, bevor die Lade nach Jerusalem gebracht wurde (2 Sam 6,6–7). Offensichtlich waren die Priester der Juden die einzigen, die ohne Gefahr mit der Bundeslade umgehen konnten. In diesem Kapitel wollen wir uns mit diesen Vorfällen etwas eingehender befassen und aufzeigen, daß es in Wahrheit zwei Bundesladen gegeben hat. Bei der ersten handelte es sich um den Hochbetagten, also um die Manna-Maschine, welche sich von der Zeit des Auszugs aus Ägypten bis hin zur Zerstörung des Tempels von Salomon im Besitz der Israeliten befunden hat. Bei der zweiten Bundeslade handelte es sich dann um die Holztruhe, die man beim Wiederaufbau des Tempels zur Aufbewahrung einiger magischer Reliquien herstellte. Die Fassung der Bibel, die wir heute zu lesen bekommen, entstand in ihrer gegenwärtigen Form erst nach dem Wiederaufbau des Tempels. Daher liegt auf der Hand, daß die Priester, die die Bibel verfaßten und auch für die Herstellung der Holztruhe verantwortlich waren, diejenigen waren, welche die Holztruhe mit der ursprünglichen Bundeslade verwechselten und den Text so verfaßten, als ob die von ihnen gebaute Holztruhe ein naturgetreuer Nachbau des Originals gewesen sei. Da zwischen der Zerstörung des ersten und dem Bau des zweiten Tempels eine beträchtliche Zeit verstrich, ist anzunehmen, daß die Erinnerung an die ursprüngliche Bundeslade vollkommen verblaßte. Dies vor allem auch deshalb, weil zu jener Zeit einzig und allein der Hohepriester Zugang zu ihr hatte, und das auch nur einmal im Jahr. Jedenfalls haben wir hier eine plausible Erklärung für die Existenz zweier so verschiedenartiger Gegenstände: einmal ein Gebilde mit überirdischen Eigenschaften, welches sogar Menschen tötete, und andererseits eine harmlose Holzkiste. Das Geheimnis des Hochbetagten war so gut gehütet, daß es keiner weltbewegenden Ereignisse bedurfte, um es in Vergessenheit geraten zu lassen. War der Hohepriester erst einmal gestorben, so würden seine späteren Nachfolger annehmen, daß die Lade, die sie vor sich hatten, auch das ursprüngliche Original mit seinen wundersamen Eigenschaften sein müsse. Daher ist es nur allzu verständlich, wenn diese Ansicht auch in die von ihnen verfaßte Heilige Schrift Eingang fand. Die wahre Beschreibung des

Hochbetagten sollte in der Folge nur noch in Form einer seltsamen Legende, die von den Erntemännern des Heiligen Feldes überliefert wurde, weiterleben.

Als wir in unserer Erzählung der Bundeslade zum letzten Mal begegneten, wurde sie im Triumphzug über den Jordan getragen, an der Spitze des Einzugs ins Gelobte Land. Bis dahin erwähnt die Bibel auch laufend die Stiftshütte und die Bundeslade. Ebenso findet sich auf fast jeder Seite eine Bemerkung, wie Moses und der Herr sich vor ihr besprechen. Nach der Überschreitung des Jordans versinkt sie aber in Vergessenheit und wird kaum noch erwähnt. Es ist schon seltsam, daß der heiligste Gegenstand der Israeliten eine Holztruhe gewesen sein soll. Noch seltsamer aber ist, daß sie auf einmal jedes Interesse daran verlieren sollten. Es muß dafür doch einen Grund gegeben haben! Wir haben schon einmal erwähnt, daß das Manna nach der Überquerung des Jordans versiegte. Wenn nun die Bundeslade tatsächlich der Lieferant des Manna war und zu jener Zeit ihren Dienst versagte, so wäre es nur natürlich, wenn sie ihr Vertrauen zu ihr verlören, besonders nachdem sie sich alle dem schmerzhaften Beschneidungszeremoniell unterworfen hatten, ohne die gewünschte Wirkung hervorzurufen. Aus diesem Grund wird die Bundeslade auf den restlichen Seiten des Buches Josua nicht mehr erwähnt und taucht nur noch einmal zufälligerweise im Buch der Richter auf.

Aber warum versiegte das Manna überhaupt? Immerhin hatte die Maschine vierzig Jahre lang reibungslos funktioniert, und es ist nicht anzunehmen, daß die Priester nach all diesen Jahren mit ihrer Bedienung nicht vertraut genug gewesen wären. Es wird auch nichts von einem die Maschine betreffenden Unfall erwähnt. Aber die Antwort darauf lautet ganz einfach: ‚Sie hatte ihren Zweck erfüllt'. Der Herr hatte den Israeliten versprochen, sie aus Ägypten hinauszuführen, vierzig Jahre lang für sie zu sorgen und sie in eine zivilisierte Nation zu verwandeln, und sie dann ins Gelobte Land einziehen zu lassen. Mit der Eroberung Jerichos wurde das Zeichen gesetzt, daß sie in dem Land, ‚wo Milch und Honig fließen', angekommen waren. Von da an mußten sich die Kinder Israels wieder selbst mit Nahrung versorgen.

Die Maschine benötigte Kunstdünger, Brennstäbe und gelegentlich Ersatzteile. Diese wurden auch von Zeit zu Zeit von den ‚Engeln' geliefert (Dan 7,13). Von nun an stellte der Herr diese Lieferungen ein, worauf das Manna auch recht bald versiegte. Selbst wenn er das Risiko einer großen Verwirrung, die seine Landung in einem bewohnten Gebiet hervorgerufen hätte, hätte in Kauf nehmen wollen, wäre die Maschine für ihn nicht wertvoll genug gewesen, um sie zurückzuholen. Daher konnten die Israeliten sie gerne als Andenken an seinen Besuch behalten. Sie stellte den Beweis dafür dar, daß der Herr im Gegensatz zu anderen Göttern ein reales Wesen war. Nach vierzig Jahren zog sich der Herr dann zurück und überließ es den Israeliten, ihr Schicksal in ihre eigenen Hände zu nehmen. Nach dem Fall Jerichos verschwanden auch die spektakulären Wundererscheinungen, wenn auch die Israeliten sich vielleicht noch einige in ihrer Phantasie ausmalten, da sie nicht glauben konnten, daß der Herr sich endgültig verabschiedet hatte. Jene erfundenen Wunder sind aber mit den früher beschriebenen nicht mehr zu vergleichen.

Ein weiterer Beweis für das Verschwinden des Herrn ist, daß zu jener Zeit offensichtlich auch die Verbindung mit ihm abriß. Zuvor konnten die Führer der Israeliten lange Gespräche mit ihm führen, wobei sie ‚Licht und Recht' einsetzten. Diese beiden Worte beziehen sich auf zwei unbekannte Gegenstände, die in den Brustplatten des Hohepriesters angebracht waren (2 Mose 28,30). Sie wurden jeweils benutzt, um Rat und Hilfe zu erhalten:

> (4 Mose 27,21) Und er soll treten vor den Priester Eleasar, der soll für ihn ratfragen durch die Weise des Lichts vor dem Herrn.

An früherer Stelle haben wir uns schon einmal mit der Möglichkeit von Funkverbindungen befaßt, die im *Sohar* erwähnt werden. Jetzt finden wir die Bestätigung dafür in Licht und Recht. Sie waren die Funkverbindung mit dem Herrn, der sich während der vierzig Jahre in einer Erdumlaufbahn befunden haben muß. Als nicht technisiertes Volk konnten die Israeliten keine Unterscheidung zwischen Kontaktaufnahme mittels Funk oder mittels Träumen und Visionen treffen. Für sie spielte es keine Rolle, ob jemand seine Stimme aus einem Gehäuse oder in jemandes Kopf ertönen lassen konnte. Saul versuchte dies erfolglos auf alle möglichen Arten:

> (1 Sam 28,6) Und (Saul) ratfragte den Herrn; aber der antwortete ihm nicht, weder durch Träume noch durchs Licht noch durch Propheten.

Die Lichter blieben stumm, obwohl wir Grund zur Annahme haben, daß sie immer noch funktionsfähig waren. Immerhin behauptet Josephus, der während des ersten Jahrhunderts schrieb, daß sie noch bis ungefähr 100 v. Chr. geleuchtet haben:

> (*Alte jüdische Geschichte* III 8,9) Denn wenn Gott bei dem Gottesdienste gegenwärtig war, so gaben stets die Steine, welche der Hohepriester auf den Schultern trug (es waren aber Sardonixe, von deren Natur ich nichts zu sagen brauche, da sie wohl bekannt ist), und sonderlich auf der rechten Schulter, einen solchen Glanz von sich, daß man sie auch von ferne sehen konnte; und vorher hatte doch dieser Glanz dem Steine gemangelt. Gewiß

verdient solches die Bewunderung aller, welche nicht in der Beachtung der Religion den Ruhm der Weisheit suchen. Ich will aber etwas sagen, welches noch weit merkwürdiger ist. Daß nämlich Gott durch die zwölf Edelsteine, welche der Hohepriester auf seiner Brust in dem Eßin eingenäht trug, den Sieg in Kriegen zuvor zu verkündigen pflegte. Denn ehe das Heer noch auszog, strömten sie einen solchen Glanz aus, daß es dem Volk offenbar ward, Gott sei zu seinem Beistand zugegen. Daher auch die Griechen, welche unsere Sitten ehren, da sie dem allen nicht widersprechen können, diesen Eßin einen göttlichen Bescheid, ein Orakel, nennen. Der Eßin aber und der Sardonix haben aufgehört, diesen Glanz auszustrahlen schon 200 Jahre früher, ehe ich diese Geschichte schrieb: denn Gott war unwillig über die Übertretung der Gesetze, wovon zu reden sich uns ein schicklicherer Ort darbieten wird.
(Cotta und Gfrörer, 94–95)

Whiston, der englische Übersetzer von Josephus, fügt hier noch eine Fußnote bei, in welcher er aussagt, daß die Brustplatte zur Zeit von Johannes Hyrcanus, dem letzten guten Hohepriester aus der Familie der Makkabäer, erlosch.

Wir haben hier nun einen Bericht über ein ‚Wunder', welches nicht unter die Geheimhaltung fiel. Es fand nämlich nicht im Allerheiligsten statt, sondern im äußeren Teil des Tempels und wurde von jenen am hintersten Ende der Versammlung wahrgenommen, wobei unter denjenigen, die es sahen, nicht nur Juden, sondern auch Griechen waren, die den Vorgang skeptisch verfolgten. Den damals Lebenden schien es vielleicht als ‚Wunder', wenn ein ‚Juwel' in einem unnatürlichen Licht strahlte, aber für uns sind solche ‚Juwelen' heutzutage ein vertrauter Anblick – man denke nur an die zahlreichen Elektrogeräte, derer wir uns bedienen, ohne auch nur einen

Gedanken daran zu verschwenden, wenn für verschiedene Funktionen Leuchtanzeigen vorhanden sind, sei es auch nur, um anzuzeigen, daß das Gerät eingeschaltet ist. Diese Leuchtanzeigen bestehen normalerweise aus buntem Kunstglas, welches ähnlich wie ein Edelstein geschliffen ist, um den Leuchteffekt zu verstärken.

Was hier beschrieben wurde, ist der Bibel zufolge ein Gerät, welches die Kommunikation mit Gott ermöglichte und laut Josephus einen ‚Juwel' besaß, welcher von Zeit zu Zeit aufleuchtete. Vielleicht handelt es sich bei beiden Berichten um Darstellungen sogenannter ‚Wunder'. Es gibt aber auch eine weitaus einfachere Erklärung: Die ‚Brustplatte' war ein Funkgerät! Der Bibel zufolge konnten Moses und die Priester im Allerheiligsten mit Gott sprechen, wobei behauptet wird, daß Gottes Stimme von einem Punkt ertönte, der zwischen den beiden Cherubim über der Bundeslade lag. (2 Mose 25,22; 4 Mose 7, 89). Wenn man diese Schilderung etwas nüchterner beurteilt, kam die Stimme vielleicht aus einem Lautsprecher in der Brustplatte, die um die Brust des Priesters befestigt war. Heutzutage sehen wir Polizisten und Soldaten, die ebenfalls solche ‚Brustplatten' tragen – unsere Technik hat die des Herrn eingeholt.

Nachdem der Herr gegangen war, leuchteten die Juwelen weiterhin auf, auch wenn die Stimme nicht mehr ertönte. Der Herr war abgereist, aber die Batterien waren noch nicht ganz leer. Möglicherweise versuchten die Priester noch, Ratschläge zu erhalten, indem sie die Art und Weise des Aufleuchtens der Juwelen zu deuten versuchten – immerhin gab es deren zwölf! Sicher ist jedenfalls – wenn wir Josephus glauben wollen –, daß die leuchtende Brustplatte manchmal dem Volk gezeigt wurde, um es zu überzeugen, daß der Herr immer noch bei ihm weilte. In der englischen Übersetzung des Josephus fügt Whiston noch eine Fußnote bei, welche aussagt:

> (*Alte jüdische Geschichte* V 2,1) Wenn von einem Hohepriester gesprochen wird, meint Josephus nichts anderes, als daß es sich bei einer ‚Weissagung' darum handelt, daß Gott durch Urim um Rat gefragt wird ... dieser wird dem Hohepriester dann durch eine außergewöhnliche Stimme, die zwischen den Cherubim herauskam, mitgeteilt, wenn er seine Brustplatte – oder Urim und Tummim – trug ...

Vielleicht konnte der Hohepriester, kurz bevor die Batterien endgültig leer wurden, durch das Betätigen des Ein/Aus-Schalters noch eine einzige Leuchtanzeige aufglühen lassen und dadurch dem Volk seine Vormachtstellung plausibel machen. Die Leuchten waren jedenfalls ein wesentliches Merkmal der Brustplatte, denn das Wort ‚Urim' bedeutet ‚Lichter'; Tummim bedeutet der offiziellen Übersetzung zufolge ‚Rechte', könnte aber auch stehen für: ‚Jene, die sich seltsam verhalten oder Wunder verursachen'. Was immer sie gewesen sein mögen, es gibt keinen Zweifel daran, daß sie wundersam genug waren, um die Oberherrschaft der Priester über das Volk sicherzustellen, auch wenn ihnen nach der Abreise des Herrn die Grundlage ihrer Macht bereits entzogen war. Als die Batterien endgültig den Geist aufgaben, konnten die Priester es sich nur damit erklären, daß gegen eines der Gesetze des Herrn verstoßen worden war, und wußten wahrscheinlich gar nicht, wo die wirkliche Ursache zu suchen war. Bis zu jenem Zeitpunkt sollten aber viele Jahrhunderte vergehen, denn obgleich das Manna bereits in Jericho versiegte, funktionierten die Lichter der Brustplatte immer noch und waren eine eindringliche Mahnung an den Herrn und seine Wunder.

Nach ihrem endgültigen Versagen wurde die Manna-Maschine in einen Schrein nach Silo gebracht, womit sie aufhörte, eine zentrale Rolle im Schicksal von Israel zu spielen. Sie wurde jedoch von einer bestimmten Priestergruppe weiterhin gewartet, wobei diesen das Versagen der Maschine nicht ganz unwillkommen gewesen sein dürfte. Jetzt, wo sie nicht mehr unter dem Druck standen, die tägliche Mannaration produzieren zu müssen, standen sie endlich nicht mehr im Rampenlicht der Öffentlichkeit und konnten sich in aller Ruhe dem Studium der Maschine widmen. Dabei ist anzunehmen, daß sie aus dem Volk noch genug Opfergaben erhielten, um sich ein angenehmes Leben leisten zu können. Sie waren dann auch die Gründer jener Gesellschaft, die als die Erntemänner bekannt wurde und auch die ursprünglichen Herren der Maße, die im *Sohar* erwähnt werden:

> (GHV 208) [Die Nase] und auch alle Teile des Hochbetagten sind sichtbar und auch unsichtbar; sie sind den Herren der Maße sichtbar, aber unsichtbar für alle anderen.

In der Ruhe und Sicherheit von Silo konnten sie ihre Zeit mit Erkundungen und Studieren, Auseinandernehmen und Abmessen verbringen und so den innersten Geheimnissen des Hochbetagten auf die Spur kommen. Vielleicht machten sie sogar den Versuch, ihn wieder in Gang zu bekommen. Solche Versuche könnten mit den Ritualen des Jom Kippur in Zusammenhang stehen.

Jom Kippur, der Tag der Versöhnung, ist der höchste Feiertag im jüdischen Kalender und fällt in die Monate August oder September des modernen Kalenders. Das genaue Datum variiert, weil die jüdischen Jahre ungleich lang sind. Das Wort ‚Kippur', übersetzt als ‚Versöhnung', bedeutet in Wirklichkeit ‚säubern' oder ‚fortwischen'. Es ist der Tag, an dem alle Sünden fortgewischt werden und ein neuer, sauberer Anfang gemacht werden kann. Während der Zeit in der Wüste schien der Tag nicht sehr viel bedeutet zu haben; zum ersten Mal wird er in 2

Mose 30,10 erwähnt, wo der Herr Anweisungen für bestimmte Opfer gibt. Dieses Opfer bestand darin, daß jeder männliche Erwachsene ‚Versöhnungsgeld' in Form des Blutes des Sühnopfers zahlen sollte. Seine gegenwärtige Bedeutung erhielt der Tag der Versöhnung aber offensichtlich erst später, nachdem der Tempel erbaut worden war.

Der Tempel in Jerusalem war einmalig. Es kann nur einen einzigen Tempel geben, wohingegen jede Versammlung von zehn erwachsenen männlichen Juden eine Synagoge bilden kann. Auf ein- und demselben Bauplatz wurden drei Tempel gebaut und wieder zerstört. Heute steht auf diesem Platz eine Moschee. Seit Israel wieder im Besitz dieses Ortes ist, wurde bereits der Wiederaufbau des Tempels vorgeschlagen. Sollte dieser Vorschlag in die Tat umgesetzt werden, müßte entweder die Moschee zerstört oder ein anderer Platz gewählt werden. Ersteres wäre bei dem bestehenden politischen Klima nicht sehr empfehlenswert. Darüber hinaus müßten auch die ursprünglichen Gottesdienste wieder eingeführt werden. Diese aber beinhalten Tieropfer, die im 20. Jahrhundert sicher nicht mehr angebracht sind. In Wahrheit hätte der Tempel aber schon viel früher, als die heutigen Einwände noch nicht gültig waren, wiederaufgebaut werden können, was aber nicht geschah. Der Grund dafür dürfte darin zu suchen sein, daß er ursprünglich nur zwecks Unterbringung der Bundeslade gebaut wurde. Da diese verlorengegangen war, verlor auch der Wiederaufbau seinen Sinn.

Jede Synagoge hat ihre Gesetzeslade – einen schönen Kasten, in dem die Gesetzesrollen aufbewahrt werden. Diese Gesetzesladen darf man aber nicht mit der ursprünglichen Bundeslade, die es nur einmal gab, verwechseln. Wie man sieht, ist die Überlieferung von der Einmaligkeit der Bundeslade bestechend wahr – die Bundeslade war nämlich eine riesige, glänzende Maschine und der greifbare Beweis dafür, daß der Herr Israels sein Volk besucht hatte.

Eine der für den Tag der Versöhnung vorgeschriebenen Handlungen besteht darin, daß alle Gegenstände im Allerheiligsten mit Öl gesalbt werden sollen. Das Salben mit Öl hat heute religiöse Bedeutung, die von jener jüdischen Sitte abgeleitet wird. Es hat aber auch eine technische Bedeutung, denn es wirkt als ausgezeichneter Korrosionsschutz und dient zum Schmieren von beweglichen Teilen. Wenn eine Priestergruppe daher mit der Aufgabe betraut war, ein heiliges Überbleibsel in Form eines glänzenden Metallgegenstandes zu erhalten, werden sie in erster Linie darauf geachtet haben, daß dieser Gegenstand seinen Glanz nicht einbüßte. Im trockenen Klima Palästinas genügt hierzu ein gelegentliches Abreiben mit einem Öllappen. Dies wird in späterer Zeit auch zu den Ritualen des Tempels geführt haben, bei denen der Hohepriester sich in sauberes Leinen hüllte, sich dann ins Allerheiligste zurückzog und nach einiger Zeit vollkommen eingeölt wieder erschien. Psalm 133,2 zufolge lief das Öl bis zum Saum seiner Kleidung hinab. Bei 2 Mose 30,26 heißt es:

> Und sollst (mit dem heiligen Öl) salben . . . die Lade des Zeugnisses.

Derartige Handlungen erwartet man im allgemeinen aber nicht gerade von religiösen Männern, sondern eher von solchen mit einem mechanisch-technischen Beruf, was so manche Hausfrau bestätigen kann, die morgens einen frischgewaschenen Monteursoverall aus dem Schrank geholt hat und diesen am Abend wieder in Empfang nimmt, nachdem sein Träger tagsüber mit einem öligen Automotor beschäftigt gewesen war. Die jüdische Frühgeschichte weist aber viele derart seltsame Dinge auf.

Die Einzelheiten der Zeremonien, die im Allerheiligsten selbst abgehalten wurden, mögen in Vergessenheit geraten sein, weil ihre Heiligkeit verhinderte, daß sie schriftlich niedergelegt oder außerhalb des Allerheiligsten besprochen oder gar gezeigt wurden. Nach der Zerstörung des dritten Tempels wurde die Überlieferung dieser Geheimnisse dann unmöglich, so daß wir eigentlich sehr wenig über die Jom-Kippur-Zeremonie wissen, die dort abgehalten wurde. Es ist uns aber bekannt, daß seit damals die Aussprache des heiligen Namens IHVH in Vergessenheit geraten ist, da er nur dort und bei dieser Gelegenheit ausgesprochen wurde. Dem *Sohar* zufolge sollte das Aussprechen dieses Namens ursprünglich das Manna oder die ‚Gnade' herabfließen lassen.

Die Jom-Kippur-Feierlichkeiten beziehen sich also offensichtlich auf den Versuch, die Maschine wieder in Gang zu bringen oder zumindest auf ihre jährliche Reinigung. Theologen behaupten, daß Jom Kippur ‚der Tag des Fortwischens der Sünden Israels' bedeutet. Die wahre Bedeutung muß aber ‚der Tag des Abwischens (des Hochbetagten mit einem Öllappen)' (2 Mose 30,26) gewesen sein. Während der Wandertage in der Wüste hatten Moses und alle anderen Priester Zugang zum Allerheiligsten, danach aber, im Tempel, war nur noch der Hohepriester und auch nur an diesem Tage zugelassen. Niemand weiß, was er dann dort getrieben hat – aber es gibt einen Hinweis darauf, daß es sich nicht um eine religiöse Handlung im heutigen Sinne gehandelt hat. Dem *Sohar* zufolge (3,67 a) trug er eine goldene Kette um den Knöchel, die er hinter sich herzog. Falls etwas schiefgehen und er getötet oder verletzt werden sollte, konnten ihn die anderen Priester daran herausziehen. Wozu eine solche Vorsichtsmaßnahme bei einer gottesdienstlichen Handlung? Es wird zwar von Mystikern berichtet, die im Zustand religiöser Ekstase schon den Tod gefunden haben sollen, aber hier scheint eher eine reale, faßbare Gefahr vorhanden gewesen zu sein – jene Gefahr, der auch die Söhne Aarons und Usa zum Opfer gefallen waren. Die Hohepriester waren auch nicht notwendigerweise sehr alte Männer, die jeden Augenblick tot umfallen konnten. Deshalb

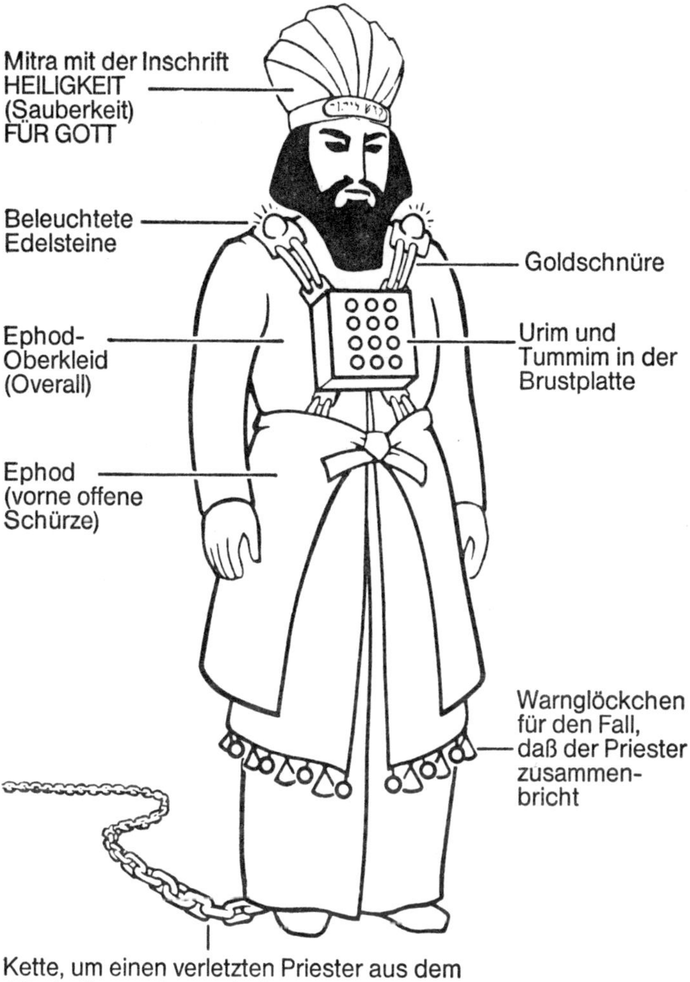

16.1 Uniform und Ausrüstung des Hohenpriesters nach 2 Moses 28, *Sohar* 3, 67 a und *Alte jüdische Geschichte* III 8, 8

muß es sich bei dem, was sich im Allerheiligsten befand, in der Tat um ein sehr gefährliches Objekt gehandelt haben. Da uns bekannt ist, daß es sich dabei um eine Manna-Maschine, den Hochbetagten, handelte, können wir die Zeremonie rekonstruieren, die an diesem einen Tag des Jahres vorgenommen wurde.

Indem er sich an das *Buch des Mysteriums*, die Bedienungsanleitung der Maschine hielt, überprüfte unserer Ansicht nach der Priester die verschiedenen Anschlüsse der Maschine sowie die dreizehn Teile des Bartes. Nach der Betätigung eines Schalters vollzog er dann den Ablauf der Manna-Produktion an seinem eigenen Körper nach. Zuerst beträufelte er sein Haupt mit Wasser, welches den Tau des Gehirns symbolisieren sollte; danach blies der den eingeatmeten Rauch eines Opferfeuers nach oben, um die Auspuffdämpfe zu imitieren; dann goß er Öl über seinen Bart, um das himmlische Öl dazu zu bewegen, durch die dreizehn Teile des Bartes herabzufließen und entzündete schließlich den siebenarmigen Leuchter, um das Aufleuchten des Gesichts zu demonstrieren. Durch die Bereitlegung der Schaubrote sollte die Maschine zur Abgabe des Mannas bewegt werden. Ganz zum Schluß würde er dann seinen eigenen, beschnittenen Penis hervorholen, um eine Öffnung jenes großen glänzenden Organs zu bewirken und jenen schrecklichen Namen laut herausschreien, um dann in ekstatisches Beten zu verfallen.

Natürlich ist nie etwas passiert – die Kinder Israel waren vor ihrem Herrn wieder einmal nicht gut genug – so faßten sie es jedenfalls auf. Es war aber auch nicht so, daß sie das Manna benötigt hätten – vielmehr wünschten sie sich ein Zeichen der Zustimmung des Himmels, wenigstens ein kurzes Aufleuchten des Gesichts oder ein Rauchwölkchen aus jenen riesigen Nasenlöchern. Aus diesem Grund wurden auch jedes Jahr die aufwendigen Vorbereitungen getroffen, die eine größtmögliche Reinheit des Volkes garantieren sollten. Nach ausgiebigem Beten und Fasten wurden dann die Sünden Israels rituell auf zwei Sündenböcke abgeladen: einer davon wurde dann auf dem Altar geschlachtet, der andere zum Sterben in die Wüste gejagt. Trotz all dieser Mühen blieb der Hochbetagte aber dunkel und still, so daß die Priester das Volk dazu anhielten, sich im nächsten Jahr noch mehr anzustrengen. Obwohl es sich nichts zuschulden kommen ließ, gelang es dem Volk nie, das gewünschte Zeichen der Zustimmung des Himmels zu bekommen, und es entwickelte deshalb ein permanentes Schuldgefühl.

Die Idee der Erbsünde ist ein einmaliges Merkmal der jüdischen sowie der christlichen Glaubensbekenntnisse und entstand, wie wir sehen, lediglich aufgrund des Versagens der Manna-Maschine. Andere frühgeschichtliche Religionen richteten ihr Hauptaugenmerk auf ein lustiges Leben mit Festivitäten und Orgien, Fruchtbarkeitsritualen und allen und jedermann in den Tempeln zur Verfügung stehenden heiligen Huren. Allein die Juden hatten diese düstere Besessenheit von Sünde und Schuld und lebten streng nach komplizierten Regeln und Gesetzen in der Hoffnung, sie dadurch abbüßen zu können. Was einmal mit dem Versuch, die Maschine wieder in Gang zu bringen, begonnen hatte, hat sich inzwischen zu einem feierlichen Fest entwickelt, bei dem die Juden die Ereignisse des vergangenen Jahres überdenken und nachdenken, wie sie im kommenden Jahr gottgefälliger leben könnten. Aus den technischen Systemen der Manna-Maschine entstand so ein ganzes philosophisches und ethisches System, das auch heutzutage volle Gültigkeit hat und praktiziert wird. Die Kulte von Bel und Marduk leben längst nicht mehr und sind schon fast vergessen – die Religion des IHVH, des unaussprechlichen Gottes, ist uns aber noch sehr gegenwärtig.

17

Das Schicksal des Hochbetagten

Nachdem das Manna in Jericho versiegt war, wurde der Hochbetagte, alias die Bundeslade, relativ verborgen in einem Schrein im Ort Silo aufbewahrt, welcher etwa vierzig Kilometer nördlich von Jerusalem liegt. Sie produzierte kein Manna mehr, und deshalb wurde in der Zeit nach dem Einzug ins Gelobte Land auch wenig über sie geschrieben. Trotzdem aber war sie als magischer Talisman von Bedeutung, wie wir dem Bericht über die Schlacht der Israeliten gegen die Philister entnehmen können, in der eine Niederlage zu befürchten war:

> (1 Sam 4,3) ... sprachen die Ältesten Israels ... laßt uns zu uns nehmen die Lade des Bundes des Herrn von Silo und laßt sie unter uns kommen, daß sie uns helfe von der Hand unserer Feinde ... und da die Lade in das Lager kam, jauchzte das ganze Israel mit einem großen Jauchzen ... Da aber die Philister hörten das Geschrei solchen Jauchzens, sprachen sie: Was ist das Geschrei solches großen Jauchzens in der Hebräer Lager? Und da sie erfuhren, daß die Lade ins Lager gekommen wäre, fürchteten sie sich und sprachen: ... Wehe uns!

Die Philister waren ein hartes, kämpferisches Volk, das den Küstenstreifen südlich vom heutigen Tel Aviv bewohnte. Handelt es sich bei diesem Bericht nun um israelische Propaganda – oder hatten die rauhbeinigen Soldaten der Philister wirklich Angst vor der Lade? Die Bibel behauptet, daß es sich bei der Lade um eine hölzerne Truhe handelte. Eine solche würde aber wohl kaum irgendwen in Angst und Schrecken versetzen. Sollte die Bibel damit aber nicht recht haben und die Lade war tatsächlich eine furchterregende Maschine außerirdischen (oder himmlischen) Ursprungs, dann ergibt alles einen Sinn. Der bloße Anblick eines solchen Gegenstandes würde schon genügen, um auch den starrköpfigsten Skeptiker davon zu überzeugen, daß die Israeliten wirklich mächtige Verbündete im Himmel besaßen.

Es kam jedoch keine Hilfe vom Himmel, und die Schlacht wurde letztlich doch von den Philistern gewonnen. Sie erbeuteten die Lade, töteten die sie betreuenden Priester und führten sie im Triumphzug in ihre Hauptstadt Asdod, wo sie im Tempel ihres Gottes Dagon aufgestellt wurde. Seltsamerweise wurde aber das Abbild Dagons geschändet und die Menschen von Asdod von Geschwüren befallen, die in altenglischen Bibelübersetzungen ‚Emerods' heißen, was Hämorrhoiden bedeutet. Das verwendete hebräische Wort (OPLIM) wird in den Wörterbüchern mit ‚Schwellungen' oder ‚Tumoren' übersetzt. Die Lade wurde zwar eiligst fortgeschafft, aber die ‚Emerods' traten an jedem anderen Standort genauso in Erscheinung. Hämorrhoiden bekommt man aber nicht von einer Minute auf die andere! Sie bilden sich langsam im Verlauf einiger Jahre heran und sind auf Bewegungsmangel und falsche Ernährung zurückzuführen. Die Tumore, von denen die Philister befallen wurden, müssen deshalb andersartig gewesen sein und sich innerhalb von wenigen Tagen bemerkbar gemacht haben. Die Lade befand sich nur sieben Monate im Land, und da man sie von einem Ort zum andern brachte, wurden verschiedene Landesteile befallen. Bei der Plage durch ‚Emerods' mag es sich um ein Wunder oder auch um eine zu Propagandazwecken erfundene Geschichte gehandelt haben. Wenn aber die Lade eine Manna-Maschine war, brauchen wir keine weithergeholte Erklärung. Aus den Texten des *Sohar* und unseren eigenen

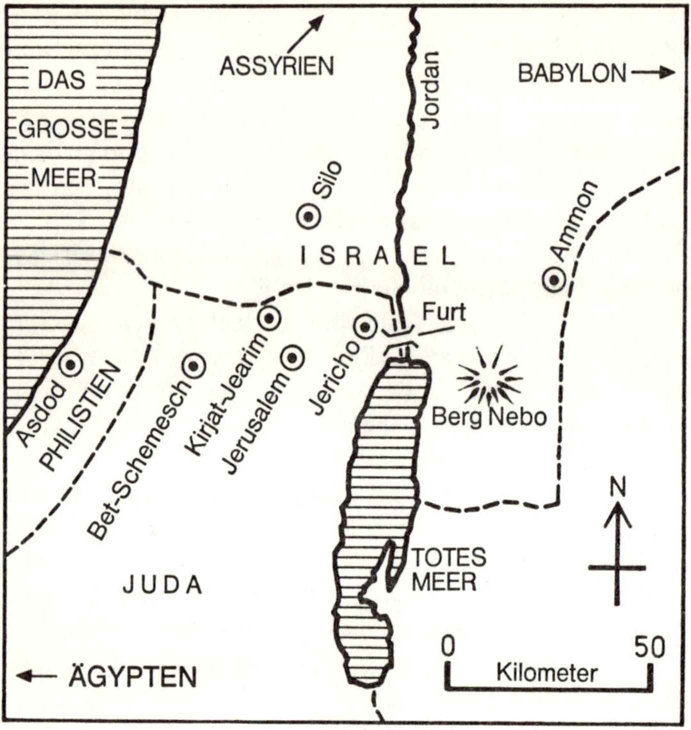

17.1 Karte mit Orten, die im Zusammenhang mit der Manna-Maschine erwähnt werden

wissenschaftlichen Erkenntnissen schließen wir, daß die Energieversorgung der Maschine von einem Atomreaktor gewährleistet wurde. Ein solcher oder Teile eines solchen aber hätten auch noch nach Jahrhunderten oder Jahrtausenden, nachdem er seine Funktion einstellte, gefährliche Radioaktivität abstrahlen können. Im Gegensatz zu den jüdischen Priestern besaßen die Philister nicht das geheime Wissen und wußten daher nicht, welche Teile gefahrlos berührt werden konnten und welche nicht. Sie waren beim Umgang damit völlig ahnungslos und wurden demzufolge von den allgemeinen Symptomen befallen, mit denen sich eine radioaktive Verseuchung bemerkbar macht. Demnach mußten die Symptome sich aber am ganzen Körper und nicht nur an den ‚geheimen Stellen' zeigen. Die Übersetzer der englischen Bibel haben diesen Satz unter 1 Sam 5,9 erwähnt, aber das hebräische Original verfälscht. Luther hingegen übersetzte die Stelle korrekt ins Deutsche:

> (1 Sam 5,9) . . . er schlug die Leute in der Stadt, beide, klein und groß also, daß an ihnen Beulen ausbrachen.

Wie bereits erwähnt, waren manche Übersetzer von religiösen Schriften etwas großzügig in der Wahl ihrer Worte.

Schwellungen und Furunkel sind zwei allgemeine Symptome bei radioaktiven Verseuchungen. Es gibt aber auch andere; wie zum Beispiel Durchfall und Erbrechen. Diese werden in der Bibel nicht erwähnt, wohingegen der Geschichtsschreiber Josephus einen genaueren Bericht liefert:

> (*Alte jüdische Geschichte* VI 1,1) Endlich sandte Gott eine tödliche Krankheit über die Stadt Azot [=Asdod] und die umliegende Gegend: denn die Menschen starben an der Ruhr, einer schmerzhaften Seuche, welche schleunigen Tod brachte. Ehe die Seele noch durch den Tod vom Leibe gelöst wurde, brachten sie ihre Eingeweide herauf und gaben sie, durchfressen und ganz von der Krankheit verdorben, durch Erbrechen von sich.

Die deutschen Übersetzer Cotta und Gfrörer fügen dem folgende Fußnote bei:

> Worin diese Krankheit bestanden, läßt sich aus 1 Sam (5,9; 6,5) nicht mit Gewißheit schließen. Wenn Josephus sie eine Ruhr nennt, so läßt sich nichts dagegen einwenden, schwerlich möchte aber ein Arzt ihm beistimmen in der Behauptung, daß die Eingeweide von den Kranken ausgebrochen worden seien. Whiston hat dieses gefühlt und deshalb übersetzt: ‚sie hätten das von sich gebrochen, was sie gegessen'; er hat aber sicher die Stelle nicht ganz getreu übersetzt. Ein verständiger Arzt, den der Herausgeber befragte, war der Meinung: ‚das Erbrechen der Eingeweide sei nicht möglich; Josephus habe wahrscheinlich erzählt, wie man damals die Sache angesehen habe.'

Der ‚verständige Arzt' äußerte diese Meinung um das Jahr 1830, heute wissen wir allerdings einiges mehr! Was immer die Philister tötete, es waren keine Hämorrhoiden. Das Ganze sieht vielmehr nach einer starken radioaktiven Verseuchung aus!

Die erschreckenden Vorgänge um die Bundeslade führten immerhin zu einer recht bemerkenswerten Folge – die Philister gaben aus Furcht ihre Kriegsbeute zurück! Welches frühgeschichtliche Volk hätte sich wohl so verhalten, nachdem es ein anderes im Kampf besiegt und dessen heiligsten Gegenstand erbeutet hatte? Darüber hinaus muß ihre Furcht so groß gewesen sein, daß sich keiner dazu bereiterklärte, die Lade zurückzubringen – sie luden sie einfach auf einen mit zwei Kühen bespannten Wagen und ließen sie in Richtung der Juden davonziehen.

Bei dieser Gelegenheit soll sich noch ein weiteres Wunder ereignet haben: Obwohl die Philister die Kälber der Kühe zurückbehielten, sollen diese mit der Lade davongerannt sein. Nun, es gibt recht wenig, was eine Kuh dazu bewegen könnte, ihr Kalb im Stich zu lassen. Sind die Kühe aber an einen Wagen geschirrt, auf dem sich ein riesiges glänzendes Objekt aus Metall befindet, so kann es durchaus sein, daß sie vor dem unbekannten Anblick in Panik geraten und davonstürmen, um dem unheimlichen Ding zu entkommen. Jedenfalls sind diese Kühe, ohne anzuhalten, bis über die israelische Grenze nach Bet-Schemesch gerannt, wo sie dann auch gerecht belohnt wurden, indem man sie auf der Stelle opferte. Das Opfer konnte jedoch nicht verhindern, daß auch von den armen Bauern in Bet-Schemesch siebzig den Tod erlitten, denn sie waren keine Priester und somit nicht wert, die Lade zu berühren. (Josephus zufolge handelt es sich bei der in der Bibel zu seiner Zeit erwähnten, sehr großen Zahl von 50 070 um eine Übertreibung, und siebzig ist korrekt). Die Bauern mußten sterben, obgleich sie rechtschaffene Juden waren. Vom religiösen Standpunkt aus ist das unsinnig – vom technischen her aber natürlich, denn sie konnten ebensowenig wie die Philister mit der Maschine umgehen. Die Überlebenden weigerten sich daraufhin schlauerweise, die Maschine noch einmal zu berühren und forderten Fachleute – Priester – an, die sie dann nach Kirjat-Jearim mitnahmen.

Dort verblieb sie viele Jahre lang in einem neuen Schrein bis König David sich entschloß, sie nach Jerusalem zu schaffen. Da er darin eine Möglichkeit sah, Israel auf einen politischen Nenner zu bringen, organisierte er eine triumphale Prozession. Dennoch schlug das Unglück erneut zu. Nach all den Jahren hatte die Lade ihre vernichtende Kraft noch immer nicht eingebüßt! Als sie einmal fast vom Wagen gerutscht wäre, wollte Usa sie mit der Hand abstützen und fiel auf der Stelle tot um (2 Sam 6,7). Und das, obwohl, laut David, Usa ein sehr rechtschaffener Mann gewesen war und als solcher die Strafe Gottes am wenigsten verdient hatte. Die Folge dieses Unfalls war, daß der Fortgang der Reise um drei Monate verzögert wurde, weil zunächst verbesserte Transportmöglichkeiten geschaffen werden mußten. Als angenommen werden konnte, daß man alles so sicher wie möglich gestaltet hatte, hielt die Lade endlich ihren Einzug in Jerusalem, worüber David solche Gefühlswallungen empfand, daß er jenen bei 2 Samuel 6,14 ff erwähnten unwürdigen Tanz aufführte, der normalerweise nur in der Abgeschiedenheit des Allerheiligsten stattgefunden hätte.

Nach ihrer Ankunft in der Heiligen Stadt wurde die Lade zunächst einmal – ähnlich wie damals in der Wüste – in einem Zelt untergebracht. (2 Sam 7,2). Diese Tatsache können selbst Theologen nur schwer erklären. Warum wurde der heiligste Gegenstand des jüdischen Glaubens inmitten einer großen Stadt so schäbig untergebracht? Nach der Überlieferung bestand der Grund für dieses Verhalten darin, daß man David, der bis dahin ein keineswegs tadelloses Leben geführt hatte, für nicht würdig genug hielt, einen richtigen Tempel zu bauen. Dies wäre allerdings für andere kein Hinderungsgrund gewesen, dies nicht zu tun – man könnte auch den Standpunkt vertreten, daß David gerade als Sühne für seine Sünden den Tempel hätte bauen müssen! Die wahre Erklärung freilich ist, daß diese Lade eine Manna-Maschine war, die reichlich Frischluftzufuhr brauchte und heiße Abgase ausströmte. Eine solche Maschine konnte unmöglich in einem geschlossenen Raum aufgestellt werden, wenn man sie in Betrieb nehmen wollte – und die Wahrscheinlichkeit, daß David solch hoffnungsvolle Pläne schmiedete, ist sehr groß.

Zur Zeit Davids waren die hebräischen Kolonisten in Palästina an einem kritischen Punkt angelangt und drohten, in zwei rivalisierende Königreiche, Israel und Juda, zu zerfallen. David versuchte, dies zu verhindern und stellte deswegen die Lade wieder ins Rampenlicht der Öffentlichkeit. Solche Ereignisse mit der Existenz einer Holztruhe zu erklären, fällt schwer; bei einer Manna-Maschine läßt sich eher begreifen, daß ihr Lebenslauf sich so turbulent gestaltet. Während des Auszugs aus Ägypten spielte sie eine zentrale Rolle als

Nahrungslieferant, verschwand aber wieder von der Bildfläche, als die Leute kein Vertrauen mehr in sie hatten. David aber, der sich gerne als großer Führer seines Volkes sah, hatte ihr eine andere Rolle zugedacht, obwohl sie schon lange nicht mehr ihre technische Funktion erfüllte. Seiner Vorstellung nach konnte sie zu einem rituellen Gegenstand werden und die politische Funktion der Einigung Israels erfüllen. Um so besser, wenn man sie außerdem noch in Gang brächte! Ein einziger Teelöffel voll Manna wäre schon genug gewesen, um das Volk wieder fest an seine ruhmreiche Vergangenheit zu binden und so zu überzeugen, daß es als geschlossene Einheit sein Schicksal zu meistern hätte!

Es war diese Hoffnung, die David bewog, die Maschine zunächst in einem Zelt unterzubringen, und das wird auch in den Psalmen der Bibel, die David gewidmet sind, bestätigt. Diese Psalmen sind voller Bezugnahmen auf die geheime Lehre der Maschine und enthalten fast die Hälfte aller Zitate des Alten Testamentes, die sich auf ‚Gnade' – oder Manna – beziehen. Davids große militärische und diplomatische Erfolge bedeuteten ihm nichts, wenn er die Maschine nicht wieder in Gang bringen konnte. Es scheint, daß er viel Zeit damit zubrachte, an der Maschine zu arbeiten. Möglicherweise versuchte er, den Heiligen Namen IHVH auf alle möglichen Arten auszusprechen, was es ihm eintrug war lediglich, daß sich das Volk darüber lustig machte:

> (Ps 22,1) Mein Gott, mein Gott, warum hast du mich verlassen! Ich heulc, aber meine Hilfe ist ferne. Mein Gott, des Tages rufe ich, so antwortest du nicht; und des Nachts schweige ich auch nicht ... Unsere Völker hofften auf dich; und da sie hofften, halfst du ihnen aus. Zu dir schrien sie und wurden errettet ... Ich aber bin ein Wurm ... Alle, die mich sehen, spotten mein, sperren das Maul auf und schütteln den Kopf.

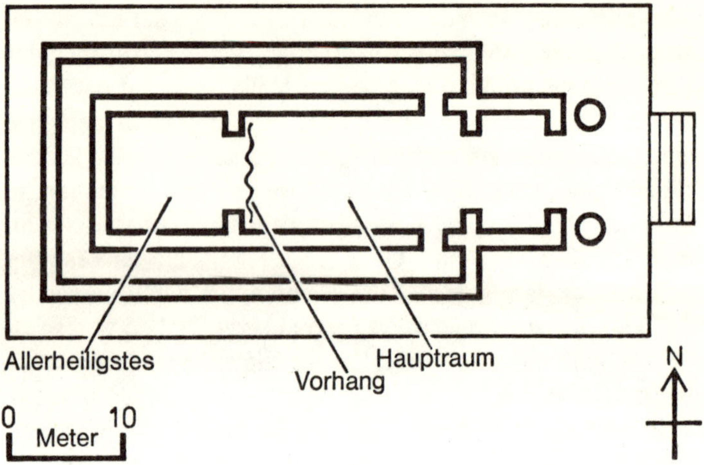

17.2 Grundriß des salomonischen Tempels (vergleiche auch Abb. 15.2). Man beachte, daß die breiten Türen erlauben, einen großen Gegenstand hineinzuschaffen.)

König David hat die Psalmen vielleicht nicht selbst geschrieben; manche behaupten, daß sie lange nach seiner Zeit geschrieben und ihm gewidmet wurden. Die Überlieferungen des *Sohar* sagen aber aus, daß David um Mitternacht aufzustehen pflegte, um vor der Lade zu beten. Deshalb muß sich dieser Psalm, auch wenn er viel später geschrieben wurde, auf diese nächtlichen Wachen beziehen. Die beiden Verfasser dieses Buches waren auch schon versucht, zu ‚heulen des Tages und der Nacht', wenn eine Maschine auf der Werkbank auf widerspenstigste Weise alle Mühen, sie in Gang zu bringen, zunichte machte. David war ein außergewöhnlich erfolgreicher Herrscher und hatte keinen Grund, an sich selbst zu zweifeln, was seine Fähigkeiten und Erfolge als König betraf. Die in diesem Psalm zutage tretende Selbstzüchtigung kann nur von einem geheimen Versagen seinerseits herrühren – seiner Unfähigkeit, den Hochbetagten wiederzubeleben.

Versuchen wir einmal, uns in seine Lage zu versetzen. Seine Religion verbot ausdrücklich, die Anbetung von Götzen oder ‚Abbildern'. Deshalb durfte er die Maschine dem Volk nicht zeigen. Ihr bloßes Vorhandensein mußte geheimgehalten werden und dennoch war sie gerade der Gegenstand, der beweisen konnte, daß die alte Geschichte über den Auszug aus Ägypten wirklich stimmte, und daß der Gott Israels anders als andere Götter sein mußte. Deshalb wäre für ihn eine Probemenge von frischem Manna geradezu ideal gewesen. Zu jener Zeit aber – besonders nach ihren vielen Verschleppungen und Verfrachtungen – muß die Maschine sich bereits in einem Zustand befunden haben, der jede Möglichkeit einer Reparatur ausschloß. Davids hoffnungslose Frustration ist daher nur allzu begreiflich.

Die Nachfolge Davids als König wurde dann von Salomon angetreten. Er baute den ersten Tempel. Salomon aber war ein weniger asketischer Mensch als sein Vater und zog ein luxuriöses Leben den endlosen Gebeten im Tempel vor. Den Tempel baute er als Unterkunft für den Hochbetagten – vielleicht um damit seinen eigenen, extravaganten Lebensstil zu rechtfertigen. Der Entwurf des Tempels war der Stiftshütte nachempfunden. Er bestand also aus dem Allerheiligsten im Innersten, einem darum herum verlaufenden heiligen Platz und dem äußeren Innenhof. Dieser Bauplan war in der zeitgenössischen Tempelarchitektur einmalig und ist in 1 Könige 6 beschrieben. Das Allerheiligste war genauso eingerichtet wie jenes der Stiftshütte in der Wüste, wenn man davon absieht, daß es, als dauerhaftes Bauwerk, aufwendiger konstruiert war. Zwei je zehn Ellen hohe Cherubim befanden sich an den Seiten der ‚Lade'. Sie waren aus vergoldetem Olivenholz und besaßen eine Spannweite von zehn Ellen.

Was ist ein Cherub? Den meisten Leuten verbindet sich damit die Vorstellung eines rundlichen, nackten Kindes mit Flügelchen und Pausbäckchen; so wie man sie oft an den Ecken antiker Landkarten findet, wo sie die Winde darstellen, oder auch manchmal – mit Pfeil und Bogen ausgerüstet – als Verkörperung des Liebesgottes Amor. Im Wörterbuch steht lediglich ‚eine bestimmte Symbolfigur', was nicht sehr aufschlußreich ist. In Wahrheit weiß also niemand genau, was ein Cherub ist. Luther verzichtete wohl deshalb gänzlich auf eine Übersetzung des Wortes als er die Bibel auf deutsch schrieb. Der *Jüdischen Enzyklopädie* zufolge, könnte das Wort Cherub, hebräisch KRB, jedoch eine Umdrehung von RKB sein, was für transportieren, fahren oder Wagen steht. Solche Umstellungen von Konsonanten sind in semitischen Sprachen nicht ungewöhnlich. Daß diese Überlegung richtig sein könnte, wird in (2 Sam 22,11) bestätigt. ‚Und der Herr fuhr auf dem Cherub, und flog daher'. Dieses Zitat wiederholt sich in Psalm 18,10. Erwähnenswert ist auch eine Stelle des Psalms 68,5, in der es heißt: ‚Machet Bahn dem, der durch die Wüste herfährt'.

Wenn die Gelehrten auch nicht wissen, was Cherub bedeutet, so haben wir dennoch ein paar bestimmte Anhaltspunkte. Erstens waren die Cherubim mit Flügeln versehen, was darauf hindeutet, daß sie unter anderem auch fliegen konnten. Andererseits weist die *Jüdische Enzyklopädie* auch auf einen Zusammenhang mit fahren und Wagen hin. Daher scheint die Annahme, daß die frühgeschichtlichen Juden unter ihren heiligen Gegenständen auch Nachbildungen von fliegenden Wagen hatten, nicht allzuweit hergeholt. Es ist bekannt, daß auf Neu-Guinea Strohmodelle von Flugzeugen angebetet werden – aber soll man eine derartige Primitivität etwa auch den Vorfahren entwickelter Völker unterschieben . . ?

Cherubim werden noch an verschiedenen anderen Stellen der Bibel erwähnt, besonders im Buch Hesekiel. Nimmt man diese etwas genauer unter die Lupe, muß man den Leser nur noch an Blumrich verweisen, der in seinem Buch *Da tat sich der Himmel auf* überzeugende Argumente dafür liefert, daß die Cherubim tatsächlich fliegende Objekte waren. Sie müssen zu

Raumschiffen gehört haben und dem Propheten in seinen ,Visionen' zu Gesicht gekommen sein. Was immer mit Cherubim gemeint war, es waren bestimmt keine pausbäckigen fetten Kinder mit Zierflügeln. Diese Kreaturen, die erst viel später erfunden wurden, konnten den frühgeschichtlichen Israeliten unmöglich heilig gewesen sein. Das Fazit zieht Josephus:

> (*Alte jüdische Geschichte* VIII 3,4) Niemand kann jedoch sagen oder erraten, wie die Cherubim gestaltet waren.

König Salomon steht in dem Ruf, ein bekannter Magier gewesen zu sein, der mit vielen altertümlichen und esoterischen Geheimnissen vertraut war. Nachdem er den Tempel erbaut hatte, verbrachte er wahrscheinlich einige Zeit mit der Erforschung jenes Gegenstands, der darin untergebracht werden sollte, auch wenn er die Hoffnung, ihn wieder funktionsfähig zu machen, schon aufgegeben haben mochte. Wir wissen, daß er einen schwelgerischen Charakter hatte und deshalb vielleicht mehr an der imposanten Erscheinung und Ausschmückung seines Tempels und dessen Möglichkeiten als Zentrum eindrucksvoller Zeremonien als an etwas anderem interessiert war. Obwohl der Tempel Fenster besaß, waren jene mehr von symbolischem Wert und nicht groß genug, um eine erneute Inbetriebnahme der Maschine in seinem Inneren mit der nötigen Sicherheit zu erlauben. Selbst heutzutage muß jede Synagoge ein Fenster besitzen, woran sich die Nachhaltigkeit dieser uralten Überlieferungen erkennen läßt.

Zur Zeit Salomons war der Hochbetagte, zum rituellen Gegenstand geworden, den man untersuchte und bestaunte, ein Erinnerungsstück an die längst vergangenen Tage, als die Himmlischen noch auf der Erde wandelten und Wunder bewirkten. Das Buch der Sprüche, von denen ein Teil Salomon zugesprochen wird, enthält viele Bezugnahmen auf die geheime Lehre, und das Lied Salomons ist möglicherweise ein

Ruhmgesang auf den Hochbetagten. Jedenfalls ergibt es mehr Sinn, wenn man es als solchen betrachtet. Salomon war mehr an den rituellen als an den mechanischen Aspekten der Maschine interessiert, was wahrscheinlich schon damals dazu führte, daß sie aufhörte, als Quelle des Manna angesehen zu werden. In der Folge wurde sie dann als mystisch-symbolisches Muster oder abstraktes Konzept gewertet, dessen Studium allein die Eintrittskarte in den Himmel bedeutete.

Diese Wandlung konnte aber schlecht vollzogen werden, solange der Hochbetagte noch existierte. Wohl befand er sich immer noch im Allerheiligsten und konnte von einigen wenigen Privilegierten in Augenschein genommen werden. Er mußte aber zu der Zeit schon Zeichen beträchtlicher Abnutzung und Vernachlässigung aufgewiesen haben. Immerhin hatten die Priester sich zur Genüge daran ausgetobt, wobei sie sicher auch Drähte und Röhren herausgerissen hatten, um den verschiedenen Verbindungen und Anschlüssen auf die Spur zu kommen. Man kann sich lebhaft vorstellen, wie die Teile daran herumhingen und die Deckplatten, die einst die inneren Teile und ihre Geheimnisse verbargen, zum Teil fehlten und zum Teil verbogen und zerkratzt waren. Während des Kampfes mit den Philistern hatte sie bestimmt auch zusätzliche Beulen und Kratzer abbekommen, sei es durch Schwert- und Keulenhiebe, sei es durch Lanzen- oder Speerstiche. Die wilde Wagenfahrt, die sie dann wieder aus dem Land der Philister herausführte, wird ihrem Äußeren auch nicht gerade gutgetan haben – genausowenig wie die Zwischenfälle, die sich dann auf dem Weg nach Jerusalem ereigneten. Die Maschine, die da so finster von ihrem Thron im Tempel herabsah, muß eigentlich recht erbärmlich ausgesehen haben. Aber trotz ihres Aussehens war sie für den Hohepriester immer noch ein ehrfurchtgebietender Gegenstand, wenn er seinen alljährlichen Wiederbelebungsversuch an ihr vornahm. An jedem Jom Kippur, dem rituellen Zusammenbau, blieb das große Gesicht dunkel, die

Eingeweide rührten sich nicht, und die beiden Nasenlöcher weigerten sich beharrlich, Feuer und Rauch zu spucken. Der Hohepriester mag dann jedesmal traurig vor sein Volk getreten sein, um ihm mitzuteilen, daß es immer noch nicht für gut genug befunden worden sei, um das Licht des Lebens zu empfangen. An seiner Stelle hatte es sich mit dem Segen zufriedenzugeben:

> (4 Mose 6,24) Der Herr segne dich und behüte dich. Der Herr lasse sein Angesicht leuchten über dir und sei dir gnädig.

Aber obwohl es nie mehr Manna gab, blieb der Hochbetagte im Tempel . . . bis die Babylonier kamen.

Wie schon erwähnt, war die ‚Lade' im Hinblick auf eine politische Einigung nach Jerusalem gebracht worden. Wahrscheinlich hat sie diesen Zweck auch erfüllt, denn die Juden blieben bis zum Ende der Regierungszeit Salomons vereint. Dies war etwa um 922 v. Chr., als sie sich dann in zwei rivalisierende Staaten, Israel und Juda, aufspalteten. Israel lag im Norden, während Juda im Süden die Hauptstadt Jerusalem in seinem Besitz behielt. Israel fiel später an die Assyrer, und Juda unterwarf sich den Ägyptern, wobei der ägyptische König Sisak die Gelegenheit beim Schopfe packte und den Tempel seiner Wertgegenstände beraubte (2 Chronik 12,9). Ein Fries in Karnak, Ägypten, berichtet, daß die bei jener Gelegenheit gemachte Beute nach Ägypten verschleppt wurde. Die Ägypter verloren in der Folge Juda an die Assyrer, die ihrerseits die Restbestände des Tempels plünderten. Noch später übernahmen dann die Babylonier die bislang von den Assyrern behaltene Vormachtstellung in Mesopotamien, und die unglücklichen Judäer sahen sich mit einem weiteren Unterdrükker konfrontiert. Weil sie hofften, diese gegen die Ägypter ausspielen zu können, revoltierten sie. Aber die erhoffte

Unterstützung blieb aus. Babylon griff mit einer überwältigenden Übermacht an, und 597 v. Chr. kapitulierte Jerusalem. Die führende Schicht des Volkes wurde nach Babylon deportiert, die Stadt geplündert. Aber trotz allem agitierte Juda weiter, bis Babylon erneut angriff und Stadt und Tempel im Jahr 587 v. Chr. vollständig zerstörte. Der wertvolle Inhalt des Tempels wurde als Schrott nach Babylon gebracht. Daraufhin sollten viele Jahre vergehen, bis der zweite Tempel gebaut und die Stadt wieder bevölkert wurde.

Der Bibel und anderen Berichten zufolge, verschwand die ‚Lade' endgültig, als die Babylonier die Stadt zerstörten. Niemand weiß, was aus ihr geworden ist. Aber vielleicht können wir es erraten.

Bei dem Versuch, dem Rätsel auf die Spur zu kommen, können wir zunächst davon ausgehen, daß die Bundeslade von den vorangegangenen Plünderungen durch die Assyrer und Ägypter verschont geblieben war. In der Bibel gibt es keinen Hinweis darauf, daß jene sie entfernten, was sie bei gegebener Gelegenheit zweifelsohne getan hätten. Sie war schließlich nicht nur der Juden heiligster Gegenstand, sondern auch von äußerst bemerkenswerter Gestalt. Kein Eroberer Judas hätte es sich entgehen lassen, sie im Triumphzug davonzutragen. Es gibt auch keinerlei Hinweise auf ‚Emerode' oder Beulen, die jene Völker befallen hätten, und der Fries in Karnak stellt keinen Gegenstand dar, der die Bundeslade sein könnte, auch nicht, wenn es sich nur um eine Holztruhe gehandelt hätte. Es liegt auf der Hand, daß bei drohender Gefahr diese unersetzlichen Erinnerungsstücke des Herrn – Aarons magischer Stab, der Krug voll Manna und die Brustplatte – unverzüglich in Sicherheit gebracht wurden. Josephus berichtet, daß die Brustplatte sich auf jeden Fall noch ungefähr 500 Jahre in israelischer Hand befand. Beim übrigen Inhalt des Tempels war man großzügig und ließ die Eroberer zugreifen – so bei

Gold-, Silber- und Bronzegefäßen und sonstigen Kleinodien. Warum auch nicht – die Zeit würde ja kommen, wo man alles durch geschickte Geschäfte wiederbekommen würde. Die wahren Werte Israels wurden beim leisesten Anzeichen einer Invasion schleunigst in sichere Verstecke gebracht. Da sie sozusagen unter Ausschluß der Öffentlichkeit verwahrt wurden, brauchte dies noch nicht einmal aufzufallen und auch das Versteck war nur den wenigen jeweils Eingeweihten bekannt. Je weniger Bescheid wußten, desto besser. Außerdem wäre es für die Kampfmoral schlecht gewesen, wenn eine solche Aktion an die große Glocke gehängt worden wäre. Hätten seine Führer damit nicht schon zugegeben, daß sie alles für verloren und eine Besetzung für unvermeidbar hielten?

Es liegt daher auf der Hand, daß ein wohlüberlegter Evakuierungsplan zur Ausführung kam, kaum daß die babylonische Armee die Grenze Judas überschritt und jene unersetzlichen Gegenstände im Dunkel der Nacht fortgeschafft wurden. Die Frage ist nur: Wohin wurden sie gebracht?

Wenn wir uns dem hierfür wohl grundlegendsten Werk, der *Jüdischen Enzyklopädie* zuwenden, so stellen wir fest, daß es bezüglich des Verbleibs der Bundeslade drei geläufige Überlieferungen gibt. Die erste Version ist, daß sie nach Babylon gebracht wurde. Auf diese Möglichkeit sind wir schon eingegangen, aber es muß hinzugefügt werden, daß zur Zeit der Zerstörung des Tempels bereits ein großer Teil der Bevölkerung in Babylon aus Judäern im Exil bestand. Diesen wäre sicher nicht verborgen geblieben, wenn die Bundeslade tatsächlich dort eingetroffen wäre.

Die zweite Überlieferung besagt, daß sie unter dem Fußboden des zum zweiten Tempel gehörenden hölzernen Lagerhauses verborgen war. Dies wäre schon möglich, aber der zweite Tempel wurde erst viele Jahre nach der Zerstörung des ersten gebaut. Die Bundeslade muß deshalb in der Zwischenzeit außerhalb der Stadt verborgen gewesen sein.

Die dritte Überlieferung findet sich im Talmud (Joma 52b, 53b) und im 2. Buch der Makkabäer (2,4), wonach die Lade vom Propheten Jeremias versteckt wurde: der zur Zeit des Königs Josia lebte:

> (2 Makkabäer 2,4) So stand das auch in derselben Schrift, daß der Prophet [Jeremias] nach göttlichem Befehl sie geheißen habe, daß sie die Hütte des Zeugnisses und die Lade sollten mitnehmen. Als sie nun an den Berg kamen, darauf Mose gewesen war und des Herrn Erbland gesehen hatte, fand Jeremias eine Höhle; darin versteckte er die Hütte und die Lade und den Altar des Räucheropfers und verschloß das Loch. Aber etliche, die auch mitgingen, wollten sich das Loch merken und zeichnen; sie konnten es aber nicht finden. Da das Jeremias erfuhr, strafte er sie und sprach: Diese Stätte darf kein Mensch finden noch wissen, bis der Herr sein Volk wieder zuhauf bringen und *gnädig* sein wird. Dann wird es ihnen der Herr wohl offenbaren, und man wird dann des Herrn *Herrlichkeit** sehen in einer *Wolke*, wie er zu Moses Zeiten erschien.

In dieser Textstelle sind vor allem die Hinweise auf des Herrn Gnade, Herrlichkeit und die Wolke interessant. Wie schon erläutert, ist Gnade oder gnädig der Überbegriff für Manna. Die Herrlichkeit und die Wolke wurden auch schon beschrieben, als der Herr auf dem Berg seine Zusammenkunft mit Moses hatte. Damals muß, der Beschreibung zufolge, der Herr in einer Raumfähre auf den Berg gekommen sein. In den Flammen der Düsen und dem metallischen Glänzen sah Moses die Herrlichkeit und in dem aufgewirbelten, mit Abgasen vermischten Staub die Wolke. Dieser Eindruck muß sehr stark

* Blumrich hat das Wort ‚Herrlichkeit‘ (hebr.: KBVD) als den Namen des Raumschiffs des Herrn identifiziert.

gewirkt haben, wenn der Prophet Jeremias diese Erscheinungen nach so langer Zeit noch erwähnt, ohne sie je selbst gesehen zu haben. Außerdem ist einleuchtend, warum die Lade aus der Stadt gebracht und nicht im Tempel verbleiben sollte. Josia war ein fähiger König, der das goldene Zeitalter von David und Salomon wiederherzustellen versuchte, und es gibt keinen Grund, anzunehmen, daß er nicht alles getan hätte, um die Lade in Sicherheit zu bringen. Vielleicht war er sogar ein bißchen zu fähig und übereifrig, so daß er sie schon geraume Zeit vor der eigentlichen Invasion evakuierte. Als dann die Lage sicher genug war, sie zurückzuholen, konnte sich niemand mehr genau an das Versteck erinnern. Jedenfalls besteht eine hohe Wahrscheinlichkeit, daß diese dritte Überlieferung der Wahrheit entspricht und daß der Hochbetagte nicht zerstört wurde, sondern mehr oder weniger intakt erhalten blieb – und vielleicht sogar noch dort ist.

Francis Schaeffer, ein britischer Bibelgelehrter, schreibt:

> Wir wissen nicht, was aus der Lade wurde. Es wäre denkbar, daß sie mit Jerusalem der Zerstörung durch Babylon zum Opfer fiel, oder daß sie aus Babylon zurückgebracht wurde und im Tempel war, als ihn Titus im Jahr 70 n. Chr. zerstörte. Vielleicht ist sie nicht untergegangen. Es ist nicht zu weit hergeholt, wenn man behauptet, daß sie noch irgendwo existiert und eines Tages wiederauftaucht.

5 Mose 32,49 zufolge starb Moses auf dem Berg Nebo, der mit dem heutigen Dschabal an-Naba – derselbe Name auf Arabisch – identisch ist. Es handelt sich hier um einen 802 Meter hohen Berg, der sich ungefähr 19 km östlich der Nordspitze des Toten Meeres und 26 km südwestlich von Amman, der Hauptstadt Jordaniens, befindet. Heute gehört er zum Königreich Jordanien. Der Name Nebo (NBV) bedeutet lediglich

‚Höhe', aber das 5. Buch Moses nennt ihn auch HR HOBRIM, der Berg der Gegenden jenseits (des Jordan), zu deutsch das Abarim-Gebirge. Dieser Name wird für die ganze Hügelkette, deren höchster Punkt der Berg Nebo ist, verwendet. Aus diesem Grund müßte eine Suche nach der Lade auf jeden Hügel, von dem aus man über den Jordan sehen kann, ausgedehnt werden. Die Spitze Nebos befindet sich nur etwa 50 km von Jerusalem entfernt und es gibt dort auch eine günstig gelegene Furt über den Jordan. Von den geographischen Voraussetzungen her wäre daher gut vorstellbar, daß die heiligen Gegenstände und die Maschine auch kurzfristig dorthin gebracht werden konnten. Bei einer guten Organisation konnte dies in einer einzigen Nacht geschafft werden. Es ist anzunehmen, daß die verschiedenen Gegenstände, um ein größeres Maß an Sicherheit zu gewährleisten, in mehreren Verstecken getrennt aufbewahrt wurden. Unter dieser Annahme ist auch einleuchtend, warum bei dieser Gelegenheit lediglich die Lade verlorenging. Diese Hügelkette ist die einzige unzugängliche und verlassene Gegend in der Nähe der Stadt und bietet zweifelsohne eine Vielzahl geeigneter Versteckmöglichkeiten.

Nach der Zerstörung Jerusalems fanden weitere Deportationen statt, und nur die ärmsten und am wenigsten einflußreichen seiner Einwohner blieben in den Ruinen zurück. Bald darauf zerfiel aber auch das babylonische Reich, und Juda geriet in die Hände des relativ aufgeklärten Königs Cyrus von Persien. Dieser stellte Mittel für den Wiederaufbau des Tempels zur Verfügung und ermunterte die Juden zur Rückkehr, allerdings ohne großen Erfolg. Es vergingen fast zwanzig Jahre, bis der zweite Tempel fertiggestellt war, und die babylonischen Juden zeigten keine große Lust heimzukehren. Die jüdische Lebensart hatte sich etabliert. Wie so viele Juden der Neuzeit fanden die im Exil lebenden das Leben außerhalb der Heimat angenehmer und gewinnbringender und trafen keine Anstalten, in die Heimat zurückzukehren, auch wenn sie wesentliche Spendenbeiträge für deren Wiederaufbau entrichteten. Zu jener Zeit fand auch der Niedergang des gesprochenen Hebräisch statt und das Aramäisch, auch Chaldäisch genannt, trat in den Vordergrund. Dies war die Sprache Babylons, in der auch der *Sohar* geschrieben wurde.

Ein Grund dafür, daß so viel Zeit bis zum Wiederaufbau des Tempels verstrich, mag auch der Verlust der Lade gewesen sein. Immerhin war der Sinn und Zweck des ersten Tempels, die Lade zu beherbergen. Warum sollte man sich jetzt, wo sie ohnehin verschwunden war, noch die Mühe machen? Die Fertigstellung des zweiten Tempels brachte aber eine Wiederbelebung der Religion mit sich, und es ist gut möglich, daß damals die in der Bibel beschriebene Holztruhe entstand, in der die verbliebenen heiligen Gegenstände verwahrt wurden. Die hebräische Fassung der Bibel, die wir in ihrer übersetzten Form auch heute noch lesen, wurde von Schreibern zur Zeit des zweiten Tempels verfaßt, die den Hochbetagten nie zu Gesicht bekommen hatten. Daher nahmen sie auch als selbstverständlich an, daß die erste Bundeslade ähnlich wie die ihnen bekannte ausgesehen haben mußte. Aber während diese Männer fleißig damit beschäftigt waren, ihre Geschichtsbücher neu zu verfassen, waren auch andere am Werk – die Erntemänner des heiligen Feldes. Für sie war Schreiben und Veröffentlichen tabu – ihre Geheimnisse waren viel zu kostbar, um irgendeine andere Weitergabe als von Mund zu Mund zu gestatten. Durch sie wurde uns die geheime Lehre der Kinder Israels überliefert – die Betriebsanleitung für den Hochbetagten, die Manna-Maschine, die ihre Vorfahren in der Wüste ernährt hatte, damals, in jener sagenumwobenen Zeit, als der Herr noch bei seinem Volke weilte.

18

Mutmaßungen

Zu Beginn dieses Buches haben wir erläutert, wie es dazu kam, daß wir, als zwei einfache Techniker, ein seltsames Buch in unsere Hände bekamen und uns für dessen Inhalt zu interessieren begannen. Es führte uns durch das 19. Jahrhundert und dessen schwarze Magie zurück zum mittelalterlichen Mystizismus. Wir wurden zum Studium altertümlicher Sprachen und seltsamer jüdischer Sitten und Gebräuche verleitet und endeten bei der Zeit des Auszugs aus Ägypten. Zu guter Letzt hatten wir den Hochbetagten identifiziert: er war eine Manna-Maschine. Daraufhin verfolgten wir ihn in die umgekehrte Zeitrichtung und kamen bis zum Jahr 587 v. Chr., in dem er im Inneren eines Berges östlich des Jordan verschwand. Wir sind davon überzeugt, daß er immer noch dort versteckt ist. Aber wie könnten wir ihn wiederfinden? Und wenn wir ihn fänden, könnte er uns in irgendeiner Weise bei der Lösung unserer heutigen und zukünftigen Probleme Beistand leisten?

Wir haben festgestellt, daß die Maschine mit Atomkraft gearbeitet haben muß, wobei einige ihrer Teile noch nach einigen Jahrhunderten nach der Einstellung ihres Betriebs genug Radioaktivität besaßen, um Menschen zu töten. Dies deutet darauf hin, daß ihre nuklearen Elemente eine hohe Halbwertzeit hatten, hoch genug, um auch heute noch eine gewisse Radioaktivität zu besitzen. Wir wissen aber nicht, was für eine Art von Reaktor verwendet wurde und wie gut er abgeschirmt war. Trotzdem könnte es sein, daß noch genug Strahlung vorhanden ist, die von der Maschine austritt, so daß man sie auch noch durch ein paar Meter Felsen orten könnte. Die ursprünglich verschlossene Höhle kann durch einen Fels- oder Erdrutsch noch mehr verschüttet sein, was eine Wiederauffindung beträchtlich erschweren könnte. Die Suche wäre auf jeden Fall mühsam und langwierig, wobei viele strahlungsmessende Geräte zum Einsatz kommen und verglichen werden müßten. Ganz bestimmt läßt sich die Maschine nicht finden, indem man einfach mit einem Hubschrauber und einem einfachen Geigerzähler durch die Gegend fliegt und darauf wartet, daß die Nadel des Zählers bis zum Ende der Skala hochschnellt.

Sicher ist auch, daß die Manna-Maschine magnetische Teile besaß. Es wäre also auch möglich, sie unter Verwendung von Protonmagnetometern zur Messung des Abfalls des Erdmagnetismus zu finden. Diese Geräte sind weitaus empfindlicher als ein gewöhnlicher Metalldetektor, dessen sich manchmal Schatzsucher bedienen. Ein simpler Metalldetektor wäre für diese Aufgabe wohl kaum gut genug, vor allem, wenn man bedenkt, daß fast das gesamte Gebiet mit Überresten von Kriegen sowohl der Vergangenheit wie auch der Neuzeit übersät ist. Diese würden eine Suche auf magnetischer Basis entscheidend hemmen, wobei die Suchenden zwischen sich und dem Gesuchten einen ganzen Berg Schrott zu sehen hätten.

Dennoch gibt es, technisch gesehen, nicht den geringsten Hinderungsgrund für die Auffindung des Hochbetagten. In einer politisch so heiklen Gegend wie dem Nahen Osten gibt es aber nicht nur technische Schwierigkeiten. Die Israelis würden aufgrund der historischen Gegebenheiten die Maschine für sich beanspruchen. Gegenwärtig befindet sie sich aber auf jordanischem Boden. Die Jordanier wiederum werden nicht daran interessiert sein, sich durch eine Suche nach der Maschine noch mehr Schwierigkeiten aufzuladen, selbst wenn sie es sich leisten könnten, eine Expedition aufzustellen. Aber auch dann müßte die Suche in einem Gelände durchgeführt werden, welches von den Israelis eingesehen wird. Die äußeren Umstände wären also keineswegs ideal für eine gründliche wissenschaftlich-archäologische Arbeit, es sei denn sie könnte in einem Klima zwischenstaatlicher Kooperation stattfinden. Aber nehmen wir einmal an, ein solches wäre vorhanden und die Maschine würde von einer multinationalen Expedition gefunden. Was wären die Folgen?

Sicher stellte sie einen beträchtlichen Gewinn für unser technisches Wissen dar. Die frühgeschichtlichen Juden, denen keine technischen Kenntnisse zu eigen waren, konnten lediglich die Rohre und Drähte abzählen, Anschlüsse verfolgen und die einzelnen Teile abmessen. Demgegenüber könnten moderne Forscher unter Zuhilfenahme einer Technik, die derjenigen der Maschine nicht so weit unterlegen ist, die Materialien, aus denen sie gebaut wurde, analysieren und sie sehr bald nachbauen. Eine neue Generation der Herren der Maße, die in den Laboratorien der ganzen Welt sitzt, würde der Maschine ihre Geheimnisse entlocken, und sie könnte dann in einem neuerbauten ‚Tempel' – oder Museum – in Jerusalem unter internationaler Kontrolle ihre letzte Ruhestätte bekommen.

Jedenfalls könnte uns die Maschine die Lösung eines technischen Problems liefern, das unser aller Alptraum darstellt: des Problems, wie man Atomkraft gefahrlos nutzen kann. Der Herr hätte den Israeliten die Maschine nie gegeben, wenn auch nur die geringste Gefahr bestanden hätte, daß man sie zufällig oder auch absichtlich in eine Atombombe hätte verwandeln können. Er mußte auch angenommen haben, daß die Maschine so lange existieren würde, bis die irdische Technologie weit genug fortgeschritten sein würde, um ihre Funktionsweise zu verstehen. Sie muß daher nach einem Prinzip gearbeitet haben, das in sich sicher ist. Wenn wir dieses Prinzip imitierten, könnten wir Atomreaktoren und – Manna-Maschinen – bauen, die absolut sicher wären.

Die Vorteile kämen aber nicht ausschließlich der hochentwickelten Technologie zugute – z. B. militärischer und Luft- und Raumfahrttechnik – sondern auch der niederen Technologie. Wir dürfen nämlich nicht vergessen, daß diese Maschine erfolgreich dazu benutzt wurde, einige tausend technisch unterentwickelte Menschen vierzig Jahre lang zu ernähren. In einer größeren Menge hergestellt, könnte sie es heute für die ganze Welt tun. Immerhin gibt es in Teilen von Indien, Afrika und Südamerika noch Millionen von Menschen, deren Bedürfnisse sich nicht im geringsten von denen der in der Wüste hungernden Kinder Israels unterscheiden. Eine Manna-Maschine in jedem Dorf könnte die Nahrung zur Verfügung stellen, die den Leuten das Überleben garantieren könnte und die Zeit überbrücken, die sie brauchten, um ihre eigene Landwirtschaft voranzutreiben, bis sie sich selbst versorgen könnten. Kurz, die Entdeckung der Maschine könnte die Ernährungsprobleme dieser Welt mit einem Schlag beseitigen, obwohl sie die Landwirtschaft, wie wir sie kennen, nicht überflüssig machen würde. Manna ist eine eintönige Speise, und die Leute würden trotzdem nach ‚Fischen, Kürbissen, Melonen, Lauch, Zwiebeln und Knoblauch' verlangen.

Bei unserer Betrachtung der physikalischen Eigenschaften der Maschine gingen wir von einem Modell aus, welches einen Kernspaltungsreaktor mit Uran oder Plutonium als Brennstoff besaß. Diese Reaktoren sind leicht herzustellen, aber Uran ist ein seltenes Metall, und die Vorräte davon sind begrenzt. Plutonium tritt in der Natur überhaupt nicht in Erscheinung, sondern muß in sogenannten Brüterreaktoren aus Uran gewonnen werden. Zudem ist es äußerst giftig und schwierig zu handhaben. Vor dem Hintergrund dieser Tatsachen ist es denkbar, daß die Manna-Maschine einen anderen Reaktortyp verwendete – möglicherweise einen, der nicht auf der Basis dieser oder ähnlicher Rohstoffe arbeitete, sondern irgendein billiges Material verwendete. Wenn wir die Maschine fänden, könnte sie uns vielleicht sogar das Geheimnis der Wasserstoff-

Kernverschmelzung preisgeben, das sowohl sicher als auch umweltfreundlich ist. Es handelt sich dabei um den gleichen Brennstoff wie bei den nuklearen Reaktionen im Sonneninneren. Die Wissenschaftler dieser Erde versuchen schon seit Jahren, hinter dieses Geheimnis zu kommen, denn es ist nicht nur sicher und umweltfreundlich, sondern benutzt auch einen Brennstoff, der in unbeschränkter Menge im Universum zur Verfügung steht. Die Auffindung der Maschine könnte somit gleichzeitig das Ernährungsproblem und die Energiekrise beseitigen. Wäre es im Hinblick darauf wirklich zuviel verlangt, wenn man von den Arabern und den Israelis die Beilegung ihrer Differenzen bis zur Auffindung der Maschine forderte?

Aber lassen wir den technischen Fortschritt einmal beiseite. Die Entdeckung der Maschine könnte auch einen Segen in politischer Hinsicht bedeuten, nämlich die Völkerverständigung im allgemeinen und nicht nur im Nahen Osten. Wenn sie entdeckt wäre, hätten wir den letzten unumstößlichen Beweis in Händen, daß es außerhalb dieses Planeten intelligentes Leben gibt. Wie wir bereits dargelegt haben, gibt es keine Möglichkeit, daß auf dieser Erde eine frühere Zivilisation mit der Fähigkeit, eine Manna-Maschine zu bauen, existiert haben könnte, ohne Spuren zu hinterlassen. Wir könnten somit endlich die Gewißheit erlangen, daß wir nicht allein sind und daß es draußen im All andere gibt. Der Herr war, wie wir wissen, uns wohlgesinnt. Aber es könnte auch noch andere geben, die es nicht sind. Für die Menschen gibt es, wie die Erfahrung gezeigt hat, nichts Bindenderes als einen möglichen gemeinsamen Feind. Die frühgeschichtlichen Israeliten wußten dies auch, denn sie gaben sich alle erdenkliche Mühe, die Maschine aufzubewahren. So war eine ihrer Bezeichnungen dafür auch Zeugnis (ODVTh) oder Beweis:

> (2 Mose 16,33) Und Mose sprach zu Aaron: Nimm ein Krüglein und tu ein Gomer voll Manna darein und laß es

> vor dem Herrn, daß es behalten werde auf eure Nachkommen . . . Also ließ es Aaron daselbst vor dem Zeugnis, daß es behalten werde.

Sie bewahrten das Manna und die Maschine, von der es gekommen war, auf als Beweis dafür, daß der Herr sich im Himmel befand. Wenn wir die Maschine finden, werden wir den untrüglichen Beweis dafür haben, daß es im Himmel ‚Götter' gibt. Aber kann es nach der Betrachtung unseres Werkes, welches hier in diesem Buch vorgestellt wird, überhaupt noch begründete Zweifel daran geben, daß Wesen aus dem All diese Erde besuchten und daß der Herr Israels einer von ihnen war?

Der Hochbetagte war ein Stück Ausrüstung für den Weltraum, ursprünglich für die Verwendung in Raumschiffen konzipiert, und dann für die speziellen Bedürfnisse der Kinder Israels abgeändert. Er produzierte nicht nur Nahrung, sondern regenerierte auch die Atmosphäre des Raumschiffes, indem er Kohlendioxid aufnahm und Sauerstoff produzierte. Seine Abgase konnten gekühlt und gefiltert wieder der Luft in der Kapsel zugeführt werden, womit sie eine Miniaturausgabe des Ökosystems der Erde darstellte. Hier auf der Erde nehmen Pflanzen die Sonnenenergie auf der Tagseite des Planeten auf und wachsen, um als Nahrung für Tiere und Menschen zu dienen. Von der Nachtseite des Planeten wird überschüssige Wärme ins Weltall abgestrahlt. Im Raumschiff ersetzt der Kernreaktor die Sonne, und die Wärme wird durch abstrahlende Oberflächen, die ins All zeigen, abgegeben. Der Energiefluß vom einen zum anderen versorgt alle Lebensvorgänge im Inneren des Systems.

Die Funktion der Maschine als Ausrüstung eines Raumschiffs geht auch schon aus ihrer eigentlichen Konstruktion hervor. Wir hatten herausgefunden, daß sie zwar sehr umfangreich, aber dennoch leicht genug war, um von einigen Männern transportiert zu werden, sofern ihre Tanks leer waren. Der Name ‚der Hochbetagte' bedeutet gleichzeitig ‚der Transportierbare der Tanks (oder: mit den Tanks)', was darauf hinweist, daß er aus einer Anzahl von Behältern bestand, die in der Mehrzahl hohl waren. In einem interplanetaren oder interstellaren Raumschiff, welches sich immer im All befindet und nie auf einem Planeten landet, ist geringeres Gewicht, nicht aber die Voluminosität entscheidend. In der Leere des Alls braucht nicht mit Luftwiderstand, den es zu überwinden gilt, gerechnet zu werden, weshalb auf stromlinienmäßige Formgebungen verzichtet werden kann. Jedes Kilo an Masse, die beschleunigt werden muß, erhöht aber den Brennstoffbedarf. Deshalb muß beim Gewicht gespart werden, wo es nur geht. Folglich war der Hochbetagte, obwohl für die Israeliten in veränderter Form gebaut, für die Verwendung im Weltraum konzipiert und somit zwar umfangreich, aber leicht.

Dies wirft aber zwei weitere Fragen auf: Wer war der Herr, abgesehen von einem Raumschiffkommandanten, und warum suchte er sich die Israeliten aus? Diese Fragen können wir zwar beantworten, aber erst nachdem wir uns etwas eingehender mit den Ursprüngen des irdischen Lebens befaßt haben.

Nach der gegenwärtig vertretenen Ansicht bestand die frühe irdische Atmosphäre aus einer Mischung von Gasen, die allgemein unter dem Begriff ‚Ursuppe' bekannt sind. Die Gasmischung geriet mittels sich entladender Blitze und kosmischer und anderer Strahlung in Bewegung und produzierte chemische Reaktionen. Auf die gleiche Weise hat der Wissenschaftler Stanley Miller eine Reihe von Aminosäuren herstellen können. Er nahm dazu eine Mischung aus vier Gasen – Methan, Ammoniak, Wasserstoff und Wasserdampf – und beblitzte sie mittels elektrischer Entladungen. Dies fand im Jahr 1950 statt. Seit damals wurde eine weit größere Anzahl organischer Moleküle aus einfachen Zutaten produziert, indem man einfach die Bestrahlung veränderte. Der Natur standen aber Millionen Jahre zum Experimentieren zur Verfügung, und in dieser Zeit konnten wahllose Kombinationen und Neukombinationen der einfachen Moleküle zur Formierung von komplexeren führen, die sich dann auch selbst reproduzieren konnten. Das früheste Lebewesen bestand damals aus einzelnen, sich selbst erneuernden, organischen Molekülen, die in einer Art Partnerschaft zusammenwirkten. Aus diesen entwickelten sich dann immer kompliziertere Lebewesen, bis das gesamte uns heute bekannte Angebot existierte – wobei, wie wir wissen, auch eine ganze Menge wieder unterging.

Dies ist die gegenwärtige wissenschaftliche Auffassung über die Entwicklung des irdischen Lebens. Sie ist insofern sehr attraktiv, als sie uns in die Lage versetzt, die frühesten Anfänge zu reproduzieren. Wenn dies aber die *einzige* Möglichkeit wäre, wie sich das Leben entwickelte, so müßte es fossile Beweise geben, die auf eine stetige, graduelle Weiterentwicklung über lange Zeiträume hindeuten. Geologen, die sich durch die Erdschichten nach unten zu immer älterem Gestein durchgearbeitet haben, fanden in der Tat auch mit zunehmendem Alter immer weniger komplexe Fossilien, stellten aber fest, daß es Ebenen gibt, auf denen ein plötzlicher Sprung in der Entwicklung zu verzeichnen war. Die Felsen des Kambriums sind die ältesten, in denen es überhaupt noch Fossilien in einer erwähnenswerten Menge gibt, darunter sind fast überhaupt keine mehr zu finden. Den Geologen Harland und Rudwick zufolge ‚kann das Auftreten der Fauna zu Beginn des Kambriums ... als *plötzliches* Ereignis gewertet werden'. Unter der kambrischen Schicht gibt es in den meisten Teilen der Welt dicke, prä-kambrische Felsschichten, die eigentlich perfekt für die Konservierung von Fossilien geeignet gewesen wären, aber nur einige zweifelhafte Spuren von weichhäutigen Organismen enthalten. Zu einem bestimmten Zeitpunkt erscheint aber dann urplötzlich eine ganze Menagerie tierischen Lebens, wo jede größere Tiergruppe vertreten ist. Es wurde schon die

Ansicht geäußert, daß dies auf die Evolution der Schalentiere zurückzuführen sei. Aber sogar Weichtiere können Spuren hinterlassen, wie zum Beispiel Wurmlöcher, von denen wir wissen, daß sie in fossilhaltigen Felsen zu finden sind. Diese plötzlichen Vorkommnisse, wie sie in der geologischen Erdgeschichte mehrmals auftraten, wurden auch schon plötzlichen Steigerungen der Sonnenaktivität zugesprochen. Dabei wird von der Annahme ausgegangen, daß die Sonne manchmal aktiver wird und mehr Strahlung absondert, die in die Erdatmosphäre eindringt und vermehrt Mutationen verursacht, die ihrerseits wieder für das Zustandekommen neuer Arten verantwortlich sind. Aus Experimenten ging aber hervor, daß das Gegenteil der Fall ist und die vermehrte Strahlung oft Leben zerstört. Manche sehen darin sogar die Ursache für den Untergang der Dinosaurier.

Ein weiterer schwacher Punkt der bestehenden Ansichten über die Evolution ist, daß davon ausgegangen wird, komplexere Lebensformen seien notwendigerweise erfolgreicher als weniger komplexe. Wenn dem nicht so wäre, müßten die komplexeren Formen schnell ausgestorben sein, und die Erde wäre heute ausschließlich von Viren bevölkert. Es gibt aber Tiere, die genauso komplex wie wir sind und daneben eine ganze Menge Viren. Wir sind auch nicht unbedingt erfolgreicher als sie – 1918 tötete ein Grippevirus immerhin einige Millionen Menschen in der ganzen Welt. So, wie sich die Natur uns heute präsentiert, besitzt sie ein bewundernswertes Gleichgewicht, in dem sich Lebensformen aller Entwicklungsstufen finden. Manchmal muß man sich direkt fragen, ob dieses erstaunliche Gleichgewicht wirklich der Natur zugute zu halten ist oder ob nicht doch noch irgendwelche anderen Kräfte am Werk sind.

Wie es scheint, ist die Entwicklung des Lebens auf diesem Planeten keineswegs stetig und ruhig, sondern eher stoß- und ruckweise vonstatten gegangen. An bestimmten Zeitpunkten, die oft Millionen Jahre auseinanderlagen, erschienen plötzlich eine ganze Reihe neuer Arten. Zwischen diesen Erscheinungen fanden zwar auch Veränderungen statt, aber unvergleichlich langsamer. Das gleiche läßt sich über die Entwicklung unserer eigenen Art, des Homo sapiens, sagen. Anthropologen und Archäologen können einfach keine Erklärung dafür finden, daß zum Beispiel plötzlich der Cromagnon-Mensch in Erscheinung trat. Unter einer Bevölkerung von viehisch-brutal aussehenden Neandertalern entstand plötzlich eine neue, eher schon uns ähnliche Menschenrasse, von der wir selbst auch abstammen. Seltsamerweise hatte der Cromagnon-Mensch ein größeres Gehirn als der heutige; dieser und viele andere Unterschiede werden eingehend von Flindt und Binder in ihrem Buch *Mankind – Child of the Stars* untersucht. Was kann aber der Grund sein, daß die Entwicklung des irdischen Lebens von Zeit zu Zeit einen plötzlichen Aufschwung erfährt?

Wir sind zu dem Schluß gekommen, daß die Erde vor ungefähr 3 500 Jahren von Wesen aus dem All besucht wurde und daß der Zweck dieses Besuches darin bestand, einen bestimmten Teil der Bevölkerung – die Israeliten – besserzustellen. Aus den Legenden anderer Völker können wir schließen, daß dies nicht der erste derartige Besuch war, und wir können darauf spekulieren, daß es nicht der letzte war. Die einfachste Antwort auf die Frage nach der Evolution des irdischen Lebens und nebenbei die Antwort, die den Tatsachen am ehesten gerecht würde, ist die, daß die Erde von außen belebt wurde. Vielleicht sind tatsächlich einfache, organische Moleküle spontan entstanden, wie es die Wissenschaftler annehmen, aber dann sind Besucher aus dem All gekommen, haben bemerkt, wie langsam die Entwicklung voranging und eine Auswahl an weiterentwickelten Lebewesen auf der Erde ausgesetzt, um die ganze Sache etwas zu beschleunigen. (Die Verfasser dieses Buches sind übrigens nicht die Urheber dieser Idee.) Während der prähistorischen Periode sind unsere

Weltraumwesen dann ab und zu wiedergekehrt und haben bei jedem Besuch mehr Lebensformen zurückgelassen und vielleicht einige andere wieder eliminiert. Wir können sie mit Gärtnern vergleichen, die regelmäßig ihre Beete abgehen, hier und dort etwas pflanzen und andernorts beschneiden und Unkraut jäten, und so Schädlinge beseitigen und ein gleichmäßiges Wachstum unter bestmöglicher Ausnutzung des zur Verfügung stehenden Bodens fördern. Diese Gärtner unterscheiden sich jedoch in einem von ihren irdischen Gegenbeispielen – sie haben auch ein Interesse an den kulturellen Errungenschaften ihrer Schützlinge.

Eines der großen Rätsel, vor das sich die Archäologie gestellt sieht, ist das plötzliche Auftreten neuer Kulturen. Die frühesten Spuren menschlicher Besiedlung in Ägypten sind steinzeitlicher Natur, aber urplötzlich entstehen auf den Ruinen seiner elenden Hütten großartige Tempel, die unter Verwendung von Techniken erbaut wurden, die unsere modernen Steinmetze vor Neid erblassen lassen. In seinem Buch *Kunst und Handwerk im alten Ägypten* bemerkt Flinders Petrie, daß die Ägypter der ersten Dynastie gedrehte Vasen aus schwarzem Granit in einer Qualität herstellen konnten, die spätere Dynastien nie mehr erreichten. Es ist zweifelhaft, ob solche Vasen überhaupt ohne die Verwendung einer speziellen Drehbank zustande zu bringen waren.

Die Geschichte der Technologie des Alten Ägyptens beschreibt einen schnellen Aufstieg aus dem Nichts, gefolgt von einem langsamen Niedergang. Alle Hinweise deuten auf einen plötzlichen Wissenszufluß von außen hin, der dann aber nach und nach wieder vergessen wurde. Irgend etwas oder irgend jemand besucht gelegentlich die Erde und legt Hand an ihre Entwicklung – und es gibt keinen Grund, warum dies nicht mehr so sein sollte.

Viele Wissenschaftler unserer Zeit wünschen sich bestimmt manchmal, sie könnten in die Zukunft reisen. Hingebungsvolle Geologen zum Beispiel wünschten sich brennend, daß sie sich wie die Romanfigur Rip van Winkle schlafen legen könnten, um in einigen Millionen Jahren aufzuwachen und sehen zu können, ob sich die Kontinente wirklich so verschoben haben, wie sie es vorausgesagt hatten. Sie könnten zwar nicht zu ihren schon längst gestorbenen Kritikern zurückgehen und sagen ‚Habe ich es nicht gleich gesagt?', aber sie würden dennoch jenes zeitlose Glücksgefühl spüren, das Bewußtsein, daß sie recht hatten.

Nehmen wir einmal an, daß irgendwo, irgendwann in dunkler Vergangenheit eine Kultur die Fähigkeit entwickelte, interstellare Flüge mit annähernder Lichtgeschwindigkeit durchzuführen. Dies ist selbst im Rahmen unseres jetzigen Wissenstandes keineswegs undenkbar. Immerhin befassen sich Mitglieder der Britischen Interstellaren Gesellschaft bereits mit dem theoretisch möglichen Entwurf eines solchen Raumschiffs. Dieses Raumschiff hätte einen riesigen Schild hinter sich, der durch lange Stoßdämpfer mit dem Schiff selbst verbunden wäre. Kleine Kugeln, die Tritium, einen überschweren Wasserstoff, enthalten, würden hinter dem Schild ausgestoßen und mit Laserstrahlen zur Explosion gebracht werden. Effektiv würde sich das Schiff dann mittels einer Reihe kleiner Atombombenexplosionen fortbewegen, wobei eines der sich ergebenden Probleme die Gewährleistung der Sicherheit des Planeten wäre, von dem aus gestartet wird! Es könnte aber auch eine Art elektromagnetische Schaufel vor sich her führen, womit es interstellaren Wasserstoff unterwegs als Brennstoff aufnehmen könnte. Ein Schiff dieser Bauart könnte einen guten Teil der Lichtgeschwindigkeit erreichen, brauchte aber dennoch Jahrzehnte (Schiffszeit), um auch nur die nächstgelegenen Sterne zu erreichen! Dies bedeutet aber, daß die Besatzung irgendwie auf minimalen Lebensfunktionen gehalten werden müßte, was ihnen auch die Langeweile einer solchen interstellaren Reise ersparen würde. Andererseits könnte das Schiff aber auch die Heimat einer selbständigen Gemeinschaft sein, in der ganze Generationen während der Reise geboren werden und sterben, ohne eine andere Welt als die Enge ihres Gefährtes gekannt zu haben. Obwohl es heute noch nicht möglich ist, ein solches Schiff vom Band laufen zu lassen, wissen wir, daß es realisierbar ist, genauso wie eine Manna-Maschine realisierbar ist, ohne daß wir deshalb gleich eine bauen könnten. Es bedarf noch einiger technischer Fortschritte, die aber zweifellos erreicht werden.

Raumschiffe dieser Art sind in ihren Grundzügen immer noch Raketen, denn sie nehmen Geschwindigkeit auf, indem sie hinter sich Materie ausstoßen. Die erreichbare Geschwindigkeit hängt von der Auspuffgeschwindigkeit ab und von der Masse des ausstoßbaren Materials, der Reaktionsmasse. Diese Faktoren beschränken die erreichbare Geschwindigkeit auf einen bescheidenen Bruchteil der Lichtgeschwindigkeit. Jüngste Entdeckungen lassen jedoch hoffen, daß wir kurz vor einem entscheidenden Durchbruch stehen – der Schaffung von Gravitationsfeldern.

Jedermann weiß, daß ein Magnet ein Stück Metall ist, welches andere Metalle entweder anzieht oder abstößt. Die Beziehungen der Magneten laufen über magnetische Felder; man kann ein Bild eines Magnetfeldes leicht darstellen, wenn man ihn unter ein Blatt Papier legt und Eisenspäne über das Papier streut. Gravitationsfelder hingegen werden von Ansammlungen von Materie erzeugt – jedoch ohne daß sich ein Nord- oder Südpol wie bei Magneten bildet. Jede Materienmasse zieht eine andere Materie an – es gibt bei der Schwerkraft keine beobachtete Abstoßung. Magnet- und Gravitationsfelder haben manches gemeinsam – aber auf eine für uns äußerst wichtige Art unterscheiden sie sich. Wir können ein Magnetfeld schaffen, ohne einen ständigen Magneten zu benutzen, indem wir einfach elektrischen Strom durch eine Drahtspule laufen lassen. Aber wir kennen noch keinen Weg, um ein Gravitationsfeld herzustellen; es geht nur auf die mühselige Tour, indem wir große Materienmengen handhaben. Jüngste Entdeckungen im kernphysischen Bereich deuten aber darauf hin, daß auch Gravitationsfelder erzeugt werden könnten. In diesem Fall könnte man Raumschiffe antreiben, ohne daß Reaktionsmasse ausgestoßen werden müßte – anstatt Materie wegzuschleudern, um uns fortzubewegen, könnten wir sie vollkommen vernichten und die dadurch gewonnene riesige Energie an Gravitationsgeneratoren abgeben. Dies würde ein Raumschiff befähigen, schon sehr nahe an der Lichtgeschwindigkeit zu fliegen.

Angenommen, ein solches Schiff ginge von der Erde aus auf eine Rundfahrt zum Planeten Sirius, der sich in einer Entfernung von 8 Lichtjahren befindet. Laut Einstein könnte es, ganz gleich wie schnell es flöge, nicht vor 16 Jahren wieder zurück sein. Aber je dichter bei der Lichtgeschwindigkeit es flöge, desto langsamer verginge die Zeit für die Insassen des Schiffes. Wenn sie also die halbe Reise mit Schwerkraft 1 (ca. $9{,}81 m/s^2$) beschleunigen und dann auf der anderen Hälfte auf gleiche Weise an Geschwindigkeit verlören, würde die Reise nur 9 Jahre dauern. Beobachter auf der Erde würden die Reise aber mit 19,5 Jahren veranschlagen. Für Reisende, die mit hoher Geschwindigkeit beschleunigt werden, vergeht die Zeit langsamer, was bewiesen werden kann, indem man genaugehende Uhren im Düsenflugzeug um die Welt fliegt. Je länger die Reise, desto größer der Vorteil, weil das Schiff auf halbem Wege immer näher an die Lichtgeschwindigkeit herankäme. Eine einzige Reise von 100 Lichtjahren würde nur 9 Jahre Schiffszeit beanspruchen; der Energie- und Zeitaufwand wäre nicht größer als für die Hin- und Rückreise zum nur *8* Lichtjahre entfernten Sirius. Mehr noch, ein interstellarer Tourist, der bereit wäre, nur 50 Prozent mehr Zeit und Geld in seine Reise zu investieren, könnte zehnmal so weit reisen; eine Reise von 1000 Lichtjahren dauerte dann nur 13,5 Jahre.

Verfolgen wir die Sache noch ein bißchen weiter und stellen uns vor, daß ein hingebungsvoller Astrophysiker, der ein 60 000 Lichtjahre entferntes Objekt am anderen Ende unserer Galaxis beobachtet, sich dies einmal aus der Nähe ansehen will. Bei einer konstanten Beschleunigung von 1 g könnte er in 45 Jahren dort und wieder zurück sein. Wenn er in außergewöhnlich guter körperlicher Verfassung ist, könnte er mit doppelter Schwerkraftsbeschleunigung reisen und um nur 24 Jahre gealtert zurückkehren. In beiden Fällen wären aber auf der Erde über 120 000 Jahre vergangen, und er käme als ein völlig Fremder zurück.

Für mathematikbegeisterte Leser können wir folgende, lächerlich einfache Formel liefern, die ihnen erlaubt, ihre Reisen durch das Universum zu planen:

Eine ‚Strecke' wird als Reise zwischen zwei Punkten definiert, die zweimal ‚x' Lichtjahre auseinanderliegen. Die Hälfte der Strecke beschleunigt das Raumschiff mit dem Faktor 9, die andere Hälfte verlangsamt es um g. $2t_s$ ist die verstrichene Schiffszeit für die Strecke und $2t_e$ die auf der Erde gemessene Zeit, jeweils in Jahren. Die Beschleunigung wird in Lichtjahren pro Jahr ausgedrückt. Durch einen glücklichen Zufall beträgt die normale Erdschwerkraft 0,9684 lj/j^2, was der Einfachheit halber auf 1 lj/j^2 aufgerundet werden kann.

Daraus ergibt sich:

$$t_e = g^{-1} \sinh gt_s$$
$$x = g^{-1}(\cosh gt_s - 1)$$

Aus diesen Formeln ergibt sich die Erdzeit und die Entfernung für die halben Strecken, die bei verschiedenen Schiffszeiten gegeben sind. Schiffszeiten für gegebene Erdzeiten und Entfernungen können unter Verwendung der Formel für inverse Hyperbolfunktionen errechnet werden.

Aus obigen Formeln geht aber auch hervor, daß es möglich ist, Entfernungen, die mit der Größe des Universums vergleichbar sind, innerhalb der Dauer eines Menschenlebens zurückzulegen, wenn man nirgendwo anhält oder den Flug verlangsamt. Ein Raumschiff bei konstanter Beschleunigu-ng zu fliegen, ist etwa so, als ob man einen untermotorisierten Schwertransporter fährt. Ist man erst einmal in Schwung gekommen, läßt man sich so leicht nicht wieder zum Stehen bringen. Damit ist aber auch klargeworden, daß wir Gäste von anderen Sternen nicht allzuoft erwarten dürfen. Wenn wir unser Raumschiff erst einmal mühevoll in Schwung gebracht haben, steigen wir nicht leichtfertig gleich wieder auf die Bremse. Die Beweise, die wir haben, bestätigen diese Ansicht. Außerirdische Besucher kommen in Abständen von einigen tausend Jahren, bleiben aber, wenn sie da sind, auch recht lange.

Wir können gegenwärtig noch keine solchen Reisen unternehmen, weil unsere schwachen Raketen solchen Dauerbeschleunigungen noch nicht standhalten. Unsere Versuche beschränken sich auf Küstenfahrten mit minimalen Geschwindigkeiten, bei denen es genausolange dauern würde, auch nur die äußeren Planeten des Sonnensystems zu erreichen wie ein interstellares Schiff bis zu den nächsten Sternen. Stünden aber Gravitationsgeneratoren zur Verfügung, könnten riesige Entfernungen in einem Menschenalter auch ohne suspendierte Lebensfunktionen zurückgelegt werden.

Interstellare Reisen sind also sehr gut möglich, wenn man die Voraussetzungen zum Bau der Schiffe und hingebungsvolle Mannschaften für sie finden kann. Die Besatzungen hätten nicht die geringste Hoffnung, ihren Heimatplaneten wieder so vorzufinden, wie sie ihn einmal verlassen hatten; die Schiffe müßten vom Mutterplaneten gezeugte bewegliche Kolonien sein, die auf der Suche nach neuen Welten in den Weltraum vorstoßen. Möglich, daß sie dann auch einmal irgendwo als ‚Götter' begrüßt werden. Interstellare Verbindungen werden für Einzelmenschen mit ihrer derzeitigen Lebensspanne nie möglich werden, es sei denn, man fände eine Reisemöglichkeit, die nicht den Einschränkungen durch Einsteins Relativitätstheorie unterworfen ist. Solche Reisen dienten ohnehin lediglich wissenschaftlichen Studien und Kolonisationen, die in ihrem weitesten Sinne auch so verstanden werden kann, daß man in der ganzen Galaxis das Leben verbreitet. Dies ist auch, was wir hier auf der Erde entdeckten. Als erstes setzte man einfache Formen des Lebens aus, um eine ökologische Infrastruktur für höherentwickelte Arten zu schaffen. Bei jedem Besuch wurde die Pyramide dann um eine weitere Entwicklungsstufe aufgestockt, um mit dem Cromagnon-Menschen die Spitze zu erreichen.

Den Mitgliedern einer interstellaren Reisegesellschaft bot sich die Möglichkeit, langfristige Versuche durchzuführen. Biologen, Anthropologen und Soziologen hätten die größte Freude, wenn sie die Möglichkeit hätten, einen Planeten mit Leben auszustatten oder darauf bestehende Lebensformen modifizieren zu können, um dann einige tausend Jahre später zurückzukommen, um die Ergebnisse in Augenschein zu nehmen, wobei sie selbst aber nur um wenige Jahre gealtert wären. Auf jedem Sternensystem, dem man einen Besuch abstattet, würde man einige Jahre verweilen, um planetographische Studien durchzuführen, Vorräte und Brennstoffe zu ergänzen und anfällige Reparaturen am Raumschiff durchzuführen. Von den meisten Sternensystemen wird angenommen, daß sie ähnlich wie unseres aufgebaut sind. In diesem Fall haben sie in ihren etwas entfernteren Umlaufbahnen riesige Gasplaneten, unserem Jupiter ähnlich, die einen unbeschränkten Vorrat an Wasserstoff zur Verfügung stellen können. Die Expeditionen werden wahrscheinlich bei solchen Gelegenheiten auch ein Funkfeuer hinterlassen haben, damit ihr Heimatplanet und etwaige Schwesterexpeditionen über ihren Besuch auf dem betreffenden Planeten informiert waren. Richtige Nachrichtenverbindungen auf diese Weise herzustellen, wird wohl nicht möglich sein, aber einfache Signale könnten schon übermittelt werden. Während die Besatzung des Raumschiffes wieder durch die Galaxien streifte, könnten die Radiowellen solcher Funkfeuer ausgestrahlt und empfangen werden; die Übermittlung der Signale wäre nach unserer Zeitmessung zwar langwierig, für die Schiffsbesatzung aber sehr schnell. Sie könnten so bei jedem Aufenthalt mit ihren Antennen den Himmel abhorchen und die letzten Neuigkeiten empfangen. Es wird vermutet, daß die Pulsare solche Funkfeuer sind, aber wir wissen noch nicht, mit welchen Methoden derart starke Radiosender kontrolliert werden können.

Das Leben in diesen interstellaren Gemeinschaften wäre ähnlich wie im Dorfe Brigadoon, jenem schottischen Dorf eines Musicals, das jeweils nur einen Tag im Jahr existierte. Sollte das relativistische, interstellare Reisen aber möglich sein, dann ist durchaus denkbar, daß gerade in diesem Moment viele solcher Reisegemeinschaften die Galaxis durchstreifen. Vielleicht sind die Bewohner eines dieser Schiffe jene Gärtner, die die Erde als ihr Beet beanspruchen. In diesem Falle sollten wir uns bemühen, sie ihren Wünschen gemäß zu unterstützen. Denn wenn sie zur Auffassung gelangen, daß wir Unkraut sind, könnte uns eine ausgesuchte Seuche recht schnell vernichten, und wir würden durch eine weniger aggressive Spezies ersetzt. Bereits jetzt hat sich eine neue Einstellung gegenüber unserer Erde breitgemacht. Diese verdanken wir den Fotos, die die Apollo-Astronauten machten. Niemand, der die Erde als leuchtend blaues Juwel im All schweben sieht, kann eine gewisse Gefühlsaufwallung unterdrücken. Wir sollten dieses Gefühl aber in die Tat umsetzen, bevor es zu spät ist.

Wir haben die Ansicht geäußert, daß wir, der *Homo sapiens*, das Produkt eines noch nicht zu Ende gebrachten Zuchtprogramms sind, welches von jenen interstellaren Reisenden durchgeführt wird.

Die Bibel und andere frühgeschichtliche Quellen geben aber an, daß die ‚Götter' und ‚Engel' sich kaum von den Menschen unterschieden. Wie groß ist dann die Wahrscheinlichkeit, daß die interstellaren Wesen uns äußerlich ähnlich sehen? Wenn ein außerirdisches Raumschiff plötzlich in unserem Vorgarten landete, würden wir wirklich eine Art violetten Tintenfisch mit fünf Beinen und acht Armen erwarten, wenn sich die Ausstiegsluke öffnet? Oder vielleicht kleine grüne Männchen mit Antennen auf den Köpfen? Oder sind wir vielmehr der Ansicht, daß solche Wesen in die Phantasie der Witzzeichner gehören und mit der Wirklichkeit nichts gemein haben?

Aus den sogenannten ‚Legenden' scheint hervorzugehen, daß die Außerirdischen uns sehr ähnlich sein müssen und sogar mit Erdenbürgern fortpflanzungsfähig waren – ein sicheres Zeichen für genetische Verwandtschaft. Aus dieser Tatsache können wir entnehmen, warum der Herr ausgerechnet die Juden für den kulturellen Aufschwung auswählte. Eigentlich hätte er jede bedürftige Menschengruppe nehmen können, aber er machte sich die Mühe, eine Reihe von Seuchen und einen dramatischen Auszug aus Ägypten in Szene zu setzen. Die Erklärung dafür kann die einfachste der Welt sein: – er war mit ihnen verwandt, also von gleicher Abstammung.

Wir haben schon einmal auf die Möglichkeit hingewiesen, daß die Außerirdischen manchmal Vertreter gewisser Lebensformen auf der Erde mitgenommen haben, um sie zu untersuchen und zu verbessern. Sollte dies der Fall gewesen sein, ist es möglich, daß einer dieser Vertreter von einer Spezies stammte, die die Vorfahren jener dann später von den Ägyptern geknechteten Nation stellte. In diesem Fall war der Herr ein Abkömmling jener zu Versuchszwecken mitgenommenen

Auswahl und damit ein Vetter jener geknechteten Nation. Wir können nicht abschätzen, wieviel Zeit wohl zwischen der Mitnahme einiger Exemplare einer Art und der Rückkehr ihrer Abkömmlinge auf die Erde vergehen mochte. Vielleicht vergingen viele Generationen, die sich langsam von Laborversuchsobjekten zu Technikern, Erfindern und Forschern entwickelten. Vielleicht wollte einer von ihnen seiner Herkunft auf den Grund gehen und entdeckte beim Studium der Versuchsunterlagen, daß seine Vorfahren vom dritten Planeten eines Sonnensystems am Rand der Galaxis stammten. Daraufhin beschloß er, seinen Herkunftsplaneten zu besuchen. Er plante seine Expedition, ließ sich ein Raumschiff zuweisen, wählte eine Besatzung aus, stellte die Ausrüstung zusammen und begab sich auf die Reise.

Ist diese Rekonstruktion etwa zu weit hergeholt? Wir glauben nicht, denn sie erklärt so vieles. Sie erklärt die Legenden des Nahen Ostens, in denen sich die Außerirdischen mit der ortsansässigen Bevölkerung kreuzten. Sie erklärt die Ähnlichkeit zwischen dem Herrn, seinen Engeln und uns. Und sie erklärt, warum der Herr das jüdische Volk auswählte, was so vielen Nichtjuden auch heute unbegreiflich scheint und die Juden selbst dazu veranlaßt, sich ungeachtet aller Angriffe als das Auserwählte Volk zu bezeichnen.

Wenn eine solche Intervention seitens der Außerirdischen von Zeit zu Zeit stattfand, brauchen uns die unerklärlichen Anomalien in unserer Entwicklungsgeschichte nicht mehr länger Kopfzerbrechen zu bereiten. Das plötzliche Auftreten einer Vielfalt an Lebensformen, die Vielfalt der menschlichen Rassen – wie es scheint wird mit jedem Spatenstich eines Archäologen eine neue zutage gefördert –, die plötzlich erblühenden frühgeschichtlichen Kulturen, sie alle werden damit aufs einleuchtendste erklärt. Wir haben den Vergleich mit dem Gärtner gewählt, ein ‚Supergehirn, welches für alle

Entwicklungsversuche auf unserer Erde verantwortlich ist. Vielleicht hat er jetzt seine Verantwortung über diesen Teil der Galaxis dem Herrn übertragen, so daß wir nun alle paar tausend und nicht mehr nur alle paar Millionen Jahre besucht werden.

Es wäre allerdings nicht sehr gut, wenn er bei seinem nächsten Besuch auf dem Rasen des Weißen Hauses oder des Kremls landen wollte, aus seinem Gefährt ausstiege und sagte: ‚Bringt mich zu eurem Führer.' Das amerikanische Verteidigungsministerium betreibt ein Frühwarnsystem, genannt Norad, von dem mit stolzgeschwellter Brust behauptet wird, daß es alles, das größer als eine Blattlaus ist, entdeckt und verfolgt, sofern es sich über amerikanischem Staatsgebiet bewegt.

Die Sowjetunion besitzt ein ähnliches System, über dessen Leistungsfähigkeit uns nicht viel bekannt ist. Wenn der Herr also ohne Vorankündigung wiederauftauchen wollte, würden die Frühwarnsysteme bestimmt Alarm geben, bevor er Gelegenheit gehabt hätte, sich zu erkennen zu geben. Er müßte deshalb den Zeitpunkt der Rückkehr sorgfältig bestimmen, denn es dürfte dabei keine Panne passieren. Um lediglich zu erfahren, was auf der Erde geschieht, brauchte er nicht zu kommen, denn dies könnte er bequem überwachen, indem er unsere Radio- und Fernsehsendungen empfängt. Die begrenzte Reichweite unserer irdischen Sendeanlagen ist auf die Krümmung der Erdoberfläche und nicht auf mangelnde Sendeleistung zurückzuführen. Viele Sender mit einer üblichen Durchschnittsleistung können immerhin noch auf dem Mond empfangen werden. Wir können deshalb getrost davon ausgehen, daß, wer immer da draußen sein mag, genauestens über die Vorgänge bei uns unterrichtet ist.

Wir sind davon ausgegangen, daß die Entwicklung des Lebens an sich und der darauf folgende und im *Homo sapiens* gipfelnde Evolutionsprozeß durch außerirdische Einflüsse vorangetrieben worden sein könnte. Wir wissen auch, daß die kulturelle Entwicklung der Menschheit plötzliche Aufschwünge nahm – so zum Beispiel in Ägypten, Mesopotamien, Indien, China und Südamerika – und daß solche Aufschwünge von Geschichten über ‚Götter' vom Himmel begleitet waren, die zu Besuch kamen und ‚Wunder' vollbrachten. Sollte das alles Zufall gewesen sein? Oder gibt es auch andere, neuzeitlichere Beispiele plötzlicher Fortschritte? Auf dem Gebiet der Naturwissenschaft und der Technologie gibt es zumindest ein solches.

Die Völker des Altertums waren unbestritten geniale astronomische Beobachter und Mathematiker. Aber erst in den letzten paar hundert Jahren entstand in Europa eine Besessenheit für praktische Naturwissenschaft und Technik. Diese Besessenheit hatte es im Altertum nicht gegeben. Außerdem ist es so, daß die Grundsteine unserer modernen Wissenschaft von einigen wenigen Männern gelegt wurden. Seit jenen Grundsteinen ist der Bestand unseres Wissens exponentiell gewachsen und hat sich alle paar Jahre verdoppelt. Dies wird durch eine interessante Statistik bestätigt: Von allen Wissenschaftlern, die es je auf der Welt gegeben hat, leben 90 Prozent heute noch! Obwohl wir keine konkreten Beweise haben, sind wir versucht, anzunehmen, daß diese Wissensexplosion auf außerirdische Einflüsse zurückzuführen sein könnte.

Der Herr hat versprochen, wiederzukommen, und auch heute noch warten gläubige Juden geduldig auf seine Ankunft. In ihren Überlieferungen gibt es viele Schätzungen über den Zeitpunkt des zweiten Besuchs. Sie bewegen sich alle bei mehreren tausend Jahren. Da seit dem letzten Besuch inzwischen 3500 Jahre verstrichen sind, könnte der nächste eigentlich jederzeit stattfinden. Die Überlieferungen beschreiben einen Stern im Osten. Kein Stern kann aber unbeweglich über dem östlichen Horizont verharren, es sei denn, er befände sich in einer synchronen Umlaufbahn mit der Erde, in einer Entfernung von ca. 39 000 Kilometern. Wenn jedoch ein

Raumschiff auf der Erde landen wollte, würde es sich auf der Ebene der Sonnenbahn nähern, einem schmalen Band, das sich vom östlichen zum westlichen Horizont erstreckt. Eine Annäherung aus dem Süden oder Norden wäre möglich, bedeutete aber eine beträchtliche Treibstoffverschwendung. Deshalb würde ein sich näherndes Raumschiff sobald es sichtbar wäre, als im Osten auf- und im Westen untergehend – wie die Sonne oder der Mond – gesehen werden. Nachdem der Herr und seine Mannschaft ihren Kurs überprüft haben – vielleicht gerade in diesem Moment – werden sie in ihre Beschleunigungssitze klettern und sich an ihre Lebenssysteme anschließen. Nachdem sie bald darauf in einen todesähnlichen Tiefschlaf fallen, werden die Triebwerke ihres Raumschiffs aufheulen und Flammen aus den Düsen schießen. Viele Wochen werden vergehen, wobei das Schiff schließlich wieder bremst und seine Triebwerke sich mit voller Kraft quälen, um die Geschwindigkeit des Raumschiffes auf die gemütlichen 100 000 und ein paar Kilometer, mit denen die Erde um die Sonne schaukelt, zu verringern.

Auf der Erde würden die Astrophysiker den neuen Stern entdeckt haben und wilde Theorien über dessen enorme Blauverschiebung entwickeln. Die Spektren der fernsten Galaxien weisen normalerweise eine Rotverschiebung auf, was darauf hindeutet, daß sie sich von uns entfernen. Dieses mysteriöse Objekt käme aber mit sehr hoher Geschwindigkeit direkt auf uns zu! Man würde aber bald bemerken, daß die Blauverschiebung abnimmt und daraus entnehmen, daß das Objekt langsamer wird. Ferner könnten sie beobachten, daß das Objekt eine Parallaxe besitzt und daher nicht sehr weit entfernt sein kann. Unsere Wissenschaftler würden sich ob solcher Beobachtungen verzweifelt die Haare raufen und vergebens ihre Computer mit Daten füttern, bis bei denen alle Sicherungen durchbrennen. Aber während in den Observatorien und Labors Bestürzung und Panik einzögen, würden an der Klagemauer in Jerusalem bärtige Juden mit Schläfenlöckchen ruhig in sich hineinlächeln und ein Dankgebet sprechen – denn sie wüßten, daß dies der Stern wäre, der die Ankunft des Messias verkündet. Ihr langes Warten wäre nicht umsonst gewesen – sie könnten die Bekanntschaft zwischen dem Herrn und ihren Vorvätern, dem Patriarchen Henoch und dem Propheten Elias, bald erneuern.

Diese Spekulationen haben uns etwas von unserem ursprünglichen Thema weggeführt und *sind* letztlich auch nur Spekulationen. Trotzdem hielten wir es für nötig, einige Antworten auf die Fragen bezüglich des Herrn und seiner Gründe, das israelitische Volk auszuwählen, zu liefern. Das Ganze begann damit, daß wir einige altertümliche ‚religiöse' Schriften untersuchten, die nichts mit Religion in unserem Sinne, sondern eher mit Technik zu tun haben. Als wir sie dann wortwörtlich lasen, fanden wir die Beschreibung einer Manna-Maschine. Manche Leute meinen, man sollte altertümliche Legenden nicht ernst nehmen und unterstellen damit, daß unsere Vorfahren gutgläubige Trottel waren. Diese Meinung und die damit verbundene Unterstellung können wir nicht teilen, denn die altertümlichen Legenden berichten oft Einzelheiten, von denen wir annehmen müssen, daß sie auf Tatsachen beruhen. Die Israeliten haben bestimmt nicht ohne gute Gründe das von uns untersuchte Material für so wichtig erachtet, und wir sollten sie nicht dadurch beleidigen, daß wir es als unerheblich abtun. Eine eingehende Untersuchung altertümlicher Legenden kann sich durchaus bezahlt machen. Wir möchten in diesem Zusammenhang nur das Beispiel Heinrich Schliemanns erwähnen. Schliemann begann seinen Lebensweg als Lebensmittelhändler, dessen Freizeitbeschäftigung sich auf das Lesen griechischer Literatur des Altertums, hauptsächlich jener Homers, konzentrierte. Bis dahin hatte man allgemein angenommen, daß es sich bei dieser Literatur lediglich um eine Sammlung alter

Volksgeschichten handelte, die sich nicht auf tatsächliche Begebenheiten stützten. In der *Ilias* wird zum Beispiel die Belagerung Trojas durch griechische Krieger geschildert, aber niemand, der glaubte, daß Troja einmal wirklich existierte, wurde ernstgenommen. Schliemann las die Bücher aber genau und interessierte sich besonders für geographische Einzelheiten. Er baute ein sehr erfolgreiches Geschäft auf und hatte bald genug Geld, um in die Türkei zu fahren und Arbeitskräfte zu engagieren. Mit diesen begab er sich dann an Ort und Stelle, setzte seinen Fuß auf den Boden und sagte: ‚Grabt hier!' Damit hatte er Troja entdeckt und bewiesen, daß die *Ilias* aufgrund wahrer Begebenheiten geschrieben war.

Wir haben Religion und Wissenschaft beschrieben, als ob sich beide Gebiete gegensätzlich gegenüberstünden – sozusagen jeweils an den äußersten Enden unseres Wissensspektrums, das eine hehr und erhaben, das andere verachtenswerter Kitsch. Das Ergebnis unserer Untersuchungen zeigte aber, daß im Altertum Religion und Technik ein und dasselbe waren. Die Priester waren die wenigen Auserwählten, die die ‚Geheimnisse der Götter' verstehen und die unglaublichen Kräfte der ihnen anvertrauten Maschinen kontrollieren konnten. Warum hatten die Priester in jener Zeit eine derartige Vormachtstellung in der Bevölkerung? War es einfach, weil sie geschickte Psychologen waren, die es verstanden, Sonnen- und Mondfinsternisse vorauszusagen und die Leute zu überreden, einen beträchtlichen Teil ihres Vermögens herauszurücken, damit sie die Sonne wieder scheinen ließen? Wie wir schon sagten, waren unsere Vorfahren keine abergläubischen Idioten, und deshalb muß die Vorherrschaft der frühen Priester in deren überlegenen Fähigkeiten begründet gewesen sein. Das Vorhandensein solcher Fähigkeiten läßt sich abermals mit Besuchen von fremden Sternen erklären.

Die Könige des Altertums waren starke Persönlichkeiten, militärische Führer und Handhaber einer rauhen Rechtsprechung in ihren Völkern. Nur wenige waren Diplomaten, die heikle Verhandlungen führen konnten. Als nun die Außerirdischen mit ihrer überwältigenden Macht eintrafen, erkannten die Könige, daß sie jenen Wesen das Wasser nicht reichen konnten, und daß sie ihre Stellung nur mit List und Ränkespiel aufrechterhalten konnten. Selbst aus grobem Holz geschnitzt, benötigten sie also feinsinnige Gesandte, Intellektuelle mit diplomatischem Fingerspitzengefühl, die mit diesen Neuankömmlingen verhandeln konnten. Aus diesem Grunde bildete sich dann die Klasse der Priester als diplomatisches Korps, welches die Verhandlungen mit den Außerirdischen führte. Daher wuchs natürlich die Macht und der Einfluß der Priester zusehends – in manchen Fällen sogar so weit, daß sie die Staatsführung übernahmen. Es bildeten sich monströse Theokratien, wie zum Beispiel im alten Ägypten, heraus. Israel entging diesem Schicksal hauptsächlich wegen des Charakters seines großen Führers Moses, eines der bemerkenswertesten Männer, die je gelebt haben. Moses war nicht nur fähig, sein Volk unter Kontrolle zu halten, sondern auch fähig, die Verhandlungen mit dem Herrn zu führen. Die damaligen Priester hatten nicht viel mehr zu tun, als die Manna-Maschine zu bedienen, obwohl Moses, wenn man dem *Sohar* glaubt, auch dabei eine Rolle spielte. Weil Moses beide Fähigkeiten besaß, nämlich sein Volk zu führen und mit dem Herrn zu verhandeln, entstand keine Machtkonzentration in den Händen der Priester, und Israel wurde nicht, wie andere Nationen, auf geradezu lächerliche Weise lahmgelegt.

Als die ‚Götter' abgereist waren, gerieten die Priester ins Schwimmen – die wirkliche Grundlage ihrer Macht war ihnen entzogen. Sie versuchten daraufhin, den Mythos solange wie möglich aufrechtzuerhalten. In Ägypten kleideten sie Knaben in ‚Götterkostüme' und führten sie dem Volk in den Tempeln vor. Als ihre ‚Dienstzeit' abgelaufen war, ermordeten sie gewöhnlich die Knaben, sowie alle anderen, die die Täuschung durchschauten. Sie konnten das Volk aber nicht ewig zum Narren halten, und früher oder später wurde das Geheimnis bekannt: die Götter waren weg. In der Folge sahen sich die Priester dann gezwungen, psychologische Fähigkeiten zu entwickeln und anzuwenden. Sie waren bald geschickt genug, um in ihren Gläubigen ein Gefühl der Abhängigkeit zu wecken und ihnen einen Schuldkomplex einzuimpfen. Die eingebildete Schuld wurde dann durch ständige Abgaben an die ohnehin schon überfüllten Schatzkammern der Priester ‚gesühnt'.

Dies führte zu einer totalen Verzerrung der Religion. Einstmals bestand die religiöse Betätigung in der Aufrechterhaltung der guten Beziehungen zu den Wesen aus dem Himmel; jetzt entwickelte sich daraus eine bedeutungslose Aktivität, die auf die Erhaltung des Priesterstandes gerichtet war. Je mehr die Leute den Glauben verloren, desto größer wurde die Unterdrückung, die für den Fortbestand der priesterlichen Vormachtstellung nötig war. Der Tiefpunkt der religiösen Entwicklung wurde im Mittelalter erreicht, als Grausamkeiten jeder Art im Namen der Religion verübt wurden. In unserer modernen Zeit fand sich jedoch ein neues Betätigungsfeld für die Religion. Unsere religiösen Organisationen haben die Besucher von den Sternen vergessen und konzentrieren sich auf gute Werke. Die ‚Götter' sind gegangen, und wir benötigen keine Priester mehr, die stellvertretend für uns mit ihnen Kontakt halten – heute benötigen wir die Priester, um uns vor uns selbst zu bewahren.

Unsere religiösen Führer wagen es nicht, die altertümlichen Legenden aus unseren heiligen Schriften abzuwerfen und tun sie deshalb als Mythen ab, während sie ständig von uns verlangen, ‚Glauben' zu haben. Wir beschwören, die Wahrheit und nichts als die Wahrheit zu sagen, immer noch mit der Hand auf einem Buch, von dem sie uns weismachen, daß es voll von erfundenen Phantasiegebilden sei. Altertümliche Schriften wurden unterdrückt, falsch übersetzt, falsch ausgelegt und beiseitegeschoben – vielleicht noch nicht einmal aus Böswilligkeit, sondern mehr aus mangelndem Verständnis.

Wir haben aber jetzt endlich den Punkt erreicht, an dem wir fähig sind, die Legenden zu verstehen. Leider ist der Abgrund, der sich zwischen den Wissenschaftlern, die verstehen, und den Theologen auftut, die die Legenden studiert haben, fast zu groß, um überbrückt zu werden. Die meisten Wissenschaftler betrachten alles Mystische als unwürdig, von ihnen beachtet zu werden, weil sie die lockere und schwammige Logik der Mystik verachten. Dennoch können die altertümlichen Schriften Antworten auf wenigstens einige unserer wissenschaftlichen Probleme enthalten, wenn man sie nur einmal von ihrem Mystizismus zu befreien versucht. Aber Wissenschaftler, die sich mit theologischen Angelegenheiten befassen, fordern heraus, daß man sie lächerlich macht und in Mißkredit bringt – sie gefährden damit ihren guten Ruf als Wissenschaftler.

Von den Theologen kann man dagegen behaupten, daß sie nicht gerade eifrig nach technischen Auslegungen und Bedeutungen in ihren Schriften suchen. Entweder sehen sie nicht, daß die Wissenschaft ihnen einiges zu bieten hat, oder sie fürchten, daß sie nach dem Verlust des Mystizismus vor dem Nichts stehen.

Jene, die es wagen, in die nebulösen Gebiete zwischen Religion und Wissenschaft vorzustoßen, riskieren, daß man sie für geistesgestörte Quacksalber hält. Bei vielen trifft das auch zu. Ihre Darstellungen sind verrückte Hirngespinste und ihre Bücher bestenfalls Utopie.

Wir sind uns daher vollkommen im klaren, welches Risiko wir eingegangen sind, als wir dieses Buch schrieben, daß wir es trotz dieses Risikos geschrieben haben, liegt daran, daß wir davon überzeugt sind, einen wahren Sachverhalt entdeckt zu haben und deshalb anderen die Gelegenheit bieten sollten, daran teilzuhaben, kritisch zu urteilen und dann eigene Schlußfolgerungen zu ziehen. Was uns betrifft, so hat uns unsere Arbeit im Glauben bestärkt. Wir glauben, daß die Bibel hierdurch ihre Glaubwürdigkeit zurückgewonnen hat, die sie allmählich zu verlieren drohte, je mehr sich Materialismus und Technologie ausbreiteten. Schliemann wurde seinerzeit auch für einen Träumer gehalten – aber viell-eicht wird auch der Hochbetagte wieder einmal in all seiner ehrfurchtgebietenden Pracht auftauchen, so wie Troja, als es aus dem Hügel Hisarlık gegraben wurde, und unsere Überlegungen bestätigen. Wissenschaft und Technik stellten sich der Religion in Form zweier Naturwissenschaftler des 20. Jahrhunderts zur Verfügung. Aber steht nicht geschrieben – ‚die Wege des Herrn sind wunderbar'?

ANHANG

Anhang I

Hebräisch und Aramäisch

Hebräisch und Aramäisch werden von rechts nach links geschrieben, und beide Sprachen verwenden dasselbe Alphabet. Für europäische Leser gibt es wenige Dinge, die abweisender aussehen als ein Text, in dem hebräische Zeichen auftauchen. Deshalb haben wir, wie etwa Mathers in *The Kabbalah Unveiled,* hebräische Worte in lateinische Buchstaben übertragen, die zudem unserer Aussprache entgegenkommen. Das ist zwar nicht ganz ideal, ermöglicht aber dem Leser, unser Werk mit dem von Mathers usw. zu vergleichen und unsere philologischen Argumente nachzuvollziehen. Mathers gibt bei seinem System übrigens keine Ausspracheregeln an.

Ebenso gibt es viele Worte, deren Bedeutung sehr verschwommen oder überhaupt nicht bekannt ist. Den Begriff Cherubim haben wir schon in Kapitel 17 besprochen. Genausogut könnten wir Seraphim anführen, einen Begriff, der gemeinhin für Engel steht. In der Tat führt aber zum Beispiel Davidsons Lexikon für den Wortstamm ShRP folgende Bedeutungen an: 1. eine Art Giftschlange, 2. (in der Mehrzahl) eine Gruppe engelhafter Wesen, dic der göttlichen Majestät dienen und (laut Jes 6,2) sechs Flügel haben, 3. in der weiblichen Form ShRPH, eine Verbrennung, insbesondere die der Toten. In den apokalyptischen Schriften werden Seraphim als sechsflügelige schlangenhafte Wesen beschrieben, dic Feuer speien. Bei dieser Beschreibung sind alle drei Bedeutungen kombiniert, und das so geschilderte Wesen unterscheidet sich wesentlich von der üblichen Vorstellung von einem Engel.

Das übliche Bild von Cherubim und Seraphim beruht ganz auf der Interpretation religiöser Künstler anstatt auf Aussagen der Heiligen Schrift oder zeitgenössischer Definitionen, die viel eher an Maschinen als an Lebewesen denken lassen.

Worte unbekannter Bedeutung stellen bei der Übersetzung eines semitischen Textes ein Problem dar. Ein anderes Problem ist, daß diese Sprachen keine geschriebenen Vokale haben. Das ist allerdings nicht ganz so schlimm, wie es den Anschein hat, da die Vokale für die Worte nicht dieselbe Bedeutung haben wie in europäischen Sprachen. Nimmt man zum Beispiel die deutschen Buchstaben BT und fügt Vokale hinzu, findet man mindestens sechzehn Worte: bat, bäte, baut, baute, Beet, Beete, Beta, Bete, bete, biete, Bit, bot, Bote, böte, Boot, Boote. Das gilt bei den meisten Konsonantengruppen, wobei die entstehenden Worte nur zu einem geringen Umfang miteinander verwandt sind. In semitischen Sprachen haben hingegen die Worte mit gleichen Konsonanten auch eine Sinnverwandtschaft. So bedeutet etwa SPR, mit unterschiedlichen Vokalen Zahl, zählen, reden oder erzählen, schreiben, Schreiber oder Buch. Und diese Begriffe sind sinnverwandt.

Außerdem kennen semitische Sprachen im allgemeinen nur drei Vokale: ein neutrales *a* oder *e*, ein langes *i* und einen zwischen *o* und *u* liegenden Vokal. Konsonantenanhäufungen sind selten, so daß man sich hinter jedem Buchstaben ein neutrales *a* oder *e* denken kann. ‚Er schreibt', SPR, ergibt deshalb *sepher* (beziehungsweise *sefer,* da *P* einem *ph* entspricht und wie das griechische *ph* als *f* ausgesprochen wird). Kommt in einem Wort einer der beiden anderen Hauptvokale vor, wird er meist durch *I* oder *V* angezeigt. Ein neutrales *e* oder *a* am Ende eines Wortes wird durch den Konsonanten *H* verdeutlicht, etwa in dem Wort SPIRH, sephira. Oder man denke an biblische Namen wie Jesaja, Hosea oder Susanna. Im babylonischen Aramäisch wurde der Konsonant *A* anstelle des von *H* verkörperten langen *a* gesetzt. Später wurde das allgemein so gehandhabt und im Griechischen und anderen Sprachen ohne den Konsonanten *A* trat die Bezeichnung *A* an die Stelle eines Vokals.

Ursprünglich wurde *A* wie ein leichter Knacklaut ausgesprochen, wie er auch in der deutschen Sprache relativ häufig bei bestimmten Silbenzusammensetzungen auftaucht, etwa bei be'atmen, ab'ebben, Ver'ein. So gehört zum Beispiel *IShRAL* wie Isra'el ausgesprochen (in der üblichen deutschen Aussprache entfällt hier jedoch der Knack- oder Stimmritzenverschlußlaut). Der Knacklaut ist für diese Sprachen sehr wichtig und kann für die Bedeutung eines Wortes von großer Wichtigkeit sein. So steht etwa *MLK* für König, *MLAK* hingegen für Engel.

Der als *O* transkribierte Buchstabe ist ebenfalls ein Konsonant, aber stärker als das Knacklaut-*A*. Er ist eine Art Schluckgeräusch, ähnlich *ng,* und wird hinten in der Kehle gesprochen. Europäer finden es meist ungeheuer schwierig, ihn korrekt auszusprechen.

Semitische Sprachen sind zu verstehen, auch wenn nur die Konsonanten aufgeschrieben werden. Selbst das moderne Hebräisch und Arabisch wird normalerweise ohne Vokale geschrieben. Als aber das alte Hebräisch aufhörte, Israels Alltagssprache zu sein, wurde es erforderlich, ein System zu erfinden, um die korrekten Vokale anzudeuten, damit Studenten der Schriften sie richtig aussprechen konnten. Einige Konsonanten haben zwei Aussprachemöglichkeiten. Um zwischen den beiden unterscheiden zu können, wird in den Buchstaben ein Punkt (Dagesch) gemacht, der jedoch wie die Vokalpunkte normalerweise nicht mitgedruckt oder -geschrieben wird.

Auch Satzzeichen sind eine relativ neue Erfindung, im Hebräischen und Aramäischen gab es sie ursprünglich überhaupt nicht. Aber normalerweise waren die Sätze kurz, und gewöhnlich begannen sie, indem vor das erste Wort ein ‚und‘

gesetzt wurde, wie man auch in der Bibel feststellen kann (in der deutschen Fassung allerdings nur noch in älteren Übersetzungen). Außerdem ist in einem Satz gewöhnlich das Verb das erste Wort.

Obgleich es also beim Lesen eines Textes einen gewissen Spielraum gibt, ist in diesen Sprachen der Sinn in der Tat sehr klar. Bei unserer eigenen Übersetzung fanden wir gewöhnlich, daß die direkte Lexikonbedeutung sich für unsere Interpretation am besten eignete, wohingegen die Kabbalisten Sinn und Bedeutung für ihre Zwecke zurechtbiegen mußten.

DAS HEBRÄISCH-ARAMÄISCHE ALPHABET

Buchstabe	Endform	Transkription	Bezeichnung	Zahlenwort
א		A (')	Aleph (alef)	1
ב		B	Bet	2
ג		G	Gimel	3
ד		D	Dalet	4
ה		H	He	5
ו		V	Waw	6
ז		Z	Sajin (s, stimmhaft)	7
ח		Ch	Chet, Ches	8
ט		T	Tet, Tes	9
י		I	Yod, Jod	10
כ	ך	K	Kaph, Kaf	20 Endform 500
ל		L	Lamed	30
מ	ם	M	Mem	40 Endform 600
נ	ן	N	Nun	50 Endform 700
ס		S	Samech (s, stimmlos)	60
ע		O (')	Ajin	70
פ	ף	P	Pe	80 Endform 800
צ	ץ	Tz	Tzaddi, Zade (z)	90 Endform 900
ק		Q	Kof	100
ר		R	Resch	200
ש		Sh (sch)	Schin	300
ת		Th	Taw	400

Zur Beachtung: Der höhere Wert wird der Endform nicht immer zugeschrieben.

Anhang II

Zitate aus der Bibel und dem Sohar

Angegeben sind jeweils Kapitel und Vers, dahinter die Seitenzahl in unserem Buch. Ist mehr als ein Vers zitiert worden, wird hier jeweils nur die Nummer des ersten Verses der betreffenden Stelle angegeben.

DIE BIBEL

* Diese Bibelstellen werden im *Sohar* zitiert.

DER SOHAR

GHV *(Große Heilige Versammlung)*

Andere Stellen des *Sohar*

1,148a	235	3, 67a	324
2,191a	305	2,620	236 (de Pauly)

Zur Beachtung: Nach der Standard-Seitenzählung des *Sohar* finden sich die drei Bücher von hauptsächlichem Interesse an folgenden Stellen:

BM 2, 176b–179a
GHV 3, 127b–145a
KHV 3, 287b–296a

Bibliographie

Der Sohar und seine Übersetzungen

Sepher ha-Zohar in 3 Teilen oder Bänden: Cremona/Mantua 1559, Lublin 1623–24, Sulzbach 1684. Konstantinopel 1736, Amsterdam 1805, Leghorn 1815, Brody 1873, Lublin 1882.

Knorr von Rosenroth, Christian, *Kabbala Denudata,* Sulzbach, Frankfurt, 1677–84.

Mathers, Samuel Liddell MacGregor, *The Kabbalah Unveiled* (Beinhaltet folgende Bücher des *Sohar:* The Book of Concealed Mystery, The Greater Holy Assembly, The lesser Holy Assembly), London, 1887.

Pauly, Jean de (Übers.), *Sepher ha-Zohar* (6 Bde.), Paris, 1906–11.

Sperling, Harry and Simon, Maurice (Übers.), *The Zohar* (5 Bde.), London, 1931–34.

Zohar, Cambridge Ms Add 1023.

Andere Schriften

Epstein, Isidore (Übers.), *The Babylonian Talmud* (34 Bde.), London, 1938

The Hebrew-English Old Testament, From the Bagster polyglot Bible, London, 1971.

Die Heilige Bibel (verschiedene Ausgaben).

Hymns Ancient and Modern.

Kommentare und Konkordanzen

Cruden, Alexander, *A Complete Concordance to the Old and New Testament,* London, 1769 (repr).

Gordis, Robert, *The Song of Songs and Lamentations,* New York, 1954.

Gore, Charles *et al, A New Commentary on Holy Scripture,* London, 1928.

Hammer, Raymond, *The Book of Daniel,* Cambridge, 1976.

The Interpreter's Bible (12 Bde.), New York, 1952.

Jacobus, Melancthon W. *et al* (Hrsg.), *A New Standard Bible Dictionary,* New York, 1926.

Miles, John A., 'Laughing at the Bible: Jonah as a Parody' *Jewish Quarterly Review,* January, 1975.

Parmelee, Alice, *A Guidebook to the Bible,* London, 1960.

Schaeffer, Francis A., *Joshua and the Flow of Biblical History,* London, 1975.

Wigram, George V., *Englishman's Hebrew and Chaldee Concordance of the Old Testament,* London, 1860 (repr).

Lexika und Grammatiken

Davidson, Benjamin, *The Analytical Hebrew and Chaldee Lexicon,* London, 1854 (repr).
Elieser Ben Yehuda, *Thesaurus Totius Hebraitatis et Veteris et Recentioris* (8 Bde.) New York, 1960.
Garbell, Irene, *The Jewish neo-Aramaic Dialect of Persian Azerbaijan; Linguistic Analysis and Folkloristic Texts,* Den Haag, 1965.
Jastrow, Marcus, *A Dictionary of the Targumim, the Talmud Bibli and Yerushalmi, and the Midrashic Literature,* New York, 1975.
Rosenthal, Franz, *A Grammar of Biblical Aramaic,* Wiesbaden, 1961.

Enzyklopädien und Nachschlagewerke

Cavendish, Richard (Hrsg.), *Encyclopaedia of the Unexplained,* London, 1974.
Cheyne, T. K., and Black, J. S. (Hrsg.), *Encyclopaedia Biblica* (4 Bde.), London, 1899.
Encyclopaedia Britannica (verschiedene Ausgaben).
Encyclopaedia Judaica (16 Bde.), Jerusalem, 1972.
Encyclopaedia of World Religions, London, 1975.
Encyclopaedia of Space, Feltham, 1968.
Handbook of Chemistry and Physics (verschiedene Ausgaben).
Hastings, James (Hrsg.), *Dictionary of the Bible* (5 Bde.), Edinburgh, 1898.
The Jewish Encyclopaedia (12 Bde.), New York, 1891.
McGraw-Hill Encyclopaedia of Science and Technology (3. Auflage: 15 Bde. + Supplemente), New York, 1971.
Newall, V. (Hrsg.), *The Encyclopaedia of Witchcraft and Magic,* London, 1974.
The Universal Jewish Encylopaedia (10 Bde.), New York, 1969.
Waite, Arthur Edward, *New Encyclopaedia of Freemasonry* (2 Bde.), London, 1921.

Über Sohar und Kabbala

Bension, Ariel, *The Zohar in Moslem and Christian Spain,* London, 1932.
Franck, Adolphe, *La Cabbale* ou la philosophie religieuse des Hébreux, Paris, 1843.
Ginsburg, Christian David, *The Kabbalah* its doctrines, development and literature, London, 1865.
Jellinek, Adolf, *Auswahl Kabbalistischer Mystik,* Leipzig, 1853.
Jellinek, Adolf, *Beiträge zur Geschichte der Kabbala,* Leipzig, 1852.
Kropp, Angelicus M., *Ausgewählte Koptische Zaubertexte,* Brüssel, 1930.
Myer, Isaac, *Qabbalah* The philosophical writings of Solomon ben Yehuda Ibn Gabriol of Avicebron, and their connection with the Hebrew Qabbalah and Sepher-ha-Zohar (Faksimile), New York, 1970.
Reuchlin, Johann, *De Arte Cabbalistica,* Basileae, 1572?
Scholem, Gershom Gerhard, *Bibliographica Kabbalistica,* Leipzig, 1927.

Scholem, Gershom Gerhard, *Das Buch Bahir,* Leipzig, 1923.
Scholem, Gershom Gerhard, *Die Geheimnisse der Schöpfung,* Berlin, 1935.
Scholem, Gershom Gerhard, *Jewish Gnosticism, Merkabah Mysticism and the Talmudic Tradition,* New York, 1960.
Scholem, Gershom Gerhard, *Major Trends in Jewish Mysticism* (3. Auflage), London, 1955.
Secret, François, *Le Zôhar chez Kabbalistes Chrétiens de la Renaissance, Paris, 1964.*
Waite, Arthur Edward, *The Holy Kabbalah,* London, 1929.

Über Algen

Burlew, John Swalm (Hrsg.), *Algal Culture from Laboratory to Pilot Plant,* Washington, 1953.
Dam, R. *et al.* 'Utilization of algae as a protein source for humans'. *J. Nutrition, Vol 86, S. 376–82, 1965.*
Davis, Peyton (Hrsg.), *Single Cell Protein.* Proceedings of an international symposium, Rome 7–9 November 1973, London, 1974.
Fofanov, V. I. *et al, 'Some indices of the human natural resistance to the dietary replacement of animal protein by Chlorella* proteins', *Kosmich Biol i Med. Vol 1, (No 3), S. 121–7, 1967.*
Fogg, Gordon Elliott, *Algal Cultures and Phytoplankton Ecology,* London, 1965.
Fogg, Gordon Elliott, *Photosynthesis* (2. Auflage), London, 1972.
Gordon, J. F., *'Algal proteins and the human diet'* in Lawrie, R. A. (Hrsg.), *Proteins as Human Food,* London, 1970.
Kumar, Har Dashan, and Singh, H. N., *A Textbook on Algae,* London, 1971.
Morimura, Yuji, 'Synchronous culture of *Chlorella', Plant and Cell Physiol,* Vol 1, S. 49–62, 1959.
Myers, J., and Clark, L. B., 'Culture conditions and the development of the photosynthetic mechanism: II An apparatus for the continuous culture of *Chlorella', J. Gen. Physiol,* Vol 28. S. 103–12, 1944.
Newton, Lily, *Seaweed Utilisation,* London, 1951.
Pirie, N. W., *Food Resources Conventional and Novel* (2. Auflage). London, 1976. Proceedings of the International Conference of Single Cell Protein, MIT Press, 1968.
Rich, L. E., and Ingram, W. M., 'A balanced ecological system for space travel', *J. Sanitary Eng,* DIV S A-6, S. 87–94, 1959.
Sorokin, C., and Krauss, R. W., 'Maximum growth rates of *Chlorella* in steady state synchronised cultures', *Proc Nat Acad Sci,* Vol 45 (12), S. 1740–44, 1959.
Tamiya, Hiroshi, 'Cell differentiation in *Chlorella', Proceedings of the 17th Symposium on Cell Differentiation;* Society of Experimental Biology, S. 188–214, 1962.
Vlasov, Sergey, 'Proobraz kosmicheskogo doma', *Tekhnika Molodezhi,* Vol 4, S. 28–9, 1974.

Allgemeines

Archaeological Institute of America (Comp), *Archaeological Discoveries in the Holy Land,* New York, 1967.
Baynes, Charlotte M., *A Coptic Gnostic Treatise,* Cambridge, 1933.
Bloch, Philipp, *Festschrift für Jacob Guttmann,* 1915.
Blumrich, Josef F., *The Spaceships of Ezekiel,* London, 1974.
Boshof, Egon, *Erzbischof Agobard von Lyon,* Köln, 1969.
Bright, John, *A History of Israel,* London, 1974.
Cavendish, Richard, *The Black Arts,* London, 1967.
Charpentier, John, *L'Ordre des Templiers,* Paris, 1945.
Cook, Roger, *The Tree of Life,* London, 1974.
Cotta, Johann Friedrich, and Gfrörer, August (Übers.), *Die Werke des Flavius Josephus,* Philadelphia, 1838.
Crosland, Maurice P., *Historical Studies in the Language of Chemistry,* London, 1962.
Downing, Barry Howard, *The Bible and Flying Saucers,* New York, 1968.
Driver, Godfrey Rolles, *Canaanite Myths and Legends,* Edinburgh, 1958.
Dümmler, Ernst Ludwig, *Monumenta Germaniae Historica,* Hannover, 1897.
Duthoit, Maud A., *Handbook to Accompany the Model of the Tabernacle,* London, 1903.
Eleazar Ben Judah of Worms, *Sepher Raziel:* enthält *Shi'ur Komah,* Amsterdam, 1701.
Farb, Peter, *Word Play,* London, 1974.
Finch, Bernard E., 'The Ark of the Israelites was an electrical machine', *Flying Saucer Review,* S. 18–19, Mai/Juni, 1965.
Florenza, Elisabeth Schuessler (Hrsg.), *Aspects of Religious Propaganda in Judaism and Early Christianity,* Paris, 1976.
Flindt, Max H., and Binder, Otto, O., *Mankind – Child of the Stars,* London, 1976.
Harland, W. B., and Rudwick. M. J. S., 'The great infra-Cambrian ice-age', *Scientific American* Vol 211, (2), S. 28–36, 1964.
Heavens, Oliver S., *Lasers,* London, 1971.
Heckethorn, Charles William, *The Secret Societies of All Ages and Countries* (2 Bde.), London, 1875.
Heinemann, Joseph, and Petuchowski, Jakob (Hrsg.), *Literature of the Synagogue,* New York, 1975.
Horne, Alexander, *King Solomon's Temple in the Masonic Tradition,* Wellingborough, 1972.
Inge, William Ralph, *Christian Mysticism,* London, 1899.
Jastrow, Morris, *The Civilization of Babylonia and Assyria,* Philadelphia, 1915.
Jastrow, Morris, *Hebrew and Babylonian Traditions,* New York, 1914.
Jastrow, Morris, *The Religion of Babylonia and Assyria,* Boston, 1898.
Jastrow, Morris, Jr, 'The original character of the Hebrew Sabbath', *Amer J. Theol,* Vol 2, S. 312–52, 1898.

Jellinek, Adolf, *Bet ha-Midrasch* (6 parts), Leipzig, 1853.
Josephus, Flavius, *Antiquities of the Jews* (Übers. William Whiston), London, 1963.
Keller, Werner, *The Bible as History*, London, 1974.
Kircher, Athanasius, *Oedipus Aegyptiacus* Hoc est universalis Hieroglyphicae veterum doctrinae temporum inuria abolitae instauratio (3 Bde, in 4), Rom, 1652–54.
Kock, Winston E. *Lasers and Holography*, London, 1972 (repr).
Lenormant, François, *Chaldean Magic*, London, 1877.
Lévi, Eliphas (pseud), *The Book of Splendours*, Wellingborough, 1973.
Magnusson, Magnus, *BC: The Archaeology of the Bible Lands*, London, 1977.
Margoliouth, Mordecai (Hrsg.), *Sepher ha-Razim*, Jerusalem, 1966.
Mathers, Samuel Liddell MacGregor, *The Sacred Magic of Abramelin the Mage*, Chicago, 1932.
Mathers, Samuel Liddell MacGregor, *Astral Projection, Ritual Magic and Alchemy*, London, 1971.
Mathers, Samuel Liddel MacGregor, *The Key of Solomon the King*, London, 1889.
Melville, Marion, *La Vie des Templiers*, Paris, 1951.
Migne, Jacques-Paul, Patrologius Cursus Completus Series Latina Prior, Paris, 1844–
Misner, Charles W., Thorne, K. S., and Wheeler, J. A., *Gravitation*, San Francisco, 1973.
Müller, F. Max, *Sacred Books of the East* (50 Bde.), Oxford, 1879–
Muller, Kal, 'Tanna awaits the coming of John Frum', *National Geographic*, Mai 1974, S. 706–15, 1974.
Parker, Thomas William, *The Knights Templars in England*, Tucson, 1963.
Pearl, Chaim, and Brookes, Reuben S., *A Guide to Jewish Knowledge*, London, 1973.
Petrie, William Matthew Flinders, The Arts and Crafts of Ancient Egypt, Edinburgh, 1909.
Prichard, Samuel, *Masonry Dissected, 1730.*
Rapaport, Samuel, *Tales and Maxims from the Talmud*, London, 1910–12.
Reed, Alexander Wyclif, *The Myths and Legends of Polynesia*, Wellington, 1974.
Roberts, M. B. V., *Biology, A Functional Approach* (2. Auflage), London, 1976.
Saldarini, Anthony J., *The Fathers According to Rabbi Nathan*, Leiden, 1975.
Salecker, Kurt, *Christian Knorr von Rosenroth, 1636–1689*, Leipzig, 1931.
Sandmel, Samuel, *The Hebrew Scriptures*, New York, 1968.
Sandmel, Samuel, *We Jews and Jesus*, London, 1965.
Séd, N., 'Une Cosmologie Juive', *Revue des Études Juives*, Vol 3, 4. ser, S. 259–305, 1964.
Simpson, William W., *Light and Rejoicing*, Belfast, 1976.
Société de L'Histoire de France, *La Règle du Temple*, Paris, 1886.

Spence, James L. T. C. *The Myths and Legends of Ancient Egypt.* London, 1915.
Stenring, Kurt (Trans Rabbi Akiba Ben Joseph's). Sepher Yetzirah (The Book of Formation), London, 1923.
Symonds, John, *The Great Beast:* The life of Aleister Crowley, London, 1951.
Trachtenberg, Joshua, *Jewish Magic and Superstition,* New York, 1939.
Voisin, Joseph de, *Disputatio Cabalistica Rabbi Israel filii Mosis . . .*
Waite, Arthur Edward, *The Brotherhood of the Rosy Cross,* London, 1924.
Warren, Richard, and Warren, Roslyn, 'Auditory illusions and confusions', *Scientific American,* Vol 223, No 6, S. 30–6, December, 1970.
Waxman, Meyer, *History of Jewish Literature* (5 Bde.), New York, 1960.
Wertheimer, Solomon Aaron, *BThI MDRShVTh,* Jerusalem, 1953.
White, William Charles, *Chinese Jews,* Toronto, 1942.
Wilke, C. R. (Hrsg.) *Cellulose as a Chemical and Energy Resource,* New York, 1975.
Wood, Leon James, *A Survey of Israel's History,* London. 1975.
Wünsche, August, *Aus Israels Lehrhallen,* Leipzig, 1907.
Yarker, John, 'Two ancient legends concerning . . . Solomon's Temple', Ars Quatuor Coronati, Vol 21, S. 264–9, 1908.

Register

Vorbemerkung: In diesem Register sind viele der im Text gegebenen Bezeichnungen zusammengefaßt. Seitenzahlen in Kursivschrift weisen auf Illustrationen hin.